여신들로 본
그리스 로마 신화

사랑하는 엘레인, 브라이언, 로렐, 그리고 매디에게

Earth's Daughters: Stories of Women in Classical Mythology
by Betty Bonham Lies

국립중앙도서관 출판시도서목록(CIP)

여신들로 본 그리스 로마 신화 / 베티 본햄 라이스 지음 ; 김대웅 옮김.
– 서울 : 두레, 2007
  p. ;  cm

원서명: Earth's daughters : stories of women in classical mythology
원저자명: Lies, Betty Bonham

참고문헌과 색인수록

ISBN 978-89-7443-080-1 03210 : \12800

219.21-KDC4
292.13-DDC21                                             CIP2007003388

# 여신들로 본
# 그리스 로마 신화

*Earth's Daughters: Stories of Women in Classical Mythology*

여신들의 사랑과 질투, 배신, 그리고 용기…

베티 본햄 라이스 지음 | 김대웅 옮김

**두레**

제1부

# 모든 것은 어디에서 비롯되었나?
_창조 이야기

제**2**부

## 신들이 분노하다
_자존심과 아름다움, 그리고 질투에 관한 이야기

제**3**부

# 여인들 또한 영웅이었다
_용기와 독립심에 관한 이야기

## 1장 용기를 지닌 여인들

## 2장 자유를 향한 질주

제5부

# 화로와 가정
## _아내와 어머니에 관한 이야기들

제6부

# 초능력
_초능력을 가진 여인들의 이야기

# 1. 신화란 무엇인가?

우리 인간은 광활하고 불가사의한 우주 속의 거대한 혹성 위에 존재하는 미미한 창조물이라 할 수 있다. 그럼에도 우리는 자신에게 물어본다. 도대체 나는 어떻게 이곳에 왔을까? 모든 것은 어디서 비롯되었을까? 나 자신은 누구이며 왜 살아가는가? 그리고 지구와 그 피조물과 나 자신의 진정한 관계는 무엇인가? 나라는 존재보다 더욱 위대한 힘은 무엇인가? 또한 죽음의 진정한 의미는 어떤 것인가?

사람들은 이처럼 절박한 인간적인 의문에 대한 답을 찾기 위해 여러모로 노력을 기울여 왔는데, 그 가운데 하나가 바로 이야기를 창작하는 것이었다. 우리가 신화라 일컫는 이 같은 이야기들은 아마도 고대의 인류가 세상과 자신의 존재를 이해하기 위해 서로 자신의 이야기를 들려준 데서 비롯되었을 것이다.

신화神話는 삶의 과정에서 사람들을 당혹하게 만드는 온갖 사건들을 설명해 주며, 통념적인 윤리나 가치 체계를 넘어선 행동의 지표를 마련해 주기도 한다. 신화 속에는 인간에게 희망적인 이야기뿐만 아니라 끔찍한 폭력도 담겨 있다. 그러나 비록 신 또는 여신이라 불리는 존재가 등장한다 하더라도, 문화 속에서 신화는 종교와 같은 대상으로 곡해되어서는 안 된다. 신화는 어떻게 세상이 이루어졌는지를 추측할 수 있게 해 주며, 인간에게 영감을 주고 감정을 격앙시켜 주는 이야기이기 때문이다.

몇몇 고전적인 신화는 오늘날의 과학자들이 지구를 발견할 수 있게끔 단서를 제공해 주려는 것처럼 보이기도 한다. 예를 들면, 그리스 신화에 등장하는 최초의 괴물은 세상이 형성될 시기에 발생했던 지진 또는 화산 활동과 무척 닮아 있다. 더구나 여러 민족들의 신화에 인간이 진흙에서 만들어졌다거나, 대홍수로 인해 세상이 멸망하고 오직 하나의 선한 가족만이 살아남았다는 식의 상당히 비슷한 이야기들이 있다는 것은 무척이나 흥미롭다.

신화는 항상 지구와 함께 시작된다. 이 지구는 늘 여성이며, 생명과 풍요를 약속해 주는 대지의 어머니이다. 수많은 고대 부족의 신화들은 무섭고 암울하며, 흑마술黑魔術과 불가해한 사건들로 가득하다. 신은 기괴하고 잔혹하며, 인간에게 징벌을 내리고 산 제물을 바쳐야 하는 끔찍한 일까지 강요하기도 한다. 신과 여신은 고양이나 새의 머리에 사자의 몸뚱이를 가졌으며, 단순히 자연의 요소로서 존재하기도 하고, 뚜렷한 이유가 없는데 느닷없이 분노하기도 한다.

하지만 그리스 신화에 등장하는 신들은 무척 색다르다. 인간의 역사 초창기에 신은 남자나 여자의 모습을 하고 있었고, 결코 끔찍하거나 잔인하지 않았으며, 비이성적이라기보다는 오히려 함께하기에 편안한 존재였다. 그들은 여전히 막강한 힘을 지녔지만 자신이 행한 바에는 타당한 이유가 있었기에 사람들은 신을 경배했다. 만약 신이 인간에게 화를 냈다면 그럴 만한 까닭이 있기 때문이며, 신이 인간에게 상을 주었다면 반드시 그럴 만한 일을 했기 때문이다.

그리스 신화에 등장하는 신과 여신들은 남자나 여자와 다를 바 없고, 인간과 같은 개성―자존심, 용기, 지혜, 그리고 애정과 같은 고상함은 물론 질투, 분노, 증오, 욕망 등의 천박함까지―도 갖고 있다. 그들은 하늘과 땅 사이를 오가며 사람과 어울리고, 사랑에 빠져 결혼한 뒤 아이를 갖기도 하며, 사람들을 돕거나 일을 훼방하기도 한다. 천상天上 또한 인간이 사는 곳과 마찬가지인데, 단지 좀더 나을 뿐이다. 신들도 먹고 마시며 다양한 방식으로 즐기고, 때로는 사람들처럼 서로 다투기도 한다. 하지만 그들은 불멸不滅의 존재로 결코 죽을 수가 없다.

또한 그리스 신화의 세계는 미美의 세계이기도 하다. 숲과 강은 신들이 굽어보는 곳에 자리 잡고 있으며, 다른 신이 사는 바로 다음 구역으로 흘러간다. 거기에는 고약한 주술이나 추악한 마녀, 악귀나 무서운 유령도 없다. 그리고 사자死者의 망령도 결코 무섭지 않다. 약간 오싹하게 만드는 괴물이 있긴 하지만, 그들은 약삭빠른 인간에 의해서 또는 신성의 도움으로 대부분 격퇴당하거나 최소한 피할 수 있는 존재들이다.

로마 신화는 대개 그리스 신화와 같으며, 단지 신들에게 새로운 이름을 붙였을 뿐이다. 소소한 변화와 이야기 방식은 두 민족 간의 차이를 반영하고 있다. 발달된 공업 기술과 군사적 위업이 위대한 예술을 앞지른, 좀더 과학화된 풍토 속에서 살아온 로마의 작가들은 신화를 단순한 이야기로 여긴 듯 보인다. 신뢰할 만한 근거가 없고 그저 아름답거나 불가사의한 이야기라고 생각한 것이다.


## 2. 변신 이야기

수많은 고대 신화에는 사람이 다른 형태로 바뀌는 변신에 관한 이야기가 많다. 변신은 대개 여신이나 신에 의해 이루어지는데, 악행에 대한 징벌의 형태 또는 충만한 기원에 대한 보상이나 견뎌 낼 수 없는 상황으로부터 탈출하는 수단이기도 하다. 이 같은 일은 무작위로 발생하기도 하는데, 공교롭게도 엉뚱한 장소에 있던 사람에게 불똥이 튀기도 한다.

어떤 사물의 변형은 다양한 문화에서 비롯된 이야기의 맥락으로,

변신은 동화나 민담, 괴담에 등장한다. 예를 들어, 우리가 익히 알고 있는 이야기 '신데렐라Cinderella'는 탈바꿈이 가능하다는 믿음에 대한 의지 덕분에 호박이 황금마차로 바뀌고, 생쥐가 말이 되며, 초라한 부엌데기가 빛나는 공주로 변신이 가능했던 것이다.

왜 옛날이야기에는 변신이 자주 나오는 것일까? 그것은 아마도 우주의 본성이 변하기 때문일 듯싶다. 세상이 창조되는 그 순간부터 삼라만상은 헤아릴 수 없이 많은 변형을 거쳐 왔다. 산은 융기와 침강을 거듭했고, 바다는 범람과 마르기를 반복했으며, 생물의 종種은 끊임없이 번식하거나 멸종해 왔다. 변화는 무척 빠르게 진행되기도 하지만, 어떤 것은 너무 느리게 진행되어 미처 그것을 깨닫지 못하기도 한다. 태풍은 순식간에 한 도시를 날려 버리기도 하고, 홍수는 다리와 가옥을 떠내려 보내며, 식량자원은 기후나 곤충 또는 질병에 의해 소멸하기도 한다.

아이들이 태어나고 성장하듯 인간의 삶 역시 변화에 의해 지배된다. 우리가 누군가를 잠시 보지 못하다가 만나면 종종 "야! 너, 변했구나"라고 말한다. 인간의 육체는 전 생애를 통해 끊임없이 변모하며, 또한 내부적으로도 변해 간다. 가끔씩 지나온 과거를 돌이켜 보면, 어린 시절의 자신과 현재의 모습을 연결짓기 힘들어지기도 한다.

아마도 옛 사람들은 현대 문명사회에 사는 우리들보다 훨씬 더 자연과 가까이 살았기에, 세상의 끊임없는 변화에 친숙하게 적응했을 것이다. 낮과 밤, 기후, 그리고 계절의 변화 등은 기계나 인공조명 또는 난방시설이 없었던 당시 인간의 생활에 더 큰 충격이었으리라. 따라서 문명시대 이전, 인류는 삶을 변화의 내외적 순환으로서 훨씬 자연스럽게 이해했을 것이다.

변신 이야기는 직공織工이 쉬지 않고 집을 짓는 거미에서 비롯되었다는 식으로 삼라만상이 어떻게 이루어졌는가를 설명하기도 하며, 다른 여자와 바람을 피우던 신이 진실을 밝히기보다는 오히려 자기 부인의 눈에 띄지 않도록 애인을 암소로 변신시켜 쇠파리에게 고통을 받게 했다는 식으로 신과 인간의 관계를 정의하기도 한다. 그밖에도 신이 자기 딸에게 집적대는 것을 보다 못한 아버지가 그녀를 월계수로 변하게 했다는 이야기는 인간관계의 본성적 슬픔을 나타내 주기도 한다.

고대 신화에 나타나는 여러 가지 변신은 그것을 경험한 자들에게 기묘한 방식으로 영원의 단계를 부여해 준다. 하늘의 별이나 나무, 조각상 등으로 변한 여인은 비록 자신이 인생을 바꿀 수 있는 잠재력을 갖고 있지 않더라도 다가올 미래에 대해 걱정할 필요가 없다. 아마도 인간은 변신할 수 있는 능력과 함께 영원히 변치 않기를 간절히 바라고 있을 것이기 때문이다.

# 3. 고대 신화에 등장하는 신들의 면모: 신과 여신들의 이름

고대 신화에 등장하는 신과 여신의 이름은 아마도 처음에는 다소 혼란스러울 것이다. 왜 한 사람의 여신이 때로는 아테나Athena라 불리고 팔라스Pallas라고도 하며, 어떤 때는 미네르바Minerva라고 하는지? 이는 그리스와 로마에서 부르는 신의 이름이 다르고, 경우에 따라서는 별명을 붙이거나 애칭으로도 부르기 때문이다. 하지만 그 차이점을 일단 이해하고 나면, 누가 누구인지 아는 것은 그리 큰 문제가 되지 않는다.

로마 민족은 그리스 민족보다 늦게 번성기를 누렸으며, 조상에 대한 경애가 아주 각별했다. 로마는 고대 그리스로부터 문화의 기틀을 전수 받았으며, 특히 예술과 건축, 문학과 신화 등에서는 크나큰 아이디어를 얻었다.

이 책은 그리스와 로마 신화를 모두 다루고 있지만 주로 그리스식 이름을 사용하고 있는데, 그것은 이야기의 원전原典이 그리스이기 때문이다. 로마의 작가들이 쓴 이야기도 있는데, 그것은 그리스에서 비롯된 것이 아니거나 옛 이야기가 전해지지 않았기 때문이다. 이런 경우에는 로마식 이름을 사용했다.

다음에 소개하는 것은 그리스와 로마의 고대 신화에 등장하는 중요한 신들과 여신들의 명단이다.

## 올림포스의 12신

| 그리스 이름 | 로마 이름 | 영어 이름 |
|---|---|---|
| 제우스(최고 통치자) | 유피테르 | 주피터 또는 조브 |
| 헤라(제우스의 아내) | 주노 | 유노 |
| 포세이돈(바다의 신, 제우스의 형제) | 넵투누스 | 넵튠 |
| 하데스(지하세계의 신, 제우스의 또 다른 형제) | 플루톤 | 플루토 |
| 아테나 또는 팔라스 아테나(전쟁과 지혜의 여신, 제우스의 딸) | 미네르바 | |
| 아폴론 또는 포에부스 아폴론(음악과 의술, 태양의 신 제우스의 아들) | 아폴로 | 아폴론 |
| 아르테미스(사냥과 달의 여신, 아폴론의 쌍둥이 누이) | 디아나 | 다이아나 |
| 아프로디테(사랑과 미의 여신) | 베누스 | 비너스 |
| 헤르메스(신들의 전령) | 메르쿠리우스 | 머큐리 |
| 아레스(전쟁의 신) | 마르스 | |
| 헤파이스토스(불의 신) | 불카누스 | 벌컨 |
| 헤스티아(벽난로의 여신) | 베스타 | |

## 그밖의 중요한 신

| 그리스 이름 | 로마 이름 | 영어 이름 |
|---|---|---|
| 에로스(사랑의 신) | 쿠피드 또는 아모르 | 큐피드 |
| 데메테르(수확의 신) | 케레스 | 세레스 |
| 페르세포네(지하세계의 여왕) | 프로세피나 | |
| 디오니소스(술의 신) | 바쿠스 | 바커스 |
| 리티아(출생의 여신) | 루시나 | |
| 헤베(젊음의 여신) | 헤베 | |
| 이리스(무지개의 여신) | 이리스 | 아이리스 |
| 헤카테(마법의 여신) | 헤카테 | |
| 데미스(공정의 여신) | 데미스 | |
| 판(자연의 신) | 파우누스 | 팬 |

# 4. 고대 신화의 여인들

그리스 로마 신화를 처음 읽다 보면, 남성이 무척 중요한 역할을 맡고 있는 듯 보인다. 아마도 그것은 고대 신화를 다룬 많은 책들이 '영웅과 신들' 같은 제목을 사용했기 때문일 것이다. 그리고 전쟁과 인간의 모험에 관한 이야기로 세상에서 가장 위대한 두 편의 서사시, 호메로스Homeros, 영어로는 호머Homer의 『일리아드Iliad』와 『오디세이Odyssey』의 위력이 반영되었기 때문이기도 하며, 서구사회가 전통적으로 여성보다 남성에게 더 높은 가치를 부여했기 때문이기도 할 것이다.

하지만 자세히 살펴보면 흥미로운 사실들을 발견할 수 있다. 남자 주인공과 마찬가지로 수많은 여인들—죽음을 면할 수 없는 인간과 불멸의 신 모두가—이 등장한다는 사실이다. 여인들은 결코 집에서 멀리 떠나는 모험을 감행하지도 않고, 전투를 하거나 남자들처럼 영웅이 되고자 하지도 않는다. 그럼에도 여인들의 영향력은 지대하다. 그들은 인간적 삶의 관점에서 막강한 영향력을 행사하고 있으며, 때로는 삶을 조종하기까지 한다.

신화의 주인공들은 온갖 종류의 위업을 달성할 의무를 지니고 있다. 그들은 모험을 찾아 여행을 떠나는데, 이는 곳곳에서 발견된다. 그들은 전쟁터에서 싸움을 하고, 대담한 일을 수행하며 괴물보다 한 수 위의 실력을 과시한다. 불멸의 존재가 아닌 인간이 신에게 도전하고, 이 때문에 고난을 겪기도 하는 것이다. 최고의 막강한 힘을 가진 남성은 다름 아닌 제우스로, 모든 신과 인간의 아버지로 추앙받고 있다.

그러나 여자 역시 모험을 찾아낸다. 비록 그 모험이 그녀의 집 근처에서 일어나는 것일지라도, 여자는 전투에서 상대와 격전을 벌이고 자신이 생각하는 정의를 지키기 위해서 강인하게 견뎌 낸다. 또 사회의 불의와 맞설 때는 전통적인 여인의 역할을 과감하게 던져 버리고 우뚝 서서 가공할 용기를 보여 준다. 그들 역시 남자 영웅과 마찬가지인 것이다.

『엘렉트라Electra』의 주인공 오레스테스Orestes의 말을 빌리면 "여자도 때로는 전사戰士가 된다"고 하는데, 이는 매우 은유적인 표현이다. 통상적으로 여자의 체력과 전투력은 그리 중요한 것이 아니다. 그럼에도 이어지는 이야기는 여인의 용기와 도덕적 강인함을 잘 묘사하고 있다. 어떤 여자들은 결혼도 마다하고 자신만의 독립된 삶을 선택한다.

고대 그리스와 로마로부터 비롯된 수많은 서구 문화의 이야기 속에서는 여성에게 단지 한두 가지 역할만을 배정하고 있다. 즉 착하기 그지없고 순결한 어머니이거나, 아니면 서슴없이 상대를 유혹하는 아주 못된 악의 화신으로 그려지고 있다. 이 책에서 명확하게 밝히고 있듯이, 그리스 로마 신화 속의 여인들은 그보다 폭넓은 역할을 맡고 있으며, 도덕적으로도 복잡하기 그지없다.

올림포스의 신들 가운데 여신은 무척 특별한 존재로 그려진다. 특히 그리스 신화에서 게Ge 또는 가이아Gaia라 불리는 대지의 여신은 모든 신 가운데 으뜸이다.

물론 고대 신화 중에서 완벽한 인물은 없다. 신화 속의 남녀, 즉 신과 여신은 모두 결점을 지니고 있다. 그들은 모두 실수를 하고 때로는 악행을 저지르기도 한다. 그들은 실없기도 하고 거만하며, 질투심이 많고 천박하기까지 하다. 또한 일을 저질러 놓고 뒤늦게 후회하기도 하는데, 남녀를 불문하고 자신의 행위에 대해서 응분의 대가를 치른다.

그렇지만 신화 속의 남성과 여성 사이에는 흥미로운 차이점이 한 가지 있다. 일반적으로 남자는 개개인으로 묘사되는데, 끊임없이 자신의 힘을 시험하려 하고 타인에게는 대담성을 보여준다. 동료의식은 무척이나 중요하지만, 오랜 시간이 흐르면 자신의 역할에 충실하고자 홀로 우뚝 선다.

신화 속의 여성 역시 개인적으로는 두드러진 존재이다. 하지만 여성은 종종 무리로 등장하며, 인간일 때도 있지만 여신이나 반신반인半神半人인 경우가 더 많다. 이 같은 여성 집단은 좀더 낫건 못하건 간에 지상에 살고 있는 모든 사람들의 삶에 매우 중대한 영향을 끼친다. 그러면 예술과 인간의 지혜에 영감을 준 아홉 명의 뮤즈들과 함께 신화는 어디서부터 시작되었는지 알아보도록 하자.

## 뮤즈

뮤즈Muse는 '기억'이라는 의미의 이름을 가진 므네모시네Mnemosyne 와 제우스 사이에서 태어난 딸들이다. 예술가들에게 기억이라는 선물을 주고 모든 분야의 창조 작업을 돕는 것이 바로 이들이다. 특히 시인들은 영감을 얻기 위해 뮤즈에게 도움을 청하기 마련이다.

신성한 영감의 제공자인 뮤즈는 모두 아홉 명이다. 고대 그리스의 작가 헤시오도스Hesiod가 쓴 신화는, 신선한 땅의 하나인 헬리콘 산기슭에서 양 떼를 돌보고 있는 그의 앞에 뮤즈들이 어떻게 나타났는가를 묘사하면서 시작된다. 헤시오도스에 따르면, 그녀들은 헬리콘 산의 계곡에서 목욕을 하며, '경쾌한 발걸음으로 짙은 자줏빛 샘물'과 제우스 신전의 둘레를 돌면서 춤을 추었다. "그들은 샘물가나 신전으로부터 짙은 안개를 헤치며 앞으로 나아가며 아름다운 음성으로 노래 부르며 밤 늦도록 거닐었다." 뮤즈의 노래는 현재와 미래, 그리고 과거를 이야기한다. 뮤즈들은 양치기들로 하여금 시상詩想을 불러일으키게 하고, 그들이 뮤즈들에게 배운 모든 것들을 남들에게 전할 수 있는 대변자가 되도록 만들어 준다.

과연 그들의 이름은 무엇인가? 클리오(Clio, 명성), 에우테르페(Euterpe, 기쁨), 탈리아(Thalia, 쾌활), 멜포메네(Melpomene, 노래), 테르프시코레(Terpsichore, 즐거운 춤), 에라토(Erato, 사랑스러움), 폴리힘니아(Polyhymnia, 다양한 노래), 우라니아(Urania, 천공天空), 그리고 칼리오페(Calliope, 아름다운 목소리)가 바로 그들인데, 그중 칼리오페가 그들의 우두머리이다.

뮤즈는 각각 전문 분야를 맡고 있다. 클리오는 역사, 에우테르페는 서정시와 피리, 탈리아는 희극, 멜포메네는 비극, 테르프시코레는 춤, 에라토는 애정시, 폴리힘니아는 음악과 무언극無言劇, 우라니아는 천문天文, 그리고 칼리오페는 서사시를 맡았다.

피에루스 산에서 태어난 뮤즈들은 헬리콘, 파르나소스, 올림포스 등 각기 다른 산에서 살고 있다. 그들은 음악과 예언의 신인 아폴론과 매우 가까이 지낸다. 음악가 오르페우스는 다름 아닌 아폴론과 뮤즈 칼리오페 사이에서 태어난 아들이다.

## 님프

숲, 물 또는 언덕 어디에나 님프Nymph들이 존재한다. 이 귀엽고 우아한 정령精靈들은 자연의 아름다움을 간직한 곳이라면 어디든 살고 있다. 나무의 님프는 드리아드Dryad와 하마드리아드Hamadryad, 시내와

: : 존 윌리엄 워터하우스, 〈힐라스와 님프들〉.

강 또는 샘의 님프는 나이아드Naiad, 바다의 님프는 네레이드Nereid 또는 오케아니드Oceanid, 그리고 언덕이나 산의 님프는 오레아드Oread라 불린다.

본래는 신성하지만 님프들은 대지나 그들이 살고 있는 곳 가까이의 특별한 장소에 머물고 있다. 신에 가까운 님프는 불멸의 존재로 불사不死 또는 불사에 가까운 기나긴 수명을 지니고 있다. 눈부시게 어여쁜 젊은 처녀의 모습을 띤 그들은 쉽게 사랑에 빠지기도 한다. 그들은 신과 인간 모두에게 영향을 끼치는데, 인간에게는 행운과 풍요를 가져다준다. 님프는 대부분 친절하고 사랑스럽지만, 때로는 사람처럼 잔인할 수도 있다.

## 그라케

세 명의 그라케Grace는 제우스와 에우리노메Eurynome 사이에서 태어난 딸로, 각각의 이름은 아글라이아(Aglaia, 광채 또는 광휘), 에우프로시네(Euphrosyne, 기쁨 또는 명랑), 탈리아(Thalia, 청순 또는 명랑)이다. 아름다움, 우아함, 고상함, 그리고 우정의 화신인 그라케는 결코 서로 떨어질 수 없으며, 연회와 춤, 그리고 모든 사교 모임을 주재主宰한다. 그들이 춤을 추거나 함께 노래를 부르면, 신과 인간은 모두 흥겨워한다. 이 때문에 그라케는 종종 '삶의 활력소'라 불린다.

## 호라이(또는 계절)

제우스와 테미스의 딸인 호라이(Horae, 단수는 호라Hora, 영어로는 Hours)는 계절을 변화시키는 여신들이다. 그들의 이름이 뜻하는 바는 "하루의 시간"이 아니라 "1년의 계절"이라야 옳다. 대부분의 이야기에 봄, 여름, 그리고 겨울 세 명이 등장하기 때문이다.

호라이는 태양신 포에부스 아폴론을 수행하며, 그가 하늘을 가로지르며 달릴 수 있도록 날마다 말에게 마구馬具를 채워 준다. 천상의 수호자이기도 한 그들은 신들이 수레를 타고 나갈 때마다 구름을 걷어 주고 올림포스의 문을 열어 준다.

## 파테스

밤이 낳은 수많은 자식들 가운데 인간의 운명을 결정하는 세 명의

:: 루카 조르다노, 〈신들의 동굴〉.

여신 파테스Fates가 있다. 클로토Clotho는 인간 수명의 실을 잣고, 라케
시스Lachesis는 그 실을 잡고 길이를 재어 인간 남녀의 운명을 배정하
며, 셋 중 가장 어리지만 가장 끔찍한 아트로포스Atropos는 실을 자름
으로써 인간의 생을 마감 짓는다.

　그렇다면 대체 파테스는 어느 정도의 힘을 지녔을까? 그들도 제우
스의 지배를 받을까? 제우스는 파테스의 결정을 번복할 수 있을까?
아니면 가장 막강한 힘을 지닌 그도 파테스에게 복종해야만 하는 것
일까? 인생의 길흉화복은 대부분 파테스가 야기惹起한다고 여겨지며,
수많은 고전 작가들은 파테스가 신보다 우위에 있다고 믿었다. 호메
로스와 베르길리우스(Virgil, 영어로는 버질)는 제우스가 인간의 수명을 관

장하는 잣대를 갖고 있지만, 수명을 결정하고 보관하는 것은 파테스라고 묘사했다. 제우스는 트로이 전쟁에서 죽을 운명에 처한 자신의 아들 사르페돈Sarpedon을 구하고자 했으나 결국 개입하지 못했다. 그럼에도 신들은 알케스티스Alcestis와 아드메토스Admetus의 이야기에서 아폴론이 그랬듯 가끔씩 파테스들의 마음을 바꾸기 위해 속임수를 쓰기도 한다.

헤시오도스는 처음에 파테스를 밤의 딸이라고 지칭했지만, 나중에는 자연과 사회의 공정과 규율을 집행하는 여신 테미스와 제우스 사이에서 낳은 딸이라고 했다. 이러한 사실은 비록 인간의 생명을 관장하는 파테스의 힘이 아무리 막강할지라도 모든 일은 정해진 순리에 따라 이루어진다는 사실을 암시하고 있다.

### 푸리아이(또는 에리니에스)

이 끔찍한 정령들은 심각한 범죄를 저지른 자들에게 공정하고 정확한 징벌을 내리는 복수의 여신들이다. 그녀들은 종종 밤의 딸로 불리지만 크로노스Cronos의 핏방울이 가이아, 즉 대지 위에 떨어져 태어났다는 설이 구구하다.

푸리아이Furies는 알렉토(Alecto, 쉬지 않는 여자), 메가이라(Megaera, 질투하는 여자), 그리고 티시포네(Tisiphone, 살인에 대해 복수하는 여자) 등 모두 세 명이다. 그녀들은 특히 존속尊屬을 살해한 죄를 범한 자들을 포함하여 자연의 법칙을 위반한 모든 남녀들을 징벌한다.

푸리아이는 징글맞게 생긴 쪼그랑 할멈들이다. 개의 머리에, 머리카락은 박쥐의 날개를 가진 뱀이다. 피를 쏟을 듯한 쾡한 눈으로 상대를 응시하고, 범죄자들을 가격하기 위한 황동黃銅 손잡이가 달린 채찍과 횃불을 들고 다닌다. 그들의 의도는 희생자를 광증狂症과 분노에 빠뜨려 마지막에는 고통 속에서 죽게끔 만드는 것이다. 그들은 자신들의 본명을 부르는 것을 끔찍이도 싫어하므로, 사람들은 종종 에우메니데스(Eumenides, '친절한 마음을 가진 자'라는 뜻)라 불러 주었다.

푸리아이는 범죄자를 징벌하기 위해 지상으로 내려올 때를 제외하고는 타르타로스나 지옥에 머물면서 영원한 형벌을 받아 마땅한 죄인들이 끊임없는 고통을 받도록 괴롭히면서 시간을 때운다.

## 하르피아이

하르피아이Harpies는 날개가 달린 무서운 괴물들로 몸뚱이의 반은 새이고 나머지 반은 여자이다. 그들은 날카롭기 그지없는 발톱과 갈고리 모양의 부리로 속수무책인 희생자들을 공격한다. 그들의 이름은 마치 태풍처럼 폭력적이기에 붙여진 것으로, 각각 아엘로(Aello, 질풍), 오키페테(Okypete, 쾌속한 비상), 켈라이노(Celaeno, 먹구름처럼 검은 여인)이다. 그녀들이 만진 모든 것들은 썩어 버리고, 어디를 가든지 견딜 수 없는 악취를 풍기기 때문에 그 냄새를 맡은 생물은 모두 구역질을 한다.

하르피아이가 '제우스의 사냥개'라 불리는 까닭은 그녀들이 때로는 징벌의 수단으로 이용되기 때문이다. 통상적인 방법은 그들의 희생양인 인간이 막 식사를 시작하려 할 때, 식탁에 내려앉아 음식물을 잡아채 멀리 내동댕이치는 것이다. 하르피아이의 깃털은 칼보다 단단한 강철과도 같기 때문에 그들을 쫓아 보내기란 거의 불가능하다.

## 시렌

시렌(Siren, 영어로는 사이렌)은 사람을 유혹하는 요부妖婦와 같은 존재로 새와 비슷한 모습이라고 한다. 하지만 그를 보고 살아남은 사람이 없기 때문에 과연 어떤 모습을 하고 있는지를 알기란 거의 불가능하다. 그들의 숫자와 이름은 이야기마다 차이가 있지만, 처녀의 음성, 부드러운 음성, 매혹적인 화술話術, 설득하는 자, 애교 있는 언변, 노래 등 그 이름이 뜻하는 바가 항상 비슷하다는 사실은 매우 중요하다. 이 생물체들은 괴물 스킬라Scylla와 카리브디스Charybdis의 은신처인 해협과 가까운 꽃이 만발한 섬에서 살고 있다. 선박이 지나갈 때마다 시렌은 목소리를 높여 노래를 부르는데, 어찌나 달콤하고 매혹적인지 그 노래를 들은 사람은 누구나 그것을 영원히 듣기 위해 바다로 뛰어들어 섬까지 헤엄쳐 오지 않고는 배겨낼 수 없게끔 만든다. 이 매혹적인 가수들이 있는 바닷가는 선원들의 백골로 하얗게 뒤덮여 있다.

시렌은 그들이 노렸던 제물을 유혹하는 데 실패한 적이 딱 두 차례 있다. 첫 번째는 충분히 유혹에 넘어갈 수 있는 아르고호號의 선원들이 섬을 지날 때, 오르페우스Orpheus가 시렌보다 더욱 우렁차고 달콤한 노래를 불러 그들의 노래를 듣지 못하게 한 것이다. 두 번째는 오

:: 하버트 제임스 드레이퍼, 〈오디세우스와 시렌들〉.

디세우스Odysseus인데, 그는 시렌의 노래를 듣고도 목숨을 건진 유일한 인간이다. 그는 키르케Circe의 충고에 따라 선원들을 시켜 양초로 자기의 귀를 막았기 때문에 아무런 소리도 들을 수 없었고, 더구나 몸을 돛대에 꽁꽁 묶었기 때문에 시렌의 유혹이 아무리 강했어도 바다에 뛰어들지 않았던 것이다.

한 번은 시렌이 뮤즈에 맞서 노래 경연대회에 나간 적이 있었다. 당연히 그들은 패했고, 승리자는 시렌의 깃털을 뽑아 왕관을 만들었다. 또 다른 이야기로 시렌은 친구인 페르세포네와 함께 꽃을 꺾으러 갔는데, 이때 페르세포네가 하데스Hades에게 납치되고 말았다. 이 유괴 사건 때문에 벌을 받은 시렌은 흉측한 모습이 되었다고 한다.

### 고르곤

고르곤Gorgon은 무시무시한 세 명의 자매로 바다의 지배자인 포르키스Phorcys와 케토Ceto 사이에서 태어난 딸들이다. 바다 서쪽에 살고 있는 그녀들의 머리카락은 뱀이고, 번득이는 눈과 끔찍스러운 혀, 거친 털과 발톱, 그리고 멧돼지의 어금니를 가진 괴물이다. 이 끔찍한 존재들이 힐끗 쳐다보기만

:: 페가수스를 안고 있는 고르곤.

하면 살아 있는 생명체는 모두 돌로 변하고 만다.

고르곤의 이름은 각각 스테노(Stheno, 강인함), 에우리알레(Euryale, 멀리 날다), 메두사통치자 또는 여왕로 다른 자매들은 불사不死의 존재이나 메두사만은 그렇지 않다. 메두사는 최후에 전설적인 영웅 페르세우스Perseus에게 죽임을 당한다.

### 그라이아이

그라이아이(graiae 또는 gray ones, 회색인灰色人)는 고르곤의 누이들로 아틀라스 산의 동굴에 산다. 각각 에니오(Enyo, 호전적인), 펨프레도(Pemphredo, 짓궂은), 데이노(Deino, 무서운)라는 이름을 가졌는데, 잿빛 머리와 깊은 주름을 가지고 태어난 흉칙한 노파들이다. 장님이며 이가 없는 그라이아이는 눈 하나와 이 하나를 가지고 있는데, 무엇을 보거나 깨물고자 할 때는 서로가 필요한 것을 건네줌으로써 각자의 역할을 공평하게 분담한다.


## 5. 고대 신화의 작가들

전설이나 민담, 동화와 달리 고대 신화는 우리가 아는 것처럼 이야기를 시와 작품으로 신중하게 다듬은 작가들의 산물이다. 대부분의 작가들이 구전口傳을 거듭해 온 고대 신화를 듣고 불멸의 예술 작품으로 만들기 위해 기록한 것은 의심할 여지가 없다. 다음에 소개하는 사람들은 그리스 로마 신화를 쓴 중요한 작가들이다.

호메로스Homeros, Homer는 아마도 모든 작가 가운데 가장 오래 되었으며 또한 가장 잘 알려진 인물일 것이다. 그는 기원전 1000년경에 두 편의 위대한 서사시를 쓴 그리스의 눈먼 시인이다. 『일리아드』는 그리스와 트로이 간에 벌어진 거대한 전쟁 이야기이며, 『오디세이』는 트로이 전쟁이 끝나고 고향으로 돌아온 영웅 오디세우스의 모험을 그린 작품이다.

헤시오도스Hesiodos, Hesiod는 기원전 9~8세기경에 살았던 양치기나 농부처럼 보인다. 그는 만물이 어떻게 비롯되었는지에 의문을 품고 기록하기 시작했다. 그는 『신통기 Theogony』에서 우주와 세상의 생성, 신들의 원류原流, 그리고 대지

:: 호메로스

에서 어떻게 생명이 시작되었는지 등을 설명하며, 또 다른 저서 『일과 나날들Works and Days』에서는 척박한 세상에서 어떻게 양질의 삶을 누릴 수 있었는지를 이야기하고 있다.

『호메로스 찬가Homeric Hymns』는 특별한 신들의 영광을 묘사한 시로 기원전 8세기 말부터 7세기 초엽에 씌어진 것이다.

핀다르Pindar는 기원전 6세기 말의 위대한 서사시인으로 그리스의 대승을 축하하는 송시를 썼다. 일반적으로 모든 송시에는 신화가 담겨 있고, 우리가 알고 있는 수많은 이야기들의 원전이 되었다.

수많은 이야기들이 그리스 극작가들의 손에서 비롯되었다. 기원전 6세기 초와 5세기 말엽에 살았던 아이스킬로스Aeschylus, 소포클레스

Sophocles, 에우리피데스Euripides는 신화 속의 주인공들을 소재로 위대한 비극 작품을 써서 서양인들의 가슴 속에 생생하게 느껴지도록 되살려 놓았다. 기원전 5세기 말부터 4세기 초에 선보인 아리스토파네스Aristophanes의 희극에도 역시 많은 신화가 담겨 있다.

기원전 5세기 말엽에 살았던 그리스의 역사학자 헤로도토스Herodotus와 철학자 플라톤Plato의 저서에도 많은 신화가 담겨 있다.

기원전 1세기 말부터 기원후 1세기 초엽까지 살았던 로마의 시인 오비디우스(Ovidius, 영어로는 Ovid) 또한 고대 신화의 중요한 원전을 남긴 인물 중 한 사람이다. 그의 『메타모르포세스Metamorphoses』는 신과 인간에 대한 200편이 넘는 신화 같은 이야기를 고쳐 쓴 것으로, 대부분이 주인공 가운데 한 사람을 변형시켜 놓았다. 또 『헤로이데스Heroides』 또는 『영웅적 여인의 편지』는 신화 속의 유명한 여인들이 남편이나 연인에게 보낸 편지 형식으로 지어낸 것이다.

베르길리우스(Vergilius, 영어로는 Virgil)는 오비디우스와 비슷한 시기에 살았던 인물로 아마도 고대 로마의 가장 위대한 시인이라 할 수 있을 것이다. 그가 쓴 서사시 『아이네이스Aeneis』는 트로이가 함락된 후 살아남아 나중에 로마를 세운 영웅 아이네이아스Aeneas에 대한 이야기이다.

파우사니아스Pausanias는 2세기경 여러 곳을 여행한 그리스 인이다. 그는 여행 후에 쓴 안내서에 그가 방문했던 곳에서 사람들에게 들은 수많은 이야기들을 다시 썼다.

로마 인 아풀레우스Apuleus는 2세기경 몇 편의 신화를 기록했으며, 그리스 인 루시앙Lucian은 신화를 풍자한 작품을 썼고, 역시 그리스 인으로 비슷한 시기에 활동했던 아폴로도로스Apollodorus도 여러 작품들을 집필했다.

# 제1부

## 모든 것은 어디에서 비롯되었나?

창조 이야기

태초에 혼돈이 있었다.
그것은 아무것도 존재할 수 없는 깊은 균열이었다.
그로부터 드넓은 가슴을 지닌 대지이자 올림포스 산을 차지한 불멸의 존재들,
즉 열두 신들의 어머니인
가이아Gaia가 탄생했다.

# 1. 가이아: 만물의 어머니

태초에 혼돈이 있었다. 그것은 아무것도 존재할 수 없는 깊은 균열이었다. 그로부터 드넓은 가슴을 지닌 대지이자 올림포스 산을 차지한 불멸의 존재들, 즉 열두 신들의 어머니인 가이아Gaia가 탄생했다. 그리고 드넓은 대지의 외딴 구석에 숨어 있던 타르타로스Tartarus가 나왔고, 다음에 불사신들 중에서도 가장 빼어나며 신과 인간을 막론하고 이성을 압도하는 아름다움을 지닌 에로스(Eros, 사랑)가 생겨났다. 그리고 어둠의 지배자인 에레보스Erebos와 밤, 그리고 낮과 신선한 공기가 생겨났다.

이제 대지는 자신을 둘러싸고 있고 축복 받은 신들의 고향이자 자기의 분신, 즉 별이 반짝이는 하늘에게 생명을 부여했다. 다음에 대지는 기나긴 산맥과 신들의 아름다운 거처, 그리고 계곡과 산중턱에 살고 있는 님프들을 낳았다. 또한 물결이 휘몰아치고 결코 마르지 않는 바다를 낳았으며, 하늘과 함께 그녀가 지배하는 왕국을 에워싸고 있는 거대한 강의 지배자 오케아노스Oceanus를 낳았다.

대지는 하늘과 결합하여 키클로페스Cyclopes와 100개의 팔을 가진 강대한 세 거인도 낳았는데, 그들 중 가장 어린 자식이 '시간'이라는 뜻의 이름을 가진 크로노스Cronos이다.

하늘은 자식들을 몹시 싫어해서 그들이 태어나자마자 동굴 속에

:: 대지에서 태어난 아이 에리크토니오스를
아테나에게 건네는 가이아(왼쪽).

가두어 빛을 보지 못하도록 했다. 대지가 자신이 낳은 자식들을 하늘이 사랑하지 않음을 슬퍼하고 괴로워하는 동안, 하늘은 자신의 사악한 행위를 즐기며 흥청거리고 있었다.

급기야 대지는 견고하기 그지없는 금속 애더몬트(Adamont, 다이아몬드)를 창조했고, 수확의 도구인 커다란 낫(aegis, 아이기스)을 만들었다. 그리고 그녀는 자식들에게 이렇게 말했다. "나는 너희 아버지가 저지른 잔혹한 행위를 뜯어고칠 것이다. 누가 나를 돕겠느냐?"

하지만 자식들은 두려운 나머지 아무도 입을 열지 않았다. 다만 크로노스만이 "어머니, 제가 그 일을 맡겠습니다. 입에 담기조차 끔찍한 아버지가 결국엔 다시 잔인한 짓을 벌일 테니까요"라고 말했다.

그날 밤, 하늘이 내려와 대지를 어둠으로 뒤덮을 때, 몰래 숨어 있던 크로노스가 뛰쳐나와 자신의 아버지를 낫으로 후려쳤다. 하늘이 흘린 피는 방울지면서 대지 위로 떨어졌고, 그로부터 복수의 여신인 푸리아이 세 자매와 거인들, 그리고 세 명의 님프가 태어났다. 사랑의 여신 아프로디테는 아버지의 상처가 바다에 닿아 생긴 거품에서 태어났다.

하늘은 자식들을 맹렬히 비난하며 티탄Titan이라는 이름을 붙여 주었다. 후일 이 거인족 티탄은 올림포스의 신들과 엄청난 전쟁을 벌이는데, 결국 신들이 승리하게 된다.

하지만 가이아는 대지이자 신, 그리고 그와 비슷한 인간을 포함한 만물의 어머니이다.

이것이 바로 헤시오도스가 설명한 세상의 시작에 대한 이야기이다. 이제 다른 이야기도 곧 들을 수 있을 것이다.


## 2. 태초에


아무것도 존재하지 않았을 때 혼돈chaos이 있었다. 그것은 형체도 없는 완벽한 무無였다. 혼돈으로부터 만물의 여신 에우리노메Eurynome가 생겨났는데, 벌거벗은 채 혼자 일어선 그녀는 자신이 발을 붙이고 쉴 만한 곳이 없음을 알게 되었다. 그녀는 하늘로부터 바다를 떼어냈지만 아직도 쉴 만한 곳이 없었다. 에우리노메는 파도 위에서 춤을 추며 남쪽을 향해 달려갔다. 그녀가 춤을 추자 생겨난 바람도 춤을 추며 그녀의 뒤를 따랐다. 그것은 전혀 새로운 것이었기에 그녀는 바람을 손으로 잡아 문질러 보았다. 그러자 갑자기 거대한 뱀, 오피온Ophion이 되었다. 그 뱀은 스스로 에우리노메의 몸을 휘감았고, 마침내 그녀는 임신을 하게 되었다.

이제 여신은 거대한 비둘기가 되어 파도를 나지막하게 뒤덮었다. 그때 그녀는 거대한 알을 낳았고, 그것은 곧 생겨날 모든 것을 담고 있었다. 그녀의 부탁을 받은 거대한 뱀, 오피온은 알을 일곱 번 휘감아 부화하여 두 쪽으로 나뉠 때까지 덮혀 주었다. 그 알로부터 에우리노메의 자식들이 뛰쳐나왔으니, 그것들이 바로 태양과 달, 행성과 별들이다. 마지막으로 산과 계곡, 강과 시내, 나무, 식물, 그리고 모든 생명체 등의 경이로운 피조물과 함께 지구가 태어났다.

에우리노메와 거대한 뱀은 서로 다투기 전까지 올림포스 산에서 살았다. 오피온이 만물을 창조하겠다고 고집을 피우자, 그녀는 깊은 지하세계의 동굴 속에 오피온을 가두어 버렸다. 그 다음에 그녀는 행성 일곱 개를 만들어 티탄 족의 남녀들에게 통치를 맡긴 다음, 맨 나중에 인간을 만들었다. 최초의 인간은 아르카디아Arcadia의 흙에서 튀어나온 펠라스고스Pelasgus로, 인류의 조상이 되었다.

어쨌든 이것이 창조의 두 번째 설說이며, 또 다른 이야기도 있다.

# 3. 세상은 어떻게 시작되었나?

만물이 생겨나기 전에 형체 없는 무無, 즉 혼돈이 있었다. 그의 자식들은 검은 날개를 가진 여신, 밤과 죽음의 장소인 에레보스Erebos였다. 모든 힘을 지닌 밤은 바람과 사랑을 나누고 어둠의 심연深淵에 은빛 알을 낳았다. 알이 부화되자 금빛 날개를 지닌 존재인 사랑이 나왔고, 이것은 곧 질서와 아름다움을 만들기 시작했다. 또한 사랑은 빛과 낮, 그리고 대지와 하늘을 창조했다.

어머니인 대지가이아와 아버지인 하늘우라노스의 결합으로 맨 처음 태어난 삼형제는 화산, 지진, 태풍 등의 힘을 지닌 거대한 피조물로 100개의 팔과 50개의 머리를 가진 거인들이었다. 그 다음 삼형제는 모두 바퀴처럼 커다란 눈 하나가 이마 한가운데에 달린 거대한 키클로페스(Cyclopes, 단수는 키클로프스Cyclops)였다. 마지막으로 태어난 것은, 모두가 폭력적이고 파괴적이진 않지만 앞서 태어난 형제들과 마찬가지로 거대하고 막강한 힘을 가진 티탄 족이었다. 실제로 그들 가운데 일부는 아직 만들어지지 않은 새로운 종족인 인류에게 은혜를 베푸는 존재가 되었다.

우라노스Uranus는 자기 자식들을 증오하여, 괴물 같은 거인들이 태어나자마자 깊은 지하세계의 동굴 속에 가두어 버렸다. 분노한 대지는 키클로프스들과 티탄 족에게 호소하여 이 같은 무도한 행위에 대항

하기로 했다. 가장 어린 티탄 크로노스는 어머니를 도울 수 있는 용기를 가진 유일한 인물이었다. 그는 우라노스와 싸워 치명적인 부상을 입혔는데, 그때 흘린 피가 대지를 적셔 거인과 푸리아이가 태어났다.

크로노스는 이제 그의 누이이자 여왕인 레아Rhea와 함께 하늘과 땅의 통치자가 되었다. 두 사람은 신들의 부모가 되었지만, 크로노스는 자기 아버지와 마찬가지로 질투가 아주 심했다. 죽어 가던 우라노스는 크로노스도 자신과 똑같은 운명에 처하는 고통을 받으리라고 예언했는데, 자식 가운데 하나에 의해 권좌에서 물러나리라는 것이었다. 하지만 크로노스는 이를 막아 낼 방법을 생각해 냈다. 태어나는 아이들을 모두 삼켜 버린 것이다. 처음에 세 명의 딸 헤스티아Hestia, 데메테르Demeter, 헤라Hera를, 그리고 다음에는 아들 하데스Hades와 포세이돈Poseidon을 삼켜 버렸다.

이제 레아가 아이들의 아버지에게 분노할 차례가 되었다. 막내인 제우스Zeus가 태어나자 그녀는 크로노스의 눈에 띄지 않게 재빨리 어머니 대지에게 보내 돌보도록 했다. 그 대신 그녀는 돌을 아기의 옷으로 둘둘 말아 포대기로 싸 놓았고, 크로노스는 이를 아기로 여기고 한 입에 삼켜 버렸다.

청년으로 성장한 제우스는 아버지에게 복수하고 형제들을 구하기로 결심했다. 비밀리에 집으로 돌아온 제우스는 어머니 레아와 상의하여, 어머니의 도움을 받기로 했다. 레아는 크로노스에게 술을 먹여 복통을 일으키게 했고, 크로노스는 모든 것을 토해 내기 시작했다. 처음에 돌이 나왔고, 이어서 나온 제우스의 형과 누이들은 자신들을 무사히 구출해 준 동생에게 감사했다. 당연히 크로노스의 이 같은 만행에 비위가 상한 이들은 제우스에게 티탄과 벌일 전쟁에서 지도자가 되어 달라고 간청했다.

천지의 소유권을 두고 벌어진 기나긴 투쟁에서 티탄과 신들은 맹렬히 싸웠다. 아틀라

:: 돌을 싼 포대기를 크로노스에게 주는 레아.

스Atlas가 이끄는 티탄들은 젊은 신들보다 거대하고 막강했다. 전쟁은 티탄이 거의 승리하는 듯 보였다. 그러나 제우스는 아버지의 형제이자 평소 크로노스에게 불만이 많았던 100개의 손을 가진 괴물 헤카톤케이르Hekatoncheir와 키클로프스들의 도움을 받았다.

키클로프스들은 금속을 능수능란하게 다루는 대장장이였기에 전쟁에서 크나큰 도움이 될 놀라운 성능의 무기를 만들어 냈다. 제우스

에게는 번개를, 하데스에게는 머리에 쓰면 몸이 보이지 않는 투구를, 포세이돈에게는 삼지창三枝槍이라고 불리는 날카롭고 끝이 세 갈래로 갈라진 무기를 주었다. 이 같은 무기 덕분에 대세大勢는 신들에게로 기울어졌다. 마법의 투구를 쓴 하데스는 아버지의 왕궁으로 숨어 들어가 형제들이 들어올 수 있도록 문을 열어 놓았다. 포세이돈이 삼지창으로 크로노스를 궁지에 몰아 넣고 있는 동안, 제우스는 번개를 던졌고 티탄의 우두머리는 쓰러지고 말았다.

드디어 신들은 승리를 거뒀고, 첫 번째로 힘을 행사했다. 티탄이 절대 탈출하지 못하도록 깊은 지하세계로 추방하여 결박해 놓은 것이다. 전투에서 티탄을 이끌었던 아틀라스는 죗값을 치르기 위해 낮과 밤이 만나는 곳에서 영원히 지구를 어깨로 받치고 있어야 했다. 그는 오늘날까지도 그곳에서 무거운 짐을 지고 서 있다.

이제 세 명의 형제 신들이 우주를 지배하게 되었다. 남은 것은 어떻게 이를 다스리느냐 하는 문제뿐이었다. 우주에는 하늘, 땅, 바다, 그리고 지하세계 등 네 구역이 있었다. 땅은 문제 삼기에 너무도 하찮은 듯하여 그들은 이를 까맣게 잊고 있었다. 그래서 그들은 주사위를 던져 순서를 정하기로 했다. 일등을 한 제우스는 하늘을 다스리기로 했다. 다음 차례인 포세이돈은 그가 진정으로 원했던 구역이었기에 기꺼이 바다를 택했다. 하데스에게 남겨진 것은 달갑지 않은 지하세계, 즉 밤과 잠, 그리고 죽음의 구역이었다.

통치구역을 정한 신들은 이제 그들의 관심을 땅으로 돌렸다. 과연 그들은 땅을 어떻게 정리했을까? 먼저 그들은 상상력을 발휘하여 가장 아름다운 모습을 지닌 자연을 만들었다. 산을 솟게 하고 계곡을 만들었으며, 강을 따라 물이 흐르게 하고 깊은 곳에는 물이 고이도록 했으며, 나무와 푸른 식물과 꽃으로 세상을 빛나게 만들었다. 그들은 이 멋진 곳에서 함께 살아갈 사랑스러운 생명

:: 장-오귀스트-도미니크 앵그르, 〈제우스와 테티스〉.

체들을 입주시킬 준비를 완료했다.

　신들은 제우스 편이 되어 싸움을 했던 티탄 프로메테우스Prometheus와 그의 동생 에피메테우스Epimetheus에게 동물과 인간을 창조하는 임무를 부여했다. '선견지명先見之明'이라는 뜻의 이름을 가진 프로메테우스는 신보다 현명했다. 하지만 '뒤늦게 생각한다'는 뜻의 이름을 가진 에피메테우스는 그의 형만큼 똑똑하지 못했다. 정신이 산만한 에피메테우스는 앞일을 생각하지도 않고 땅으로 내려와 동물들을 배양했고, 그들에게 속력과 용기, 교활함과 강인함을 주었다. 즉 지느러미, 깃털, 발톱과 부리, 그리고 몸을 따뜻하게 할 수 있는 풍성한 털을

갖도록 해 준 것이다. 그러다가 갑자기 인간에게 줄 것이 하나도 남지 않았다는 사실을 깨달았다. 에피메테우스는 현명한 그의 형에게 도움을 청할 수밖에 없었다.

프로메테우스는 이미 찰흙으로 형型을 만들고 있었다. 그를 꺼내 들고 외형만 손보면 될 터였다. 그는 이 생명체가 똑바로 서고 하늘을 처다볼 수 있도록 신의 모습을 본떠 만들었다. 여신 아테나Athena가 이 창조물에게 숨을 불어넣어 주었다. 마침내 인류가 탄생한 것이다.

하지만 아직도 한 가지가 빠져 있었다. 만약 인간이 불火만 가진다면 땅 위의 생명체 가운데 으뜸일 텐데. 자신의 피조물에 대해 넘치는 애정을 가진 프로메테우스는 속이 빈 회향나무 가지를 들고 하늘로 올라가, 태양으로부터 불을 붙여 가지고 다시 땅으로 돌아왔다. 이 엄청난 선물을 얻은 인간에게 더 이상 다른 동물들은 경쟁 상대가 될 수 없었다.

제우스는 격노했다. 그는 불을 신의 상징이라 여겼기 때문에 인간이 불을 갖는 것은 절

:: 인간을 창조하는 프로메테우스와 창을 들고 서 있는 아테네.

대 용납할 수 없는 노릇이었다. 그는 인간의 편이 되어 인간을 위해 불을 훔치고 문명과 예술까지 전해 준 프로메테우스를 책망했다. 그에 따른 형벌로 제우스는 프로메테우스를 인간과 멀리 떨어진 높은 절벽에 결박해 놓았다. 그리고 독수리로 하여금 날마다 그의 간을 쪼아 먹도록 했다. 간은 밤새 다시 생겨나고, 다음 날이면 그는 똑같은 고통에 시달려야 했다. 기나긴 세월이 지난 후에야 제우스는 그가 형벌에서 벗어나 자유의 몸이 되는 것을 허락했다. 그를 구하러 온 헤라클레스Hercules가 독수리를 죽이고 프로메테우스를 결박에서 풀어 준 것이다.

## 4. 제우스의 복수: 판도라

제우스는 그래도 화가 안 풀렸다. 왜냐하면 프로메테우스가 인간에게 불이라는 아주 경이로운 선물을 전해 준 것으로 그치지 않았기 때문이다. 그는 눈속임으로 동물의 가장 좋은 살코기 부분을 인간이 차지하도록 해 주고, 신에게는 그 나머지인 뼈와 기름을 제물로 바치도록 해 주었다.

그가 사용한 계책은 다음과 같다. 살찐 황소를 잡아 살을 발라내어 내장으로 덮어 숨긴 꾸러미 하나와, 또한 속에는 뼈를 넣고 겉에는 번질번질한 기름을 바른 꾸러미를 만든 다음, 제우스로 하여금 둘 중 하나를 고르도록 했다. 제우스는 위에 놓인 꾸러미가 훨씬 기름지고 나아 보여 그것을 골랐다. 꾸러미를 집어 들자마자 뼈다귀만 가득 들어 있음을 알게 된 제우스는 노발대발했지만 별 도리가 없었다. 선택은 그 스스로 한 것이 아닌가? 이제 인간은 동물을 잡아 제단에 바치기 전에 고기는 모두 자신이 갖고, 신에게는 뼈와 기름만 바치면 되었다.

그러나 제우스는 이 같은 술수에 호락호락 속아 넘어갈 신이 아니었다. 보복은 당연한 것으로, 계획을 실행하는 데는 아무런 문제가 없었다. 익히 알고 있듯이, 그때만 해도 땅 위에는 '남자'만 살고 있었다. 그들에게 뭔가 말썽을 일으킬 만한 것을 주고자 마음먹은 제우스는 불의 신이자 대장장이의 지배자인 헤파이스토스Hephaestus를 불러 아름다운 아프로디테를 본떠 진흙으로 인간을 빚으라고 명했다. 인간의 형체가 다 만들

:: 바르톨로메우스 슈프랑거,
〈헤파이스토스의 대장간에 들른 아프로디테〉.

어지자 제우스는 생명을 불어넣었고 '여자'라고 불렀다.

제우스는 모든 신들을 불러 모아 남자가 여자에게 호감을 갖도록 하지만 인생에 전혀 도움이 되지 않는 선물을 하나씩 가져올 것을 부탁했다. 제우스는 이 모든 선물들을 '여자'에게 주었고, 자신도 그녀에게 빼어난 아름다움뿐만 아니라 허영심과 우둔함까지 함께 주었다. 아테나Athena는 실을 뽑아 천을 짜는 법을 가르쳤지만 그녀가 가진 지혜는 조금도 나눠 주지 않았다. 데메테르Demeter는 그녀에게 정원 손질하는 법을 전해 주었고, 아프로디테는 남자의 관심을 끄는 법을 전해 주었다. 그리고 헤라Hera는 호기심과 의심을 선물했다.

모든 일을 마친 후, 신들은 그녀에게 꽃무늬가 화사한 옷을 입히고, 머리에는 금관金冠을 씌워 준 다음, '모든 선물'이라는 뜻의 판도라 Pandora라는 이름을 붙여 주었다. 그리고 헤르메스Hermes는 정교하게 세공한 황금 상자를 건넸다. 판도라에게 무슨 일이 있어도 상자를 열어서는 안 된다고 다짐을 받은 다음, 신들은 그녀를 프로메테우스의 멍청한 동생 에피메테우스에게 데려갔다. 제우스가 주는 선물은 어떤 것이라도 조심해야 한다는 형의 당부에도 불구하고, 판도라의 미모에 얼이 빠진 에피메테우스는 경고를 무시한 채 기꺼이 그녀를 받아들였다.

상자는 판도라의 마음을 참을 수 없도록 산란하게 만들었다. 이 속에 무슨 중대한 비밀이 숨겨져 있단 말인가? 왜 상자 안을 들여다보면 안 되는 것일까? 조금 열어 봐도 정말 아무런 일도 없을 거야! 결

:: 단테 가브리엘 로세티, 〈판도라〉.

국 그녀는 호기심을 이기지 못하고 상자를 열고 말았다. 하지만 상자 뚜껑을 열자마자 슬픔과 역병疫病 같은 온갖 불행들이 튀어나와 그녀의 얼굴을 스치고 날아갔다. 판도라는 깜짝 놀라 얼른 상자의 뚜껑을 닫았지만, 이미 세상의 모든 근심들이 빠져나간 뒤였다. 상자의 바닥에는 인류가 판도라로 인해 세상에 퍼뜨려진 악에 맞서 싸울 수 있는 희망만이 유일하게 남아 있었다.

제우스는 복수를 한 것이다.

# 5. 인간의 다섯 시대

인간의 탄생에 관한 또 다른 이야기가 있다. 이에 따르면 세상이 만들어진 직후, 그곳은 광활하고 텅 빈 평면으로 단지 육지와 바다로만 나뉘어져 있었다고 한다. 그 평면을 잔잔하고 거대한 강들이 모인 바다가 감싸며 흐르고 있었다. 다음에는 신이 인간을 만들 차례였다.

창조 작업은 그다지 나쁘지 않은 듯했다. 초기에는 인간도 신들이 세상에서 시작한 것처럼 처신을 잘했다. 인간은 순진하고 행복했으며, 삶은 너무도 멋진 것이었다. 대지는 풍요로웠고, 인간은 일할 필요도 없이 나무에서 떨어지는 야생의 과일과 도토리, 꿀을 먹고 양과 염소 들의 젖을 마시면 되었다. 아무런 걱정도 없이 하루 종일 춤추고 노래하며, 웃고 즐겁게 보내면 되었다. 노인도 없었고, 진실되고 공평하게 서로를 대하는 사람들 사이에는 다툼도 없었다. 이때가 바로 세상의 황금기였다.

하지만 그 뒤부터는 내리막길이었다. 은의 시대가 도래했고 삶은 다소 힘들어졌다. 겨울이 닥치자 사람들은 식량을 구하기가 힘들었다. 그들은 곡식을 거둬 빵을 만들었다. 사람들은 무례해졌고 서로 다투게 되었다. 하지만 아직 싸움으로까지 발전하지는 않았다.

청동의 시대, 사람들은 빵과 마찬가지로 고기를 먹었고, 청동무기로 무장하기 시작했다. 가슴에 가득 차 있던 폭력성이 마침내 본색을 드러냈다. 동료에 대한 동정심은 사라졌고, 서로를 잔혹하기 그지없게 대했다.

그리고 인간 운명의 혼란기가 찾아왔다. 두 번째 맞는 청동기, 아버지는 신이지만 어머니는 인간인 사람들이 태어났다. 이 종족은 기존의 인간보다 고상했으며 관대했다. 그들은 전쟁을 즐겼으며, 이 시기에 테베의 함락이나 트로이 전쟁 등 유명한 싸움이 벌어졌다. 신화에 등장하는 위대한 영웅이나 모험을 했던 전사戰士들이 활동한 것도 바로 이 시기였다.

하지만 이 시기는 목표를 상실한 때이기도 했다. 철기시대에 이르자 모든 악들이 대지 위에 확산되었다. 이기심과 무자비함은 인간의 본성이 되었다. 이때부터 사람들은 잔인하고 쉽게 상대를 배반했으며, 서로를 믿지 못하게 되었다. 신화에서는 이 시기를 영원히 과거를 돌아보고 순진무구하고 행복했던 황금의 시대를 갈망하는 시기, 즉 우리가 살고 있는 현재라고 한다.

# 6. 대홍수: 피라와 데우칼리온

되풀이하자면, 제우스는 인류에게 몹시 화를 내고 있었다. 타락한 존재인 인간을 멸망시키고 새로운 종족을 창조할 시기였다. 처음에 제우스는 불을 사용하여 지상의 모든 것을 태워 버리려 했으나, 불길이 확산되어 하늘에까지 이를까 봐 일단 번개 사용하는 것을 보류했다. 대신에 그는 모든 물을 풀어 놓도록 명했다. 하늘은 어두워졌고 구름이 모여들었으며, 억수 같은 비가 퍼부었고, 강물은 제방 위로 넘쳐흘렀다. 제우스는 바다의 신 포세이돈을 불러 홍수를 더욱 심하게 만들도록 했다. 잠시 후 육지가 어디에 있었는지 말하기 불가능할 정도가 되었고 곡식은 쓸려 내려갔으며 집과 사원은 사라졌다. 새들은 빛이 있는 곳을 찾지 못했고 물고기들은 나뭇가지 사이로 헤엄치며 다녔다. 육지에서 볼 수 있는 유일한 점點 같은 곳은 파르나소스 산의 봉우리였다.

이 점을 향하여 목선木船 한 척이 항해하고 있었다. 어떤 사람은 상자라고 했고, 다른 사람은 방주方舟라고도 했다. 이 상자로부터 인류의 마지막 생존자가 나왔다. 에피메테우스와 판도라 사이에서 태어난 딸 피라Pyrrha와, 프로메테우스의 아들이자 피라의 남편인 데우칼리온Deucalion이었다. 프로메테우스는 홍수를 예견하고 아들에게 방주를 만들고 그 안에 식량을 비축하도록 경고했던 것이다. 두 사람은 파

르나소스 산에 이르기까지 아흐레 동안 밤낮없이 표류했다. 제우스
는 그들이 땅에 발을 내딛는 것을 보고, 데우칼리온은 정직하고 공정
한 사람이요, 피라는 신의 믿음직스러운 추종자이며 착한 여인임을
알았다. 그들을 살려 주기로 작정한 제우스는 물을 거두어 다시 땅이
마르도록 했다.

　일단 두 사람은 가장 가까운 사원으로 찾아가 그곳에 있는 여신 테
미스Themis의 지혜를 구하며 머리를 조아렸다. 그들은 다음과 같은 신
의 계시를 받았다. "베일로 얼굴을 가리고 옷을 벗은 다음 너희 어머
니의 뼈를 뒤로 던져라." 충격을 받은 데우칼리온과 피라는 서로를
뚫어져라 쳐다보았다. 두 사람의 어머니는 이미 땅에 묻힌 지 오래였
고, 충고를 따르는 것은 신성모독이기 때문이었다.

그때 두 사람은 기발한 생각을 해냈다. 만인의 어머니는 누구인가? 두말할 나위도 없이 그것은 대지이다. 그리고 대지의 뼈는 인간의 것과는 다르다. 착하기 그지없는 두 사람은 앞으로 걸어가면서 대지의 뼈인 돌을 어깨 너머로 던졌다. 땅 위로 떨어진 돌이 녹아내리더니 금방 인간의 형체를 갖추었다. 데우칼리온이 던진 돌은 남자가 되었고, 피라의 손을 벗어난 돌은 여자가 되었다. 이로써 돌처럼 강인한 노동력을 갖췄으며, 대지의 운명이 어떻든 간에 참고 견뎌 내는 덕목을 지닌 새로운 인류가 탄생하게 되었다.

# 제2부

# 신들이 분노하다

자존심과 아름다움,
그리고 질투에 관한 이야기

# 1장

## 자랑스러운 여인, 분노한 신들

# 1. 용서받지 못할 죄, 자존심

그리스 로마 신화에서는 신과 인간이 서로 자유롭게 왕래하는 일은 허다하다. 신은 도움을 청하는 탄원에 대해 대답해 주는 것을 즐긴다. 그들은 인간사에 끼어들고 서로 좋아하는 사람들이 목적을 이루도록 도와준다. 때때로 신들은 인간과 사랑에 빠지기도 하고 심지어는 결혼을 하기도 한다.

그럼에도 세 군데의 세상은 확실한 구역이 있다. 올림포스에는 신들이 살며, 대지는 인간의 고향이고, 지하세계는 죽음의 왕국이다. 이 세 장소의 거리는 측정이 가능하다. 만약 하늘에서 모루를 던지면 아흐레 동안 떨어지다가 열흘째 되는 날 비로소 지상에 닿을 것이다. 땅과 지하세계의 거리도 마찬가지이다.

세 곳 모두를 다스리는 신들은 가끔씩 지상에 모습을 나타내기도 한다. 하지만 그들의 힘은 최고이기에 인간들이 스스로 부족한 존재라는 사실을 깨닫게 하는 일이 무엇보다 중요했다. 신의 힘과 권위에 도전하는 것은 자만의 죄, 즉 오만이라는 중대한 범죄를 저지르는 것이다.

하지만 사람들은 때때로 이 같은 사실을 망각하고, 성취감에 빠진 나머지 스스로의 능력으로 성공을 거뒀다고 믿는다. 남자들은 신의 막강한 힘에 의지하지 않고 모험을 떠날 결심을 하고, 자신이 신과 동급이거나 아니면 오히려 더 낫다고 생각하는 여인들은 이러한 자존심 때문에 스스로를 파멸시킨다. 신은 이 같은 오만을 참지 못하고 자신의 권위에 도전하는 자에게는 누구나 끔찍한 운명을 맞도록 한다.

다음의 이야기는 이러한 사실을 망각한 여인들에 관한 것들이다.


## 2. 영원한 직조공: 아라크네


리디아 왕국에 아라크네Arachne라는 아주 젊고 어여쁜 처녀가 살고 있었다. 그녀는 포카에아Phocaea에서 나는 아름다운 자줏빛 염료를 가지고 양털을 염색하는 천인賤人 이드몬의 딸이었다. 무척 어려서 어머니를 잃었지만, 아라크네는 베 짜기에 관한 한 최고의 전문가가 되었다. 양모를 다루는 솜씨가 어찌나 뛰어났던지 직조공織造工으로서 그녀의 명성은 리디아의 온 마을에 퍼져 있었다.

모든 사람들이 아라크네가 베 짜는 모습을 구경하기 위해 찾아 왔고, 심지어는 넝쿨이 뒤덮힌 언덕이나 강에 사는 님프들까지도 구경을 올 정도였다. 아라크네가 일을 하는 모습은 그녀가 짠 옷감만큼이나 멋있고 우아했다. 먼저 거친 양털을 구름처럼 둥근 뭉치로 만든다. 그리고 양털을 모아 길고 부드러운 실을 만들어 가녀린 손가락으로 재빠르게 꼬아 물렛가락에 건다. 그녀는 실을 물레에 걸어 옷감을 짜면서 아름다운 문양의 수를 놓는다.

세월이 흐르자 사람들은 "어떻게 인간이 저토록 놀라운 기술을 가질 수 있을까?" 하고 감탄을 금치 못하며 쑥덕거렸다. 그녀는 아마도 틀림없이 훌륭한 스승에게 배웠을 것이며, 그 스승은 바로 여신 아테나Athena일 것이라고 확신했다. 그러나 아라크네는 비천한 출생임에도 당당하게 성장했다. 그녀는 여신에게 어떠한 영광을 돌리는 것도 거부했고, 자신이 뛰어난 스승을 섬겼음을 부정했다. 실제로 그녀는 앞으로 자신의 기술이 더욱더 발전할 수 있으리라고 자만하고 있었다. 유명세로 제정신을 잃은 그녀는 어느 날, 감히 위대한 여신에게 도전한 것이다. 그녀는 여신과 베 짜기 시합을 벌여 볼 것을 제의했고, 만약 자신의 작품이 여신의 것보다 못할 경우에는 어떠한 형벌이라도 받겠다고 맹세했다.

오만하기 그지없는 호언장담을 전해들은 아테나는 버럭 화를 냈다. 인간인 여자가 어찌 감히 제우스의 딸보다 낫다고 생각할 수 있단 말인가? 그녀는 일단 사실을 확인해 보고자 했다. 아테나는 잿빛 머리가 헝클어져 이마를 뒤덮고, 넝마를 걸친 노파로 변장하고 지상으로 내려갔다. 그녀는 지팡이에 몸을 의지하고 절름거리며 아라크네에게 다가서서 떨리는 음성으로 말했다.

"나는 늙었고, 기나긴 삶을 살아오면서 온갖 수많은 일들을 보았소. 당신은 나이가 들면 모든 것이 나빠진다고 생각할지 모르지만 꼭 그렇지는 않소. 내가 살아온 세월이 내게 경험과 지혜를 준 만큼 당신에게 몇 마디 해 줄 테니 잘 듣기 바라오. 인간이 사는 지상에서 명성을 구한다는 것은 정말 훌륭한 일이지만 신의 솜씨에 도전해서는 안 되는 것이오. 그것은 당신에게 재앙을 가져다줄 뿐이니까. 아직도 늦진 않았으니, 겸손한 자세로 아테나를 찾아가 스스로의 오만에 대해 용서를 구하시오. 그러면 여신은 자비를 베풀어 당신을 용서할 것이오."

아라크네의 두 눈이 자존심과 분노로 붉게 타올랐다. 그녀는 변장한 여신을 거의 때릴 듯하며 욕설을 퍼부었다.

"도대체 내가 왜 당신같이 늙어 빠지고 초라한 노파의 말을 들어야 한단 말인가요? 아마도 나이가 들어 머리가 이상해진 모양이군요. 당신이 아직 힘이 남아 있다고 느끼면 당신 딸이나 며느리들에게 말해 주세요. 제발 날 내버려 두란 말예요. 늙은이의 충고 따위는 필요 없으니까. 그리고 만약 당신이 정말 똑똑하다면 아테나가 왜 직접 나를 찾아와 이야기하길 두려워하는지나 말해 보세요. 나는 알아요. 그녀는 감히 나와 재주를 겨룰 자신이 없는 거겠지요."

오만하기 그지없는 말을 들은 아테나는 더 이상 화를 참을 수가 없었다. 그녀는 변장했던 것들을 벗어 던지고 듣는 이가 오싹할 정도의 음성으로 고함쳤다.

"바로 내가 왔노라!"

위대한 아테나가 지상에 나타나자 리디아 왕국의 모든 여인과 님프 들은 두려움과 존경심을 표하기 위해 바닥에 무릎을 꿇었다. 그러나 아라크네는 잠시 두 뺨이 빨갛게 물들었다가 이내 핼쑥해지긴 했지만 여전히 꼿꼿하게 서 있었다. 그녀는 시합을 하기로 결심했고, 승리를 믿어 의심치 않았다.

오만에 대한 주의를 주면, 인간은 그렇게 건방진 모습을 보일 수 없는 것이 당연했다. 신에게 도전한다는 게 얼마나 무모한 일인가? 하지만 아라크네는 거의 제정신을 잃고 있었기에, 아테나는 더 이상 그녀에게 경고하지 않기로 했다. 여신은 곧장 시합을 하자고 했고, 아라크네도 이에 동의했다.

두 선수는 각자 자기의 베틀을 설치했다. 확신에 찬 손길로 그들은 실을 감아 뭉치를 만들었고, 십자 모양으로 엇갈린 도투마리에 이를 단단히 묶었다. 그리고 양모로부터 실을 뽑아내기 위해 재빠른 손놀림으로 북을 앞뒤로 움직였다. 가느다란 빗살이 실을 뽑아 뒤로 팽팽하게 잡아당겼다가 다시 제자리에 갖다 놓았다. 신과 여인은 확신에 차 움직이는 그들의 팔이 자유롭게끔 각자 옷자락을 걷어붙이고 있었다. 그들은 눈부신 속도로 일을 했으며, 흥분의 열기가 그 작업을 더욱 빛나게 했다.

두 선수가 능수능란한 솜씨로 문양을 짜 맞추자 구경꾼들은 경이로움에 숨을 죽이고 있었다. 실의 색감은 소나기가 내린 뒤 하늘에 생긴 무지개처럼 섬세하고 신비로웠으며, 미세한 음영陰影이 녹아들어 있었고, 활 모양으로 늘어진 실은 각기 다른 색깔을 띠고 있었다. 천을 짜는 두 사람이 티루스 풍의 자줏빛 실과 금색, 은색 실을 더하자 벽걸이 융단은 점차 모양을 갖추기 시작했다.

아테나는 누가 아테네의 신성한 주도권을 갖느냐를 두고 자신이 포세이돈과 벌인 싸움에서 승리한 광경을 수놓았는데, 제우스를 중심으로 12명의 신들이 당당하게 자리에 앉아 있는 모습을 묘사한 것이었다. 바다의 지배자인 포세이돈은 긴 삼지창을 들고 서서 단단한 바위를 내리찍어 거대한 바닷물 줄기를 내뿜도록 했다. 아테나 자신은 투구를 쓰고 방패를 든 완전 무장한 모습이었는데, 그녀는 날카롭기 그지없는 창으로 대지를 찔러 열매가 주렁주렁 열린 올리브나무를 만들었다. 신들은 아테나가 이겼다고 판단했다. 왜냐하면 도시에서는 짜디짠 바닷물보다 열매를 수확할 수 있는 올리브나무가 더 유용하다고 여겨졌기 때문이다.

이것은 아라크네에게 보낸 첫 번째 경고였다. 신조차도 아테나와 맞서서는 결코 이길 수 없다는 경고 말이다.

더욱 확실히 못을 박아 두기 위해, 여신은 자신의 벽걸이 융단 귀퉁이마다 오만한 나머지 감히 신에게 도전했던 인간들에게 어떤 일이 일어났는지를 묘사한 그림을 수놓았다. 한 귀퉁이에는, 애정이 넘쳐 서로를 지고至高한 신의 이름으로 부르다가 눈 덮인 산으로 변해 버린 로도페Rhodope와 하이몬Haemon의 모습을, 다른 귀퉁이에는 한때 자신이 지배하던 인간을 공격한 죄로 헤라에 의해 학으로 변한 피그미의 여왕 오이노네Oenone를 새겨 넣었다.

세 번째 귀퉁이에는 자신을 헤라와 비교한 죄를 받아 쉴 새 없이

부리를 딱딱거리는 황새로 변한 안티고네Antigone를 새겼고, 마지막에
는 딸들이 사원 계단의 석상石像으로 변해 눈물을 흘리고 있는 키니라
스Cinyras를 새겨 넣었다. 그리고 아테나는 융단의 가장자리를 평화의
상징인 올리브나무 가지로 빙 둘러 마무리지었다.

  멍청한 데다가 자만으로 똘똘 뭉친 아라크네는 여신의 작품에 극
명하게 묘사된 경고에 전혀 주의를 기울이지 않았다. 그녀는 자신의
작품에 신들의 실패와 사악함을 묘사하고 있었다. 그녀의 벽걸이 융
단에는 제우스가 온갖 모습으로 변신을 하고 지상에 내려와 여인들
을 속이는 모습이 새겨져 있었다. 첫 번째로 묘사된 것은 에우로페
Europe와 황소로 변한 제우스였는데, 그녀의 솜씨가 얼마나 뛰어났던
지 황소는 살아 있는 듯했고, 그가 헤엄치는 바다는 물기가 묻어날 것
같았다. 겁에 잔뜩 질린 에우로페는 해안을 뒤돌아보며, 그녀를 도와

줄 사람을 애타게 부르고 있었다. 다음 장면은 독수리로 변한 제우스와 아스테리에Asterie가 싸우는 모습, 백조로 변신한 레다Leda와 함께 있는 모습뿐만 아니라 사티로스Satyrs로 변해서 안티오페Antiope를, 황금의 비가 되어서 다나에Danae를, 불꽃으로 변해서는 아이기나Aegina를, 양치기 모습을 하고는 므네모시네Mnemosyne를, 그리고 점박이 뱀이 되어서 페르세포네Persephone를 유혹하는 모습이 적나라하게 펼쳐져 있었다.

다른 신들 역시 모습을 바꿔 여자들을 유혹하고 있었는데, 포세이돈은 황소, 양, 말, 새, 돌고래 등 다양한 모습으로 그려져 있었다. 모든 장면은 얼굴과 풍경 등 세부까지 아주 정확하고 자세하게 묘사되어 있었다. 목동으로 변신한 아폴론은 사자의 가죽과 매의 깃털을 걸쳤고, 디오니소스와 크로노스 역시 변장을 하고 여자를 속이는 천박한 모습으로 그려져 있었다. 그리고 아라크네가 짠 융단의 가장자리에는 올리브나무 가지 대신에 뒤엉킨 담쟁이넝쿨 문양이 수놓아져 있었다.

손질을 끝낸 아라크네의 벽걸이 융단은 너무도 완벽하여 아테나조차 어떠한 결점도 찾아낼 수 없었다. 시샘에도 불구하고 그녀의 빛나는 작품에 찬사를 보낼 수밖에 없었다. 하지만 아테나는 계획적으로 신들을 모독한 이 무례한 처녀의 만행을 도저히 용서할 수 없었다. 격노한 금발의 여신은 그녀의 벽걸이 융단에 엄청난 타격을 가해 융단을 갈가리 찢어 버렸다. 그리고 나무로 된 베틀의 북으로 그녀의 이

마를 몇 번이나 내리쳤다.

아라크네는 굴욕감과 함께 분노를 느꼈다. 자신이 무슨 짓을 했는지를 깨닫지 못했던 것이다. 그녀는 도망치면서 화를 삭이지 못하고 매듭지어진 실로 스스로의 목을 감아 졸랐다. 그녀에게 무슨 일이 일어났는지를 안 아테나는 일말의 동정심을 발휘하여, 아라크네를 일으켜 세우고 말했다.

"못된 계집 같으니라고. 좋아! 네가 내 마음을 움직였어. 살려 주도록 하지. 하지만 너는 결코 인간이 여신에게 도전해서는 안 된다는 사실을 잊어서는 안 돼. 네가 이 사실을 절대 잊지 않도록 운명지어주마. 너는 영원히 한 가닥 실에 매달려 살아야 해. 네 자손도 마찬가지고."

말을 마친 아테나는 마녀의 여왕 헤카테Hecate가 준 신성한 약재 바꽃aconite의 즙을 불행한 처녀에게 뿌렸다. 약이 몸에 닿자 맨 먼저 아라크네의 머리카락이 빠져 바닥에 떨어졌고, 그 다음에 코와 귀가 떨어져 나갔다. 그 다음 머리에 이어 몸도 아주 작게 오그라들었다. 가냘프고 날씬했던 손가락은 길고 가느다란 다리가 되었고, 남은 것이라곤 몸뚱이뿐이었다. 그날부터 아라크네는 거미가 되어 자신의 몸에서 실을 뽑게 되었다.

아라크네는 아직도 그녀의 예술 활동을 멈추지 않고 있으며, 누구도 그 솜씨를 능가할 수는 없을 것이다. 그러나 우리는 아테나에 의해 거미로 변해 자신이 뽑은 실에 매달려 있는 그녀를 종종 발견하곤 한다.

## 3. 돌의 슬픔: 니오베

탄탈로스Tantalus의 후손들은 그의 사악함으로 인해 모두 불행한 운명을 타고나야 했다. 그렇지만 그들 중 어느 누구도 그의 딸 니오베Niobe만큼 고통을 받지는 않았다.

처음에 그녀는 불운이 아니라 행운을 얻은 듯했다. 그녀는 행복하기 그지없는 결혼 생활을 시작했다. 남편인 암피온Amphion은 제우스의 아들이자 뛰어난 음악가였으며, 쌍둥이 형제 제토스Zethus는 엄청난 신통력을 지니고 있었다. 암피온은 그의 형제가 예술이 아니라 좀 더 남성적인 취미인 스포츠에 시간을 낭비한다며 종종 놀리곤 했다. 하지만 두 형제가 테베Tebes의 방어를 공고히 하기 위해 도시 주위에 높은 성벽을 쌓기로 결정했을 때, 암피온만이 무거운 돌을 나를 수 있었다. 암피온이 수금竪琴을 연주하자 음악에 매혹된 돌이 절로 일어나 그를 따라 테베로 왔는데, 이 때문에 그는 더욱 유명해졌고 부자가 되었다.

니오베와 암피온은 어느 누구에게라도 자랑할 만한 일곱 명의 튼튼한 아들과 일곱 명의 어여쁜 딸을 낳아 행복한 가족을 이루었다. 하지만 자식들에 대한 니오베의 긍지는 유별나서 거의 광증狂症에 가까울 정도였는데, 이로 인해 비참한 종말을 맞게 되었다.

어린 시절, 니오베는 아라크네의 절친한 친구였다. 그녀는 자신의 친구에게 일어났던 몸서리쳐지는 사건으로부터 무언가 교훈을 얻어야 했다. 그 이야기는 사람들을 통해 리디아 전역으로 발 빠르게 퍼졌다. 유별난 자만심으로 인해 한 소녀가 어떻게 되었는가 하는 이야기는 모든 사람들의 화젯거리였다.

그러나 니오베는 이 교훈에 전혀 주의를 기울이지 않았다. 자신의 고귀한 태생과 남편의 뛰어난 재능, 그들이 지닌 권력과 지위, 그리고 당연히 자식들까지 이 모든 것을 그녀는 너무도 자랑스러워했다. 그녀는 지상에서 가장 행복한 어머니임에 틀림없었다. 비록 그녀 자신만이 그렇지 않다고 생각할 수는 있어도 말이다. 하지만 가엾게도 그녀의 오만함은 자신이 신보다 더 행복하다고 믿도록 만들고 말았다.

어느 날 예언자 만토Manto가 도시의 거리를 가로질러 오더니 예언의 불을 지피며 이렇게 외쳤다.

"테베의 여인들이여! 내 말을 들을지어다. 머리를 월계관으로 장식하고 즉시 레토Leto의 사원으로 가라. 그리고 레토 여신과 그녀의 자식들을 경배敬拜하는 향을 피우도록 하라. 이 명령은 여신 레토가 직접 내린 것이니 주목할지어다."

여인들은 즉시 머리에 화관花冠을 쓰고 분향과 기도를 위해 신성한 사원으로 가는 행렬을 이루었다.

니오베가 그녀의 자식들에 둘러싸여 나타났을 때, 사람들은 의식을 거행하기 시작했다. 반짝이는 금빛 실로 수놓은 자주색 예복을 입은 그녀는 눈에 띄게 아름다웠다. 비록 그녀가 화를 내더라도 여전히 아름다웠다. 그녀는 고개를 쳐들어 찬란한 머리카락이 양어깨로 흘러내리도록 했다. 키가 큰 그녀는 잠시 멈춰 서더니 자만심 가득한 눈으로 이러한 광경을 훑어보았다.

그녀는 물었다.

"당신들은 그저 이름을 들어 본 신을 만나 볼 요량으로 제정신이 아닌가요? 왜 내게는 분향조차 하지 않는 레토를 제단에서 경배해야 하죠? 당신들은 나 역시 신성하다는 것을 알고 있을 거예요. 내 아버지는 신들의 잔칫상에 초대받는 유일한 인간 탄탈로스이고, 어머니는 플레이아데스Pleiades의 누이지요. 하늘을 어깨로 떠받치고 있는 거인 아틀라스는 내 할아버지 중 한 분이고요. 위대한 제우스는 또 어떻고요? 내 남편의 아버지나 다름없다고 자랑스럽게 얘기할 수 있지요. 나는 내 남편이 지어준 아름다운 궁전 카드모스Cadmus의 여주인이며, 그의 음악으로 성벽이 세워진 테베의 여왕이기도 하지요. 내가 어디에 눈길을 주든 간에 엄청난 부富의 증거가 보이죠. 또한 나의 아름다움은 어떤 여신에게도 뒤지지 않아요. 하지만 무엇보다도, 내겐 자랑스럽기 그지없는 일곱 명의 아들과 일곱 명의 딸이 있지요. 머잖아 나는 그들에게 짝을 찾아 주어 멋진 일가를 이룰 거예요. 당신은 왜 내가 이토록 자랑스러운지 알겠지요?"

그녀는 화난 음성으로 계속 말했다.

"어찌 감히 나를 레토에게 오라고 할 수 있어요? 그녀는 비천한 태생이에요. 코이오스Coeus의 딸이죠. 아무튼 그가 누구이든 간에 말예요, 레토는 아이를 낳을 곳조차 찾지 못하던 때가 있었어요. 단 한 곳도 없었죠. 땅에도 바다에도 하늘에도 그녀가 갈 만한 장소는 없었어요. 델로스Delos가 그녀를 측은히 여겨 섬에 방을 마련해 주기 전까지는 떠돌이처럼 세상을 배회했죠. 그녀가 육지의 떠돌이라면 델로스는 바다의 유랑자지요. 그녀의 유일한 피난처는 부유浮遊하는 섬이었지요! 그리고 그녀는 아이를 몇이나 낳았지요? 겨우 둘이에요. 나는 그의 일곱 배나 되는 아이를 낳았어요. 대체 누가 나의 행복을 부정할 수 있을까요? 누가 감히 미래에도 여전히 내가 행복하리라는 사실을 의심할까요? 나의 부富는 행운의 여신이 내 행복을 앗아가지 못하도록 지켜 줄 거예요. 나는 그녀가 상대하기엔 너무 큰 존재니까요. 만약 내가 아이 몇을 잃는다면, 레토의 아이들 숫자만큼 둘이라면 나는 일부를 잃는 거겠죠. 하지만 그녀는 애가 하나도 없게 되겠지요!"

니오베는 비아냥거리며 말했다.

"여러분! 이런 우스꽝스러운 경배는 걷어치우고 돌아가세요. 얼른 떠나도록 해요. 머리에 쓴 월계관을 벗어 버리고 말예요. 레토에게 경배하는 짓거릴랑 어서 멈추고 빨리 집으로 돌아가도록 해요."

니오베의 말을 듣자 사람들은 예식이 끝나지 않았는데도 화관을 벗고 황급히 사원을 떠났다. 그러나 그들은 돌아가면서도 내심으로 여신을 칭송하는 주문을 외우고 있었다.

니오베의 말을 들은 레토는 당연히 분노했다. 그녀는 자식들을 불러들였다. 그들은 다름 아닌 태양의 신 아폴론Apollo과 달의 여신 아르테미스Artemis였다.

레토는 흥분한 목소리로 말했다. "나 좀 봐라! 나는 너희들의 어머니이고, 두 명의 영광스러운 자녀를 둔 것을 자랑스러워한단다. 내가 복종하는 것은 오직 하늘의 여신 헤라뿐인데, 천박스러운 인간 여자가 나의 위대함을 의심하는 치욕을 주었다! 얘들아, 만약 너희들이 어미의 복수를 하지 않는다면 나는 결코 제단에서 경배를 받을 수 없단다. 나를 모욕한 것도 부족해서 니오베는 뻔뻔스럽게도 자기 아이들이 내 자식들보다 낫다고 했다. 더구나 그녀는 내게 '자식이 없다'고까지 말했다. 자, 이제 내 힘을 보여 줄 때가 온 것 같다. 정말로 내게 자식이 없는지를! 그 대신 그녀에겐 죽음의 운명이 기다릴 것이다."

그녀는 뭔가 더 말을 하려 했으나 분노한 아폴론이 이를 가로막았다. "그만하면 충분해요. 어머니의 말씀이 길어질수록 그녀에 대한 응징이 늦어질 뿐입니다!"

아르테미스도 그의 말에 동조했다. 그들은 구름을 타고 눈 깜짝할 사이에 테베의 성으로 내려갔다.

전망이 탁 트인 높은 곳에 선 신과 여신은 말발굽과 수레바퀴의 깊은 자국이 있는 테베 성벽 바깥의 광활한 평야를 내려다보았다. 그곳에서는 니오베의 나이 든 아들들이 번쩍이는 황금 마구馬具에 밝은 선홍색 안장을 얹은 원기왕성한 군마軍馬를 타고 달리고 있었다. 맏아들 이스메노스Ismenus가 고삐를 세게 당기며 몸을 뉘어 말의 방향을 바꾸려는 찰나, 갑자기 고통스러운 비명을 질렀다. 화살 한 대가 그의 심장을 꿰뚫은 것이다. 고삐를 놓친 그는 서서히 땅으로 굴러 떨어졌다.

그의 동생 시필로스Sipylus가 보이지 않는 진동 소리를 듣고는 화급히 말을 몰았으나, 신성한 화살은 그보다 더욱 빨랐다. 맹렬한 속도로 날아든 화살이 그의 목 뒤를 뚫고 목구멍으로 화살촉이 빠져 나왔다. 화살을 맞은 그는 더욱 속력을 내기 위해 몸을 앞으로 숙이는 듯하더니, 그만 말의 머리 위로 솟구친 뒤 달리는 말의 다리 사이로 떨어졌다. 땅은 그들의 선홍색 피로 짙게 물들었다.

그 다음에는 아침 일과인 레슬링 한판을 금방 마무리 지으려던 파이디모스Phaedimus와 탄탈로스Tantalus가 불행을 겪었다. 그들이 가슴을 맞댄 채 힘을 겨루고 있을 즈음, 화살 한 대가 날아와 꼬치를 꿰듯 기름이 번들거리는 두 소년을 꿰뚫어 서로 떨어지지 않도록 만들었다. 그들은 한 덩이가 되어 고통스러운 비명을 지르며 쓰러졌고, 눈동자가 허옇게 뒤집혔다. 이 광경을 목격한 동생 알페노르Alphenor는 숨이 턱에 차도록 그들에게 달려갔다. 그는 형제들을 일으키려 애썼지만, 이는 결국 죽음을 자초하는 행위가 되고 말았다. 이때 아폴론의 화살이 가슴에 박힌 것이다. 그가 화살대를 잡고 뽑아내자 허파 조각들이 함께 딸려 나왔고, 선혈이 허공에 분수처럼 뿜어졌다.

젊은 다마시크톤Damasichthon은 한 대로 그치지 않았다. 우선 무릎을 꿇게 한 다음, 더 신속하고 정확하게 두 번째 화살을 날려 그의 목구멍을 관통시켰다. 그러자 날아가는 화살을 따라 굵은 핏줄기가 뿜

:: 아브라함 블로에마에르트, 〈니오베 자녀들의 죽음〉.

어져 나왔다.

이제 일곱 명의 아들 가운데 남은 사람은 단 하나 일리오네오스 Ilioneus뿐이었다. 그는 살려 달라고 애걸복걸했다. "오, 천상의 신이시여! 자비를 베풀어 저를 살려 주소서!" 물론 그는 모든 신들에게 기도를 할 필요는 없었으며, 또한 그 같은 사실을 알고 있지도 않았다. 그의 간청에 아폴론은 마음이 움직였으나, 이미 때는 늦고 말았다. 화살이 이미 활을 떠나 있었던 것이다. 다만 아폴론이 그 속도를 늦춰 주었기 때문에 일리오네오스는 비교적 덜 잔인한 죽음을 맞이할 수 있었다. 결국 화살은 그의 심장에 꽂혔다.

무시무시한 비극에 대한 소문이 도시 전체에 퍼졌다. 도시는 슬픔에 찬 사람들로 가득했다. 자기의 아들들이 죽었다는 청천벽력 같은 소식이 니오베에게 전해졌다. 너무 커다란 충격으로 당황한 니오베는 이 사실을 도저히 받아들일 수도, 또한 믿을 수도 없었다. 어떻게 신이 그렇게 대담하고 흉악한 짓을 저지를 수 있단 말인가. 하지만 남편 암피온이 슬픔을 이기지 못하고 칼을 뽑아 스스로의 심장을 찌르자, 비로소 니오베는 모든 사실을 받아들였고 신이 얼마나 막강한 힘을 가지고 있는지를 깨달았다.

집을 나선 니오베는 레토의 제단에서 사람들을 몰아냈던 지난날과는 완전히 다른 사람이 되어 있었다. 예전의 그녀는 누구나 질시할 정도로 오만하고 당당했다. 그러나 지금은 그녀의 적이라 할지라도 불쌍히 여길 만큼 애처로워 보였다. 그녀는 싸늘하게 식은 아들들의 시체에 몸을 던지고 입맞춤을 퍼부었다. 그러고는 두 팔을 벌리고 하늘을 향해 소리쳤다.

"잔인한 레토여! 내 슬픔을 보고 기뻐 날뛰겠구나. 너무 좋아 심장이 뛰겠지. 내 일곱 아들이 모두 죽었으니 그 슬픔을 무덤까지 가져가야 할 테지. 좋아, 승리를 맘껏 기뻐해라!"

하지만 니오베의 자존심은 아직 꺾인 것이 아니었다. 그녀는 이렇게 덧붙였다.

"네가 이겼다고? 비록 슬프긴 해도 내겐 아직도 많은 딸들이 있어. 아직도 당신보다 자식들이 많단 말이야. 아들들이 죽긴 했지만 승자는 결국 나란 말이야!"

그녀가 간신히 말을 끝마쳤을 때, 활시위를 퉁기는 소리가 났다. 일곱 명의 딸들은 검은 옷을 입고 슬픔에 잠겨 머리를 길게 늘어뜨린 채 오빠와 동생들이 안치된 관대棺臺 옆에 서 있었다. 그녀들 가운데 하나가 오빠의 몸에 박힌 화살을 뽑아 들기 위해 허리를 굽힌 순간 오빠와 뺨을 맞대며 쓰러졌다. 어머니를 위로하려 애쓰던 둘째 딸은 갑자기 조용해지더니 아무런 상처도 없이 그냥 쓰러졌다. 도망치려던 셋째는 달리다가 쓰러졌고, 그녀를 뛰어넘어 달아나려던 넷째는 그 옆에 쓰러지고 말았다. 숨으려고 했던 딸과 용감히 맞서려 했던 딸은 모두 몸을 격렬하게 떨면서 죽어 갔다. 이제 여섯 명이 죽고, 가장 어린 딸만이 유일하게 목숨을 보존하고 있었다. 어머니는 몸을 구부려 자신의 옷과 몸으로 그녀를 감싸 보호하며 하늘을 향해 외쳤다.

"오, 제발 이 애만은 남겨 주세요. 이 어린 자식만은! 제가 바라는 것은 이것뿐이랍니다."

그러나 그녀의 애원에도 불구하고 어린 소녀는 숨이 끊어지고 말았다.

결국 니오베에게는 자식이 하나도 남아 있지 않았다. 그녀는 이제 싸늘한 시체로 변한 일곱 명의 늠름한 아들과 일곱 명의 아름다운 딸, 그리고 남편을 앞에 두고 마치 얼어 버린 듯 침묵을 지키며 앉아 있었다. 손가락 하나 까딱하지 않았고, 두 뺨이 창백하다 못해 대리석처럼 하얗게 될 때까지 머리카락 한 올 움직이지 않을 정도로 숨도 쉬지 않

:: 자식들 무덤 위에서 돌이 되고 있는 니오베.

았다. 그녀의 눈은 슬픔으로 가득한 채 생명이 박탈당한 광경을 멍하니 바라보고 있었다. 변덕스러웠던 그녀의 혀는 딱딱하게 굳어 버렸고, 턱조차 벌릴 수 없게 되었다. 혈관을 흐르던 피마저 멈춘 듯 맥박조차 없었다. 목을 숙일 수도, 팔을 움직일 수도, 앞으로 걸어 나갈 수도 없게 되었다. 그녀는 이제 돌로 변해 버린 것이다.

하지만 그녀의 울음만은 그치지 않았다. 그녀가 계속 눈물을 흘리고 있을 때, 갑자기 강한 돌개바람이 그녀를 고향으로 데리고 날아갔다. 산꼭대기에 오른 니오베는 아직도 죽은 자식들을 애도하면서 울고 있었다. 오늘날까지도 이 대리석은 눈물을 흘리고 있다.

# 4. 뮤즈에게 도전한 피에리데스

어느 날, 미네르바 여신은 뮤즈를 만나기 위해 그녀들이 사는 신성한 장소 헬리콘Helicon 산으로 찾아갔다. 여신이 뮤즈의 아홉 자매 가운데 한 사람과 이야기를 나누고 있을 때, 하늘엔 힘찬 날갯짓 소리가 가득했고 머리 위의 굵은 나뭇가지에선 인사말이 들려 왔다. 분명히 인간의 목소리임을 확신한 미네르바는 나뭇잎 사이를 올려다보았다.

그러나 미네르바가 본 것은 가지에 앉아 있는 새뿐이었다. 그곳에는 아홉 마리의 새가 귀에 거슬리는 소리로 떠들어 대고 있었다. 그들은 듣는 대로 흉내 내는 데 선수인 까치였다. 그들은 자신들에게 드리워진 불행과 슬픈 운명에 대해 인간의 목소리로 불평을 늘어놓았다. 여신이 깜짝 놀라 서로 은밀하게 속삭이기 시작한 뮤즈들을 돌아보았다.

"저들에게 신경 쓰지 말아요."

뮤즈가 말했다.

"예전에 그들은 새가 아니었답니다. 그때는 여자였죠. 하지만 감히 우리 뮤즈에게 도전했지요. 물론 그들이 졌지만."

"일이 어떻게 일어났는지 얘기해 드리죠. 그들의 아버지는 광활한 토지를 소유한 부자 피에로스Pierus이고, 어머니는 에우이페Euippe죠. 그녀는 출산을 할 때마다 해산의 여신 루키나Lucina에게 도움을 청했

82

지요. 그래서 모두 딸 아홉을 얻었습니다. 그런데 딸들이 어쩌면 하나같이 멍청이들인지, 숫자만 믿고 자신들이 남들보다 낫다고 생각했던 거예요. 선택받은 자들 가운데서도 아주 특별하다고 여긴 거죠. 그들은 테살리아Thessaly와 아카이아Achaea의 모든 도시를 여행하면서 자신들의 예술적 재능을 뽐내며 자만심을 키웠지요. 결국 그들은 이곳 헬리콘까지 와서 우리에게 도전장을 냈어요. 우릴 우습게 본 거죠. 믿지 못할 얘기죠?

그들은 이렇게 말했어요. '어리석은 무리들이여! 이제는 시시한 노래와 시로 무지한 사람들을 더 이상 바보로 만들지 마시오. 우리와 한번 노래로 겨뤄 봅시다. 만약 당신들이 재능에 자신 있다면 두려워하지 말고 실력을 판가름해 봅시다. 보라고요. 우리는 당신들과 인원수도 똑같고, 능력과 목소리도 최소한 당신들과 비슷하다고 생각해요. 노래, 춤, 연극 뭐든지 자신 있다고요. 우리가 먼저 제안을 하지요. 만약 당신들이 진다면 당신들이 가지고 있는 맑은 샘 가운데 둘을 줘요. 우리가 진다면 마케도니아의 만년설이 보이는 산중턱의 아름다운 평원을 드리지요. 자! 한번 해 보자고요. 부끄러워할 거 없어요. 그리고 우리 시합의 심판관으로 님프들을 불러요.'

그런 허풍쟁이들과 경쟁을 한다는 것 자체가 부끄러운 일이지요. 하지만 그들의 도전을 무시한다는 것은 더욱 수치스러운 일이겠죠. 그래서 우리는 심판관으로 님프를 택했고, 양쪽 모두 동의했어요. 님프들은 모두 공평하고 정당한 판결을 내릴 것을 자신의 시내를 걸고 맹세를 했어요. 그리고 그들은 살아 있는 돌로 만든 벤치에 앉아 노래를 듣고 판정을 내릴 준비를 했죠.

우리에게 도전한 계집애들은 순서를 정하기 위한 주사위 던지기조차 기다리지 못하고 제 맘대로 먼저 노래를 부르기 시작했어요. 천상의 대격돌, 다름 아닌 신과 티탄의 싸움을 그린 노래였죠. 그녀들은 티탄 족을 칭송하고 신들의 업적을 깎아 내렸어요. 지옥에서 뛰쳐나온 괴물 티포에우스Typhoeus가 신들을 공포에 떨게 하고, 그들이 기진맥진해질 때까지 도망치도록 해서 일곱 개의 입을 가진 나일Nile이 마련해 준 이집트의 피난처를 찾도록 한 내용이었지요.

:: 안드레아 만테냐, 〈파르나소스〉.

당시 티포에우스가 추적을 시작하자 신들은 자신을 숨기기 위해 변신을 했는데, 조브Jove는 양으로, 아폴로Apollo는 까마귀로, 그의 누이 포이베Phoebe는 고양이로, 바쿠스Bacchus는 염소로, 유노Juno는 거대한 흰 소로, 베누스Venus는 물고기로, 메르쿠리우스Mercurius는 따오기로 변했다는 것을 조목조목 들어 노래했죠. 그녀는 스스로 수금竪琴을 반주하며 끝없이 노래를 불렀지요. 우리 차례가 돌아올 때까지 말이에요."

"하지만," 뮤즈는 잠시 말을 끊었다. "제 얘기 듣기 지루하시죠? 혹시 바쁘시거나 다른 할 일이 있으시면 얘기를 잠시 뒤로 미룰까요?"

미네르바는 즉각 대답했다.

"아녜요, 계속해요. 궁금하군요. 처음부터 끝까지 하나도 빼지 말고 전부 이야기해 줘요."

그래서 뮤즈는 이야기를 계속했다.

"우리는 아홉 자매의 대표로 맏언니 칼리오페를 내세웠어요. 머리를 곱게 뒤로 넘기고 담쟁이넝쿨 화관을 쓴 언니는 당당하게 앞으로 나섰지요. 그녀가 엄지손가락으로 수금을 연주하자 감미로운 음악이 울려 퍼졌답니다. 언니는 생명의 여신 케레스Ceres를 찬양하는 노래를 불렀어요. 언니가 노래를 마치자 님프들은 만장일치로 헬리콘의 여신인 우리들의 손을 들어 주었죠." 그녀는 만족스러운 미소를 떠올렸다.

"패배한 피에리데스는 끔찍스러운 행동을 했답니다. 우리에게 저주와 욕설을 퍼부은 거죠. 나는 그들에게 '우리에게 노래로 도전한 것으론 만족하지 못하는 모양이군. 이 치졸한 경쟁에서 진 것만으로도 모자라 우릴 모욕하고 해치려 들다니. 참을 만큼 참았지만 우리 인내심에도 한계가 있는 법. 너희들 얘기를 너무 길게 들어 준 것 같군. 이젠 우리가 화낼 차례야. 징벌의 시간이 된 거지!' 라고 말했어요.

위협에도 불구하고 그들은 내 흉내를 내며 웃음을 그치지 않았죠. 하지만 우리를 비웃고 깎아내리며 조롱하던 그들은 자신들의 손가락 사이에서 돋아난 깃털이 손과 팔로 퍼져 나가는 걸 봐야 했지요. 그들은 서로의 얼굴에 딱딱한 노랑 부리가 생겨나는 것을 보았어요. 그 후로 숲에는 새로운 새가 생겨났어요. 그들이 자기 가슴을 치고자 하면 날개가 몸을 허공으로 띄워 올리지요. 까치가 되어 하늘을 날아다니고 있는 거죠. 숲의 수다쟁이이자 잔소리꾼이 생겨났답니다. 아직도 그들은 자기 목소리가 좋은 줄 알아요. 그래서 날마다 시끄럽게 떠들죠. '까악 까악 까악talk, talk, talk' 하고 말예요." ('talk'는 까치 소리의 의성어-옮긴이)

# 5. 바쿠스를 비웃은 자매

어느 날 새로운 신이 등장하자, 모두가 그를 열광적으로 환영했다. 하지만 부유한 왕 미니아스Minyas의 딸 알키토이Alcithoe만은 그렇지 않았다. 바쿠스Bacchus는 조브의 아들일 수도, 아닐 수도 있었다. 그녀는 아니라는 쪽으로 마음을 굳혔다. 바쿠스를 공경하지 않기로 한 알키토이는 그의 왕림을 환영하는 통보가 있었음에도 연회석조차 마련해 두지 않았다. 그녀의 여동생 역시 누이와 마찬가지였기에 아무도 신출내기인 바쿠스를 알아보지 못했다.

그날의 연회를 주재한 승려는 모두가 축제에 참가해야 한다고 알렸다. 하인들은 휴가를 받았고, 연회에 참석한 모든 남녀들은 짐승 가죽을 뒤집어써야 했다. 또한 평소에 사용하던 리본이 아니라 포도와 은매화로 꾸민 화환으로 머리를 묶어야 했다. 축하객들이 저마다 손에 포도 넝쿨로 엮은 꾸러미를 들고 사원으로 들어왔다. 승려는 절대 바쿠스가 화를 내지 않도록 모두 자기의 말을 따라야 한다고 신신당부했다.

늙은이건 젊은이건 여자들은 모두 그의 말에 따랐다. 실을 잣고 천을 짜거나 바느질을 하던 일손을 멈추고 모두 제단으로 나갔다. 그들은 그곳에서 향을 피우고 신의 이름과 직위를 읊어 댔다. 그들은 바쿠스를 그윽한 음성의 소유자, 소음의 제왕, 슬픔의 배달부, 동방의 아들, 포도나무의 신이자 밤의 신이라 칭송하며 외쳤다.

"신이시여, 영원히 우리와 함께하소서!"

그러나 미니아스의 딸 알키토이와 그의 동생은 신성한 의식을 행하지 않고 멀리 떨어져 있었다. 그들은 집 안에서 평소처럼 행동함으로써 축제를 망치고 있었다. 온종일 그들은 분주했고, 하녀들도 실을 자아 천을 짜고 바느질을 하는 등, 정해진 허드렛일을 하느라 바쁠 수밖에 없었다.

바깥 거리는 조용하기 그지없었다. 사원으로 가기를 거부한 단 두 자매만이 도시에 남아 있는 것은 기묘한 듯 보였다. 알키토이는 이 조용한 시간을 즐겁게 보내기로 했다. 민첩한 손놀림으로 실을 자으며 그녀가 말했다.

"다른 여자들은 이름도 잘 모르는 신을 경배하는 멍청한 의식에 참가하기 위해 하던 일도 팽개치고 쓸데없이 시간을 낭비하고 있어. 하지만 우리는 훨씬 뛰어난 여신 팔라스Pallas를 숭배하거든. 바깥일은 전혀 신경을 안 쓰고 늘 하던 대로 이야기나 하면서 시간을 보내자꾸나."

두 자매는 모두 양모실을 잣고 재미난 이야기를 하며 하루를 즐겁게 보냈다.

많은 이야기가 오갔고, 하루가 거의 저물어 갔다. 두 자매는 계속 일을 하며, 바쿠스와 그를 찬양하는 축제를 비웃었다. 그들이 베틀 앞에 앉아 있을 때 바깥에서 웅장한 북과 플루트, 심벌즈와 트럼펫 소리가 들려왔다. 그와 함께 몰약沒藥과 샤프론 향이 풍겨 왔다. 그리고 기적이 일어났다. 그들이 짜 놓은 천은 녹색으로 변했고, 완성된 옷은 향기로운 담쟁이와 포도 넝쿨이 얽힌 듯 변했다. 실은 끈끈한 덩굴손이 되었고 잎이 제멋대로 자라났으며, 그들이 짜 두었던 보라색 천은 풍성한 포도송이들로 뒤덮였다.

태양의 붉은 광채가 지평선 아래로 내려갈 즈음인 밝음과 어둠의 사이, 드디어 마법의

:: 줄리오 로마노와 제자들, 〈바쿠스의 탄생〉.

시간이 찾아온 것이다. 집 전체가 심하게 흔들리기 시작했고, 마치 진홍색 불꽃이 방에서 방으로 날아다니듯 램프는 환히 타올랐다. 야수의 울부짖음과도 같은 엄청난 포효와 함께 집안 곳곳에 유령의 그림자가 활보했다. 두 자매는 한쪽 구석으로 몰렸다.

그리고 집 안은 연기로 가득 찼고, 두 자매는 불꽃과 섬광으로부터 도망치려 무진 애를 썼다. 손으로 더듬어 길을 찾던 두 자매는 발을 헛디뎌 밑으로 떨어지기 시작했다. 그러나 이상하게도 그들은 바닥

에 닿질 않았다. 부드러운 얇은 막이 두 자매의 다리와 발 사이에서 자라나기 시작했다. 얇은 날개가 그들의 팔을 감싼 것이다.

집 안은 점점 어두워졌고, 두 자매는 처음에는 자기들의 모습이 어떻게 변했는지 전혀 알 수가 없었다. 결국 자신들이 그것을 통해 다른 쪽을 볼 수 있을 정도의 양피지처럼 얇은 날개를 이용해 날아다니고 있음을 깨달았다. 말을 하고자 했으나 날카롭게 찍찍거리는 소리만 낼 뿐이었다. 그들은 아주 조그만 동물로 변해 버린 것이다.

한때는 미니아스의 딸이었던 박쥐들은 오늘날에도 숲보다는 집에 서식하며 서까래나 가장 높은 대들보에 매달려 흔들리고 있다. 빛을 싫어하는 그들은 오직 밤에만 날아다니는데, 그들의 이름인 베스페르틸리오네스Vespertiliones는 '저녁에 날아다니는 자'라는 뜻이다.


# 6. 오만한 여왕:
## 카시오페이아와 그녀의 딸 안드로메다


에티오피아의 여왕은 아름다움만큼이나 자만심도 만만치 않았다. 헤르메스Hermes의 손녀이기도 한 카시오페이아Cassiopeia는 가계나 남편인 케페우스Cepheus 왕의 지위 때문만이 아니라 미모 때문에 자만심이 높았던 것이다. 더구나 그녀 자신만이 아니라 딸 안드로메다 Andromeda의 미모 또한 빼어났다. 그녀의 생각으로는 신이건 인간이건 누구라도 그녀를 보고는 그냥 지나치지 못할 정도로 사랑스러웠다.

어느 날 카시오페이아는 자기의 딸이 바다의 님프 네레이드들보다 더 아름답다고 자랑했다. 님프들이 들을 수 있는 바닷가에서 그녀가 자랑스럽게 떠벌린 것은 결코 현명한 행동이 아니었다. 그 일은 불운을 초래한 어리석은 짓이었다. 당연히 님프들은 분노했다. 그들은 곧바로 아버지인 바다의 신, 포세이돈을 찾아갔다. 님프들은 자신들이 당한 끔찍한 모욕에 반드시 보복을 해야 한다고 아버지를 충동했다. 이에 동의한 포세이돈은 맹독을 품은 거대한 이무기를 보내 에티오피아를 파괴하고, 사람들이 집을 떠날 정도로 공포에 떨게 하여 온 나라를 폐허로 만들었다.

케페우스 왕은 아연실색했다. 대체 나라와 백성을 구하기 위해 어떻게 해야 한단 말인가? 아무리 생각해 보아도 결론을 내릴 수 없자 그는 신탁神託을 했고, 참혹한 대답을 들어야 했다. 괴물로부터 나라를 구하기 위해서는 그의 사랑스러운 딸 안드로메다를 제물로 바쳐야 한다는 것이었다. 오직 그 방법만이 이무기를 달래어 깊은 바다로 되돌려 보낼 수 있다는 것이 신의 계시였다.

케페우스와 카시오페이아는 공포에 떨며 통곡했다. 딸에게 이토록 잔혹한 운명을 선고해야 한단 말인가? 절대 그럴 수는 없었다. 제법 오랫동안 그들은 신의 계시에 맞섰다. 하지만 백성들이 간절히 애원을 했고, 나라는 구원을 받아야만 했다. 결국 크나큰 슬픔을 접어 두고 그는 신의 계시를 따를 수밖에 없었다.

안드로메다는 바다를 마주한 절벽 아래의 바위에 묶여 있었다. 이제 해가 떠오르면 뱀이 나타나 그녀를 한입에 삼킬 것이었다. 왕과 여왕은 미칠 듯한 심정으로 근처를 서성이고 있었다. 하염없이 눈물이 흘렀지만, 딸을 구할 방도도 없었다. 순진무구한 처녀가 어머니의 자만과 허풍 때문에 응분의 대가를 지불해야만 했던 것이다.

그러나 뜻하지 않은 기회가 찾아왔다. 무시무시한 고르곤 메두사 Medusa를 물리친 젊은 영웅 페르세우스Perseus가 날개 달린 신발을 신고 날아가다가 이 광경을 목격한 것이다. 그는 파도에 씻긴 검은 바위에 아름다운 여인이 묶여 있는 모습을 발견했다. 처음에 그는 그 여인을 대리석 조상彫像이라 여겼으나, 바람에 머리카락이 나부끼고 사랑스러운 얼굴 위로 뜨거운 눈물이 흘러내리는 것을 보고는 이내 사람임을 알았다.

그 광경을 보고 깜짝 놀란 페르세우스는 신발의 날갯짓을 거의 잊어버릴 뻔했다가 다시금 정신을 차리고는 미끄러지듯 내려가 그녀 앞에 섰다.

"대체 무슨 일로 여기에 쇠사슬로 묶여 있는 거요?" 페르세우스가 물었다. "그대는 사랑의 사슬에 묶여 있어야 어울릴 텐데……. 대체 당신은 누구이고, 이곳은 어떤 나라죠? 그리고 왜 검은 바위에 묶여 있는 거죠?"

안드로메다는 너무도 부끄러워 그를 쳐다보지 못하고 두 손으로 얼굴을 가리려 했다. 하지만 손 역시 바위에 묶여 있었기에 꼼짝할 수 없었다. 그녀는 페르세우스가 부드럽게 말을 걸 때까지 그저 눈물 가득한 눈을 내리깔고 있어야만 했다. 결국 그녀는 자초지종을 들려주었다.

그녀가 이야기를 끝마치기도 전에 바다 깊은 곳으로부터 무시무시한 소리가 들려왔다. 바다를 바라보니 누가 보더라도 놀라 자빠질 만큼 끔찍한 괴물이 파도를 타고 그들을 향해 돌진해 오고 있었다. 안드로메다는 공포를 이기지 못하고 비명을 질렀다. 전전긍긍했지만 아무런 도움도 줄 수 없는 그녀의 부모는 손을 꼭 쥐고 딸을 감싸 안았다.

페르세우스가 말했다.

"울 시간은 나중에도 충분히 있습니다. 지금은 따님을 구출할 수 있는 짧은 시간밖에 없지요."

그는 케페우스 왕을 돌아보며 말했다.

"정상적인 상황이라면, 제게 호감을 가지신 듯 보이는 두 분께 구혼자로서 안드로메다의 손을 잡고 찾아뵈었겠지요. 저는 신들의 왕 제우스의 아들입니다. 날개 달린 신발을 타고 머리카락이 뱀인 고르곤을 무찔렀지요. 하지만 지금은 한 가지 일을 더 해야 할 것 같군요. 신의 가호 아래 저 괴물을 없애겠습니다. 만약 성공한다면 안드로메다와 결혼하는 것을 허락하시겠습니까?"

딸을 구해준다는 데야 '그렇다'라는 말 외에 무슨 이야기를 할 수 있을까? 카시오페이아와 케페우스는 페르세우스에게 딸뿐만 아니라 부유한 그들의 왕국까지도 내주겠다고 약속했다.

괴물은 마치 배가 파도를 가르듯 물 위에 흰색의 궤적을 남기며 엄청나게 빠른 속도로 다가왔다. 이제 돌을 던지면 맞을 정도로 가까운 거리에 모습을 드러내고 있었다.

돌연 하늘로 날아오른 페르세우스는 구름에 닿을 듯 치솟았고, 괴물은 바다에 드리워진 그의 그림자를 보았다. 독수리가 햇볕이 내리쬐는 광야 위의 뱀을 덮치듯, 페르세우스는 거대한 괴물 위로 떨어져 내리며 높이 들어 올렸던 칼을 어깨에 세차게 찔러 넣었다. 상처는 깊고 끔찍한 모양으로 벌어졌다. 괴물은 허공으로 치솟았다가 고통으로 몸부림치며 물로 떨어졌다가 다시 공격하기 위해 몸을 일으켰다. 페르세우스는 날카로운 이빨을 잽싸게 피하면서 괴물이 몸을 뒤집을 때마다 보이는 빈틈을 놓치지 않고 노련하게 칼을 찔러 댔다. 배, 목, 갈빗대 사이, 그리고 등을 덮고 있는 비늘 사이와 물고기 같은 꼬리까지 마구 찔러 댔다.

거대한 이무기는 자줏빛 피를 내뿜었다. 날개 달린 신발이 뱀의 피와 물보라에 흠뻑 젖어 무거워지자 페르세우스는 아래로 떨어지기 시작했다. 순간 페르세우스는 넘실대는 파도 사이로 우뚝 솟은 바위를 발견하곤 사뿐히 뛰어내렸다. 한 손으로 절벽을 감싸 안고 칼을 괴물의 급소에 몇 번이나 깊숙이 찔러 넣었다. 마침내 페르세우스는 승리를 거두었다. 바닷가에서 터져 나온 환호성은 하늘에 닿을 정도로 메아리치며 울려 퍼졌다.

카시오페이아와 케페우스는 기쁨에 겨워 페르세우스를 새로운 아들이자 집안의 구원자로 환대했다. 사슬에서 풀려난 안드로메다는 수줍은 얼굴로 앞으로 걸어나왔다. 이번 싸움에 대한 보상으로 페르세우스는 두

:: 괴물로부터 안드로메다를 구해 주는 페르세우스

가지를 얻은 것이었다. 페르세우스는 그녀의 손을 잡기 전에 피로 물든 손을 깨끗이 씻었다.

신의 가호에 감사하며 페르세우스는 해변에 헤르메스와 제우스, 그리고 전쟁의 여신 아테나를 위한 세 개의 제단을 세웠다. 그리고 그 앞에 각각 송아지, 황소, 암소를 제물로 바쳤다.

안드로메다를 신부로 맞이한 페르세우스는 더 이상 바랄 것이 없을 만큼 행복했다. 사랑과 결혼의 신들이 횃불을 들고 결혼식을 축하

해 주었고, 수금과 플루트의 흥겨운 노랫소리가 궁전 가득 울려 퍼졌다. 집집마다 나라의 안녕을 기리는 화환을 내걸었고, 거리에는 짙은 향기가 가득했다. 케페우스 왕이 다스리는 나라의 귀족들이 다 모인 궁전의 문이 활짝 열리자 오색찬란하게 번쩍이는 황금 홀이 자태를 뽐냈다.

새로 탄생한 부부는 얼마 동안 안드로메다의 부모와 함께 에티오피아에서 살았다. 첫 아들이 태어나자 페르세우스는 케페우스가 사망하면 아이에게 왕위를 물려 줄 것이라고 선언하고, 자신의 고향이자 수 년 동안 그가 다스렸던 아르고스Argos로 돌아갔다.

페르세우스와 안드로메다는 죽는 날까지 함께했다. 아테나는 그들을 모두 하늘로 올라오도록 하여 별자리를 만들어 주었다. 안드로메다를 비롯하여 그녀의 남편과 부모, 그리고 이무기까지도. 하지만 카시오페이아는 자만심 때문에 온갖 문제와 곤란을 초래했으므로, 그녀는 발을 하늘로 향한 채 영원히 거꾸로 매달려 있어야만 했다.

# 7. 용감한 갈란티스

 *신이 오만하다고 느낄 만큼 자랑하지 말지어다. 이 이야기는 갈란티스Galanthis 가 자신의 여주인을 도우려 했지만, 결국 스스로 판 함정에 빠지고 말았다는 내용이다. 그녀가 터득한 바는 그리 좋은 생각이 아니었던 것이다.*

알크메네Alcmena는 곧 어머니가 되고, 그의 아들은 영웅 헤라클레스 Hercules가 될 터였다. 하지만 출산일이 다가오자 일이 심상치 않게 꼬이고 말았다. 헤라는 제우스의 아들을 낳으려는 알크메네에게 화를 냈고, 여인들을 동반하고 다니는 여신 루키나Lucina가 돕기를 거부하자 그녀는 루키나를 설득해야만 했다. 알크메네는 출산의 여신과 산파들을 찾아가 몇 번씩 도움을 청했다. 하지만 그녀는 아무런 대답도 듣지 못했다. 고통스럽기 그지없는 칠주야 동안이나 도움을 기다렸으나 허사였다.

드디어 루키나가 모습을 나타냈다. 하지만 여신은 출산을 돕는 것이 아니라 방해하기로 헤라와 이미 약속을 해 놓은 터였다. 여신은 한 마디 말도 없이 알크메네의 방문 바깥에 있는 제단을 차지했다. 그녀는 손가락을 꼭 쥐고 팔짱을 낀 다음, 가부좌를 틀고 앉았다. 그러더니 출산을 방해하는 주문을 외우기 시작했다. 알크메네의 눈물은 돌이라도 움직일 수 있을 정도로 연민을 자아냈지만, 여신은 돌보다도 더 굳은 의지를 보여 주고 있었다. 그녀는 그저 팔짱을 낀 채 다리를 꼬고 앉아 주문을 외울 뿐이었다.

이때 알크메네가 가장 귀여워하는 하녀인 금발머리의 시골 처녀 갈란티스가 꾀를 내었다. 그녀는 방을 들락날락하면서, 낮은 목소리로 중얼거리지 않으면 마치 조각처럼 팔짱을 낀 채 다리를 꼬고 있는 여신을 유심히 살펴보았다. 총명한 하녀는 질투심 많은 헤라가 자기의 주인에게 해를 입혀 아기를 낳지 못하도록 방해한다고 믿었다.

알크메네가 누워 있던 방을 나온 갈란티스는 여신을 향해 다가가 쾌활하게 인사했다.

"저는 당신이 누군지 잘 모르겠어요." 그녀가 말했다. "하지만 당신은 제 주인님을 축하해 주러 오신 거죠. 주인님은 이미 신께 간절히 기도했고 답까지 들었지요. 곧 건강한 사내아이를 낳으실 거예요."

이 말을 들은 루키나는 자리에서 벌떡 일어섰다. 자신의 저주가 실패

:: 헤라클레스.

98

했음을 알고 충격을 받은 것이다. 너무도 놀라 팔짱을 푼 그녀는 꼭 쥐었던 손가락과 꼬았던 다리도 풀었고, 바로 그 순간 헤라클레스가 탄생했다.

그녀의 계략이 성공을 거둔 것이다. 그러나 장난꾸러기인 갈란티스는 그녀가 속여 넘긴 여신의 흉내를 내기 시작했다. 루키나가 당혹스러워하며 화를 내는 모습을 본 그녀는 웃음을 터뜨렸다. 그녀의 웃음소리가 커질수록 여신의 분노는 치솟았고, 여신이 화를 내면 낼수록 웃음소리는 더욱더 커졌다.

화가 치민 여신은 허리가 끊어져라 웃고 있던 갈란티스를 잡아 머리카락을 당겨 바닥에 내동댕이쳤다. 그녀의 팔과 다리가 점점 줄어들기 시작했고, 몸은 길고 실팍하게 변했다. 갈란티스는 몸을 일으키려 애썼지만, 그녀는 더 이상 두 발로 서 있을 수가 없었다.

비록 모습은 변했지만, 지금도 갈란티스는 금빛 털을 지니고 있으며, 늘 그랬듯이 분주하고 쾌활하게 집 주위를 돌아다닌다. 마치 금빛 담비가 되기 전의 유쾌하고 명랑한 하녀처럼.

# 2장

## 아름다운 여인, 질투심 많은 여신

# 1. 질투의 화신: 헤라

의심할 필요도 없이 헤라Hera는 하늘의 여왕이었다. 위대한 신 제우스의 아내이기도 한 그녀는 여신들의 우두머리였으며, 그 자리는 매우 신성한 것이었다. 적어도 그렇게 보여야만 했다. 그러나 헤라 자신은 그렇게 느끼지 않고 있었다. 왜냐하면 그녀의 남편은 늘 미인에게 넋을 빼앗겼으며, 세상에는 그의 주목을 끄는 수많은 미인들이 널려 있었기 때문이다.

제우스를 한눈에 사랑에 빠지게 한 것도 그녀 자신의 멋진 자태와 당당한 태도에서 비롯된 미모 때문이었다. 그는 오랫동안 헤라의 환심을 얻고자 애썼지만, 그녀는 여전히 결혼에 동의하지 않고 있었다. 아마도 마음 한구석으로는 그를 전적으로 신뢰하지 않았기 때문이었을 것이다.

그녀가 결혼을 허락하기 전 어느 날이었다. 아르고스의 숲 속을 걷고 있던 헤라를 본 순간, 제우스는 그녀를 부인으로 맞지 않고는 도저히 견딜 수가 없다고 생각했다. 그는 거대한 폭풍을 일으켰다. 바람이 몰아치고 비가 퍼붓자 모든 생물들은 돌풍을 피할 곳을 찾았다. 뻐꾸기로 변신한 제우스는 물에 흠뻑 젖은 초라한 모습으로 헤라에게로 날아가 슬픔 가득한 눈빛으로 그녀를 쳐다보았다. 가엾은 모습에 마음이 움직인 그녀는 작은 새를 망토 안으로 들어오게 했다. 그러자

:: 정장을 차려입은 헤라.

제우스는 본모습으로 돌아와 헤라에게 입을 맞췄고, 결국 그녀는 결혼을 승낙해 버렸다.

그들의 결혼이 발표되자 올림포스는 축제의 도가니가 되었다. 당연히 모든 신들이 호사스러운 선물을 가져왔지만, 그 가운데 가이아Gaia의 선물이 가장 돋보였다. 그녀가 신부에게 준 선물은 빛나는 황금사과가 열리는 나무였다. 헤라는 그 나무를 신들의 정원 한가운데에 심었다.

하지만 모든 신들의 축복에도 불구하고 제우스와 헤라의 결혼은 그리 행복하지 못했다. 제우스는 여전히 미녀들의 꽁무니를 쫓아다니며 수없이 염문을 뿌려 댔다. 이 때문에 헤라의 심성은 악해지기 시작했다. 분명히 그녀는 스스로의 자존심을 지키고자 했다. 결국 그녀는 공작을 자신의 특별한 새로 삼았다. 결혼생활을 하고 있었음에도 그녀의 성질과 자존심은 더욱 강해져만 갔고, 질투로 인한 발작적인 행동은 항상 수많은 희생자를 만들어 냈다.

누구든 그녀를 거스르는 자는 고통을 받았고, 헤라의 분노는 제우스의 바람기를 겨냥한 것이었다. 여인들은 대부분 결백했고, 또 그녀들은 결코 신과 어울리길 원치 않았기 때문에 문제될 것이 별로 없었다. 제우스가 미녀에게 다가갈 때는 대개 변신을 했기에 그녀들은 제우스이리라고는 꿈에도 생각지 않았다. 헤라는 여전히 그녀들을 찾아내 참혹한 형벌을 내리는 데 온종일을 허비했다. 징벌은 종종 그녀들의 자식에게까지 가해졌고, 바로 이 때문에 그녀는 절대 잊을 수 없고 또한 결코 용서하지도 않는 여신이 된 것이다.

한 번은 헤라가 그녀의 남편에게 분노의 화살을 돌린 적이 있다. 제우스는 너무도 막강한 힘을 지녔고, 그의 자만심은 참을 수 없을 정도로 드높았다. 특히 그의 아내와 형제인 포세이돈, 그리고 아들인 아폴론에게는 더욱 심했다. 다툼에는 전혀 개입하지 않는 헤스티아 Hestia를 제외하고, 올림포스에 거주하는 모든 신들의 협조를 얻은 세 명의 신들은 최고 신의 권력을 제한하고 성질을 누그러뜨려야 한다고 결정했다. 적절한 시기를 노리고 있던 그들은 제우스가 만취하여 침대에서 자고 있을 때를 기회로 삼았다. 신들은 미끄러지듯 그의 몸을 덮쳐 쇠가죽으로 만든 끈으로 팔과 다리를 묶고 100개나 되는 매듭을 만들었다. 이때 술에서 깨어난 제우스는 격노하여 모두에게 당장 죽음을 내릴 것이라 위협하며 고함을 쳤다. 그러나 두려움의 대상이었던 번개는 이미 손이 닿지 않는 곳에 두었으므로, 그들은 제우스의 분노를 비웃고만 있었다.

이러한 소동이 벌어지는 동안, 누군가가 한구석에 웅크리고 있었

:: 헤라의 팔목을 잡고 있는 제우스.

다. 헤라가 양육한 네레이드 가운데 하나인 테티스Thetis는 덜덜 떨며 걱정하고 있었다. '혹시라도 신들 간에 또 다른 전쟁이 벌어지면 어떻게 하나?' 그건 생각조차 할 수 없는 일이었다. 그녀는 조용히 타르타로스로 가서 팔이 100개인 괴인 브리아레오스Briareus를 데려왔다. 100개의 손은 100개의 매듭을 재빠르게 풀어 냈고, 제우스는 자유를 되찾았다.

이제 헤라가 벌을 받을 차례가 되었다. 제우스는 헤라의 허리를 황금 포승으로 묶고, 발은 무거운 모루에 고정시켜 하늘에 매달라고 명령했다. 어떤 신도 감히 헤라의 구슬픈 비명을 듣지 못했으며, 또한 누구도 그녀를 구출할 수 없었다. 하지만 제우스는 결국 동정심을 느껴 다시는 자신을 배반하지 않겠다는 서약을 받고 그녀를 풀어 주었다.

고약한 성질에도 헤라는 충직한 아내로서 명성도 자자하다. 그녀는 결혼을 관장하고, 결혼한 여인을 보호하는 여신이다. 많은 사람들이 헤라에게 기도했다. 그것은 당연히 헤라가 자신을 화나게 만드는 사람 때문에 고통 받았지만 그래도 끈덕지게 버텨 온 덕분이었다. 오늘날에도 그리스에서는 어떤 성가신 일이 일어나면, 예를 들어 벌레가 물거나 소풍 갔을 때 개미의 습격을 받으면 사람들은 이렇게 말한다.

"조심해! 헤라가 너를 잡으러 온 것 같아."

헤라는 예언 능력을 가지고 있었으며, 또한 자신이 선택한 사람에게 이 능력을 부여할 수도 있었다. 하지만 그것이 마냥 행복한 선물은 아니었다. 사람들은 대개 예언할 것이 재앙뿐이어도 오히려 기쁘게 얘기한다. 도대체 어떤 사람이 우울한 이야기를 듣기 좋아할까? 죽음과 파괴, 불행한 사랑, 온갖 종류의 실패 등을 예언하는 것은 누구라도 바라는 선물이 아닐 것이다.

헤라는 인간사에 관여했기 때문에 무척이나 바빴고, 어떤 사람들은 좋아했지만 증오하는 자들도 많았다. 그녀의 관여는 신화 속의 많은 이야기에서 중대한 결말을 이끌어 냈다. 예를 들어 그녀가 편을 들었을 때 이아손Jason은 황금양털을 찾아냈지만, 그를 돕기를 포기했을 때는 모든 일이 안 좋게 변하고 말았다.

트로이 왕자 파리스Paris에 대한 헤라의 분노는 이루 헤아릴 수 없을 정도였다. 파리스는 가장 아름다운 여신에게 주는 상을 헤라가 아닌 아프로디테에게 주었는데, 만약 그녀가 그토록 화가 나지 않았더라면 그리스와 트로이 간의 전쟁은 휴전으로 끝났을지도 모른다. 하지만 혜라는 트로이와 모든 트로이 인들이 전멸할 때까지 저주를 내리는 바람에 결국 트로이는 멸망하고 말았다.

혜라는 제우스와의 사이에서 전쟁의 신 아레스Ares, 그와 쌍둥이로 불화의 여신인 에리스Eris, 젊음의 여신 혜베Hebe, 대장장이 혜파이스토스Hephaestus 등의 자식을 낳았다. 이 가운데 혜파이스토스는 아버지 없이 혜라가 혼자 낳은 것이라고 얘기하는 사람도 있다.

로마 신화에서 혜라는 유노Juno라 불리며, 더 위엄 있고 당당하며 집념이 다소 떨어진 여신으로 묘사되고 있다. 자신의 남편을 홀린 여인들을 징벌하는 데 시간을 할애하는 것보다 로마의 기혼녀들에 대한 진정한 수호자 노릇을 한 것이다. 적절한 자존심과 위엄을 갖추고, 유노는 남편의 몇 발자국 뒤에서 걸어가며 삶의 과정에서 자신의 위치를 존중하는 모습을 보인다. 그녀는 혜라보다 낫고 덜 활발하며 자신의 위치를 잘 파악하고 있다. 아마도 일부분은 포기한 듯 보인다.

## 2. 참혹한 형벌: 이오

사도 바울의 「데살로니카 인들에게 보낸 편지」에는 가파른 절벽과 울창한 숲으로 둘러싸인 계곡이 나온다. 템페Tempe라 불리는 이곳에

서부터 페네이오스Peneus 강이 시작한다. 어느 날, 나라 안의 모든 강
들이 강의 신 페네이오스를 방문했다. 이때 잔혹한 슬픔을 간직한 이
나코스Inachus만이 참석하지 않았다. 그가 동굴 속에 틀어박힌 채 하
염없이 눈물만 흘리는 바람에 강은 자꾸만 깊어 갔다. 그는 절망에 빠
진 딸을 애도하고 있었다. 과연 그의 딸은 죽었는가 살았는가? 이나
코스는 최악의 경우를 상상하다 이내 공포에 휩싸였다.

과연 어떤 일이 일어난 것일까?

어느 날 아버지의 강에서 멀리 떨어진 곳에 있던 이오Io를 보고 매
료된 제우스는 '오!' 하고 감탄을 금치
못했다.

"정말로 사랑스러운 아가씨로군. 정
말 미인이야. 이 제우스의 사랑을 받을
만한 자격이 있어. 그런데 당신에겐 햇
볕이 너무 따갑겠는 걸. 왜 숲 속 그늘에
가서 쉬지 않지? 사나운 짐승이 해칠까
봐? 무서워할 것 없어. 내가 함께 갈 테
니까. 알다시피 신과 함께 있으면 안전
은 당연한 거지. 나는 보통 신이 아니라
고. 천상의 제왕이자 강력한 번개를 던
질 수도 있어."

하지만 겁에 질린 이오는 얼른 도망

:: 코레지오, 〈제우스와 이오〉.

치고 말았다. "제발 가지 마⋯⋯!" 드넓은 초원과 녹음이 짙은 숲을 지났지만, 온갖 능력을 지닌 신은 한 지역 전체를 짙은 먹구름으로 뒤덮어 달아나지 못하게 계속 어둠을 만들었다. 결국 제우스는 그녀를 붙잡았다.

한편 늘 즐겨 하던 대로 하늘에서 지상을 내려다보고 있던 헤라는 맑기 그지없는 한낮인데도 어느 한 곳에 먹구름이 뒤덮이는 것을 보았다. 그것은 강에서 피어오르는 물안개도 아니었고, 습기 찬 대지에서 발생하는 농무濃霧도 아니었다. 호기심과 함께 의구심이 생긴 헤라는 남편을 찾아 주위를 둘러보았다. 그런데 제우스가 다른 여자를 쫓아 지상으로 내려가고 있는 것이 아닌가. 그녀는 제우스가 바람을 피우는 현장을 몇 차례 잡았기에 스스로에게 "내가 잘못되거나 아니면 잘못된 인생이거나"라고 중얼거리며, 구름을 헤치고 땅으로 내려갔다.

하지만 부인이 오고 있다는 것을 알아챈 제우스는 구름을 불어 날려보냈다. 그 속에 있는 것은 이오가 아니라 윤기가 흐르는 젊은 암소였다. 제우스가 순식간에 그녀를 변신시킨 것이었다. 비록 암소로 변신했어도 이오는 아름다웠다. 헤라는 암소를 감탄과 부러움 가득한 시선으로 바라보며 남편에게 묻기 시작했다.

"이 암소는 어디서 났어요? 어느 목장이고 주인은 누군가요?"

그녀를 안심시키고 연이은 질문을 피하기 위해 제우스는 암소는 땅에서 솟아났으며 순식간에 다 자랐다고 거짓말을 했다. 그는 헤라

와 눈을 마주치지 못했다. 아
니 마주할 수가 없었다.

헤라는 단번에 그 이야기를
믿지 않았다. 잠깐 머리를 굴
린 그녀는 남편에게 말했다.

"이 암소를 제게 주시지 않
겠어요?"

제우스는 꼼짝 못 하게 되
고 말았다. 만약 그가 부인의
부탁을 대수롭지 않게 여겨
거절한다면 더욱 의심만 받을
것이 뻔했다. 헤라는 그 암소
가 결코 평범한 동물이 아님
을 알게 될 터였다.

제우스는 순순히 암소를 헤

:: 조반니 바티스타 첼로티,
〈이오를 아르고스에게 맡기는 헤라〉.

라에게 넘겨주었지만, 그녀는 여전히 남편을 불신하고 있었다.

헤라는 암소를 아르고스Argus에게 맡기고는 단단히 지키라고 명령
했다. 아르고스는 머리에 눈이 백 개 달린 탁월한 경비원이었다. 잠
잘 때도 눈 두 개만 감았고 고개만 돌리면 나머지 아흔 여덟 개의 눈
으로 사방을 볼 수 있었기에, 이오는 그의 눈을 절대 벗어날 수 없었
다.

아르고스는 낮에는 암소를 감시했으나, 해가 지면 그녀의 부드러운 목에 굴레를 씌워 외양간에 가두었다. 이오는 강둑을 따라 자라난 쓰디쓴 허브와 나뭇잎을 먹어야 했다. 잘 때는 부드러운 풀밭이 아닌 바위투성이의 맨땅에 누워야 했다. 몇 번이고 그녀는 아르고스에게 팔을 뻗어 자비를 구하고 싶었으나 그녀에게는 뻗을 수 있는 팔이 없었다. 그녀는 또 입을 열어 호소를 하려 했지만, 낼 수 있는 소리는 소의 울음뿐이었다.

어느 날 새로운 목초지를 찾던 이오는 우연히 그녀가 어릴 적 종종 뛰놀던 아버지의 땅에 이르렀다. 강물을 마시려고 고개를 숙인 그녀는 수면에 비친 자신의 주둥이와 머리의 뿔을 보았다. 자신의 모습에 놀란 그녀는 마구 달리기 시작했다. 그녀의 가족이 이 모습을 보았지만, 누이는 물론 아버지조차 그 암소가 이오라고는 생각할 수 없었다. 모습이 그렇게 변했는데, 누가 그녀라고 생각할 수 있을까?

암소는 날마다 누이들과 아버지를 따라다녔고, 그들은 소의 옆구리를 쓰다듬으면서 "귀엽기도 하지"라고 말할 뿐이었다. 이나코스가 풀을 뽑아 발밑에 놓아주면, 그녀는 까칠까칠한 혀로 그의 손을 핥았다. 자신이 입 맞출 수 있는 유일한 방법은 그것뿐이었기에 그녀는 하염없이 눈물을 흘렸다. 그녀가 자신이 누구인지 말할 수 있다면, 아마도 그들이 도울 수 있을 테지만, 지금으로선 전혀 불가능한 일이었다. 그러나 유일한 희망은 있었다. 아주 느리지만 그녀의 발굽으로 흙먼지 위에 자신의 이름을 쓰는 것이었다. 먼저 '이'를 쓰고 다음에는

'오ㅇ'를.

그러자 그녀의 아버지는 단번에 자신의 딸이 소로 변했음을 알고는 울음을 터뜨렸다.

"아! 슬프도다" [영어의 'woe(슬픔)'는 그리스어로 'io'라고 한다]. 이나코스는 이오의 뿔과 눈처럼 흰 목을 감싸 안고 말했다.

"네가 정말 내 딸이란 말이냐? 너를 찾아 온 천지를 헤맸단다. 이제야 찾았는데, 오히려 찾기 전보다 더 슬프구나. 너는 깊은 한숨만 내쉬고 대답조차 못 하는구나. 네가 하는 소리는 '음메'뿐, 도무지 알아들을 수가 없구나. 그동안 나는 어리석게도 너를 결혼시켜 사위와 손자를 볼 생각을 하고 있었는데……. 이젠 소 떼 속에서 네 남편감을 골라야 하다니……. 가엾은 이오! 필경 신의 소행이겠구나. 나는 죽을 수도 없다. 이 한없는 슬픔을 어쩌란 말이냐?"

부녀가 함께 목놓아 울음을 터뜨리자 산꼭대기에서 그녀를 감시하던 아르고스가 금세 나타나 이오를 멀리 떨어진 초원으로 데리고 갔다. 백 개의 눈을 벗어날 수는 없었던 것이다.

제우스는 이오가 그토록 고통 받는 모습을 보고 더 이상 참을 수가 없었다. 그는 신들의 전령傳令 헤르메스를 불러 아르고스를 죽이라고 명령했다. 곧바로 헤르메스는 잠재우는 지팡이를 들고 마법의 모자를 쓴 다음, 발목의 날개를 퍼덕이며 지상으로 내려갔다. 모자와 신발을 벗고 지팡이만 들자, 그는 더 이상 신처럼 보이지 않았다.

양치기로 변장한 그는 갈대피리를 연주하며 아르고스에게 다가갔

다. 아름다운 선율에 매료된 그는 헤르메스를 가까이 불러 부드럽게 말했다.

"그대가 누구든 간에 내 곁으로 와서 앉으시오. 이곳에는 당신의 양을 먹일 수 있는 싱싱한 풀도 많고 양치기를 위해 방금 마련한 편안하고 시원한 그늘도 있다오."

헤르메스는 아르고스 옆으로 다가가 바위에 앉아서 이야기를 들려주고 피리도 불어 주며 몇 시간을 보냈다. 단조로운 음성과 잔잔한 음률로 잠이 쏟아지자, 아르고스는 나른함을 이기려 애쓰고 있었다. 많은 눈들이 감겼지만, 여전히 남은 눈 몇 개가 깨어 감시를 하고 있었다.

아르고스가 어떻게 갈대피리를 만들었는지를 묻자 헤르메스는 양치기 신 판Pan과 피리에 대해 이야기를 시작했다. 그다지 긴 이야기는 아니었고 재미가 없지도 않았지만, 헤르메스가 이야기를 마치기도 전에 아르고스의 마지막 남은 눈꺼풀이 닫히며 잠이 들었다. 이야기를 멈춘 아르고스는 마법의 지팡이를 그의 눈에 대어 더욱 깊이 잠들도록 했다. 그러고 난 다음 헤르메스는 번개처럼 빠른 동작으로 휘어진 칼을 뽑아 잠든 아르고스의 목과 얼굴이 연결된 부분을 가차 없이 내리쳤다. 온 절벽이 피로 물들었고, 밝은 눈빛은 영원히 사라져 버렸다.

그러나 이오는 아직도 자유의 몸이 아니었고, 더욱 큰 고통이 그녀를 기다리고 있었다. 헤라가 모든 광경을 지켜본 것이다. 지상으로 내려온 여신은 아르고스의 눈을 뽑아 자신이 가장 아끼는 새이자 꼬리가 별처럼 빛나는 보석으로 덮인 공작의 깃털에 달아 놓았다. 몹시도 화가 난 그녀는 쇠파리를 보내 눈에 안 보이는 침으로 무자비하게 쏘도록 함으로써 이오를 끝없는 고통에 시달리도록 했다. 쇠파리의 공격 때문에 암소는 공포에 질려 거의 미칠 지경이었다.

이오는 온 세상을 누비며 도망쳤는데, 그녀가 지나간 곳에는 '이오니아 해海'와 '소의 항구'를 뜻하는 '보스포로스Bosphorus'라는 이름이 붙여졌다. 하지만 아무리 빨리 달려도 쇠파리의 공격에서 벗어날 수는 없었다. 나일 강에 이른 이오는 더 이상 견딜 수가 없었다. 물 속에 발을 담근 그녀는 고개를 들어 별을 쳐다보고 울부짖으며 분노의 눈물을 흘렸다. 그녀의 눈물과 거친 울부짖음이 제우스에게까지 전해졌고, 그는 이오의 불행을 끝내 주기로 마음먹었다. 그는 자신의 부인을 얼싸안고 이오를 더 이상 괴롭히지 말아 달라고 애걸했다.

:: 페터 파울 루벤스, 〈헤라와 아르고스〉.

"맹세하지. 그녀는 절대로 당신에게 슬픔을 주지 않을 거요."

그리하여 제우스는 스틱스Styx를 불러 증인으로 삼았다. 헤라는 비록 신이었지만 이 같은 맹세를 저버릴 순 없었다.

결국 설득을 당한 헤라는 그녀를 용서하기로 했다. 눈처럼 흰 암소의 뻣뻣한 털과 뿔은 떨어져 나갔고, 커다란 눈은 작아졌으며, 큰 입은 줄어들었다. 어깨와 손이 나타났고, 검게 빛나던 발굽은 발가락과 손가락으로 변했다. 깨끗했던 피부의 순백純白을 제외하고는 소의 흔적이 말끔히 사라졌다. 행복한 님프는 꼿꼿하게 서서 두 발로 걷기 시작했다. 잠시 동안 그녀는 감히 입을 열어 말할 엄두도 못 냈다. 아직도 소의 울음소리를 낼까 봐 두려웠기 때문이었다. 하지만 조금씩 자신을 되찾은 그녀는 간신히 인간의 말을 하기 시작했다.

세월이 흐른 뒤에 이오는 사람들이 공경하는 유명한 여신이 되었다. 사람들은 순백의 린넨으로 만든 옷을 입고 이오와 그녀의 아들 에파포스Epaphus를 경배하기 위해 신전을 방문했다. 그리고 그녀의 자손 가운데 하나가 가장 위대한 영웅 헤라클레스가 되었다.


## 3. 헤라의 복수: 칼리스토


아르카디아Arcadia는 제우스가 지상에서 가장 아끼는 장소였다. 어쩌다가 그곳을 배회하던 제우스는 우연히 칼리스토Callisto라는 님프를 만났다. 예쁜 여자만 보면 늘 그러했듯 그는 한눈에 그녀에게 반하고 말았다.

칼리스토는 실을 잣거나 머리 모양을 내는 등 보통 여자들이 하는 일에 시간을 허비하는 타입이 아니었다. 그녀는 수수한 옷에 허리를 질끈 동여매고, 머리는 평범한 흰색 리본으로 묶었을 뿐이었다. 그녀는 사냥의 여신 아르테미스Artemis의 수행원으로 발탁되어, 늘 가는다란 창이나 크게 굽은 활을 들고 다녔다. 숲이 우거진 산비탈에서 함께 사냥하는 여인들 가운데 칼리스토는 특히 아르테미스의 총애를 받는 인물이었다. 하지만 애석하게도 총애를 받는 자는 종종 그 위치를 빼앗기는 법이 아니던가?

햇빛이 밝게 비치는 어느 무더운 날은 칼리스토의 운명이 바뀐 날이기도 했다. 그녀는 단 한 차례의 도끼질도 받지 않은 울창한 숲 속에 남몰래 만들어 놓은 그늘로 들어갔다. 그녀는 어깨에 걸쳤던 빛나는 화살통을 내려놓고, 활시위를 풀어 놓았다. 그녀는 시원하고 벨벳처럼 부드러운 풀밭 위에 전통을 베개 삼아 누워 휴식을 취했다.

그때 제우스는 올림포스에서 우연히 지상을 내려다보고 있었다. 그는 나른해 하면서도 아름다운, 더구나 무방비 상태인 그녀를 보고 생각했다.

"내가 지상으로 내려간다 해도 헤라는 모를 거야. 하지만 만약 그녀가 알아챈다면?"

제우스는 아르테미스의 모습으로 변신하여 숲 속으로 들어갔다. 변신을 한 터라 그는 부드럽게 님프를 깨우며 말했다.

"예쁜이, 일어나서 잠시 나와 이야기를 나누지 않으련? 오늘 온종일 산에서 무엇을 사냥했지?"

칼리스토는 몸을 일으키며 가짜 아르테미스를 반갑게 맞이했다.

"아, 위대한 여신이시여. 환영합니다. 저는 언제라도 기꺼이 맞을 준비가 되어 있답니다. 당신은 제우스보다도 위대한 분이니까요. 웃지 마세요. 비록 제우스 신이 제 얘기를 듣는다 해도 제 생각은 변함 없으니까요."

제우스는 자기보다 위대하다는 말을 듣고 놀랐지만, 한편으로는 즐겁기도 하여 소리 없이 피식 웃었다. 그녀가 그날 사냥한 얘기를 하는 동안 제우스는 몇 번씩 입맞춤을 했다. 입맞춤과 포옹을 받은 님프는 그가 아르테미스가 아님을 알아챘다. 그녀는 있는 힘껏 그를 밀쳐내려 했지만, 힘센 신에게 저항할 만큼 강하지는 못했다.

제우스가 올림포스로 돌아간 뒤, 칼리스토는 이제 증오만 남은 숲을 황급히 떠났다. 하지만 그녀는 너무 서두르는 바람에 그만 활과 화살통을 깜빡 잊고 챙기지 못했다.

그녀가 나타났을 때, 아르테미스는 수행원들과 함께 사냥감들을 둘러메고 들뜬 모습으로 지나가고 있었다. 아르테미스가 칼리스토를 부르자, 그녀는 제우스가 다시 변신하여 나타난 것으로 여기고 깜짝 놀라 바들바들 떨었다. 그러다가 다른 여인들이 아르테미스 주위에 있는 것을 보고는 비로소 그녀가 진짜 아르테미스임을 알았다.

칼리스토는 그들과 함께 어울렸다. 그녀는 아무런 질책도 받지 않았지만 부끄러워 견딜 수가 없었다. 그녀는 바닥만 쳐다볼 뿐 감히 눈을 들어 여신을 바라볼 수가 없었다. 아무 말 없이 얼굴을 붉힌 채, 그녀는 자신의 비밀을 모르고 있는 아르테미스 곁으로 갔다. 하지만 다른 몇몇 여인들은 칼리스토의 비밀을 알고 있었다.

칼리스토는 자신이 겪은 일을 영원히 숨길 수는 없는 노릇이었다.

:: 길리스 콩그넷, 〈칼리스토의 죄를 눈치 챈 아르테미스〉.

달이 차고 기울기를 아홉 번 되풀이한 어느 날, 자신의 남동생이기도 한 태양(아폴론)의 뜨거운 빛 아래서 사냥하느라 더위와 피곤함에 지친 아르테미스는 수행원들과 함께 시냇물이 황금빛 모래 위를 유유히 흐르며 속삭이는 그늘진 작은 숲 속으로 들어갔다. 모두 옷을 벗고 차가운 물에 들어가 헤엄을 칠 때, 칼리스토의 비밀을 알게 된 여신은 총애하던 그녀에게 버럭 화를 내며 소리쳤다.

"당장 사라지거라." 여신의 음성은 천둥소리와도 같았다. "너는 우리의 일원이 될 자격이 없다. 다시금 나와 얼굴을 마주치지 말거라. 영원히…!" 하는 수 없이 칼리스토는 눈물을 흘리며 그곳을 떠났다.

그때 제우스는 부인에게 들키지 않고 외도에 성공했다고 생각하고 있었지만, 헤라는 사실 이 모든 일을 알고 있었다. 복수심에 불타는 여신은 순진한 처녀를 벌하고자 오랫동안 인내하며 기다리고 있었던 것이다. 칼리스토가 사내아이를 낳았다는 소식을 들은 여신은 드디어 때가 왔음을 알았다. 그녀의 가슴은 치미는 분노로 가득 찼다.

칼리스토 앞에 모습을 드러낸 여신은 고함을 질렀다.

"이젠 끝났다. 너는 절대로 내 징벌을 피할 수가 없어. 버릇을 고쳐주지. 내 남편의 눈을 사로잡았던 네 아름다움을 망가뜨려 주지. 영원히!"

헤라는 칼리스토의 머리채를 잡고 그녀를 바닥으로 세차게 내던졌다. 님프는 팔을 들어 자비를 구하며 애걸했다. 하지만 그 순간 그녀의 하얀 팔은 검고 거칠게 변했으며 털투성이가 되었다. 손은 안쪽으로 굽어 버렸고, 손톱은 길어져서 마치 갈고리처럼 변했으며, 제우스가 아름답다고 했던 그녀의 입은 으르렁대는 턱과 소름끼치는 주둥이가 되었다. 또한 그녀의 슬픈 말소리와 기도가 그를 듣는 신의 마음을 움직일까 봐 헤라는 목구멍을 통해 위협적이고 화난 울부짖음만 나오도록 만들었다.

칼리스토는 이제 무시무시한 곰으로 변했다. 하지만 그녀는 여전히 여인의 마음을 지니고 있었다. 그녀는 손—이제는 앞발이 된—을 하늘로 들어올리고, 말없이 제우스를 원망했다.

이제 그녀는 끔찍한 삶을 살아야 할 터였다. 비록 야수의 모습을 하고 있지만, 그녀는 사나운 짐승들이 무서웠다. 자신이 곰이 되었다는 사실도 잊고 곰을 피해 몸을 숨겼다. 칼리스토는 외딴 숲 속에 홀

::〈칼리스토를 뒤쫓아가 곰으로 변신시키는 헤라〉.

로 있는 것이 두려워 한때는 자신의 집이자 가족의 소유지였던 곳에
서 서성거리고 있었다. 종종 그녀는 사냥개들에게 쫓겨 울퉁불퉁한
바위를 넘어야 했고, 한때는 자신이 사냥꾼이었음에도 사냥꾼에게
쫓겨야 했다. 또한 그녀의 아버지가 사냥을 하기 위해 늑대로 변신하
여 무더기로 잡았던 짐승임에도 불구하고 늑대를 두려워하며 살아야
했다.

고통스러운 15년이 훌쩍 지나갔다. 어느 날 아르카디아의 숲 속에
서 사냥을 하던 칼리스토의 아들 아르카스Arcas는 갑자기 거대한 흑
곰과 마주쳤다. 곰은 그를 본 순간 마치 동상이 된 듯 꿈쩍도 하지 않
았다. 그녀는 사내가 자신의 아들임을 알았지만, 아르카스는 무서운
짐승이 자기를 낳은 어머니라고는 꿈에도 생각지 못했다. 아무도 그

에게 어머니가 끔찍한 모습으로 변했다는 사실을 말해 주지 않았기 때문이었다. 자기를 뚫어져라 쳐다보는 곰에게 놀란 그는 자신이 왜 그렇게 공포를 느꼈는지도 알지 못하고 뒷걸음질을 쳤다. 곰은 수줍어하며 한 발 가까이 다가섰다. 등에서 무기를 빼어든 아르카스는 치명적인 공격을 할 생각으로 곰의 심장에 창을 겨눴다. 하지만 그는 팔이 마비되어 창을 던질 수가 없었다. 바로 그때 이 광경을 보게 된 제우스는 소년이 가장 악한 죄를 범하는 것을 막아 주었다.

제우스는 강한 바람이 되어 텅 빈 공간을 지나 천상의 둥근 지붕까지 두 모자母子를 끌어올렸다. 그는 두 사람을 별자리로 만들어 그곳에 살도록 했다. 우리가 아는 큰곰자리와 작은곰자리가 바로 그것이다.

헤라는 하늘에서 빛을 발하는 칼리스토를 보곤 다시 화가 끓어올랐다. 세상에! 칼리스토가 영예의 왕관을 쓰고 있다니. 하늘의 여왕은 잿빛 머리를 가진 여신 테티스Tethys와 어렸을 때 자신을 돌봐준 늙은 오케아노스Oceanus에게 이 이야기를 전하기 위해 바다로 내려갔다. 그들이 헤라에게 "왜 그렇게 화가 났느냐?"고 묻자, 그녀는 이렇게 대답했다.

"어두워질 때까지 기다려 보세요. 바로 내 자리인 하늘에 또 다른 여왕이 있는 걸 보실 수 있을 거예요. 저 새로운 별이 하늘 꼭대기에서 북극성 주위를 맴돌고 있단 말예요. 보세요. 내겐 도저히 참을 수 없는 모욕이에요. 모두가 내 힘을 비웃을 겁니다. 나는 인간의 형상이었던 그녀의 모습을 바꿔 놓았지요. 그런데 지금 그녀는 여신이 되었다고요. 아마 제우스가 그녀의 본모습을 되찾아 주었을 거예요. 이오에게 한 것처럼 말이죠. 혹시 나와 헤어지고 그녀와 결혼할지도 모르지요. 저는 당신의 수양딸입니다. 아직도 제게 정이 조금이라도 남아 있다면, 최소한 저 별들이 당신의 아름답고 투명한 푸른빛 바다에 들어오지 못하게 해야 하지 않겠어요?"

오케아노스와 바다의 여신은 고개를 끄덕이며 그녀의 소망을 들어주었고, 헤라는 아르고스의 보석 같은 눈처럼 빛나는 공작의 깃털로 만든 마차를 타고 하늘로 돌아갔다. 다른 별자리와는 달리 바다의 여신과 오케아노스가 그들이 바다로 들어오는 것을 허락하지 않았기 때문에, 큰곰자리와 작은곰자리는 하늘에서만 맴돌 뿐 수평선 밑으로는 내려오지 못하는 것이다.

## 4. 가수: 카넨스

사투르누스(Saturn, 크로노스)의 아들인 피쿠스Picus 왕은 사람들이 멀리서 그를 보기 위해 찾아올 정도로 미남이었다. 조각처럼 생긴 그는 말타기를 즐겼는데, 직접 훈련시킨 군마軍馬 가운데 한 마리의 등에 앉아 있는 광경은 그야말로 완벽한 그림이라고 상상하면 될 것이다. 그의 인생 역시 완벽했다. 외모와 마찬가지로 내면도 아름다워, 그의 영혼은 그의 신체만큼이나 우아하고 정결했다.

스무 살에서 한 살 모자란 그의 빼어난 용모는 숲과 샘물, 시내와 호수의 님프들을 매료시켰다. 님프들은 피쿠스를 보는 순간 사랑에 빠지고 말았다. 하지만 그의 관심은 오직 아름다운 님프 카넨스 Canens뿐이었다.

카넨스가 결혼 적령기에 이르자 그녀의 부모는 피쿠스를 선택했고, 그는 무척이나 행복해 했다. 그의 신부는 누구보다도 아름다운 미모를 지녔을 뿐 아니라, 그녀의 노래를 듣는 사람은 누구나 즐겁게 만드는 매혹적인 목소리를 갖고 있었다. 아마 사람뿐만 아니라 그녀의 노래를 듣는 모든 사물들이 그랬으리라. 카넨스가 노래를 하면 바위가 감동의 눈물을 흘렸으며, 나무는 그녀의 심장의 고동에 맞춰 흔들렸고, 야수도 감상적이 되는가 하면, 강물도 노래를 듣고자 흐르기를 멈췄고, 새조차 날기를 잊은 듯 하늘에서 배회했다. 그녀 이름의 의미는 바로 '노래' 그 자체였다.

어느 날 카넨스가 목청껏 노래를 하고 있을 때, 피쿠스는 멧돼지를 사냥하기 위해 말을 타고 숲 속으로 들어갔다. 말 위에 편히 앉아 있는 젊은이의 목에는 진홍색의 망토가 금빛 걸쇠로 단단히 걸려 있고, 왼손에 들린 창은 언제라도 던질 수 있는 준비가 갖춰져 있었다.

바로 그날 우연히도 태양의 딸인 마녀 키르케Circe가 주문과 마법의 약을 만들기 위해 약초를 구하고자 그 숲으로 왔다. 키르케는 무성한 덤불 속에 있어 모습이 보이지 않았지만, 그녀는 피쿠스를 볼 수 있었다. 단 한 번 보았을 뿐인데 그녀는 피쿠스에게 반하고 말았다. 그녀는 손에 들었던 약초를 떨어뜨렸고, 그녀의 혈관 속에는 불같은 전율이 스쳐갔다. 간신히 정신을 차린 그녀는 피쿠스에게 사랑을 고백하고자 했다. 그는 여전히 그녀를 발견하지 못하고 있었지만, 키르케는 말을 하기 시작했다. 하지만 그는 그녀의 말을 듣기도 전에 말을 타고 멀어져 갔고, 그의 시종이 머뭇거리고 있을 뿐이었다.

"설사 바람의 날개를 가지고 있거나 아직까지 꽃 속에 마법이 있다 해도 당신은 절대 내 손에서 벗어나지 못할 거야."

그녀는 중얼거리듯 말했다.

"나는 아직 막강한 위력을 가진 주문을 외울 수가 있거든!"

상상에서 벗어난 여신은 주문을 외워 피쿠스가 진짜라고 생각할 수 있을 만큼 산 것과 다름없는 허깨비 멧돼지를 불러냈다. 그녀가 허깨비 멧돼지를 피쿠스가 지나가는 길목으로 가로질러 보내자, 그는 즉시 뒤쫓기 시작했다. 허깨비 멧돼지는 젊은 왕을 나무와 덤불이 무성한 깊은 숲 속으로 유인했고, 말에서 내려 뒤를 쫓던 피쿠스는 그만 길을 잃고 말았다.

키르케는 그녀가 알고 있는 모든 마법의 주문을 노래처럼 부르기 시작했다. 주문은 은빛 찬란한 달을 안개와 구름 속에 숨기고, 아버지인 태양조차 숨길 수 있었다. 그녀가 노래를 하자, 숲 속은 어두워졌고, 숲에서 피어오른 짙은 안개 속으로 태양빛이 사라져 버렸다.

사냥을 하던 사람들은 아무것도 볼 수 없어 짙은 안개 속에서 제각기 장님처럼 더듬거리다가 길을 잃었고, 모두가 다른 방향으로 뿔뿔이 흩어지고 말았다.

키르케는 홀로 남은 피쿠스에게 다가가 말했다.

"당신의 빛나는 눈동자가 나를 사로잡았어요. 가장 잘생긴 왕이 그 용모로 여신의 마음을 훔친 거예요. 부탁해요. 내 사랑을 받아 주세요. 나와 결혼해 주세요. 그러면 당신은 태양신의 사위가 될 수 있어요. 제발 내게 마음을 열어 주세요."

하지만 피쿠스는 거칠게 그녀를 물리쳤다.

"당신이 누구이건 간에 나는 당신을 사랑할 수 없소. 나는 이미 마음을 준 상대가 있소. 내가 영원히 함께하고 싶은 사람은 그녀뿐이오. 카넨스는 나의 아내이고, 나는 운명이 허락하는 한 그녀에게 신뢰를 지킬 것이오."

키르케는 그에게 애걸을 거듭했지만 모두 허사가 되고 말았다. 피쿠스는 그의 사랑과 카넨스에 대한 충절忠節을 되풀이할 뿐이었다. 드디어 여신은 이성을 잃고 말았다.

"반드시 응분의 대가를 치르게 될 거야."

그녀는 고함쳤다.

"카넨스는 너의 최후를 보게 되겠지. 너는 결코 집으로도, 그녀에게도 돌아갈 수 없어. 사랑에 버림받아 잘못된 여자의 한恨이 무엇인

지를 가르쳐 주지. 그 여자가 태양신의 딸 키르케라면 얘기가 달라질
걸?"

그녀는 서쪽을 향해 몸을 두 번 돌렸다. 그리고 동쪽을 향해서도
마찬가지 동작을 취했다. 다음에 마법의 지팡이로 피쿠스의 몸을 세
차례 두드리고는 주문을 읊었다. 피쿠스는 몸을 돌려 도망을 쳤다.
달리면 달릴수록 그는 어느 때보다도 빨리 달릴 수 있음을 알게 되었
다. 그리고 자신의 몸에 날개가 돋아났음을 깨달았다. 그는 달리는
것이 아니라 공중을 날고 있었던 것이다. 이상한 새의 모습으로 변한
데 화가 치민 그는 단단한 부리로 참나무를 쪼아 구멍을 뚫어 놓았다.
피쿠스의 날개는 그가 걸치고 있었던 망토처럼 붉은색으로 빛났고,
망토를 고정시키고 있던 황금빛 장식핀은 그의 목 주위를 감고 있는
깃털이 되었다. 피쿠스에게 남은 것은 '딱따구리'를 뜻하는 자신의
이름뿐이었다.

그동안 피쿠스의 동료들과 시종들은 그들의 친구이자 왕인 피쿠스
의 이름을 부르며 애타게 찾고 있었다. 하지만 그의 모습은 찾을 수가
없었다. 그 대신에 그들은 바람과 햇빛을 불러 하늘을 맑게 만든 키르
케를 발견했다. 뭔가 켕기는 듯한 키르케의 눈을 본 그들은 그녀가 무
슨 짓을 했는지를 짐작했다. 그들은 창을 겨누어 그녀를 위협하며 물
었다.

"우리의 왕은 어디 계신가? 그분을 당장 모셔 와라. 그렇지 않으
면……."

그러나 키르케는 너무도 재빨랐다. 그들이 공격하기 직전에 그녀는 악마의 약으로 독이 가득한 안개를 만들었고, 마녀의 여왕인 헤카테Hecate의 이름을 되뇌이면서 지옥과 혼돈으로부터 밤과 밤의 여신을 불러냈다. 대지는 신음하며 요란한 소리를 냈고, 숲 전체가 허공으로 날아오르는 듯 흔들리면서 나무에는 서리가 하얗게 끼었다. 그녀가 만든 마법의 안개는 풀 위로 떨어졌고, 피가 가득한 샘이 대지를 오염시켰다. 바위가 포효했고, 개들은 짖어 댔으며, 숲에는 검은 뱀과 뿔 달린 도마뱀들이 기어다녔다. 허공은 죽은 자의 영혼으로 가득 찼고, 소리 없는 유령들이 날아다녔다. 그녀의 마법에 사냥하던 사람들은 넋을 빼앗겼고, 공포로 손끝 하나 움직이지 못했다. 키르케가 그들 사이를 돌아다니며 마법의 지팡이를 얼굴에 대자, 젊은이들은 서로 다른 모습의 끔찍한 야수의 모습으로 변했다.

해가 지평선 너머로 지고 있을 때, 카넨스는 걱정스러운 마음이 들었다. 낙조落照를 바라보며 남편이 집으로 돌아오는 모습을 볼 수 있기를 간절히 바라고 있었다. 하지만 그는 돌아오지 않았다. 결국 그녀는 남편을 찾기 위해 하인들을 보냈고, 그들은 주민들과 함께 손에 횃불을 들고 온 숲 속을 샅샅이 뒤졌다. 그들의 왕을 찾아 무사히 집으로 모셔 오기를 갈망하면서.

밤이 깊었지만 피쿠스의 흔적은 여전히 찾을 수 없었다. 카넨스는 울음을 터뜨리고 머리를 쥐어뜯으면서 밖으로 달려나갔다. 미친 듯이 마을을 가로질러 숲과 언덕과 계곡을 쏘다녔다. 엿새 동안 밤낮 없이 그녀는 남편의 이름을 부르며 배회했다. 그동안 그녀는 한숨도 자지 않았고, 음식도 입에 대지 않았다.

이레째 되던 날, 그녀를 마지막으로 본 것으로 알려진 티베르Tiber 강둑에 이르렀다. 피로와 슬픔을 이기지 못한 그녀는 강물로 들어가 몸을 눕히고 주체할 수 없이 쏟아지는 눈물을 삼키며 비탄의 노래를 불렀다. 결국 그녀의 가녀린 몸은 불운과 눈물 속에 녹아 버렸고, 수면 위에는 은빛 파문만이 남아 노래를 부르더니 안개 속에서 부르르 떨리다가 이내 사라지고 말았다.

그곳은 지금도 '눈물짓는 아내'인 그녀를 기리기 위해 남아 있다. 또 슬픈 노래를 들은 뮤즈들은 그녀의 이름과 이야기를 생생하게 기억하기 위해 그 노래를 '카넨스'라 불렀다.

## 5. 사랑에 빠지다: 세멜레

올림포스에서 테베Thebes의 공주 세멜레Semele를 바라본 제우스는 또다시 사랑에 빠지고 말았다. 카드모스Cadmus와 하르모니아Harmonia 사이에서 태어난 그녀는 제우스가 관심을 가질 만큼 테베에서 가장 아름다운 처녀였다.

인간으로 변신하여 궁전에 모습을 드러낸 제우스는 세멜레에게 구애를 시작했다. 제우스의 이야기는 너무도 설득력이 있었기에, 그녀는 사랑에 빠질 수밖에 없었고 마침내 그와 결혼하기로 마음먹었다.

가엾기 그지없는 세멜레 공주! 제우스가 사랑했던 많은 여인들처럼 그녀 또한 불행한 운명과 맞닥뜨려야 했다. 헤라는 이 사실을 알아챈 순간부터 남편을 달달 볶고 있었다. 그녀는 당장 치밀어 오르는 분노를 세멜레에게 퍼부었다. 격노한 여신의 저주가 시작되었다. 그러다가 그녀는 스스로에게 물었다.

"어떤 저주가 제일 괜찮았더라? 가장 지독스러운 욕설과 위협이 뭐였지? 지상으로 내려가 그 계집애를 손봐 줘야 해. 고것은 내 엄청난 분노를 느껴야 마땅해. 내가 막강한 헤라, 하늘의 여왕이라는 이름값을 하고 보석으로 치장된 홀(笏, 여왕의 상징인 허리띠-옮긴이)을 계속 지니고 있으려면 말이야. 또 제우스의 진정한 아내라면 행동으로 보여 줘야 하고말고. 그 계집애를 반드시 파멸시킬 거야."

세멜레가 제우스의 아이를 안고 있는 모습을 본 여신의 분노는 극에 달했다. 헤라는 그녀가 과시욕이 크고, 신마저 정복한 자신의 아름다움을 뽐내기 위해 치장한 것이라 여겼다.

"건방진 계집애!" 헤라가 투덜댔다.

"혼내 줄 거야. 제우스로 하여금 그 계집을 지옥의 검은 늪에 빠뜨리도록 만들어야지. 그러면 둘 다 벌을 주는 게 될 테니까……."

자리에서 일어난 헤라는 황금빛 구름으로 몸을 감싸고 세멜레의 집으로 내려갔다. 아무도 알아채지 못하게 헤라는 꼬부랑 노파의 모습으로 변신했다. 흰머리는 이마를 덮었고, 피부는 바짝 마르고 쭈글쭈글했으며 목소리는 가늘게 떨렸다. 허리를 한껏 굽히고 비틀거리며 걷던 헤라는 세멜레의 보모 베로이Beroe의 모습을 하고 그녀의 목소리로 말했다.

베로이의 목소리로 공주에게 인사를 하자, 그녀는 무척이나 반가워했다. 두 사람은 여러 가지 소문에 대해 즐겁게 담소를 나누었다. 잠시 후 노파는 한숨을 내쉬며 말했다.

"공주님의 부군이 위대한 신 제우스라고 알고 있습니다만……."

세멜레는 제우스가 자신의 정체를 짐작할 만한 암시를 했노라고 고백했다.

가짜 보모가 말했다.

"아! 하지만 놀랍군요. 공주께서도 알다시피 많은 사내들이 사랑을 얻기 위해 그런 거짓말을 하지요. 저도 그게 진실이길 바라지만 만약 거짓이라면 어떻게 되지요? 그 남자는 대체 누굴까요? 그가 진짜 제우스라면 자신의 사랑을 증명하려 할 거예요. 그는 헤라 앞에선 신으로서의 모든 영예를 보인답니다. 헌데 그가 여태껏 보여 준 게 뭐죠? 그는 그저 공주의 환심을 사려는 허약한 인간임이 분명해요."

헤라는 교묘한 술책으로 세멜레의 사랑에 불만을 품도록 유도했다. 의심이란 한번 뿌리를 내리면 해로운 잡초처럼 무럭무럭 자라는 법이다.

제우스가 다시 공주를 찾았을 때, 그녀는 자신이 부탁하는 것이라면 어떤 소원이라도 들어 달라고 그를 보채기 시작했다. 제우스는 그녀에 대한 사랑을 증명하기 위해서는 약속을 해야만 했다. 그 소원이 무엇이든 간에.

그는 이렇게 대답했다.

"뭐든 들어주고말고. 내 사랑! 세상에 내가 못 들어 줄 건 없어. 얘기만 하라고,

:: 귀스타브 모로, 〈제우스와 세멜레〉.

뭐든 해줄 테니. 못 믿겠다면 위대한 강, 스틱스Styx의 이름을 걸고 맹세하지."

이 말을 듣고 세멜레는 감동을 받았다. 하지만 그녀는 자신이 그 같은 기쁨을 얻는 순간 파멸할 것이라는 사실을 모르고 있었다. 그녀는 자신의 남편이 지키기로 한 약속 때문에 죽음을 맞이할 운명이었지만 전혀 눈치 채지 못했던 것이다.

그녀가 입을 열었다.

"헤라 앞에서처럼 제 앞에서도 신의 위대함을 보여 주세요."

세멜레가 무엇을 말하려는지를 눈치 챈 제우스가 황급히 그녀의 입을 막으려 했으나, 그 말은 너무도 빨랐다. 제우스는 즉시 비극적인 결말을 예견했다. 신의 영광을 본 인간은 그 누구도 살아남을 수 없었다. 하지만 이 일은 반드시 이루어져야만 했다. 스틱스 강에 대고 한 맹세는 신조차 깨뜨릴 수 없었기 때문이다. 그는 약속을 이행해야만 했으나, 애초에 그녀가 그 같은 부탁을 하지 말았어야 했던 것이다.

슬픔에 잠겨 다시 올림포스로 올라간 제우스는 구름과 이슬과 안개로 몸을 감싼 채 아무도 빠져나갈 수 없도록 천둥을 울리고 벼락과 불을 퍼부었다. 그의 막강한 힘이 쇠약해질 정도로 계속해서.

결국 제우스는 가능한 한 최대의 힘을 보여줌으로써 약속을 지키고, 또 그녀에게 벌어질 사태를 어떻게든 완화시키고자 서둘러 세멜레에게로 달려갔다. 치명적인 번개 화살을 남겨 두고, 다른 신들을 골려 줄 때 사용하도록 키클로페스Cyclopes가 만들어 준 가벼운 화살들을 가져 간 그는 이를 궁전 입구에 엇갈려 놓았다.

번쩍이는 불빛 속에 있는 그의 모습을 본 순간 공주의 몸은 불꽃이 되어 타올랐다. 신의 영광을 본 인간은 죽어야만 했다. 하지만 세멜레가 완전히 타 버리기 전에 제우스는 그녀를 태어나지 않은 아기로 변신시켜 자신의 허벅지에 상처를 내 그 속에 감춤으로써 헤라의 눈을 피했다. 그리고 제우스는 그녀를 세멜레의 누이인 이노Ino의 몸을 통해 낳도록 했다.

테베에 있는 세멜레의 무덤은 수 년 동안 연기가 피어오르고 검게 그을렸다고 했다. 하지만 그녀의 얼굴조차 보지 못한 세멜레의 아들은 어머니를 생각하고 그리워했다. 성인이 된 디오니소스Dionysus는 세멜레를 지하세계로부터 구해 낼 것을 맹세했다. 길고도 위험한 여행을 감행하여 어둠의 왕국에 이른 그는 죽음의 신과 마주치게 되었다.

"나는 그 누구보다도 어머니를 만날 권리가 있소. 아무도 나를 어머니와 떼어 놓지 못할 것이오."

그는 황량한 왕국의 통치자에게 도전했다.

목숨을 건 간절한 요구 덕분에 디오니소스는 어머니를 지하세계로부터 구해 올림포스로 데려갈 수 있었다. 신들은 비록 그녀가 인간이지만, 불사의 존재인 신들 가운데 한 사람즉 디오니소스의 어머니이므로 신과 똑같은 자격을 가지고 올림포스에서 함께 사는 데 동의할 수밖에 없었다.

# 6. 지상에서 가장 아름다운 여인: 헬레네

말썽의 소지는 펠레우스Peleus 왕이 바다의 님프 테티스Thetis와 벌인 결혼식에서 비롯되었다. 모든 신들이 그들의 결혼을 축하하기 위해

:: 아브라함 블로에마르트, 〈펠레우스와 테티스의 결혼잔치〉,

호화스러운 연회에 참석했으나 '부조화Discord'라는 뜻의 이름을 가진 에리스Eris는 초대받지 못했다. 다투기 좋아하는 성격 탓에 그녀는 무엇보다 평화와 조화를 소중히 여기는 신들이 마련한 각종 행사에서 종종 제외되곤 했던 것이다.

이에 에리스는 화가 났고, 이런 작태를 무척 심각하게 받아들였다. 그녀는 말썽을 일으키기로 마음먹었다. 그녀는 각각의 신들에게 어떤 해코지를 하고 또 결혼 피로연의 즐거움을 어떤 식으로 망쳐 놓을까 고민하던 중 좋은 생각을 떠올렸다. 연회가 열리고 있는 홀에 나타난 그녀는 '가장 빼어난 미인에게 바친'는 딱지가 붙은 황금사과를 던졌다. 하지만 대체 어떤 여신이 가장 아름답단 말인가? 여신들은 저마다 그 사과를 분명 자신이 받을 것이라고 확신했다. 그들은 환호했고, 제우스에게 누가 황금사과를 가질 것인가를 결정해 달라고 부탁했다.

그러나 제우스는 너무도 현명했기에 질투심이 강한 여신들의 말을

136

따르지 않았다. 상을 받을 만한 가장 유력한 후보자는 아테나, 헤라, 그리고 아프로디테 등 세 명이었다. 제우스는 잽싸게 머리를 굴려 젊은이에게 판결을 맡기는 것이 좋겠다고 했다. 그는 파리스Paris가 여성의 아름다움을 감별하는 데 일가견이 있다는 사실을 잘 알고 있었다.

하지만 프리아모스Priam 왕의 아들이자 트로이의 왕자인 파리스는, 어린 시절 신탁에 의해 나라와 국민을 멸망시킬 것이라는 예언을 받았기 때문에 숙명을 피하도록 부모가 이다Ida 산에 버렸으나, 양치기에 의해 발견되어 그들 속에서 자란 인물이었다.

이제 파리스는 그의 국민들에게 신경을 써야 했다. 마침내 세 여신이 그의 앞에 나타나 도움을 청했다. 여신들은 셋 가운데 누가 가장 아름다운지를 말해 달라고 했다. 그녀들의 아름다움에 현혹된 파리스는 그들의 간절한 부탁을 뿌리치지 못하고 그만 동의하고 말았다. 그가 만약 제우스처럼 현명했다면 빠져나갈 구멍을 찾았을 테지만, 파리스는 현명하게 행동하는 사람이라기보다는 그저 미의 판단자라고 해야 옳았다. 그는 주저없이 선택을 했던 것이다.

이제 여신들은 저마다 젊은 왕자가 자신을 선택할 경우 그에 상응하는 보상을 해 주겠다고 약속했다. 아테나는 그리스와의 전쟁에서 트로이의 승리를 약속했고, 헤라는 그를 유럽과 아시아의 통치자로 만들어 준다고 했다. 마지막으로 아프로디테는 자신을 가장 아름다운 여신이라고 말해 준다면 그에게 세상에서 가장 미인을 아내로 맞

:: 페터 파울 루벤스, 〈파리스의 심판〉.

게 해 주겠다고 귀에다 속삭였다.

파리스는 황금사과를 아프로디테에게 주었다. 그는 군림하기보다는 사랑을 택했고, 전쟁에서의 승리보다는 미인 아내를 얻는 데 관심을 가졌던 것이다.

여신이 말한 세상에서 가장 아름다운 여인이 누군가 하는 데는 의문의 여지가 없었다. 그 칭호는 제우스와 레다Leda 사이에서 태어난 딸 헬레네Helene가 받아야 한다는 데는 논란의 여지가 없었다. 하지만 불운하게도 그녀는 이미 스파르타의 왕 메넬라오스Menelaus와 혼인한 몸이었다.

헬레네의 미모에 대한 소문은 그녀가 어렸을 때부터 그리스 전역에 퍼져 있었다. 온 세상에서 구혼자들이 몰려들었고, 그녀를 돌보는 양부養父 틴다레오스Tyndareus는 이를 무척이나 걱정스러워했다. 수많은 구혼자 가운데 대체 누구를 선택할 것인가? 구혼자의 대부분은 왕자이거나 유력한 가문의 자손이라 만약 누군가를 선택한다면 나머지 모든 사람들은 그 행운아와 싸움을 벌일 것이고, 그 결과는 너무도 엄청날 것이었기에 두려웠던 것이다.

결국 틴다레오스는 해결책을 찾아냈다. 그는 모든 구혼자들에게 누가 선택되든 간에 그의 생명과 권리를 보존하기 위해 필요한 경우에만 싸움을 할 수 있다는 맹세를 받아 냈다. 자신이 선택받는 영예를 안으리라고 생각한 모든 사람들이 동의했고, 기꺼이 맹세를 했다.

승자는 메넬라오스였다. 그는 스파르타의 왕이자 거대한 부富를 지녔기에 누구보다 조건에 맞았다. 더욱이 그는 헬레네의 언니 클리타임네스트라Clytemnestra와 결혼한 미케나이(Mycenae, 미케네)의 왕 아가멤논Agamemnon의 동생이기도 했다. 헬레네보다 훨씬 나이가 많고 성격이 따분하다는 것은 문제가 되지 않았다. 그와 같은 점은 틴다레오스에겐 그리 심각한 것이 아니었다.

헬레네의 아름다움에 대한 칭송은 그녀가 결혼을 한 후에도 그칠 줄 몰랐다. 그녀는 여전히 세상에서 가장 아름다운 여인이었다. 아프로디테가 파리스와 약속한 여인이 바로 헬레네였다. 사랑의 여신에게는 결혼했다는 사실은 아무런 의미가 없었다.

아프로디테는 시간을 낭비하지 않았다. 그녀는 순식간에 트로이의 왕자를 스파르타의 궁으로 데려가서는 국왕 부부에게 소개하고 환대를 받았다. 그가 방문하는 동안 메넬라오스는 할아버지의 장례식에 참가하기 위해 크레타Crete에 가 있었다. 그는 파리스를 즐겁게 해 주기 위해 아내를 남겨 두었는데, 주인이건 손님이건 서로 해치지 않을 것을 명하여 안전과 환대를 보장했다. 하지만 메넬라오스는 아프로디테가 파리스에게 한 약속도, 자신의 아내에게 영향을 끼칠 여신의 능력도 전혀 알지 못했다. 여신의 의지 앞에 무력해진 헬레네는 파리스와 사랑에 빠져 들었고, 파리스 역시 마찬가지로 그녀와의 사랑에서 헤어나지 못했다.

크레타에서 돌아온 메넬라오스는 몸서리쳐지는 진실을 알게 되었다. 파리스와 헬레네가 엄청난 그의 보물을 챙겨 함께 도망을 친 것이었다. 트로이에 도착한 두 사람은 수많은 트로이 지도층 인사들의 반발에도 불구하고 공식적으로 결혼식을 올렸다. 그리고 그곳에서 남편과 아내로 행복하게 살았다.

그러나 메넬라오스는 아내를 쉽게 포기하지 않고 명예를 지키려 했다. 그는 그리스의 수장首長들에게 도움을 청했고, 헬레네의 구혼자로서 서약한 신성한 맹세를 이행하도록 촉구했다. 전쟁을 시작하기 전에 메넬라오스는 오디세우스Odysseus와 함께 앞장서서 정책적인 화의和議를 시도했으나 트로이에서 아내를 되돌아오게 하지는 못했다.

이제 남은 것은 최후의
선택뿐이었다.

배 1,000척이 트로이
로 향했고, 헬레네가 남
편에게 되돌아오도록 하
기 위해 도시를 포위했
다. 오랫동안 유혈이 낭
자한 전쟁이 계속되었는
데, 이것이 바로 트로이
전쟁이다. 양측 모두 위
대한 영웅들을 잃는 막
대한 피해를 입었다. 만

:: 자크 루이 다비드, 〈파리스와 헬레네의 사랑〉

약 신들이 전쟁에 개입하지 않았다면 아마도 엄청난 파멸은 일어나
지 않았으리라. 신들은 스스로의 싸움에서 상대에게 격노하여 그리
스 인과 트로이 인들을 마치 자신들의 무기처럼 사용했던 것이다. 미
의 경연에서 파리스의 판결에 분노한 아테나와 헤라를 기억하는가?
그들은 당연히 그리스의 편을 들었다. 아프로디테는 당연히 트로이
편에 섰고, 전쟁의 신 아레스와 제우스도 그녀와 함께했다. 최후에는
그리스가 승리를 거두었고, 트로이는 철저히 파괴되어 도시는 불에
타 흙더미가 되고 말았다.

아프로디테는 전쟁 도중 한 번 더 중재에 나섰다. 트로이가 함락되

기 직전, 아프로디테는 헬레네를 찾아내 도시에서 쫓아냈다. 비록 헬레네의 아름다움은 여전히 압도적이었지만, 여신은 이에 아주 작은 도움을 주었을 뿐이었다. 아프로디테는 그녀를 메넬라오스에게 데려갔고, 그는 인간을 초월한 헬레네의 미모에 다시 현혹되어 모든 것을 용서해 주었다. 결국 메넬라오스는 자신의 아내를 되찾은 것이었다. 그는 아내를 데리고 두 사람이 함께 오랜 세월을 보냈던 스파르타로 돌아갔다.

그렇다면 우리는 헬레네에 대해 어떤 생각을 갖고 있을까? 그녀가 두 종족을 거의 멸망시킨 고대의 크나큰 전쟁을 일으킨 장본인이자 도저히 신뢰할 수 없으며 허영심 많고 극도로 이기적인 악녀라고 말하는 사람도 있을 것이다. 하지만 남편은 기꺼이 그녀를 용서했고 아무런 징벌도 가하지 않은 채 데리고 돌아왔다. 그녀는 안락하고 화목한 여생을 보냈다.

위대한 서사시 『일리아드』의 작가 호메로스에게는 헬레네가 전혀 비난의 대상이 아니었다. 아름다움은 결코 그녀의 과실이 아니었다. 그녀는 남자들이 그녀를 알기도 전에 사랑에 빠지는 것을 막을 수가 없었다. 도덕적으로도 헬레네는 자신의 희망을 달성하기 위해 여인을 수단으로 사용한 여신 아프로디테의 의지 앞에서 무력했을 뿐이었다. 결국 아프로디테는 자신이 바라던 자격을 따냈으며, 지금까지 가장 아름다운 여신으로 알려져 있다.

# 제3부

# 여인들 또한 영웅이었다

용기와 독립심에 관한 이야기

# 1장

## 용기를 지닌 여인들

# 1. 지혜의 여신: 아테나

모든 자식들 가운데 회색빛 눈을 가진 아테나Athena는 제우스가 가장 아끼는 딸이었다. 오직 그녀만이 아버지의 번개창과 아이기스Aegis라는 방패를 나를 수 있도록 허락받았다. 아테나는 또한 올림포스의 신들 가운데 유일하게 어머니가 낳은 것이 아니라 이미 성장하여 갑옷을 입은 채 제우스의 머리에서 튀어나온 인물이었다.

아테나는 위대한 12명의 올림포스 신들 가운데 가장 복잡한 존재였다. 전쟁의 여신으로서 싸움에서 막강한 힘을 발휘하여 전쟁의 신 아레스Ares를 두 차례나 패배시킨 적이 있다. 하지만 전쟁이 그녀에게 기쁨을 주지는 못했다. 평화를 선호한 그녀는 싸우기보다는 현명한 판단력을 가지고 토론하기를 더 좋아했다. 그러한 점에서 아테나는 전쟁 자체를 즐기는 사나운 아레스와는 현격한 차이가 났고, 그가 적을 학살하거나 도시를 파괴하면 기분이 언짢았다. 아마도 아테나의 탁월한 지성과 싸움터에서의 전술이, 걷잡을 수 없이 분노하며 유혈을 즐기는 전신 아레스보다 그녀를 강하게 만들었다고 할 수 있다. 평화로운 시기에는 무거운 갑옷을 벗고 치렁치렁하고 우아한 의상을 입었다. 비록 수많은 신들이 그녀와 결혼하기를 갈망했지만, 아테나는 독신으로 남고 싶어 했다.

여러 신들이 그러했듯, 아테나 역시 인간사에 지대한 관심을 갖고

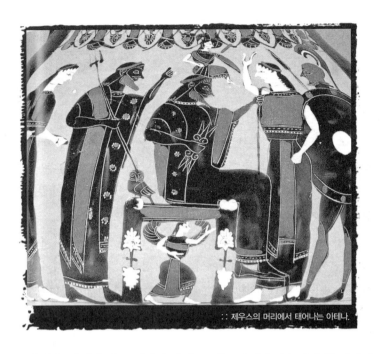

:: 제우스의 머리에서 태어나는 아테나.

있었다. 하지만 다른 신들과 달리 그녀는 자신이 보호해야 할 인간의 삶을 윤택하게 만드는 데 힘을 사용했다. 예를 들면 아테나가 세계 역사상 거대한 도시 가운데 하나가 되도록 운명지어진 인간들의 새로운 정착지를 위해서 바다의 신, 포세이돈과 경쟁한 것은 그 전형적인 사례였다. 두 신은 승리자의 호칭을 얻기 위해 도시의 후원자가 되었고, 다른 신과 여신 들은 판결석에 앉았다. 아테나와 포세이돈은 아크로폴리스Acropolis를 내려다보며 각각 기적적인 일을 수행했다.

  먼저 바다의 신이 그의 삼지창으로 바위를 강타하자 즉시 거대한 샘물이 생겨났다. 산꼭대기에서 샘물이 솟는 광경을 보곤 모두가 경악했다. 더구나 물에는 소금기가 있었다. 그러자 아테나가 창으로 바위를 찔렀다. 부스러진 바위 가루에서 열매가 주렁주렁 달린 올리브 나무가 생겨났다. 그것은 소금기 있는 물보다는 훨씬 더 유용한 것이었다.

여신은 그날의 영광을 오늘날까지 이어와 아테네Athens라는 위대한 도시의 후원자가 되었다. 그 뒤부터 올리브나무는 그녀의 특별한 나무가 되었고, 지혜의 상징인 올빼미는 그녀의 특별한 새가 되었다.

여신은 그저 아테네를 보호하기만 한 것이 아니라 모든 문화생활까지도 돌보았다. 인간의 삶에 유용한 수없이 많은 선물들을 대지에 전해 주었다. 즐거움을 주는 플루트와 트럼펫, 그리고 생활의 편의를 주는 질그릇을 만들었으며, 직조織造와 같이 여자들이 갖춰야 할 모든 기술들을 가르쳤다. 아테나는 또한 쟁기와 갈퀴, 소에게 지우는 멍에와 말안장 등을 발명하여 농사를 발전시켰고, 이륜마차와 배를 만들어 주었으며, 최초로 수학을 가르치기도 했다.

트로이 전쟁 당시에는 많은 신들이 양편으로 나뉘었다. 그리스와 트로이가 전쟁을 하듯 신과 여신 들 사이에서도 수많은 싸움이 벌어졌던 것이다. 그리스 편을 들었던 아테나는 전후에도 오랫동안 지속적으로 그들을 돌보았다. 집을 떠나 10년이란 긴 세월을 여행했던 오디세우스Odysseus에게는 필요로 할 때마다 조언과 도움을 아끼지 않았다. 시련을 겪을 때 이를 쉽게 벗어날 수 있도록 아테나가 총애하여

:: 라비니아 폰타나, 〈옷을 입는 아테나〉.

기꺼이 도운 인물로는 헤라클레스, 페르세우스, 이아손, 벨레로폰Bellerophon, 오레스테스Orestes, 이피게네이아Iphigenia 등이 있다.

로마 인들은 아테나를 미네르바Minerva라고 부르는데, 신들 가운데서도 독특한 존재로 싸움에서 필수적인 것은 용기가 아니라 정의의 편에 서서 이를 수호하는 것이라는 새로운 영웅주의를 규정해 주었다. 또한 그녀는 어느 곳에서나 여인의 표본이 되었다. 인류 문명의 신성한 수호자요, 평화를 지키는 전쟁의 신이자 자비로운 심판관인 아테나는 진정 우아하고 현명한 여신이라 할 수 있다.

## 2. 황금실의 공주: 아리아드네

크레타와 아테네는 앙숙이었고, 서로를 향한 증오심은 깊어 가기만 했다. 그것은 아주 오래 전, 크레타의 왕 미노스Minos의 아들 안드로게 오스Androgeus가 아테네를 방문했을 때 비롯된 일이었다. 안드로게오스는 아테네에서 죽었는데, 누구도 그 이유를 알지 못했다. 어쩌면 그는 너무도 운동을 잘했기에 그를 시기한 누군가에게 살해당했을 터인데, 아테네의 왕 아이게우스Aegeus가 주인으로서는 절대 해서는 안 될 끔찍한 일을 저질렀을지도 모른다는 설도 있다. 아이게우스가 사악한 황소를 처치하기 위해 젊은 안드로게오스로 하여금 위험한 원정을 떠나도록 했는데, 황소가 너무도 강해 오히려 그가 죽임을 당했다는 소문도 있었다. 어떤 것이 진실이건 간에 미노스는 아들의 죽음에 격노했다. 복수를 위해서 그는 아테네를 침공하여 아이게우스를 무찔렀고, 도시에는 끔찍한 형벌을 내렸다.

왜냐하면 미노스는 자신의 왕국 깊숙이 보이지 않는 곳에 공포스러운 무기를 숨겨 놓았기 때문이다. 수년 전 그의 부인은 끔찍스럽기 그지없는 반인반우半人半牛의 괴물을 낳았다. 그의 이름은 미노타우로스Minotaur였는데 흉폭하고 잔인하며 거대한 괴수였다. 미노스는 그 괴물을 어느 누구도 빠져나올 수 없는 정교한 미궁 속에 가두었다. 뛰어난 건축가 다이달로스Daedalus가 만든 미궁은 미노스 왕의 궁전 지

:: 아카루스의 날개를 손보고 있는 다이달로스

하에 있는 깊은 바위를 통해 복잡하게 얽힌 미로를 통해서만 들어갈 수 있었다.

아테네 침공에서 승리를 거둔 미노스는 피에 굶주린 미노타우로스에게 제물로 바칠 아름다운 청년과 여인 일곱 명씩을 매년 미궁으로 보내지 않으면 도시를 초토화시키겠노라고 위협했다. 미궁 속의 복잡하게 뒤엉킨 미로에서 청년과 여인들은 미노타우로스가 자신들을 발견할 때까지 기다리거나 아니면 어둠 속을 헤매다가 괴물과 마주치거나 하는 두 가지 선택밖에 할 수 없었다. 물론 어느 쪽이나 결과는 똑같았다. 그들은 잔인하게 살해되어 괴물의 먹이가 되었다.

아이게우스의 아들 테세우스Theseus는 아테네를 떠나 세계 곳곳을 여행하고 있었다. 운명에 이끌리듯 그가 고향에 돌아왔을 때는 그 해의 희생자를 추첨하고 있었다. 테세우스는 그의 아버지에게로 가서 애원했다.

"저를 첫 번째로 뽑아 주십시오! 신께서 저를 마침 이때 아테네로 돌아오게 한 것은 나라에 드리워진 끔찍스러운 저주를 풀라는 계시라 믿습니다. 미노타우로스가 아테네 인을 먹이로 삼는 대신 죽음을 맛보도록 하겠습니다!"

아이게우스는 자신의 아들을 보낸다는 사실을 결코 탐탁해하지 않았고, 그처럼 위험하기 짝이 없는 임무를 감수할 필요가 없다며 살살 달랬다. 그러나 테세우스는 이미 결정을 내리고 있었다. 결국 아버지는 한 가지 조건을 걸고 그의 부탁을 들어 주었다. 만약 그가 성공한다면 돌아올 때 하얀 돛을 달아, 자신이 결과를 미리 알아 아들의 죽음을 애도하거나 또는 승리를 기뻐할 수 있도록 해 달라는 것이었다. 추첨이 시작되었고, 아이게우스는 제비를 뽑는 모든 남녀들에게 신의 가호가 있기를 빌었다.

크레타에 도착한 아테네 인들은 야유와 조소를 던지는 크레타의 군중들 사이를 지나 왕의 궁정까지 행진을 했다. 늘 그랬듯이 제물이 바쳐지는 날은 크레타 인들에게는 축제나 다름없었다. 미노스 왕은 왕실에서 희생자들을 시험했다. 모든 남녀가 자신의 요구를 충족시킬 만큼 아름답고 잘생겼는지를 확인하고 싶어 했던 것이다. 이때 테세우스가 앞으로 나가 왕에게 말했다.

"저는 아이게우스 왕의 아들이자 아테네의 왕자입니다. 다른 사람들보다 앞서서 단독으로 미노타우로스를 만날 수 있도록 특전을 베풀어 주시길 청합니다."

미노스는 그의 요청에 크게 놀랐다. 미노타우로스를 코앞에 둔 희생자들은 대개 거리끼는 마음에 말도 하지 못했던 때문이었다.

"그 같은 부탁을 하기 전에 신중히 생각하라." 왕이 답했다. "미노타우로스는 그의 끔찍한 미궁 안으로 들어온 사람은 누구나 갈기갈기 찢어 버리지. 네가 만약 그를 물리친다고 해도, 미궁을 빠져나오기란 불가능하단다. 굶주림과 갈증으로 죽을 때까지 어둠 속에 있을 수밖에 없을 거다."

"그래야 된다면 그럴 수밖에 없겠죠. 저는 단지 제 능력을 시험할 수 있는 기회를 주십사 하는 것입니다."

그의 대답에 미노스는 그의 용기를 칭찬해야 할지 아니면 만용을 비웃어야 할지 확신이 서지 않았지만, 다음 날 테세우스 혼자서 미노타우로스와 맞서는 데에 동의를 했다. 테세우스는 그가 괴물을 처치한다고 뽐내지 않았다. 그랬다면 그것은 교만이자 자존의 위반이었기 때문이다. 하지만 그는 결코 자비를 구걸하지도 않았다. 그것은 겁쟁이나 하는 짓이기 때문이다.

하지만 테세우스는 비록 자신은 모르고 있었지만 이미 한 가지를 얻어 놓고 있었다. 크레타의 군중 앞에 선 희생자들 가운데 왕자가 있음을 알아챈 미노스 왕의 딸 아리아드네Ariadne는 그의 용모에 매혹되고 말았다. 왕실에서도 그녀는 왕자를 자세히 보기 위해 앞으로 나와 있었다. 그가 말을 마치기도 전에 그녀는 이미 사랑에 빠져들었다. 그의 잘생긴 얼굴 때문이 아니라 용기와 왕자다운 태도 때문이었다.

모두가 잠든 밤에 아리아드네는 테세우스가 누워 있는 방으로 몰래 들어와 그의 귀에 속삭였다.

: : 필리포 펠라지오 팔라지, 〈테세우스에게 실을 건네는 아리아드네〉.

"제가 하는 말을 잘 들으세요. 저는 당신을 도와 미궁을 빠져나올 수 있는 방법을 알고 있어요."

자리에서 일어나 아리아드네를 본 테세우스 역시 사랑에 빠지고 말았다.

"당신을 사랑하기 때문이에요." 공주가 털어놓았다. "저는 당신을 도울 거예요. 비록 그것이 아버지와 크레타의 백성들을 배신하는 일이라 해도 말이죠. 저는 미궁의 비밀을 알고 있어요. 다이달로스가 직접 말해 주었거든요. 모든 통로는 결국 미노타우로스의 굴로 통해 있어요. 그리고 아무도 되돌아오는 길을 알 수 없지요. 하지만 저는 당신이 어떻게 하면 헷갈리지 않고 중심부에 다다를 수 있는지를 알아요."

아리아드네는 주머니에서 단단히 감긴 황금빛 실뭉당이를 꺼냈다.

"다이달로스가 준 거예요." 그녀가 말했다.

"이 실은 미궁의 심장부에 닿을 만큼 충분해요. 안으로 들어갈 때 입구에 실의 한쪽 끝을 묶어 두세요. 그리고 실뭉치를 풀면서 이동하도록 하세요. 필요할 때 실만 따라가면 처음 들어갔던 곳으로 되돌아올 수 있죠. 미노타우로스를 처치하면 재빨리 되돌아오세요. 제가 당신을 일행과 함께 아테네로 무사히 모셔다 드릴 테니까요. 제가 바라는 것은 당신이 저를 데리고 가서서 결혼해 주는 것뿐이에요. 아버지는 걷잡을 수 없이 화를 내시겠지만 말예요."

아리아드네의 빛나는 눈과 기발한 방법에 마음이 끌린 테세우스는 기꺼이 그녀와 약속하고 고마운 마음으로 그녀에게서 실뭉치를 건네받았고 이를 옷 속에 잘 갈무리했다.

다음 날 아침, 병사들이 테세우스를 미궁 입구로 데려갔다. 병사들이 등을 보이고 뒤돌아 설 때를 기다려 테세우스는 그들이 절대 눈치채지 못하도록 기둥 밑부분에 실의 한쪽 끝을 단단히 묶었다. 그리고 그는 천천히 미궁 안으로 들어갔다. 황금빛 실뭉당이를 풀면서.

제물로 바쳐질 아테네의 청년들과 여인들은 미궁 입구에 모여 테세우스가 어둠 속으로 사라지는 모습을 초조하게 바라만 보고 있었다. 무척이나 오랜 시간 동안 아무런 소리도 들리지 않았다. 어두운 통로를 뚫어져라 쳐다보았지만, 그들은 아무것도 볼 수 없었다. 갑자기 뇌우보다 요란한 '우당
탕— 쿵쾅—!' 하는 소리
에 이어 마치 괴수가 먹
이를 발견했을 때 기쁨에
겨워 내지르는 듯한 전율
스러운 울부짖음이 들려왔
다. 그리고 다시 고요함이 찾아
왔다. 아테네 인들은 서로 비통한
눈길을 주고받으며 묵묵히 기다렸다. 테
세우스가 피를 흠뻑 뒤집어쓴 채 입구에

:: 미노타우로스를 죽이는 테세우스

나타났을 때, 그들은 왕자는 물론 자신들의 생명에 대한 희망을 거의
포기했었다.

캄캄한 미로 속에서 무슨 일이 벌어졌을까? 당연히 목격자가 없었
으므로 싸움의 결과가 뒤바뀌었다고 해도 놀랄 것은 없었다. 아리아
드네가 테세우스에게 미노타우로스를 죽일 수 있는 유일한 무기인
마법의 검을 주었다는 설도 있고, 어떤 사람은 아테네의 왕자가 자신
의 칼을 사용했다고 주장하기도 한다. 또 다른 사람은 테세우스에게
무기가 없었기 때문에 맨손으로 미노타우로스를 때려 죽였다거나 괴
수의 뿔을 뽑아 그것으로 이마를 찔렀다고 말하기도 한다. 과연 누가
진실을 알까? 테세우스는 말 한 마디 하지 않았는데.

하지만 한 가지는 명백했다. 아테네의 왕자가 승리를 거두었던 것

이다. 그는 아리아드네를 껴안으면서 가슴 속 깊이 고마움을 표시했다. 그녀는 그의 목숨뿐 아니라 헤아릴 수 없이 많은 아테네의 젊은 이들을 구했던 것이다.

아리아드네는 더 이상 지체하지 않았다. 보초들에게는 약을 먹였지만 그들이 깨어나면 미노타우로스가 죽었다는 사실을 알 것이기 때문에 더 이상 꾸물댈 시간이 없었다. 미노스는 분노를 터뜨리리라! 그녀는 아테네 인들을 재촉하여 그들이 도착하기를 기다리며 출항 준비를 마친 배가 있는 항구로 향했다. 게다가 아리아드네는 크레타 선박의 몸체에 구멍을 뚫어 놓았기에 아무도 그녀 일행을 추적해 오진 못할 것이었다. 그때 미노스 왕은 그들이 탄 배가 수평선 너머로 사라졌다는 보고를 받았다. 그들이 볼 수 있었던 것은 돛대의 꼭대기 뿐이었다. 아리아드네와 테세우스는 멋지고 행복한 결혼을 꿈꾸며 안전하게 아테네로 향했다.

그리고 다음에 일어난 일 역시 이해하기 힘든 것이었다. 아테네 선박이 정확하게 낙소스Naxos 섬의 항구에 도착하자, 테세우스는 잠든 아리아드네에게 작별의 말 한 마디도 남기지 않고 훌쩍 떠나 버렸다.

그렇게도 빨리 사랑에 빠져든 그가 고의로 공주를 섬에서 오도 가도 못 하게 하다니, 도대체 무엇 때문이었을까? 이야기는 저마다 차이가 있다. 테세우스가 꿈에서 아테나에게 '아리아드네는 인간이 아닌 신의 신부가 될 운명인즉 그녀와 헤어져야만 한다'는 충고를 받았다고 하는 설도 있고, 다음처럼 주장하는 사람도 있다. 아리아드네가 항해 도중 심한 배멀미를 해서 테세우스는 그녀가 쉴 수 있도록 낙소스 섬에 남겨 두고 떠났고, 테세우스의 배는 심한 풍랑을 만나 침몰할 뻔했다가 간신히 아테네로 돌아가자, 아리아드네는 슬픔을 못 이겨 숨을 거두었다는 것이다.

테세우스가 아리아드네의 언니인 파이드라Phaedra와 사랑에 빠져 그녀를 포기하고 함께 달아났다는 더 잔혹한 이야기도 있는데, 후일 두 사람이 결혼한 것은 사실이다.

그러나 수많은 이야기—아마도 독자들이 선호할 것은 내가 들려주는 이야기일 것이다—는 나라와 고향과 가족까지 버리고 테세우스로 하여금 미노타우로스를 무찌를 수 있도록 한 아리아드네가 더욱 행복한 결말을 맞게 하고 있다.

그 이야기는 슬픈 서두로 시작한다. 잠에서 깨어나 홀로 남겨졌음을 알게 된 아리아드네는 혼란스럽고 당황하여 머리를 풀어헤치고 옷은 헝클어진 채 바닷가를 따라 걸었다. 비통에 잠긴 그녀가 테세우스에게 왜 자기를 섬에 홀로 버려두었느냐고 울부짖는 순간, 갑자기 북과 심벌즈 소리가 들렸다. 곧 실레노스Silenus가 이끄는 디오니소스 신도의 행렬이 눈에 들어왔고, 마지막으로 디오니소스 신이 눈부시게 빛나는 줄무늬 호랑이가 끌고 녹색과 붉은 포도넝쿨로 장식된 마차를 몰고 나타났다.

신의 출현에 놀란 아리아드네는 세 번이나 도망치려고 했는데, 세 번째는 움직일 수가 없었다. 디오니소스는 그녀를 마차에 태우고는

:: 베첼리오 티치아노, 〈디오니소스와 아리아드네〉.

머리에 왕관을 씌워 주었다. 그리고 부드럽게 입을 맞추며 말했다.

"아리아드네, 그대는 나의 아내가 될 것이오. 그리고 나는 당신의 옛 애인보다 훨씬 사랑에 충실할 것이오."

맹세의 서약으로 신은 그녀의 왕관을 벗겼다. 그러자 왕관의 보석들은 반짝이는 별로 변했고, 신이 이를 하늘로 던져 올리자 북쪽왕관자리Corona Borealis가 되었다. 그는 아리아드네를 포옹했고, 그들은 신과 그의 아내로서 행복한 삶을 위해 함께 떠났다.

한편 테세우스는 아버지와 한 약속을 깜빡 잊고 돛을 바꿔 달지 않았다. 검은 돛을 본 아이게우스는 자신의 아들이 죽었다고 믿고 바다로 뛰어들어 익사하고 말았다. 슬픈 왕과 그의 아버지의 이야기를 따서 그 바다는 '에게 해'라고 불리게 되었다.

# 3. 영웅을 구한 소녀: 나우시카아

알키노오스Alcinous 왕의 딸 나우시카아Nausicaa는 밝은 색으로 칠해진 자신의 침실에서 하녀 두 명과 함께 잠들어 있었다. 공주는 너무도 아름다웠기에 사람들은 그녀를 올림포스의 여신으로 여겼고, 하녀들 역시 미의 세 여신인 그라케들처럼 사랑스러웠다.

방 안에는 바람처럼 나타난 아테나가 나우시카아의 가장 절친한 친구 모습을 하고 있었다. 당연히 회색 눈의 여신은 소기의 목적을 가지고 나타난 것이다. 그녀는 방황하는 영웅 오디세우스가 이제 고향으로 돌아가도록 결말을 지을 때라고 마음을 먹었다. 배가 침몰하여 그는 이제 막 알키노오스 왕이 다스리는 섬 파이아키아Phaeacia 왕국에 이르렀는데, 섬의 주민들은 모두 너그러웠으며 또한 뛰어난 선원이기도 했다. 오디세우스는 이틀 동안 밤낮으로 헤엄을 쳐서 섬에 다다랐기 때문에 거의 탈진해 있었다. 벌거숭이가 된 탓에 추위를 느낀 그는 지친 몸을 눕히고자 백사장에 구덩이를 파고 마른 잎을 덮은 채 쉬고 있었다. 오디세우스가 잠이 들자 아테나는 그를 돕기로 했다.

드디어 여신은 친구의 목소리를 흉내내 나우시카아를 꾸짖었다.

"부끄러운 줄 알아라, 나우시카아! 조신하지 못하게 옷을 벗어 던져 놓은 것 좀 봐. 대체 네가 네 어머니의 딸이라는 사실이 믿기지 않는구나. 곧 결혼할 만큼 아름다운데, 피로연에 갈 수 있도록 스스로

옷도 멋지게 차려입을 줄 알아야지. 너도 알다시피 그게 신부가 할 일이야. 어서 이 옷들을 세탁하러 가자꾸나. 나도 함께 갈 테다. 둘이 빨래를 북북 문질러 대면 재미있을 거야. 어서 가자고! 전국 각지에서 많은 사내들이 네게 청혼하기 위해서 몰려왔어. 네가 결혼할 날이 멀지 않았다는 얘기지. 아침에 가장 먼저 할 일은 아버지께 찾아가 노새가 끄는 수레를 달라고 해서 빨래터로 가져갈 것들을 모두 싣는 거야. 옷, 스카프, 그리고 침대보까지 말야. 수레를 몰고 가면 걸어가는 것보다 훨씬 많은 것을 운반할 수 있거든.”

아테나는 잠든 소녀의 뇌리 속에 이 같은 생각을 심어 준 다음 올림포스로 돌아갔다.

새벽이 되자마자 나우시카아가 깨어났다. 꿈속에서 걸린 주문에 넋이 나간 그녀는 예쁜 잠옷을 입은 채 부모님을 뵈러 갔다. 그녀의 어머니 아레테Arete 여왕은 시녀들을 데리고 벽난로 옆에 앉아 바다처럼 생생한 푸른 빛깔의 실을 잣고 있었다. 그녀의 아버지는 섬의 귀족들과 함께하는 모임에 참석하기 위해 막 궁을 떠나려는 참이었다.

나우시카아는 아버지에게로 바짝 다가가 애교 띤 목소리로 말했다.

“아빠, 노새가 끄는 수레를 한 대만 보내 주세요. 예쁜 바퀴가 달린 높은 것으로요. 옷을 가지고 강가로 가서 빨래를 하려 하거든요. 모든 빨래를 제가 스스로 할 거예요. 아빠 옷도 물론 빨 거예요. 그러면 모임에 가실 때도 티 한 점 없는 깨끗한 옷을 입으실 수 있을 거예요. 그리고 이미 결혼한 두 오빠와 아직 총각인 세 오빠 들도 무도회에 갈

때는 늘 깨끗한 옷을 입고 싶어 하거든요. 오랫동안 생각한 일이에요."

공주는 자신의 결혼 얘기를 꺼내지도 않았지만, 아버지는 그녀가 얼굴을 붉히고 있음을 알았다.

"당연히 수레를 보내 줘야지." 왕은 시원시원하게 말을 들어주었다.

"공주가 원하는 것이라면 무엇이든 해 줘야지. 가 있으려무나. 즉시 마부를 딸려 수레를 보낼 테니까."

수레가 도착하자 나우시카아는 세탁물을 가득 실었다. 그녀의 어머니 또한 나우시카아를 위해 광주리에 맛난 음식을 가득 담아 주었고, 목욕 후 바르면 피부를 부드럽고 뽀송뽀송하게 만들어 주는 황금빛 올리브유도 한 병 건네 주었다.

나우시카아가 고삐를 잡자 공주와 함께 온갖 세탁물과 하녀들을 태운 수레가 움직이기 시작했다. 얼마 지나지 않아 맑고 깨끗한 물이 흐르는 강가의 빨래터에 도착한 공주 일행은, 강둑을 따라 풍성하게 자라난 풀을 뜯어먹도록 노새를 풀어 주었다. 그리고 그들은 한 아름 가득 빨래를 들어내어 물 속에 담그고 누가 가장 빨리 일을 마치는가 경쟁하듯 빨래를 밟기 시작했다. 빨래는 금세 티 한 점 없이 깨끗해졌고, 그들은 한낮의 햇볕에 말리기 위해 깨끗한 자갈 위에 이것들을 펼쳐 놓았다.

그리고 공주 일행은 시원한 물로 목욕을 한 다음 피부에 올리브유를 발랐다. 허기진 그녀들은 강둑에서 싸 가지고 온 음식을 먹으며 옷이 마르기를 기다렸다. 음식을 잔뜩 먹은 그들은 몸을 감싸고 있던 천을 벗어 던지고 공놀이를 하기 시작했다. 모두가 나긋나긋하고 아름다웠지만, 그들 가운데서도 달릴 때 햇빛에 반사되는 흰 팔과 큰 키를 가진 나우시카아가 우아하게 돋보였다.

공주가 이제 공놀이를 그만둘 때가 되었으니 세탁물을 거둬 집으로 돌아가자고 했다. 하지만 아테나는 오디세우스가 공주를 만나도록 하여 그녀가 그를 시내로 데리고 가도록 한 번 더 술수를 부렸다. 마지막으로 나우시카아가 공을 던졌는데 그만 시녀가 이를 놓치고 말았다. 공은 소용돌이치는 물속으로 빠지고 말았다. 그들은 모두 고함을 질렀고, 그 소리에 곤하게 잠자던 오디세우스가 깨어났다.

"저들은 대체 누굴까?" 그는 스스로에게 물어보았다.

"야만인일까 아니면 우호적인 사람일까? 여자의 음성을 들은 것 같은데……. 요정일까 아니면 사람일까? 내 말을 알아들을까?"

올리브 나뭇가지를 꺾어 든 그는 몸을 최대한 숨기면서 숲 밖으로 나왔다. 과연 그 모습이 어땠을까? 온몸에는 바닷물의 소금이 말라붙었고, 마구 헝클어진 머리카락에 두 눈은 마치 굶주린 사자처럼 이글대고 있었다. 그 모습에 놀란 여인들은 사방으로 달아나고 말았다. 그러나 나우시카아만은 그렇지 않았다. 가슴 가득 용기가 충만한 그녀는 두려워하지 않고 똑바로 서서 그를 기다렸다.

무슨 말을 해야 하나? 망설이던 오디세우스는 부드럽고 조용하며 매혹적인 음성으로 말했다.

"자비를 베푸소서. 당신
은 인간인가요 신인가요?
만약 여신이라면 우아한 몸
가짐으로 보아 아르테미스
임에 틀림없겠군요. 만약
인간이라면 당신의 부모님
과 형제들은 신의 축복을
받았을 것이고요. 그렇지
않고서야 이토록 아름다울
수 없겠죠. 당신과 결혼하

:: 알렉산드로 알로리, 〈오디세우스와 나우시카아〉.

는 남자는 아마도 세상에서 가장 행운아라 할 수 있겠군요. 저는 당신
처럼 아름다운 여인은 본 적이 없습니다."

그는 부드럽게 말을 이었다. 자신이 폭풍을 만나 이 섬으로 표류되
어 왔음을 알린 다음, 벌거벗은 몸을 가릴 수 있도록 옷을 구해 달라
고 부탁했다.

공주가 대답했다.

"이방인이여! 나는 당신이 못되고 어리석은 사람이라고는 생각하
지 않아요. 제우스 신께서는 사람들에게 선과 악을 분배하셨지요. 그
런데 당신께는 가혹한 운명을 주신 것 같군요. 지금껏 잘 참으셨어
요. 하지만 이제 우리 왕국에 오셨으니까 잘 대접해 드려야겠지요.

저는 알키노오스 왕의 딸이랍니다. 당신께 옷을 드리고 시내로 가는 길도 알려 드리지요."

그리고 그녀는 시녀들을 불렀다.

"모두 거기 서! 사내를 본 것만으로도 그렇게 놀라다니, 적이라고 생각한 모양이지? 신의 가호를 받고 있는 우리 왕국을 누구도 침략하거나 파괴하지 못한다는 사실을 너희들도 알고 있겠지. 이분은 그저 표류자일 뿐이니까 잘 돌봐 드려야 해. 빨리 음식을 가져오도록 하고, 우선 바람을 피할 수 있는 강가로 모시고 가서 목욕을 할 수 있게 해 주렴."

시녀들은 오디세우스를 은신처로부터 데리고 나와 옷과 망토, 그리고 황금빛 올리브유가 담긴 병을 주었다. 그리고 그들은 오디세우스가 혼자 목욕할 수 있도록 황급히 여주인에게로 돌아갔다.

오디세우스는 몸을 문질러 전신에 묻은 소금기와 먼지를 깨끗이 닦아 내고 올리브유를 골고루 바른 다음 공주가 준 옷을 입었다. 아테나는 그를 더욱 크고 당당하며 머리카락은 야생 히아신스의 화관을 쓴 듯 보이도록 했다. 아테나는 그의 머리부터 어깨까지 아름다움을 부여했기에, 그가 바닷가에 다시 나타났을 때는 온몸이 광채에 둘러싸인 듯했다.

그 모습을 본 나우시카아는 시녀들을 돌아보고 말했다.

"신조차도 그와 비교할 수는 없을 거야. 조금 전까지는 거칠고 무섭게 보이더니 지금은 마치 신이라도 된 것처럼 보이네. 저런 멋진 분이 남편이라면……. 아니, 이런 쓸데없는 생각을 하다니! 저분께 음식을 드리도록 해라."

오디세우스는 마치 음식에 손 댄 것이 몇 년 전이나 된 듯 게걸스럽게 식사를 했다. 그동안 나우시카아는 서둘러 침대보를 접어 수레에 싣고, 노새들을 다시 잡아맸다. 그녀는 고삐를 거머쥐고 오디세우스를 돌아보며 말했다.

"친구여, 이리 올라오세요. 당신을 아버지의 왕궁이 있는 시내로 모시겠어요. 그곳에서 파이아키아의 귀족들을 만나실 수 있을 거예요."

그러고 나서 그녀는 다시 한 번 생각을 해 보았다. "아니에요. 제가 만약 당신과 함께 간다면 추문이 퍼질 수 있어요. 내가 어디서 난파선의 표류자를 구했는지 누구라도 이상하게 생각하겠죠. 길 가까이 아테나 신께 바친 작은 숲이 있어요. 당신은 우리가 집에 돌아갈 때까지 그곳에서 잠시 기다렸다가, 시내로 걸어와서 아버지의 궁전으로 가는 길을 물어보도록 하세요. 일단 궁에 도착하면 홀을 똑바로 가로질러 와서 어머니를 찾으세요. 당신도 멋지다고 여길 분이지요. 어머니는 벽난로 근처에 앉아서 푸른 바다색 실을 잣고 계실 거예요. 그 뒤에는 시녀들이 있을 것이고요. 아버지의 옥좌는 바로 그 옆에 있어요. 불 앞에 앉아서 술을 드실 텐데 인간이라기보다는 신처럼 보일 거예요. 그분을 지나쳐서 어머니 앞으로 다가가 무릎을 꿇으세요. 만약 어머니께서 친절한 눈빛을 보인다면 당신을 친구로서 또 사랑스러운 젊은이로서 인정하고 당신의 왕국 역시 친구 나라로 여기신 거예요."

그녀는 속도를 내고자 채찍을 들어 노새를 다그쳤다. 오디세우스는 숲에서 기다리며 아테나가 자신을 계속 도와주기를 기도했다.

황궁에 도착한 나우시카아는 유모가 따뜻하게 불을 지펴 놓은 자신의 방으로 조용히 돌아갔다. 시내로 향하던 오디세우스는 어린 소녀에게 황궁으로 가는 길을 물었다. 비록 그는 모르고 있었지만, 실제로 그 소녀는 변장한 아테네였다. 그녀는 기꺼이 그를 황궁으로 안내했다.

"아레테 여왕께서는 모든 사람들의 기도를 들어 주신답니다. 왕께서는 왕비마마를 사랑하시고요. 그분은 남편뿐만 아니라 자식들, 그리고 온 국민에게 이 세상 누구보다도 칭송을 받지요. 사람들은 그분을 여신처럼 섬긴답니다. 누구나 그분의 현명한 판단을 구할 정도로 기품 있고 지혜로우시지요. 그분이 호의를 품는다면 당신은 고향으로 돌아갈 수 있을 거예요."

오디세우스는 아름답고 호화스러운 궁전을 보고 경탄했다. 그는 나우시카아가 알려준 대로 궁 안으로 들어가 왕비를 찾았다. 그는 벽난로의 잿더미 한가운데 무릎을 꿇고 자신이 고향으로 돌아갈 수 있도록 자비를 베풀어 달라고 간청했다. 왕과 왕비는 그를 일으켜 의자에 앉히고는 술과 음식을 가져오도록 했다.

그들은 방문객의 나무랄 데 없는 예의범절에 호의를 느꼈다. 아레테는 한 가지 질문을 던졌다.

"당신은 바다에서 왔다고 했죠. 그런데 그 옷은 어디서 났지요?"

그녀는 옷과 망토가 자신이 직접 만든 것임을 알아보았기 때문이다.

그제야 오디세우스는 왕과 왕비에게 자신은 나우시카아 공주에 의해 구조되었으며, 또 그녀가 얼마나 우아하고 너그러운 행동을 보였는지를 이야기했고 다음과 같이 말을 맺었다. "두 분의 따님은 완벽합니다."

관대하며 선원으로서도 뛰어난 섬나라 사람들은 더 이상 질문을 하지 않았고, 그가 고향으로 돌아가도록 돕겠다고 했다. 며칠 동안 궁에 머물며 잘 먹고 마시며 밤에는 폭신한 침대에서 보낸 그는 체력을 되찾았다. 그리고 자신의 재미있는 모험담을 들려주어 주문이라도 건 듯 모두를 매료시켰다.

알키노오스는 손님에게 나우시카아와 결혼하여 나라와 집과 부富를 물려받고 영원토록 파이아키아에 머물기를 제안했다. 하지만 이미 결혼한 몸인 오디세우스는 고향에 있는 아내에게로 돌아가야 한다고 대답했다.

작별의 날이 왔다. 세상의 어떤 여자보다도 아름다운 모습을 한 나우시카아는 기둥 곁에 서서 오디세우스가 지나가는 순간 이렇게 말했다.

"멋진 분, 안녕히 가세요. 그리고 당신의 나라에 돌아가시더라도 가끔씩 저를 생각해 주세요."

오디세우스가 답했다.

"제우스 신의 뜻이라면 고향에서도 그리 할 것이오. 내 삶이 다하는 날까지 날마다 당신을 생각할 것이오. 당신은 알고 있겠죠. 내가 당신을 여신처럼 여긴다는 것을. 아름다운 분이시여, 내가 어찌 당신을 잊겠소? 당신은 내 생명의 은인이거늘."


# 4. 정의의 편에 선 안티고네


안티고네Antigone는 충심으로 두 가지 원칙을 믿고 있었다. 가족에게 충실할 것과 신이 정한 도덕률을 지키는 것이었다. 테베의 위대한 왕이었던 아버지 오이디푸스Oedipus가 도시에서 추방당했을 때도 그녀는 그 같은 조치가 정당하다고 생각했다. 아버지는 신이 정한 법을 위반했기 때문이었다. 비록 그것이 고의가 아니었더라도 불변의 법은 지켜져야만 하는 것이었다.

그러나 안티고네는 아버지 혼자 고통 받도록 내버려 두진 않았다. 그녀는 눈 먼 아버지 곁에 머물며 아버지의 눈과 발이 되기로 결심했다. 부녀는 함께 아테네 근처의 콜로노스Colonus에서 피난처를 찾을 때까지 음식을 구걸하며 도시를 전전했다. 마침내 오이디푸스는 안락을 되찾았고 평화롭게 숨을 거뒀다.

아버지가 세상을 떠난 후 테베로 돌아온 안티고네는 도시 전체가 혼란에 빠져 있음을 알았다. 그때까지 남아 있던 안티고네의 언니 이스메네Ismene가 무슨 일이 일어났는지를 들려주었다.

오이디푸스가 추방되자, 그의 아들인 폴리네이케스Polynices와 에테오클레스Eteocles는 둘 중 한 사람이 왕위를 계승하기보다는 왕국을 나눠 가지는 것이 가장 공평한 일이라는 데에 합의했다. 그들은 교대로 왕 노릇을 하기로 했다. 즉 한 사람이 1년 동안 왕위를 차지했다가 다시 형제에게 왕권을 넘기는 식이었다. 그들은 주사위를 던져 누가 먼저 왕이 될 것인가를 결정하기로 했는데, 에테오클레스가 이겨 왕위에 올랐다.

하지만 1년 동안 통치를 한 에테오클레스는 왕권을 포기하려 하지 않았다. 아버지 오이디푸스의 형제, 즉 숙부 크레온Creon이 그의 편을 들었기 때문이다. 실제로 크레온은 자신이 테베를 통치하려는 야망에 불타 있었기에, 두 형제가 공개적으로 싸움을 벌이기를 바라고 있었다. 그리고 결국 싸움은 벌어졌다.

폴리네이케스는 왕의 후원을 얻을 수 있는 아르고스로 피해 달아났다. 얼마

:: 도미니크 장 바티스트 위그, 〈콜로노스의 오이디푸스〉.

후 그는 7개 군단의 우두머리가 되어 막강한 힘을 가지고, 한때는 조국이었으나 이제는 적국이 된 테베로 공격해 왔다. 전투는 도무지 끝나지 않을 것처럼 맹렬했다. 양측의 세력은 비슷했으며, 침략자도 방어자도 모두 오이디푸스의 아들이었다. 일곱 명의 장군들은 각각 도시를 둘러싼 성벽의 문을 하나씩 공격했지만, 반대편에서 이를 지키는 군사들 역시 침략자들을 저지할 만큼 엇비슷한 힘을 지니고 있었다. 포위된 도시 안의 사람들은 굶주렸고, 바깥쪽의 침략자들 역시 질병과 굶주림으로 시달렸다. 그러나 공격자도 방어자도 결코 항복하지 않았다. 결국 양측이 끝없는 소모전을 해결하기 위해 두 형제의 단독 대결에 합의함으로써 상황은 진전될 기미가 보였다. 만약 에테오클레스가 이긴다면 공격자들은 철수를 하며 그가 유일한 왕이 되고, 폴리네이케스가 승리한다면 그가 통치를 하고 에테오클레스는 추방당하기로 한 것이다.

형제는 성곽 바깥에서 만났다. 서로를 노려보던 그들은 가까이 다가가 싸움을 시작했다. 서로가 상대에게 품고 있던 분노를 폭발시키는 맹렬한 싸움은 장차 테베의 운명을 결정짓는 것이었다. 격렬한 투쟁을 구경하는 양측 사람들은 온통 땀으로 범벅이 되었다. 한쪽이 위기에 몰린 듯 보일 때면 성곽 안에서, 그리고 다른 쪽이 그럴 때면 바깥에서 함성이 터져 나왔다. 왕족이 흘린 피로 땅이 질퍽거릴 때까지 두 사람은 서로 몸싸움을 거듭하고 거듭했다. 결국 두 사람은 탈진하여 주먹은 점점 약해졌고, 동시에 무릎을 꿇고 말았다. 폴리네이케스

는 자신이 죽을 것이라는 사실을 알고 마지막 숨을 내쉬며 입을 열었다.

"에테오클레스, 내 마지막 소원을 들어 주겠나? 솔직하게 말해 줘. 나를 테베에 묻어 줄 수 있겠어? 내가 사랑하는 땅의 일부로 영원히 남을 수 있게 말이야."

부상당한 동생 에테오클레스는 간신히 고개를 끄덕임으로써 동의를 표시했다. 그리고 다음 순간, 그는 형의 시체 옆에서 숨을 거뒀다.

이제 전쟁은 끝났고 단 한 사람의 승리자만 남았을 뿐이었다. 크레온은 자신이 바랐던 대로 테베의 왕이 되었다. 새로운 통치자로서 그가 가장 처음 행한 일은 에테오클레스는 테베의 수호자이자 오이디푸스 왕의 적합한 승계자로서 영예롭게 매장되어야 한다고 선포한 것이었다. 또한 폴리네이케스는 왕국을 침략한 악랄하기 그지없는 배신자로 땅에 묻힐 자격이 없는 만큼 햇빛과 바람에 노출된 채 성곽 바깥에 버려져야 한다고 했다. 그의 육신은 들개와 독수리의 먹이가 될 것이므로 이는 그가 저지른 범죄에 대한 응분의 징벌이라고 선언했다.

안티고네는 경악했다. 대체 숙부는 어떤 생각을 하고 있단 말인가? 그 같은 명령은 가족의 법규를 거스를 뿐만 아니라 모든 도덕을 부정하는 것이었다. 누구나 알고 있는 바와 같이 시신을 매장하지 않는 것은 영원한 형벌이었다. 그러한 혼백은 지하세계로 가는 스틱스 Styx 강을 건너지 못하고 휴식도 없이 비참하게 구천을 떠돌며 죗값을 치러야 했다. 그러기에 신은 '죽은 자는 흙으로 돌아가야 한다'고 명했고, 낯선 사람이라도 땅에 묻어 주는 것은 신성한 의무였다. 하지만 크레온의 법은 그녀의 형제를 땅에 묻는 사람마저 범죄자로 만드는 것이 아닌가? 윤리와 정책 중에 과연 어떤 것이 더 중요한가? 당연히 안티고네에게는 문제가 될 수 없었다.

에테오클레스의 장례를 치르는 날은 전국이 애도를 표하도록 포고가 내려졌다. 위대한 영웅을 화장시키기 위해 하늘에 닿을 정도로 엄청난 장작더미가 쌓였다. 신께는 소를 제물로 바쳤고, 허공에는 향내가 가득했다. 왕가王家의 의식이 빈틈없이 철저하게 지켜졌다. 그와 동시에 왕은 경비병을 세워 폴리네이케스의 시신을 밤낮으로 감시하도록 했다. 누구라도 그를 묻어 준다면 죽음을 면하지 못할 것이라고 선언했다.

안티고네는 언니를 찾아갔다. 그들은 왕의 부당한 법규에 대해 이야기를 나눴다.

"언니, 이건 단순한 협박이 아니야. 숙부는 자신의 법을 관철시키려는 거야. 폴리네이케스를 묻어 주는 사람은 돌로 때려죽인다니……. 지금이야말로 우리가 왕가의 피를 보여 줄 때야. 언니, 나를 도와줄 거지?

"어떻게 도와야 하는데?" 이스메네가 놀라 물었다.

"대체 무슨 얘길 하는 거야? 오빠의 시체를 들어 운반하고 묻는 거지."

"하지만 안티고네! 그래선 안 돼, 법을 어기는 짓이야."

그녀의 언니는 주저했다.

"그는 우리 오빠야, 언니. 어떻게 버려둘 수 있단 말이야?"

이스메네는 두려워했다.

"안티고네, 우리는 여자야. 힘없는 여자라고. 어떻게 우리가 남자를 상대로 싸울 수 있어? 법은 우리보다 훨씬 강력하다고. 우리가 수긍하는 길밖에 없어. 나도 오빠를 사랑해. 하지만 왕인 숙부의 명령을 어기는 건 미친 짓이야!"

안티고네는 더 이상 언니를 힘들게 만들지 않기로 하고 조용히 답했다.

"알았어, 언니. 도움은 필요 없어. 아니, 언니가 돕는다고 해도 거절할 거야. 언니는 하던 일이나 해. 나 혼자서 묻을 테니까. 그러다가 죽을 수도 있겠지. 옳은 일을 하다가 죽는다면 그 또한 행복한 일이겠지. 언니는 스스로 선택한 대로 신의 명령을 무시하고 살아."

이스메네는 이내 울음을 터뜨렸다.

"나는 신을 무시하지 않아. 단지 법을 어길 수 없다는 거야. 나는 그 같은 일을 할 만큼 강하지 못하단 말이야. 하지만 네가 그런 끔찍한 행동을 한다면 절대 비밀을 지킬 거야. 영혼을 걸고 약속할게."

"원한다면 누구에게라도 말해도 돼." 안티고네는 비웃음을 흘렸다. "나는 온 세상에 알릴 거야. 나는 내가 해야 할 일을 할 거야."

다음 날 아침, 폴리네이케스의 시신을 감시하던 보초병 하나가 두려움에 떨면서 궁전으로 허겁지겁 달려왔다.

"크레온 왕이시여!" 그는 중얼대듯 말했다. "보고 드릴 것이 있습니다. 아주 이상한 일이라고밖에는 달리 뭐라고 말씀 드릴 수가 없습니다."

"말해 보아라." 왕이 소리쳤다.

보초병은 더듬거리며 두서없이 이야기를 시작했다.

"간밤에는 달도 뜨지 않았습니다." 그가 말했다. "밤이 깊어 가장 어두울 때 누군가가 우리 보초들을 지나서 시체를 매장했습니다. 깊이 묻지는 않았지만 신성한 매장을 하듯 흙먼지가 사방에 뿌려져 있었습니다."

크레온은 화를 내며 명령했다.

"그 시체를 도로 파내도록 하라. 경비병을 배로 늘리고. 감히 누가 내 명을 거역하는지 반드시 찾아내라. 범인은 왕국의 본보기로 죽음을 면치 못할 것이다."

같은 날 늦은 오후, 크레온 왕은 한 무리의 경비병들이 궁을 향해 대열을 지어 오는 것을 보았다. 그들은 누군가를 데리고 오는 것 같았다. 그들이 다가오자, 크레온은 경비에게 둘러싸인 사람이 다름 아닌 자신의 질녀 안티고네임을 알 수 있었다.

경비병은 경례를 한 뒤 의기양양하게 말했다.

"여기 잡아 왔습니다, 폐하! 바로 시체를 매장한 범인입니다. 막 시체를 묻으려는 그녀를 잡았습니다. 명령하신 대로 저희들은 시체를 파내어 먼지를 털어 내고 알몸 그대로 내버려 두었습니다. 그러고 난 뒤 신경을 곤두세워 경계를 하고 있었는데, 정오쯤 되자 엄청난 먼지 폭풍이 불었습니다. 저희들은 잠시 동안 눈을 꼭 감고 있었습니다. 그런데 다시 눈을 뜨자 그녀를 볼 수 있었습니다. 그녀는 울부짖으면서 청동단지에 든 모래를 시체에 쏟아 부었습니다. 세 번씩이나 모래를 부었지요. 저희들은 재빨리 그녀에게 다가가서 체포했습니다. 그녀는 전혀 두려워하지 않았습니다. 오히려 자신이 한 일을 자랑스러워하는 것 같았습니다."

크레온은 창백해진 얼굴로 안티고네를 돌아보며 믿기지 않는다는 듯 물었다. "그 같은 일을 한 게 정녕 너란 말이냐? 틀림없단 말이지?"

"그래요. 부정하지 않겠어요." 그녀는 조용히 대답했다.

"누구도 폴리네이케스를 묻어 주지 말라고 내가 명령을 내린 것을 몰랐단 말이냐? 그리고 이를 어기면 처형된다는 것도?"

"물론 알고 있어요." 안티고네는 경멸에 찬 눈빛으로 그를 바라보았다. "그 명령은 신께서 내린 것이 아니죠. 그따위 법은 온당치 않아요. 나는 그보다 위에 있는 법에 복종했어요. 하늘의 법은 영원한 것이죠. 인간의 법은 찰나에 불과하지만 말예요."

크레온은 충격을 받았다. 그의 얼굴에는 궁지에 몰린 빛이 역력했다. 죄인인 데다가 오만하기 그지없는 자가 다른 사람이 아닌 질녀이자 자신의 아들 하이몬의 약혼녀라니. 어떻게 그녀에게 죽음이라는 형벌을 내릴 수 있을 것인가? 하지만 반드시 그래야만 했다. 만약 그의 마음이 약해진다면 훗날 아무도 그가 만든 법에 복종하지 않을 테니까. 그렇지만 왕족인 공주를 죽인다면 사람들은 그 역시 거의 비슷한 정도의 나쁜 일이라 여길 것이었다.

왕은 타협점을 찾아냈다. 안티고네를 돌로 쳐서 죽이는 대신에, 얼마간의 음식과 물을 주고 동굴 안에 가두는 것이었다. 그렇게 하면 그녀가 죽는다 해도 그 자신이 죽인 것은 아니라고 생각했기 때문이다.

크레온이 입을 연 순간, 이스메네가 몸을 내던지듯 달려와 무릎을 꿇고 안티고네의 형벌을 함께 받도록 허락해 달라며 애원했다.

"제가 그녀를 돕겠어요."

그녀는 흐느꼈다. 하지만 안티고네는 언니가 자신과 함께 형벌을 받는 것을 원치 않았다.

"언니는 나를 돕지 않아도 돼요." 그녀는 냉소 가득한 음성으로 말했다. 그리고 언니를 돌아보며 덧붙였다.

"언니, 나는 죽음을 택했으니까 언니는 삶을 택해요. 어서 가요. 무슨 일이 벌어지든 그냥 내버려 두란 말예요."

크레온의 아들 하이몬도 그가 사랑하는 안티고네를 살려 달라고 탄원했다. 그는 만약 아버지가 가족의 구성원이기도 한 그녀에게 그토록 가혹한 형벌을 내린다면 민심 또한 돌아설 것이라며 강력히 주장했지만 허사로 돌아가고 말았다. 극도로 화가 난 크레온은 아들을 몰아붙였다.

"너는 나를 적대시하는 사람을 결코 아내로 맞을 수 없어. 그 아이는 죽음보다는 복종하며 사는 것이 훨씬 낫다는 사실을 깨달아야 해."

이때 눈먼 예언자 티레시아스Tiresias가 왕 앞에 나타났다. 그는 폴리네이케스의 시신을 가지고 신성모독을 했다는 이유로 결백한 안티고네를 벌한다면 테베에 재앙이 닥칠 것이라고 충고한 적이 있었다.

"오이디푸스 왕의 자식에게 그 같은 벌을 내린다면 반드시 신의 분노가 있을 것입니다." 그는 간언했다.

크레온의 대답은 늙은 예언자를 모욕하는 것이었다.

"어떤 놈에게 뇌물을 받고 그따위 거짓말로 나를 겁주려 하느냐?" 그는 고함을 질렀다.

그러자 티레시아스가 그에게 대답했다.

"오늘 해가 지기 전까지 왕은 두 가지 일을 겪을 것입니다. 한 사람으로 인해 시체 두 구가 생겨날 것입니다. 그리고 왕의 손에 그들의 피가 묻을 것입니다."

비록 왕은 동요하지 않는 듯 보였지만, 그 같은 예언은 그를 두렵게 했다. 누구도 그러한 예언은 쉽게 하지 못할 터였다. 크레온은 보좌관들을 불러 자신이 어떻게 해야 한다고 생각하는지를 물었다. 그들의 대답은 한결같았다.

"폴리네이케스의 시신을 매장하고 안티고네를 석방하십시오." 그들은 합창하듯 말했다.

마지못해 왕은 그들의 충고에 동의하고 명령을 내렸다. 그는 안티고네가 갇힌 동굴의 문을 깨부술 도끼와 쇠지렛대로 무장한 사람들을 데리고 출발했다. 이들보다 앞서 달려간 그의 아들은 사람들을 이끌고 벽을 부수기 시작했다. 그는 틈새를 만들어 동굴 안을 들여다보았다.

하이몬은 소름끼치는 비명을 질렀다. 그는 미친 듯이 남은 벽을 부수고 동굴 안으로 들어갔다. 잠시 후 그가 나왔을 때, 그의 팔에는 사랑했던 안티고네의 시신이 들려 있었다. 어둠 속에서 그녀는 베일을 꼬아 올가미를 만들어 스스로의 목을 졸랐던 것이다. 하이몬은 조심스럽게 그녀의 시신을 땅에 내려놓고 옷매무새를 가다듬어 주었다. 그의 얼굴에서는 눈물이 샘솟듯 흘러내렸다. 그리고 아버지가 그의 앞에 나타나기 전에, 하이몬은 자신의 검을 꺼내어 자기의 몸을 찔렀다. 그는 약혼자의 시신과 엇갈려서 쓰러졌다.

자신의 아들과 안티고네가 죽었다는 소식을 전해들은 왕비는 너무도 낙심하여 자살하고 말았다. 티레시아스의 예언이 현실로 나타났다. 해가 지기 전에, 한 사람으로 인한 두 구의 시체, 즉 왕비와 왕자 두 사람이 안티고네 옆에 누웠던 것이다. 테베 왕국은 온통 슬픔으로 가득 찼고, 크레온은 전투에서 죽음을 당한 두 사람의 시신을 모두 매장해야만 했다. 안티고네는 정의의 편에 섰다. 한 사람이 치러야 할 대가는 혹독한 것이었지만, 원칙이 승리를 거둔 것이었다. 이것이야말로 진정 값진 일이 아닐까.


## 5. 딸의 복수: 엘렉트라


불화란 무서운 것이다. 그것이 국가 간의 것이든 이웃 사이에 생겨난 것이든 간에. 더구나 가족 구성원들이 누군가의 행위에 대해 복수를 맹세할 정도로 서로를 증오한다면 최악의 경우라 할 수 있다. 바로 미케나이(Mycenae, 미케네)의 왕 아가멤논Agamemnon 일족 사이에서 벌어진 불화처럼.

사건은 아가멤논이 트로이 전쟁에 참전한 동생 메넬라오스Menelaus 를 돕기 위해 트로이로 떠날 무렵 시작되었다. 그의 군대는 아울리스 Aulis에서 합류하려 했지만, 어떤 배도 항구에서 떠나지 못할 정도로 세찬 바람이 불어와 도무지 출발할 수가 없었다. 며칠이나 바람이 그 치지 않자 사람들은 낙심하기 시작했다. 그러자 예언자 칼카스Calchas 가 해결책을 제시했다. 그의 말에 따르면, 아가멤논이 여신을 섬기는 의무를 다하지 않은 데에 화가 난 아르테미스Artemis가 바람을 불러일 으킨 것이라 했다. 만약 왕이 그의 장녀 이피게네이아Iphigenia를 제물 로 바치지 않는다면, 여신은 절대 그들이 떠나지 못하도록 할 것이라 고 말했다.

당연히 아가멤논은 그러한 요구를 거절했고, 당연히 바람도 계속 불었다. 군사들은 화가 났고 욕구불만이 팽배해져 나중에는 적으로 돌변하기까지 했다. 그들은 아가멤논에게 제물을 바치라고 했고, 만 약 그렇지 않으면 폭력을 사용할 것이라며 위협을 가했다. 왕은 마지 못해 이에 동의했다.

그는 이러한 사실을 전하기 위해 부인인 클리타임네스트라 Clytemnestra와, 아킬레우스Achilles와의 결혼을 앞둔 딸을 불렀다. 두 사 람은 기쁨에 들떠 아울리스로 건너왔다. 이피게네이아는 신부의 드 레스를 입고 있었다. 그러나 신전에 이르렀을 때, 그녀는 비로소 자신 이 아울리스로 불려온 것이 결혼과는 전혀 무관한 다른 이유 때문이 라는 사실을 알게 되었다. 만약 그녀 혼자 왔다면 두 사람 모두가 고

:: 조반니 바티스타 티에폴로, 〈이피게네이아의 희생〉.

통을 견디기가 쉬웠을 것이다. 하지만 이미 엎질러진 물, 이피게네이아는 어머니를 보내고 용감하게 죽음을 향해 걸어갔다.

딸을 위한 눈물을 흘리며 클리타임네스트라는 미케나이로 돌아왔다. 하지만 그녀의 감정은 슬픔 때문만은 아니었다. 자신의 딸이 제물로 바쳐졌다는 사실에 여왕은 치를 떨었고, 더구나 자신의 남편이 그 같은 짓을 명령도 아닌 허락을 했다는 데에 분노했다.

"아버지로서 어떻게 그런 일을 저지를 수 있단 말인가?" 그녀는 스스로 질문해 보았다. "수 년 동안이나 결혼 생활을 해 왔지만, 나는 남편이 결코 그따위 인간이라고는 생각하지 않았어. 그 같은 기만적인 행위를 저지를 것이라고 조금이라도 의심했다면, 딸아이의 생명은 구할 수 있었을 거야."

맹렬한 증오의 씨앗은 아가멤논이 트로이 전쟁을 하는 10년 동안 깊게 뿌리를 내렸고 무성하게 자라났다. 그리고 결국에는 쓰디쓴 열매를 맺었다.

복수를 위해 클리타임네스트라가 가장 먼저 행한 일은 다른 사내를 궁으로 데려와 살도록 한 것이었다. 개인적으로 아가멤논에게 원한을 품고 있던 아이기스토스Aegisthus는 기꺼이 그녀의 제의를 수락했다. 클리타임네스트라와 아이기스토스는 왕과 왕비로서 함께 나라를 통치하게 되었다.

그러나 두 사람은 마냥 편하게 나라를 다스리진 못했다. 이피게네이아는 어린애가 아니었고, 두 명의 누이와 남동생이 있었다. 더구나 남겨진 딸 가운데 이제 맏이가 된 엘렉트라Electra는 아버지에 대한 애정이 깊었다. 비록 언니가 죽었다는 소식을 듣고 슬퍼했지만, 그녀는 아버지 아가멤논이 위협을 받지 않았더라면 그 같은 일을 저지르지 않았을 것임을 알고 있었다.

엘렉트라는 클리타임네스트라의 새로운 계획을 받아들이지 않았다. 어머니의 처세에 화가 난 그녀는 그들에게 어떠한 협력도 하지 않았다. 날마다 어머니를 비난했고, 철저히 비도덕적인 사람으로 매도했다.

오래 지나지 않아 클리타임네스트라와 아이기스토스는 엘렉트라의 반항적인 태도를 눈치 채게 되었다. 그녀에게 벌을 내리는 것은 마땅한 처사였다. 그녀의 삶을 불행하게 만들기로 결정한 두 사람은 엘

렉트라를 궁 바깥의 더러운 외양
간으로 쫓아냈다. 그곳에서 엘렉
트라는 누더기를 걸치고 노예들
이나 하는 힘든 일을 하며 밑바닥
삶을 살게 되었고, 반면에 그녀의
여동생 크리소테미스Chrysothemis
는 계속 공주의 삶을 누렸다.

엘렉트라가 걱정하는 것은 단
하나 그녀가 사랑하는 남동생 오
레스테스Orestes뿐이었다. 아이기
스토스가 자기들의 아버지에게
증오를 품고 있음을 알고 있는 그
녀는 그가 자신의 동생을 해칠까
봐 두려워하고 있었다. 비밀리에
그녀는 믿을 만한 친지에게 어린

:: 존 콜리어, 〈클리타임네스트라〉.

오레스테스가 장성할 때까지 돌봐 달라고 부탁했다.

엘렉트라에게는 길게만 느껴지는 세월이 흘렀다. 그것은 클리타임
네스트라에게도 마찬가지였다. 딸 이피게네이아를 잃은 슬픔이 커질
수록 남편에 대한 증오도 깊어만 갔다. 여왕은 가끔씩 트로이 쪽을 응
시하며 아가멤논이 전투 중에 사망하도록 신께 기도를 올림으로써
울분을 풀곤 했다.

10년이 흘러 드디어 전쟁이 끝났고, 아가멤논은 고향으로 돌아오는 중이었다. 신께 드리는 여왕의 기도도 바뀌었다. 이번에는 맹렬한 폭풍을 일으켜 그녀의 남편이 탄 배를 침몰시키고 그가 익사하도록 해 달라는 것이었다. 하지만 그녀의 기도에 응답은 없었다. 만약 클리타임네스트라가 복수를 원한다면, 이젠 그녀가 직접 해내야만 했다.

그녀가 늘 바깥을 내다보던 궁전의 담에 서서 여왕은 승리를 거둔 아가멤논을 내려다보고 있었다. 거리는 온통 금의환향한 왕을 기쁘게 맞는 백성들로 북적거렸다. 하지만 그러한 환호 속에는 거북스러운 구석도 없진 않았다. 신들이 탄탈로스Tantalus의 후손들 모두에게 어떤 저주를 내렸으며, 왕 또한 그 가운데 한 사람이라는 가족사를 잘 알고 있었기 때문이다. 더구나 사람들은 여왕이 그에게 충실하지 못했으며, 아직도 아이기스토스를 몰아내지 않고 있다는 사실도 알고 있었다. 과연 궁전의 벽 뒤에는 어떤 음모가 도사리고 있는 것일까? 사람들 모두가 앞으로 크나큰 소동이 벌어지리라는 것을 예감했다.

왕의 사륜마차가 첫 번째 문 앞에 멈춰 섰을 때, 클리타임네스트라가 나타났다. 그녀는 남편을 반기며 깊이 고개를 숙여 절했다.

"그동안 우리가 외로운 것은 아니었지만 제가 당신을 얼마나 사랑하는지는 말씀드리고 싶군요." 그녀는 왕이 고국을 떠나 있는 동안 어떤 일이 벌어졌는지를 잘 알고 있는 군중들을 오만한 시선으로 둘러보며 말했다.

"당신이 저를 떠나 있던 매 순간마다 제겐 크나큰 고통이었지요."

그녀는 말을 이었다. "당신을 바라보는 것만으로도 마치 목마른 나그네가 시원한 샘물을 만난 것처럼 기쁘기 그지없군요. 어서 궁 안으로 들어오셔서 즐거움을 함께 나누어요."

아가멤논은 자기 부인의 말에 다소 냉담한 반응을 보였다. 그는 자신의 마차에 함께 탄 아름다운 여인을 가리켰다. 그 여인은 몰락한 트로이에서 얻은 전리품 가운데 하나로, 진실을 역설했지만 누구도 그녀를 믿지 않은 불운한 예언자 카산드라Cassandra였다. 젊고 아름다운 여인의 모습은 클리타임네스트라의 분노를 새롭게 불타오르게 만들었다. 남편은 진정으로 자신을 사랑하지 않았기에, 이제는 새로운 여자를 집안에 들여놓으려 한다고 믿었다. 그녀는 밤이 되면 남편을 죽여 없애겠다고 자신에게 맹세했다.

아가멤논과 클리타임네스트라는 시종들이 깔아 놓은 붉은 융단 위를 걸어서 궁 안으로 들어갔다. 그들이 들어가자 문이 닫혔다.

바깥에 홀로 남겨진 카산드라가 주위를 둘러보며 물었다.

"여긴 누구의 궁이지?"

그리고 그곳이 아가멤논의 궁전임을 눈치 채자마자 비명을 질렀다.

"아니야! 이곳은 신의 저주가 내린 곳이야. 사람들이 죽었고, 그들의 피로 바닥은 붉게 물들었어."

군중 가운데 나이가 든 자들은 곱지 않은 시선으로 주위를 둘러보았다. 그들 역시 장차 벌어질 일을 걱정했기 때문이었다. 하지만 젊은이들은 카산드라의 말에 야유와 비웃음을 던졌다. 그녀는 마지막으로 다음과 같은 말을 남겼다.

"오늘 시체 두 구가 생겨날 것이오. 그 가운데 하나는 내가 될 것이오. 하지만 나는 죽음을 받아들일 수 없소."

그러고 나서 그녀 역시 궁 안으로 들어갔고, 문은 다시 굳게 닫혀버렸다.

그날 밤, 클리타임네스트라는 그녀의 남편과 장군들을 위해 거창한 승리의 축하연을 마련했다. 사람들은 왕이 발코니로 나와 연설해 주기를 기다리며 여전히 거리에 모여 있었다. 하지만 사람들은 연설 대신 안에서 터져 나온 고함소리를 들었다. 그것은 왕의 고통스러운 목소리였다.

"제길, 내가 당했군. 신이여! 이것이 정녕 내 죽음의 일격이란 말입니까?"

이어서 사람들은 또 다른 비명을 들었다. 이번에는 카산드라의 음성이었다.

바깥에 서 있던 사람들은 당황하여 무언가를 시도해 보려고 했다. 궁 안으로 들어갈 것인가? 하지만 그들이 마음을 먹기도 전에, 문이 열렸고 클리타임네스트라가 그 앞에 서 있었다. 그녀의 손과 얼굴은 피투성이가 되어 있었다. 그녀는 자랑스럽고도 확신에 찬 모습으로 피 묻은 칼을 손에 들고 있었다.

"나는 내 남편을 죽였어요." 그녀는 뻔뻔스럽게 모두에게 알렸다.

"아무도 내가 잘못했다고 말하진 못할 거예요. 이 행위는 정당한 것입니다. 왜냐하면 나는 내 아이의 살인자를 징벌한 것이니까요." 아이기스토스가 안에서 나와 그녀의 옆에 섰다. 그 역시 피투성이였다. 사람들은 여왕의 말에 수긍했고, 서로 수군거리며 집으로 돌아갔다.

이제 클리타임네스트라는 자유로이 아이기스토스와 결혼할 수 있었고, 그들은 무한한 권력으로 통치를 계속할 수 있었다.

한편 동생이 성장하는 동안, 엘렉트라는 아버지의 죽음과 아들로서의 의무를 일깨우는 편지를 한 통 보냈다. 이제 청년이 된 오레스테스는 신이 나누어 준 가혹한 시련에 직면할 때가 되었다. 아버지의 살인자에게 복수를 하는 것은 영예로운 일이었다. 하지만 살인자는 그의 어머니였다. 존속살해는 영구불변의 법을 어기는 일이었다. 대체 무엇이 옳은 일이란 말인가?

진퇴양난의 상황에서 오레스테스는 자신의 문제를 아폴론에게 묻기 위해 델피Delphi 신전으로 달려갔다. 신의 답변은 명쾌했다. 그는 가족 가운데 유일한 남자였기 때문에 가문의 명예를 회복할 의무가 주어진 것이었다. 비록 신세를 망칠지라도 그는 어머니와 어머니의 새 남편을 죽여야만 했다.

그리하여 오레스테스는 조카 필라데스Pylades를 데리고, 자신이 어렸을 때 이후로는 보지도 못한 고향으로 향했다. 그는 자신이 미케나이에 있다는 비밀이 지켜지길 바라며, 그녀의 아들이 사망했다는 소식을 전하기 위해 여왕에게 전령을 보냈다. 그러고 나서 그는 아버지

:: 델피 신전으로 신탁을 받으러 간 오레스테스

의 무덤을 찾아 술과 우유, 그리고 자신의 머리카락을 바치고 제사를 올렸다.

기나긴 세월 동안, 엘렉트라는 날마다 아가멤논의 무덤을 찾아 눈물을 흘리며 그녀의 동생이 빨리 돌아와서 아버지의 복수를 해 주기를 빌었다. 어쩌다가 만난 그녀의 친구는 엘렉트라에게 증오로 세월을 헛되이 보내지 말라고 애원하기도 했다.

"절대로 적을 잊어서는 안 되지만, 지나친 분노를 갖지 말아야 해. 너만 다칠 뿐이야. 이런 자학은 너를 망치고 말 거야."

엘렉트라가 답했다.

"내 자신이 슬픔과 분노로 지쳐 버렸다는 것을 나도 잘 알아. 하지만 이것만은 알아 둬. 내 생애에 남은 것이라곤 없어. 나를 위해 싸워 줄 남편도 아이도 없고, 어머니는 내가 그녀를 증오하듯 나를 미워해. 나는 굶기 일쑤였고 얻어맞기도 했고……. 노예처럼 취급당했지. 그리고 내 동생은 그렇게 굳은 약속을 했건만, 나타나지도 않아.

생각해 봐. 어머니는 그녀가 아버지를 쓰러뜨린 날을 축일로 정해 음악을 연주하고 제물을 바치며 신께 감사하고 있어. 나는 그저 기다리면서 보고 있을 수밖에. 게다가 그녀는 오레스테스가 고향으로 돌아온다는 소문을 듣고 내게 고함을 질러 대기도 했어. 그런데 어떻게 내가 침착하게 본분을 지킬 수 있겠어. 내가 처한 상황은 최악이야. 악해지는 것 말고는 아무것도 할 수가 없단 말이야."

그녀의 친구는 슬픔을 견디다 못해 고개를 저으며 떠나갔다.

오레스테스가 남몰래 돌아오던 날, 여전히 궁 안에 살고 있던 그의 여동생 크리소테미스는 아가멤논의 무덤을 찾았다. 그곳에서 그녀는 변함없이 눈물을 흘리고 있는 엘렉트라를 만났다.

"왜 여기에 다시 왔어?" 크리소테미스가 물었다. "분노를 표출하는 대신 숨기라고 배우지 않았어. 나 역시 언니처럼 내 상황을 증오하고 있어. 만약 내게 힘이 있다면, 그들에게 나의 진실된 감정이 어떠한지 알려 줄 거야. 하지만 내 방법은 폭풍 앞에서는 허리를 숙이고, 내가 한 방 먹일 힘을 가질 때까지는 반항하지 않는 것처럼 보이는 거야."

"네가 아버지의 딸이라면 마땅히 부끄러운 줄 알아야 해!" 엘렉트라가 대답했다.

"너는 침묵을 지킴으로써 어머니 편을 들었어. 너는 입으로는 어머니를 증오한다고 하면서도 그녀를 거스르는 일은 하나도 하지 않고 있어. 너는 결코 두 가지를 한꺼번에 할 수는 없을 거야."

크리소테미스는 굳은 표정으로 언니를 응시하더니 입을 열었다.

"내가 이리로 와서 모든 사실을 털어놓은 건 어머니와 아이기스토스가 언니 입을 다물도록 하기 위해 잔혹한 형벌을 내릴 것이라는 말을 들었기 때문이야."

엘렉트라가 웃음을 터뜨렸다.

"형벌이라고? 지금 내가 당하고 있는 것보다 심한 형벌이 있다고?"

"아이기스토스는 방금 전에 외출했어. 하지만 그가 돌아오면 언니가 다시는 햇빛을 볼 수 없도록 지하 감옥에 가둘 거야."

"좋아." 엘렉트라가 말했다. "곧 일이 벌어지겠군. 최소한 내가 너를 포함한 모두를 다시 볼 필요는 없겠군. 그런데 손에 든 건 뭐지?"

"어머니가 아버지 무덤에 바치는 제수祭需야." 동생이 대답했다. 엘렉트라는 몸서리쳤다.

"어떻게 감히 자신이 죽인 사람을 위해 제물을 바칠 수 있지?"

"어머니가 악몽을 꾸었대." 크리소테미스가 털어놓았다.

"꿈에서 아버지가 살아 돌아와서는 아이기스토스가 가지고 다니던 홀笏을 잡더라는 거야. 그리고 그것을 신전 옆에 꽂으니까 싹이 트고 자라나더니 금세 미케나이 전역을 그늘지게 하더라는 거야."

엘렉트라가 답했다.

"어머니의 손이 닿았던 제수를 아버지의 무덤에 절대 놓아서는 안돼! 멀리 던져 버리고 아버지께 네 빛나는 머리카락과 윤기 없는 내 머리카락을 바치도록 해. 그리고 무릎을 꿇고 오레스테스가 하루 빨리 나타나 아버지의 원수를 발 아래 쓰러뜨리도록 기도해."

잠시 후 크리소테미스는 떠나갔다.

거의 동시에 클리타임네스트라가 나타났고, 어머니와 딸의 변함없는 말다툼이 다시 시작되었다.

"내 생각에 네 아비를 죽인 것은 정당한 조치였다. 그리고 너도 정의를 믿는다면, 내 행동이 옳았다는 데 동의해야 한다. 그 사람은 어떤 그리스 인도 감히 하지 못한 일을 저질렀어. 자기 딸을 신에게 제물로 바쳤단 말이다."

그들이 말다툼을 하고 있을 때, 거짓 소식을 전하기 위한 오레스테스의 전령이 도착했다. 그는 오레스테스가 마차 경주에서 어떻게 죽었는지를 생생하게 일러 주었다.

클리타임네스트라는 자식을 잃은 어머니로서 슬픔을 느낌과 동시에 복수의 위협에서 벗어났다는 안도감 사이에서 갈등하며 잠시 침묵을 지켰다. 그녀는 분노하는 엘렉트라를 남겨 놓은 채 궁으로 돌아갔다.

"오레스테스! 너마저 죽었다면 나는 어떻게 살아가란 말이냐? 네 죽음은 내 가슴에 남아 있던 마지막 희망도 앗아가 버렸구나."

엘렉트라는 땅바닥에 엎드린 채 통곡했다.

"차라리 나도 그들 손에 죽었으면……. 나에게 삶이란 고통 외엔 아무것도 아니로구나. 더 이상 살고 싶지가 않구나."

그 순간 크리소테미스가 만면에 미소를 띠며 다시 나타나 외쳤다.

"엘렉트라 언니! 기쁜 소식이야. 오레스테스가 왔어. 내가 무덤에 갔더니 새 술과 우유 그리고 화환과 막 자른 머리카락이 놓여 있었어.

틀림없이 오레스테스가 다녀간 거야. 누구도 그런 제수를 올리진 않거든."

"아냐, 네가 잘못 알았어." 엘렉트라가 씁쓸하게 대답했다.

"오레스테스는 죽었어. 제수를 올린 것은 아마도 아버지를 기억하는 다른 사람일 거야. 이제 돌아가신 아버지의 복수를 할 사람은 우리뿐이야. 내가 아이기스토스를 죽일 수 있도록 도와줄 수 있겠니? 생각해 봐. 그건 우리 아버지와 동생에 대한 의무를 다하는 거야. 그런 다음에야 우린 자랑스럽고 영예롭게 살 수 있어. 결혼도 할 수 있을 테고 말이야. 모든 사람은 용기를 숭배하지. 나는 네가 용기를 보여줄 수 있다고 생각해. 이리 와서 나와 함께 하자꾸나. 이제 부끄러운 삶을 끝장낼 때야."

그러나 크리소테미스는 이렇게 답했다

"언니는 자신이 적보다 약한 여자라는 사실을 잊었어? 그러한 인간을 함정에 빠뜨리기란 불가능하고 오히려 우리가 죽음의 덫에 걸리고 말 거야. 제발 조심해! 누군가 언니 말을 들으면 어쩌려고 그래? 우리 모두를 다치게 하기 전에 대체 무슨 일을 하고 있는지를 생각해 봐."

"조심스러운 네가 존경스럽구나. 하지만 네 영혼은 경멸받아 마땅해. 좋아, 그렇다면 나 혼자 하겠어." 엘렉트라는 냉담하게 말했다.

언니의 마음을 돌리기란 불가능하다는 사실을 깨달은 크리소테미스는 언니 엘렉트라가 계획하고 있는 일을 아무에게도 발설하지 않겠다는 약속을 하곤 슬퍼하며 떠났다.

그녀가 떠난 직후 오레스테스와 필라데스가 도착했다. 그들은 오레스테스의 유골을 화장한 재를 담은 것으로 가장한 항아리를 가지고 있었다. 마침내 남매는 서로의 얼굴을 마주하게 된 것이었다. 서로의 모습을 본 지 너무 오래되어 처음엔 두 사람 중 누구도 서로를 알아보지 못했다. 그러나 두 젊은이가 엘렉트라에게 유골단지를 건네자, 그녀는 벅차오르는 슬픔으로 충격을 받은 듯 보였기에 동생은 그 여인이 누구인가를 알아차렸다. 그녀가 동생을 멀리 떠나보낼 때 만들어 준 망토를 보여 주자 비로소 엘렉트라는 젊은이가 동생임을 알았던 것이다. 결국 다시 만난 엘렉트라와 오레스테스 남매는 기쁨이 넘쳐 서로를 꼭 끌어안았다.

세 사람은 시간을 낭비하지 않고 복수를 위한 계획을 세웠다. 엘렉트라가 유골단지를 들고 그들과 함께 궁안으로 들어갔다.

"누나의 역할을 잊지 말아요."

오레스테스가 주의를 주었다.

"어머니가 누나 얼굴에 떠오른 미소를 보지 못하게

:: 오레스테스와 엘렉트라의 재회.

해야 돼요. 그녀는 사소한 것이라도 의심할 테니까요."

"염려 마." 그의 누나가 대답했다.

"그녀는 결코 내 미소를 볼 수 없을 거야. 나는 너무 오랫동안 증오를 불태워 왔거든. 나는 눈물을 흘릴 거야. 드디어 네가 고향으로 돌아와 기뻐서 흘리는 것이지만."

궁궐에서 그들은 클리타임네스트라에게 유골단지를 건넸다. 그리고 엘렉트라는 다시 밖으로 나와 아이기스토스가 도착했는지를 알아보았다. 바로 그때 방안에서 클리타임네스트라의 외침이 들려 왔다.

"제발! 네 어미에게 자비를 베풀어 주려무나."

"당신은 아버지께 자비를 베풀지 않았잖소!"

엘렉트라가 닫힌 문틈으로 소리를 질렀다.

오레스테스와 필라데스가 궁 밖으로 나왔을 때 그들의 손은 붉게 물들어 있었다.

"모든 게 잘 되었겠지?" 엘렉트라가 근심스러운 목소리로 물었다.

"물론!" 동생이 답했다. "나로 하여금 이 같은 일을 허락해 준 아폴론 신이 옳다면 모든 것이 잘 되겠죠."

바로 그때 엘렉트라는 아이기스토스가 거리에서 내려오는 것을 보았다.

"서둘러. 어서 안으로 들어가." 그녀가 외쳤다. 그들이 모습을 감춘 지 얼마 지나지 않아 아이기스토스가 궁전의 문을 열고 안으로 들어갔다. 하지만 그는 결코 살아서 나오지는 못하리라.

문이 열리자 오레스테스가 벌벌 떨며 뛰어나왔다. 어느 누구라도 그가 무슨 일을 저질렀는지는 말할 필요도 없었다. 하지만 그는 개선 장군처럼 보이지는 않았다.

"아이기스토스를 죽인 것은 정당한 일이야."

그는 두려움에 못 이겨 독백하듯 중얼거렸다.

"그는 살인자나 다름없는 간부姦夫였어. 하지만 내 어머니는? 그녀가 역겨운 사람임엔 틀림없어. 또 아버지까지 죽였잖아. 그렇지만 내 어머니야. 아폴론 신 때문에 내가 이 같은 일을 저지른 거야."

비록 아폴론이 명령했을지라도, 몇몇 신들은 이 같은 복수를 인정하지 않았다. 어떠한 이유가 있더라도 어머니를 살해한 것은 용서받을 수 없다며 그들은 논쟁을 벌였다. 신들은 복수의 여신인 푸리아이 세 자매를 오레스테스에게 보냈고, 오레스테스는 분노한 그들에 의해 고통을 받았다. 엘렉트라는 다시 미케나이에 홀로 남겨졌다.

오레스테스는 수 년 동안 쉬지도 못하고 푸리아이에게 쫓기며 방황을 했다. 결국 그는 정의의 신 아테나에게 자신의 문제를 탄원하기 위해 아테네로 갔다. 그의 이야기를 들은 여신은 오레스테스의 행위가 옳았는지를 판결하진 않았다. 갑자기 아폴론이 나타나 말했다.

"오레스테스에게 살인을 명한 것은 바로 나요. 따라서 그녀의 죽음은 전적으로 내게 책임이 있소."

오레스테스는 몸을 일으키며 말했다.

"아닙니다. 그런 용서는 받아들일 수가 없어요. 아폴론 신께서 내게 무엇을 할 것인지를 일러 주신 것은 사실이지만, 나는 그릇된 것으로부터 옳은 것을 배웠습니다. 그러므로 내 자신이 저지른 일에 대해서는 내게 책임이 있지요."

아테나 여신은 젊은이의 용감한 진술을 수용했다. 그녀는 그의 강인함을 칭송했고, 오랜 시간 고통을 겪은 만큼 죄가 소멸되었다고 선언했다. 그로써 그들 가문에 내려진 저주도 마침내 풀렸다.

또한 여신은 오레스테스에게 자신이 가고 싶은 곳이라면 어디라도 자유롭게 갈 수 있다고 했다. 그리고 엘렉트라는 필라데스와 결혼하여 남은 생애를 평화롭게 보냈다.

## 6. 타우리스의 이피게네이아

척박한 바닷가 충돌바위Clashing Rocks 위에 흉폭스럽고 잔인한 종족이 살고 있었다. 불운한 이방인이 이곳 타우리스Tauris 족의 영토에 들어온다면 결코 살아서 돌아가지 못했다. 타우리스 족은 전쟁에서 잡은 포로들의 목을 벤 다음 긴 말뚝에 꽂아 그들의 거주지에서 보이는 곳에 높이 내걸어 두었다. 배가 침몰하여 표류한 선원들은 공공연하게 아르테미스를 위한 제물로 바쳐졌고, 목을 잃은 그들의 몸뚱이는 웅장한 신의 사원 앞에서 바다로 내던져졌다. 그리스 귀족들의 피는 그것을 제물로 바칠 준비를 하고 있는 사원의 처녀 여사제에게 바쳐졌다. 그 다음 여사제는 그들을 다른 사람들에게 넘겨주었고, 결국 그들은 사원 깊은 곳의 방에서 살해된 후 바로 그 자리에서 성화로 불태워졌다.

어느 날 사원에 이피게네이아Iphigenia라는 새로운 여사제가 부임해 왔다. 그녀는 아가멤논과 클리타임네스트라의 딸로, 모두가 죽은 줄로 알았지만 실제로는 살아 있었다. 예전에 아가멤논은 1년 안에 낳은 가장 아름다운 사람을 아르테미스 신께 바칠 것을 맹세했다. 그러나 가장 아름다운 사람은 다름 아닌 자신의 첫째 딸이었기에, 아가멤논은 서약을 지킬 수가 없었다. 이피게네이아가 성장하자, 화가 난 여신이 딸을 제물로 바치지 않은 대가로 트로이 전쟁이 일어났을 때 무려 1,000여 척에 이르는 왕의 배가 항해할 수 없도록 했다. 그래서 아가멤논은 어쩔 수 없이 신의 뜻에 따를 수밖에 없었다. 아킬레우스와의 결혼을 핑계로 아버지에게 불려간 이피게네이아는 본의 아니게 신전으로 보내졌다. 그리고 불타는 장작더미 위에 앉혀진 그녀의 목으로 칼날이 떨어졌다.

하지만 칼날이 이피게네이아에게로 떨어진 것은 아니었다. 나약한 인간의 수호자이기도 한 여신 아르테미스는 순진무구한 소녀가 희생되는 것을 그냥 내버려 두지 않았던 것이다. 최후의 순간, 모습을 감추고 신전에 나타난 아르테미스는 모두가 고개를 숙이고 절을 하는 틈을 타서 그녀를 구름으로 감싸 안고 사라져 버렸다. 사람들이 다시 고개를 들었을 때, 그곳에는 소녀 대신 목 잘린 사슴이 있었던 것이다.

"이피게네이아는 천상天上으로 간 게 틀림없어." 하고 사람들은 경이로움에 소리쳤다.

그 후 아르테미스는 이피게네이아를 사원의 여사제로 만들기 위해 천상이 아닌 타우리스로 데려갔다. 더구나 이피게네이아의 남동생 오레스테스와 조카 필라데스도 앞날을 결정짓기 위해 타우리스에 오게 되었다. 비록 아테나 여신이 자신의 어머니와 의붓아버지를 죽인 오레스테스의 죄를 용서했지만, 푸리아이 세 자매들이 끊임없이 기소하자, 결국 그는 도움을 얻기 위해 델피 신전의 아폴론을 찾았다. 신탁의 결과는 타우리스에 있는 아르테미스의 조각상을 아테네로 가져오라는 것이었다. 그렇게만 하면 오레스테스는 징벌을 면하게 되고 무죄가 되어 안락한 삶을 누릴 수 있으리라는 것이다.

:: 안젤름 포이어바흐, 〈이피게네이아〉.

오레스테스와 필라데스는 그리스 인들이 타우리스 족의 눈에 띄면 무슨 일이 생길 것인지를 이미 알고 있었다. 그들은 어두워지길 기다려 배를 정박하곤 조심스럽게 사원으로 향했다. 사원 근처에서 그들은 몸을 숨기고 있었지만, 아침이 되자 목동들에게 들켰고, 줄에 묶인 채로 타우리스의 왕 토아스Thoas에게 끌려갔다. 토아스는 그들을 사원으로 데려가 제물로 바칠 준비를 하라고 명령했다.

먼저 오레스테스가 여사제에게 끌려갔다. 그러나 너무 어릴 적에 헤어진 두 남매는 서로를 전혀 알아보지 못했다. 오레스테스는 여사제가 진실로 자신의 죽음을 슬퍼한다는 사실을 알고 그만 깜짝 놀랐다. 더욱이 그녀는 그리스 어를 하는 데다가 이상하게도 그의 고향에 남다른 관심을 보였다. 그녀는 그리스에서 일어난 모든 일, 특히 왕가에서 일어난 사건을 무척 알고 싶어 했다. 비로소 이피게네이아는 아버지와 어머니의 죽음에 대해서 알았으며, 그 비극 속에서 엘렉트라와 오레스테스가 어떤 역할을 했는지도 알게 되었다.

이피게네이아는 자신의 남동생인 오레스테스가 살아 있음을 깨닫고 진정 기쁨에 겨웠다. 하지만 자기 앞에 있는 청년이 바로 오레스테스인 줄은 전혀 몰랐다. 벅찬 가슴을 겨우 진정시킨 그녀는 잠시 생각하다가 마침내 입을 열었다.

"우리 모두를 구할 좋은 생각이 있노라. 네가 만약 나를 위해 편지를 미케나이에 전해 준다면 목숨만은 살려 주겠다. 물론 법칙에 따라 네 사촌을 제물로 바쳐야 하지만 말이다."

그러나 오레스테스는 이에 동의하지 않았다.

"필라데스는 단지 나를 돕기 위해 이곳에 온 것이오. 내가 살자고 그를 죽도록 버려둔다면 나는 겁쟁이라 손가락질 당할 거요."

"좋다." 여사제가 대답했다. "너의 갸륵한 마음을 알겠노라. 그러면 그에게 편지를 전하도록 하고, 네가 제물이 되는 수밖에."

오레스테스가 찬성했다.

"대체 나는 누구에게 제물로 바쳐지는 건가요?" 그가 물었다.

"이런 끔찍한 의무를 이행한다는 사실이 슬프기 그지없다. 나는 단지 복종할 수밖에 없거든. 하지만 나는 칼을 사용하진 않아. 다만 정화를 위해 너의 머리에 물을 뿌릴 뿐이지."

그제야 오레스테스는 자신이 처한 상황을 깨닫고 그만 신음을 터뜨렸다.

"신이여! 내 시신을 묻어 줄 수 있도록 누님을 이곳으로 보내 주옵소서."

"그건 쓸데없는 기도일 뿐이다." 이피게네이아가 답했다.

"그렇지만 나는 너의 누님이 해줄 수 있는 일쯤은 내가 해줄 수 있다. 네가 묻힌 곳에 선물을 가득 쌓아 주겠노라. 너의 몸이 타고 남은 재는 황금빛 올리브유를 부어 식히고, 뼈에는 꿀을 발라 주지. 여기서 잠시 기다리고 있거라. 사원에서 전하는 편지를 가져올 테니까."

오레스테스가 필라데스를 만나 이런 이야기를 전하자, 그의 사촌은 그 같은 대가를 치르면서까지 자신의 목숨을 구할 수는 없다며 완

강하게 거절했다.

"그건 치졸한 생각이야." 그가 고함을 질렀다.

오레스테스는 다급히 그를 설득했다.

"나는 내 운명을 받아들이기로 했어." 그가 말했다.

"하지만 네가 죽는 것을 보고 있을 순 없어. 만약 네가 나를 돕지 않으려면 집으로 돌아가는 것이 안전하고 행복할 거야. 너마저 나처럼 피에 물들 필요는 없어. 너는 반드시 탈출해서 생각한 대로 내 누이 엘렉트라와 결혼하도록 해. 그리고 아이를 낳으면 아이에게 내 이름을 그대로 지어 줘."

필라데스가 마지못해 승낙했을 때, 이피게네이아가 편지를 가지고 돌아왔다. 그녀는 이를 그에게 전해 주며 말했다.

"내가 부탁한 대로 편지를 제대로 전할지 너를 믿을 수 없다. 그러니 너는 제우스 신께, 그리고 나는 아르테미스 여신께 각각 맹세를 하도록 하자. 그러면 너를 이곳에서 안전하게 살아 나갈 수 있도록 해 주겠노라."

"만약 배가 침몰하거나 편지를 잃어버리면 어쩌죠? 맹세를 깨뜨리는 게 되잖아요."

이피게네이아가 대답했다.

"내 말을 제대로 전하기 위한 안전장치로, 편지의 내용을 말해 주겠노라. 이피게네이아가 아가멤논의 아들 오레스테스에게 전하노니, 누이는 죽은 것이 아니라 타우리스에서 아르테미스 신전의 여사제가 되었노라⋯⋯."

이 말을 들은 오레스테스는 깜짝 놀라 벌떡 일어섰다. "큰 누님! 살아 있었군요. 내가 오레스테스예요." 그가 소리쳤다. 이피게네이아는 이처럼 놀라운 사실을 도저히 믿을 수가 없었다. 그러나 그녀의 동생은 오직 그만이 알 수 있는 사실을 말해 주었다. 그는 어린 시절 그녀가 자신을 감싸 주었던 태피스트리와 어머니가 물려준 머리핀, 그리고 궁 안에서 그녀가 소지하고 있던 집안 대대로 내려오는 창 등을 자세히 묘사했다. 드디어 확신을 얻은 그녀는 두 사내를 껴안으며 웃음과 울음을 동시에 터뜨렸다.

이제 이피게네이아는 자신의 동생과 필라데스를 함께 구할 수 있는 새로운 계획을 세워야만 했다. 그리고 아폴론 신이 아르테미스 여신의 조각상을 아테네로 가져오라고 명했다는 오레스테스의 말을 듣고는 깊은 생각에 잠겼다.

"반드시 너희들을 이 끔찍한 상황에서 구해낼 거야." 그녀가 말했다.

"여신의 조상을 배에 실을 수 있도록 힘써 볼게. 함께 가도록 노력하겠지만 만약 불가능하다면, 너 혼자 가도록 해. 아마도 나는 목숨을 잃겠지만 그럴 만한 가치가 있는 일이지. 너희들만 안전하게 떠날 수 있다면 죽음 따위는 두렵지 않아."

"이제 아폴론 신의 계획을 알겠어요."

그녀의 동생은 깊은 생각에 잠겨 입을 열었다.

"신은 내가 여기서 누나를 볼 수 있을 거라 했어요. 우리가 두려워하지만 않는다면 무사히 고향으로 돌아갈 수 있으리라고 생각합니다. 아마도 왕을 처치하고 혼란한 틈을 타서 탈출해야 할 겁니다."

"아냐, 옳지 않아." 이피게네이아가 답했다.

"나는 이방인이고, 왕은 나의 주인이야. 그래도 방법이 있을 것 같아. 왕을 속이기 위해서 네가 얼마나 불운했는지를 말할 거야. 제물이 될 사람은 청정해야 하거든. 네가 어머니를 죽인 불결한 몸이기 때문에 제물로서 적합하지 않다고 왕에게 얘기할 거야. 그리고 필라데스 역시 제물로서 마땅하지 않기 때문에 네게 도움이 될 거야.

나는 바다에서 네 몸을 씻어 청결하게 해야 한다고 말하겠어. 그리고 네가 여신의 조상에 손을 댔기 때문에 그 역시 씻어야 한다고 할거야. 그리고 너의 배가 정박한 곳#으로 갈 거야. 조각상은 내가 가지고 갈게. 아무도 손대서는 안 되거든."

그녀는 돌아서서 아르테미스 여신께 기도를 올렸다.

"오, 신이시여! 당신께서는 저를 아버지가 내린 죽음의 손길로부터 구해 주셨습니다. 이제 저를 한 번 더 보호하시어 저희들이 당신의 조상을 모시고 그의 포악한 땅에서 벗어나도록 해 주십시오. 신께서는 아테네에서 더욱 공경 받으실 겁니다."

토아스 왕이 사내를 제물로 바칠 준비가 되었는지를 확인하기 위해 신전으로 왔을 때, 이피게네이아는 미리 준비했던 이야기를 전했다.

"네가 어떻게 그들이 청정하지 못하다는 사실을 알았느냐?" 왕이 묻자 그녀는 대답했다. "여신의 조각상이 스스로 내게 알려 주었어요. 그들이 가까이 왔을 때, 조각상은 몸서리치더니 얼른 눈을 감고 좌대座臺 뒤쪽으로 물러섰지요."

토아스는 사내들이 오레스테스의 어머니를 살해했다는 말을 듣고 몸서리를 쳤다.

"야만인이라 할지라도 그런 짓을 저지르진 않을 거야!"

그가 탄식을 터뜨렸다. 그리고 왕은 그들과 함께 여신의 조상을 바다로 가져가 씻는 것을 허락했다. 그리고 죄악의 피에 의해 더럽혀지지 않도록 경비병들의 얼굴을 가리도록 하고, 자신도 역시 의식이 끝날 때까지 신전에 머물겠다고 말했다.

잠시 후, 신전에 숨어 있던 토아스 왕은 한 경비병의 외침을 들었다.

"비상! 여사제가 낯선 두 놈과 함께 도망쳤다. 그들은 아르테미스 여신의 조상도 가지고 달아났다."

그 경비병이 숨이 턱에 차도록 달려와 말했다.

"여사제가 스스로 그들을 결박했습니다. 그리고 성화聖火를 밝히더니 청정의식을 수행해야 하니 저희들은 남아 있으라고 했습니다. 그들이 시야에서 사라지고 나서 저희들은 여사제의 주문 외는 소리와 이상한 비명을 들었습니다. 의구심이 들긴 했지만, 저희들에게는 금기시된 일이라 무서워서 그만 침묵만 지키고 있었지요."

"그러다가 얼마 후 저희들은 바위 위로 올라가서 보니 쉰 개의 노가 달린 그리스 선박이 보였습니다. 노를 손에 든 여사제와 두 사내는 거의 뱃전에 이르러 있었고요. 저희들은 이피게네이아가 들고 있던 것을 빼앗고 그녀를 잡아끌려 했지만 두 사내에게 흠씬 얻어맞고 말았습니다. 저희들은 칼을 가지고 있지 않았기 때문에 일단 철수해서 돌을 던지기 시작했습니다. 그러자 갑판에 궁수들이 나타나 저희들을 향해 활을 쏘았습니다.

:: 아르테미스 조각상.

바로 그때 거대한 파도가 배를 들어올렸고 이피게네이아의 발치 주위로 거품이 소용돌이쳤습니다. 그리고 오레스테스가 그녀를 안아 들고 바다로 뛰어들어 사다리를 잡았지요. 그들은 여신의 조상을 가지고 무사히 뱃전에 이르렀습니다. 하지만 그들이 노를 저으려 하자 바람이 해변을 향해 거꾸로 불어 왔지요. 여사제는 아르테미스에게 기도를 하기 시작했지만 배는 나아가지 못했습니다. 조금 서두르기만 하면 그들을 잡을 수 있을 것 같습니다."

토아스가 병사들에게 해변으로 출동하라고 명령을 내렸을 때, 갑자기 신전의 돌출 현관에 아테나 여신이 나타났다. 여신이 입을 열었다.

"그들을 뒤쫓지 마라. 오레스테스를 이리로 보낸 것은 아폴론 신의 뜻이다. 그의 형제를 고향에 데려다 주고 신성한 조상을 아테네로 가져가면, 오레스테스는 고통에서 해방될 것이다. 내가 포세이돈에게 부탁했으니 곧 바람이 잠잠해지고 배가 떠날 수 있을 것이다. 나의 자매 아르테미스의 영예이기도 한 신성한 보물을 지키기 위해 아테네까지 내가 직접 그들과 동행할 것이다."

토아스는 병사들을 불러들였다. "신의 명을 듣고 따르지 않는다면 미친 짓이겠지. 화를 가라앉히고 그들을 보낼 것이다. 그들도 길을 재촉하겠지."

그들 일행이 탄 배가 그리스에 무사히 도착하자, 그들은 곧 새로운 신전을 짓고 거기에 아르테미스 여신의 조상을 모셔 놓았다. 그리고 이피게네이아는 신의 도움에 보답하기 위해 계속 여사제로 남아 신성한 열쇠의 수호자가 되었다.

2장

자유를 향한 질주

# 1. 사냥의 여신: 아르테미스

레토Leto 여신은 막 출산을 하려 하고 있었다. 하지만 지상에서는 아이를 낳을 만한 곳을 도무지 찾을 수가 없었다. 이를 본 헤라는 다시 한 번 제우스와 그의 새로운 사랑인 레토에 대해 화가 났다. 레토는 온 세상을 떠돌면서 모든 나라와 섬들을 찾아 도움을 애걸했지만, 어느 곳에서도 쉴 자리를 찾을 수가 없었다.

그녀는 마침내 델로스Delos라는 떠돌이 섬에 이르러 조그만 건초더미를 찾아냈다.

"우리는 모두 떠돌이로군." 섬은 그녀의 부탁을 듣고 답했다. "기꺼이 쉴 곳을 마련해 주지."

그러나 헤라는 출산의 여신 일리티이아Ilithyia가 레토를 돕는 것에 반대했다. 결국 레토를 동정한 다른 여신들이 그녀가 출산을 할 수 있게 해 달라며 헤라에게 황금과 호박으로 만들어진 9야드약 8.25m 길이의 아름다운 목걸이를 선물했다. 천상의 여왕은 더 이상 고집을 부릴 수가 없게 되었고, 이리스Iris는 일리티이아를 무지개에 태워 델로스로 내려 보냈다.

섬 한가운데에 선 레토는 야자나무에 양팔을 두르고 첫아이를 낳았다. 그 아이는 다름 아닌 아르테미스Artemis였다. 아이는 순식간에 아름다운 소녀로 성장했다. 검은 머리에 큰 키 그리고 은빛 광채로 몸을 감싼 그녀가 동생을 원했기에, 레토는 쌍둥이 동생을 낳았으니 그가 바로 아폴론Apollo이었다. 그와 동시에 제우스가 수면 위로부터 기둥이 생기도록 하여 섬을 고정시켜 준 덕분에, 레토와 그녀의 아이들은 영원히 살 수 있는 곳을 마련할 수 있었다.

제우스는 자식들이 자랑스러웠다. 아폴론은 황금빛 태양 같았고, 아르테미스는 은빛 달처럼 빛났다. 아르테미스가 세 살이 되자, 그녀의 아버지는 소원을 말해 보라고 했다. 그녀는 지체없이 대답했다. 우선 자신은 절대 결혼을 하지 않고 영원히 독신으로 남을 것이며, 언덕과 숲을 쏘다니며 사냥을 하는 완전히 독립된 생활을 하겠다고 했다. 그래서 제우스는 만약 그녀가 사랑에 빠진다면 마음을 바꿔야 한다는 단서를 달고 이를 수락했다.

그 다음으로 아르테미스는 은으로 만든 활과 화살, 그리고 세상 어디에서도 찾을 수 없는 뛰어난 사냥개 무리를 요구했다. 키클로페스 Cyclopes는 기꺼이 탁월한 성능을 지닌 멋진 활과 비워지는 즉시 날렵한 은제 화살로 가득 차는 화살통을 만들어 주었다. 판Pan은 그녀에게 최고의 사냥개 열 마리를 주었다. 그러자 아르테미스는 그녀의 동생 아폴론이 하듯이 세상에 불을 밝히는 임무를 맡겨 줄 것과 멋진 사냥복, 그리고 세상의 모든 산과 여섯 개의 바다, 스무 개 강의 님프 Nymph들이 자신에게 복종하도록 해 달라고 했다. 아버지 제우스가 이를 모두 허락함에 따라 아르테미스는 이제 사냥의 여신으로서 새로운 삶을 시작하게 되었다.

:: 아폴론, 포세이돈, 아르테미스.

그녀 주위에는 쉽게 끌리는 기질을 가진 님프와 처녀, 그리고 남성으로부터 독립된 삶을 살아가기로 맹세한 여인들이 모여들어 무리를 형성했다. 그들은 사냥을 하고, 산과 나무 사이를 번개처럼 달리며, 아무런 근심 없는 나날을 보냈다. 하지만 한 여인이 사랑에 빠지기라도 하면 이내 슬픈 일이 일어났다. 그런 여인은 즉각 집단에서 추방되었고, 운이 나쁜 경우에는 혹독한 처벌을 받았다. 강제로 결혼하게 된 젊은 여인들은 아르테미스에게 자신을 구원해 달라고 기도했다. 여신은 때때로 그들을 나무나 꽃, 사슴 등으로 모습을 바꿔 주기까지 하면서 이러한 소원을 이루어 주었다.

이처럼 순결한 달의 여신은 다소 모순되는 성격을 가지고 있었다.

∷ 사냥꾼 아르테미스.

비록 그녀 자신은 사내들을 위해 아무것도 하지 않았지만, 다른 여인들에게는 풍요로움을 전한 것이다. 그밖에도 위대한 사냥의 여신은 어린이와 작은 동물들의 친절한 수호자이기도 했다. 그녀는 맹세를 지키는 자신의 추종자들을 수호하기 위해 어떤 일이라도 했지만, 그 서약을 깨뜨린 자에게는 잔혹한 보복을 했다. 여인들 앞에 우뚝 선 여신은 그들의 자연사自然死도 관장했다. 마치 아폴론 신이 남자들의 죽음을 관장하듯. 그녀는 또한 질병을 퍼뜨려 인간에게 죽음을 내리는 능력과 함께 그 질병을 치료할 수 있는 힘도 지니고 있었다. 강함과 부드러움을 겸비한 아르테미스는 신들이 거인족과 벌인 전쟁에서 뛰어난 실력을 발휘한 투사이기도 했다.

그녀는 자신을 마땅히 공경하지 않는 자에겐 누구든지 끔찍한 보복을 가했다. 칼리돈Calydon의 왕 오이네우스Oeneus가 자신의 수확물을 여신에게 바치는 것을 거부했을 때, 아르테미스는 괴물 같은 돼지를 보내 나라를 온통 쑥대밭으로 만들었다. 미케나이의 왕 아가멤논이 맹세를 깨뜨리고 자신이 아르테미스보다 더욱 뛰어난 사냥꾼이라고 떠벌리자, 그에게 딸 이피게네이아를 제물로 바치도록 요구했다. 하지만 또 다른 설도 있다. 이 여신은 너무도 따뜻한 마음씨를 지니고 있었기 때문에 그러한 보복을 할 수 없어 최후의 순간 그녀를 구해 주었다고도 한다.

아르테미스의 순결을 위협하는 사내들은 엄청난 보복을 당했는데, 카드모스Cadmus 왕의 아들이자 위대한 사냥꾼인 악타이온Actaeon이 그 본보기라 할 수 있다. 어느 날 아침 산에서 사슴 사냥을 하던 악타이온은 동료들에게 정오까지 쉴 것을 제안하고 혼자서 숲 속을 배회했다. 운명은 그의 발길을 아르테미스의 성지인 사이프러스와 소나무 숲으로 인도했다. 숲 속에는 마치 누군가 손을 대 멋진 아치형으로 만든 것 같은 자연 동굴이 있었고, 그 옆의 샘에서는 맑은 물이 솟아나고 있었다. 그곳은 사냥감을 쫓느라 지친 여신이 목욕을 하는 곳이기도 했다. 마침 여신은 자신의 활과 화살통과 창을 님프 한 명에게 건네고, 옷은 다른 님프에게 맡겼으며, 세 번째 님프에게는 무릎을 꿇고 샌들을 벗기도록 했고, 네 번째 님프에게는 머리카락을 고르도록 했으며, 나머지 님프들에게는 물동이를 들어 구슬처럼 반짝이는 물을 자신의 몸에 붓도록 하고 있었다.

악타이온이 나타난 것은 바로 그때였다. 님프들은 비명을 지르며 그의 시선으로부터 아르테미스를 감추기 위해 몰려들었지만, 그녀는 님프들보다 훨씬 키가 컸다. 놀랍고 당황스러우면서도 화가 난 여신의 얼굴은 황혼녘의 구름처럼 빨갛게 물들었다. 그녀는 손을 뻗어 화

살을 잡으려 했으나 그곳엔 아무 것도 없었다. 여신은 물동이를 집어 젊은이의 얼굴을 향해 던지며 말했다.

"누구에게든 떠들 수 있으면 해 보거라. 아르테미스가 목욕하는 광경을 보았다고 말이야."

그러자 갑자기 악타이온의 머리에서 거대한 사슴뿔 한 쌍이 솟아났다. 그의 목은 길어졌고, 귀는 끝이 뾰족해졌으며, 몸 전체는 털이 무성한 가죽으로 뒤덮였다. 비틀거리며 뒷걸음질치던 그는 물웅덩이에 비친 자신의 모습을 힐끗 보았다. 그는 이제 커다란 수사슴이 된 것이다. 바로 그 순간 악타이온의 개들이 그를 발견하곤 뒤쫓아오기 시작했다. 사슴의 정체를 모르는 악타이온의 동료들은 개들이 그를 쓰러뜨리고 물어뜯어 숨이 끊어질 때까지 그 뒤를 따라다녔다.

한 번은 거인족 오토스Otus와 에피알테스Ephialtes 형제가 헤라와 아르테미스에게 반해 그들을 납치할 계획을 세운 적이 있었다. 그들은 어떤 여신을 첫 희생자로 삼을 것인지를 결정하기 위해 제비뽑기를 했는데, 아르테미스가 목표로 정해졌다. 두 형제는 여신을 납치하기 위해 산과 숲 속으로 사냥을 나갔지만 도무지 종적을 찾을 수가 없었다. 드디어 해변에서 여신을 발견한 그들은 그녀를 쫓아 낙소스 섬까지 갔다. 그런데 어찌된 영문인지 그곳에서 여신은 자취를 감추고 말았다. 그녀가 있던 자리에는 멋진 흰 사슴 한 마리가 서 있었다. 거인족들은 본래의 목적도 잊고 사냥을 시작했다. 조심스럽게 다가가 조용히 살펴본 다음, 둘은 갈라져서 서로 다른 방향에서 다가가기로 했다. 사슴이 고개를 쳐든 순간, 두 형제는 창을 들어 힘껏 찔렀다. 그러나 사슴은 다른 방향으로 뛰어 달아났고 창은 다른 목표에게 정확히 박혔다. 두 거인족은 그들이 가장 사랑했던 서로의 형제를 살해했던 것이다.

제우스가 자신의 딸에게 한 약속은 지켜졌다. 그녀는 자신이 원한 대로 미혼인 채로 사냥을 위해 최선을 다하며 살았고, 밤에는 세상에 빛을 밝혔다. 달의 여신인 아르테미스를 부르는 이름은 다양해 포이베Phoebe 또는 세멜레Semele라고도 하며, 로마 인들은 디아나(Diana, 영어로는 다이아나)라고 한다.

## 2. 다프네와 아폴론

강江의 신 페네이오스Peneius는 딸에게 홀딱 빠져 있었다. 그의 딸 다프네Daphne를 능가할 수 있는 자는 아무도 없었기 때문이었다. 그녀는 어떤 님프보다도 사랑스럽고 매혹적이며 꾸밈이 없었다. 그러나 말할 수 없이 행복했던 그녀의 삶은 오래잖아 바뀌고 말았다.

왜냐하면 그녀는 델로스의 태양신이자, 음악과 시 그리고 의약의 신 아폴론의 첫사랑으로 운명지어졌기 때문이다. 그가 그녀를 사랑하게 된 것은 전혀 우연이 아니었다. 심술궂은 에로스가 일을 꾸몄던 것이다.

어느 날 아폴론은 에로스가 그의 작은 활을 쏘는 것을 보고 놀렸다.

"꼬마야! 그런 무기로 무얼 하고 있니? 활이란 아이들이 가지고 노는 게 아니라 나 같은 어른이 사용하는 거란다."

에로스가 발끈하여 말했다.

"적이건 야수이건 간에 나는 결코 겨냥한 것을 놓친 적이 없어요. 조금 전에도 부풀어 오른 불결한 몸뚱이로 땅을 더럽히는 뱀, 피톤 Python을 죽였는 걸요. 횃불은 어린애 같은 당신에게나 어울리는 것이죠! 이제 당신은 횃불처럼 뜨거운 사랑의 불꽃에 휩싸이게 될 거예요. 내 활에 축복을 내려줄 필요는 없으니까 가서 불장난이나 해요."

건방진 에로스는 코웃음을 칠 뿐
이었다.

"하하! 우리 누구의 솜씨가 더 뛰
어난지 해 봅시다. 당신은 커다란 활
로 세상을 정복할지 모르지만 나는
내 작은 활로 당신을 정복할 테니까
요."

말을 마친 에로스는 날개를 펄럭
이며 아폴론의 성역인 파르나소스
산으로 날아가 버렸다.

그는 화살통에서 화살 두 대를 꺼
내 들었다. 하나는 사랑하는 마음이
일도록 하는 것이었고, 다른 하나는
사랑을 거부하는 것이었다. 첫 번째
황금 화살촉은 바늘처럼 뾰족했고,
두 번째 납으로 된 화살촉은 끝이 무

:: 파르미자니노, 〈활을 만드는 에로스〉.

뎠다. 에로스는 납촉의 화살로 다프네의 심장을 꿰뚫고, 아폴론에게
는 황금촉의 화살이 뼈를 지나 골수에 이르도록 쏘았다. 그 순간부터
아폴론은 상대가 누가 될지도 모르는 채 사랑의 열병을 앓기 시작했
다.

그러나 다프네는 사랑을 생각하기만 해도 몸서리를 치게 되었다.

비록 수많은 사내들이 그녀를 흠모하고 구애를 했지만, 다프네는 모두를 비웃었다. 그녀에게 사랑, 남편, 결혼은 관심 밖의 일이었기에, 그저 숲 속을 거닐며 하루를 보내는 일이 삶의 낙이었다. 그녀는 가장 은밀하고 그늘진 곳이나 동물들이 숨는 곳 등 숲의 모든 비밀들을 알고 있었다. 사냥의 여신 아르테미스처럼 사랑의 기쁨을 경멸하며 그저 짐승 쫓기를 즐겼다.

그녀의 아버지 페네이오스는 서운함을 감추지 못하고 미혼으로 남아 있는 딸을 종종 질책하며 이렇게 말했다.

"얘야, 나도 사위를 맞을 때가 지난 것 같구나."

어떤 때는 이렇게도 이야기했다.

"아비는 너를 가장 아낀단다. 내가 늘그막에 기쁨을 누릴 수 있도록 손자를 안겨 주려무나."

하지만 다프네는 결혼에 대해 혐오를 넘어서서 죄악으로까지 여기고 있었다. 그녀는 얼굴을 붉히고 페네이오스를 안으며 말했다.

"아빠, 영원히 결혼하지 않고 지내도록 저를 가만 두세요. 아르테미스의 아버지도 그녀가 바라는 걸 허락했잖아요. 제게도 그렇게 해 주실 수는 없나요?"

아버지는 그녀를 너무도 사랑했기에 마지못해 승낙하고 말았다.

그녀의 아름다움은 여전히 자신의 적이었다. 내면의 깊숙한 감정과는 달리 그녀를 보는 남자들은 모두가 매혹되고 말았다. 다른 남자들과 다를 바 없이 아폴론도 그녀를 보자마자 사랑의 불길에 휩싸였다. 그 불길은 수확이 끝난 밭의 그루터기가 불타오르듯이, 아니 마른 풀더미에 누군가 횃불을 던진 것처럼 그의 가슴을 태웠다.

자신의 아름다움조차 경멸하는 다프네는 옷매무새를 가다듬는 데에 시간을 낭비하지 않았고, 머리카락도 긴 리본으로 아무렇게나 묶고 다녔다. 목까지 늘어져 찰랑거리는 삼단 같은 머리카락을 본 아폴론은 이렇게 생각했다.

"너무도 아름답구나! 그녀가 만약 빗으로 머릿결을 고른다면 얼마나 예쁠까?"

아폴론은 별처럼 반짝이는 그녀의 눈을 보았고, 입술을 보았으며, 손가락, 손과 손목과 팔 그리고 상아처럼 흰 어깨를 응시했다. 이렇듯 그의 사랑은 깊어만 갔다.

하지만 다프네는 그가 눈길을 준다는 사실이 끔찍하게 느껴졌다. 그녀는 등을 돌리고 바람보다 빠르게 달려 그에게서 달아났다. 그리고 결코 그의 애원을 듣기 위해 멈춰 서지 않았다.

"기다리시오! 제발 기다려요. 나는 적이 아니오. 두려워할 필요가 없소. 늑대에게 쫓기는 새끼 양처럼, 사자에게 쫓기는 어린 사슴처럼 도망치지 말아요. 모든 생물은 그들의 적으로부터 도망치지요. 하지만 나는 적이 아니오. 내가 당신을 쫓아온 건 사랑하기 때문이라오."

다프네를 쫓던 그는 걱정하기 시작했다. 저토록 빠르게 달리다간 결국 쓰러질 것이기 때문이었다. 얼굴이 긁히기라도 하면, 발에 가시라도 박히면 어쩔 것인가? 그것은 모두 그의 책임이리라.

"조심해요!" 그가 소리쳤다.

"주위를 잘 살펴봐요. 이곳은 땅이 너무 울퉁불퉁하단 말이오. 약속하겠소. 당신이 조금만 속도를 늦춘다면 나도 천천히 따라갈 거요."

그는 말을 이었다.

"아시다시피……. 당신은 당신을 사모하는 내가 누군지조차 묻지도 않았소. 그건 무분별한 짓이오. 제발 멈춰 서요. 나는 농사꾼도 아니고 산의 동굴에 사는 사람도 아니오. 나는 제우스 신의 아들이자 델피의 주인이라오. 나는 신성한 신탁을 통해 과거와 현재 그리고 미래를 밝힐 수 있소. 내가 수금으로 음악을 만들면, 시인들은 이를 빌어 신을 찬양한다오. 내 활은 백발백중이지만, 내가 방심한 틈을 타서 누군가가 내 심장을 쏘았다오. 나는 약을 만들기 때문에 허브의 효능을 알지요. 하지만 내 사랑을 치료할 허브는 없소. 나의 모든 재능이 내게는 소용이 없는 모양이오."

아폴론은 하고 싶은 말이 더 있었지만, 더 이상 듣기를 두려워하는 다프네는 계속 달아났다. 나는 듯 달리는 그녀의 모습은 그 어느 때보다도 아름다웠다. 날씬한 다리가 부드러운 바람 속에 드러났고, 옷은 등 쪽으로 부풀었으며, 머리카락은 그녀의 뒤로 흘러내렸다.

사랑의 힘에 의해 빠르게 그녀를 쫓던 아폴론은 조용히 달렸다. 쫓고 쫓기는 그들의 모습은 들판을 가로질러 토끼를 추적하는 사냥개와도 같았다. 사내는 사냥감을 잡기 위해 달렸고, 여인은 안전을 위해 뛰었다. 이제 그는 거의 그녀를 잡을 수 있으리라 확신했다. 그녀는 팔을 뻗으면 잡힐 만한 거리에 있었다. 다프네 또한 강력한 힘이 갑작스럽게 밀려옴을 알고 자신이 거의 잡힐 것이라 생각했다. 신은 사랑을 얻고자 나는 듯 달렸고, 그녀는 공포에서 벗어나고자 날개를 단 것처럼 뛰었다. 그녀는 쉴 틈이 없었다. 이제 사내는 천천히 다가왔고, 그녀는 자신의 머리카락에서 그의 숨결을 느낄 수 있었다.

오랜 달음박질에 지친 그녀는 힘이 빠져 버려 죽은 듯 창백해졌다. 그러나 그 순간 그녀는 자신이 아버지인 페네이오스 강의 둑에 이르렀음을 깨달았다. 다프네는 고함을 질렀다.

"아빠! 도와주세요. 아빠가 가진 능력으로 저를 없애 주세요. 제 미모가 제 자신을 너무도 성가시게 만드네요."

간신히 말을 마친 그녀는 손발이 나른해지고 무거워지며 감각이 없어지는 것을 느꼈다. 그녀의 가슴 주위로부터 얇고 부드러운 껍질이 생겨났고, 머리카락은 잎이 되어 부드러운 바람에 흔들렸다. 가는 팔은 나뭇가지로 변했고, 그토록 빠르게 달리던 발은 흙 속 깊

:: 지안 로렌초 베르니니, 〈아폴론과 다프네〉.

:: 안토니오 델 폴라이우올로, 〈아폴론과 다프네〉.

이 뿌리를 내렸으며, 그녀의 얼굴은 잎 속으로 숨겨졌다. 우아하고 날씬한 자태와 빛나는 아름다움을 제외하고는 모든 것이 사라지고 말았다.

아폴론은 그때까지도 그녀를 사랑했다. 그는 자신의 손을 딱딱하게 변한 껍질에 대고 그 뒷편에서 고동치는 따뜻한 심장을 느껴 보려 했다. 그는 나뭇가지가 마치 그녀의 팔인 양 얼싸안았고, 줄기에 몸을 밀착시키고 입을 맞췄다. 하지만 나무는 그의 포옹에 부르르 몸을 떨었다.

아폴론은 외쳤다.

"당신은 결코 나의 신부가 될 수 없구려. 하지만 내게 선택받은 나무가 될 것이오. 월계수여! 당신의 빛나는 잎사귀는 왕관이 되어 내 머리에 씌워질 것이고, 넝쿨은 나의 수금과 활에 둘러질 것이오. 앞으로 모든 영웅들은 승리와 찬양의 표시로 월계관을 쓸 것이오. 또한 내가 영원히 나이를 먹지 않고 젊음을 유지하는 것처럼 월계수 역시 영원히 푸르게 빛날 것이오."

아폴론이 말을 마치자, 월계수는 새로 생겨난 가지를 우아하게 흔들었다. 그것이 아폴론에게는 나무가 인사를 하고 고개를 끄덕이며 '네'라고 대답하는 듯 보였다.

## 3. 여전사: 아마조네스

흑해 연안에 호전적인 성향으로 소문난 여인들의 나라가 있었다. 아마존Amazon이라고 불리는 나라의 여인들은 남자를 철저히 배제한 사회를 구성하고 있었다. 부유한 도시가 많은 아마존 족의 나라에서는 사내아이를 낳으면 죽여 없애거나 인근 나라로 보내고, 오직 여자아이만을 키웠다.

아마조네스Amazones는 최강의 남자 병사들과 겨뤄도 항상 승리를 거둔 뛰어난 전사였다. 그들의 어머니는 평화를 사랑하는 님프 하르모니Harmony였으나, 아버지는 흉폭한 신 아레스Ares였다. 그의 후손인 아마존 역시 그를 닮았다. 그녀들은 전쟁의 신 아레스와, 힘과 사냥의 여신 아르테미스를 숭배했다.

남자 전사들이 손에는 활을 들고 말을 타고 전투에 참가한 여인들을 보았을 때 얼마나 이상하게 느꼈을까? 분명 그녀들은 아름다운 여성상과는 거리가 멀었을 것이다. 하지만 아마존의 여전사들은 그들의 호전적인 성향만큼이나 용모도 아름다웠다. 또 그들은 단지 즐기기 위해 전쟁을 치른 것은 아니었다. 그들은 타당한 이유가 있을 경우에만 싸웠다.

여전사들과 그리스의 영웅들의 만남에서 그녀들은 초라하게 취급되었다. 가장 먼저 그들을 심하게 대한 사람은 위대한 영웅 헤라클레스였다. 그가 풀어야 할 열두 가지 난제 가운데 하나가 아마존 족과의 비극적인 대결이었다. 영웅 헤라클레스에게 열두 가지 난제를 수행하도록 한 인물의 딸 아드메테Admete는 아레스가 직접 아마존의 여왕 히폴리타Hippolyta에게 선물한 허리띠를 갖고 싶어 했다. 항해를 떠난 헤라클레스는 갖은 난관을 극복한 후에야 비로소 아마존의 땅에 도착했다.

헤라 여신의 방해를 빼놓고는 모든 것이 잘 이뤄졌다. 히폴리타는 헤라클레스를 친절하게 맞았다. 영웅 헤라클레스에게 매력을 느낀 여왕은 사랑의 증표로 기꺼이 허리띠를 내주었다. 그리고 그녀는 항구에 닻을 내리고 있는 배까지 헤라클레스를 배웅했다.

하지만 헤라클레스를 증오하는 헤라는 그

:: 아마존 여전사.

:: 그리스와 아마존의 전투. 아마존 여전사(안드로마케)의 팔목을 잡고 있는 것이 헤라클레스

가 임무를 성공적으로 수행하는 꼴을 못 보았다. 여신은 아마존의 여
전사로 변신하고 거리를 달리며 외쳤다.

"큰일 났다. 이방인이 여왕을 납치하려 한다."

당연히 이 같은 행위는 그냥 넘어갈 수 있는 사안이 아니었다. 분
노한 아마존 여전사들은 즉시 윤기 흐르는 말에 올라타고 배를 공격
하기 위해 항구로 돌진했다. 배신의 낌새를 알아챈 헤라클레스는 자
신에게 보여 주었던 여왕의 친절과 관용이 모두 거짓이었다고 여기
고 즉시 그녀를 죽여 버렸다. 이미 갑판에 오른 헤라클레스는 전투에
서 유리한 고지를 차지한 것이나 다름없었다. 아마존 족이 공격하자
헤라클레스는 그들이 말을 돌려 달아날 때까지 수장들을 하나씩 쓰
러뜨렸다. 그리고 헤라클레스는 히폴리타의 호화스러운 허리띠, 도
끼, 활과 그가 격퇴시킨 여전사들의 무기와 옷 들을 챙겼다. 모든 전

리품들을 배에 실은 헤라클레스는 여전사들의 죽음으로 황폐해진 아마존을 뒤로한 채 고향을 향해 배를 몰았다.

아마존이 겪은 두 번째 비극은 아테네의 위대한 영웅 테세우스 Theseus가 일으켰다. 이번에는 히폴리타의 동생인 아마존의 여왕 안티오페Antiope가 그리스 인들에게 잡혔다.

테세우스가 헤라클레스 원정대의 일원으로 참전하여 안티오페를 전리품으로 취한 것이라고도 하고, 그가 아마존의 땅에 도착한 것은 한참 뒤의 일이라고 말하는 자도 있다. 어떤 것이 진실이든 간에, 두 남자의 행위에는 기이한 유사성이 있다. 소위 영웅이라 일컬어지는 자들이 믿음을 배신한 것이다. 그리스 인들은 아마존의 따뜻한 환대를 받았으며 어떠한 폭력도 행사하지 않았다. 여인들은 진정으로 수많은 미남자들의 출현에 마음이 들떠 그들에게 우정의 증표를 보냈다. 안티오페는 테세우스에게 선물을 전하기 위해 직접 배의 갑판에 올랐다. 그런데 그녀가 배에 오르자마자, 그는 닻을 올리라는 명령을 내리고 배를 출발시켰다.

아마존 족들은 이같은 배신 행위를 또다시 당하고 있을 수만은 없었다. 안티오페의 동생 오레이티이아Oreithyia는 테세우스와 그 일행의 뒤를 쫓았다. 아테네에 도착한 그들은 아크로폴리스Acropolis를 포위하고 대규모 전투를 벌였다. 4개월에 걸친 격렬한 싸움 끝에 승리를 거둔 테세우스는 안티오페와 결혼하여 아들을 낳고 히폴리토스 Hippolytus라 이름지었다.

트로이 전쟁 때 아마존 족은 펜테실리아Penthesilea 여왕 휘하에서 트로이를 위해 싸웠다. 수많은 전투에서 그들은 두드러진 활약을 했고, 용기와 뛰어난 기술로 칭송을 받았다. 펜테실리아는 수많은 적들을 쓰러뜨렸지만 결국 아킬레우스에게 죽임을 당했다. 이 영웅은 그녀의 갑옷을 벗긴 후 누워 있는 시체를 보며 슬픔을 참을 수 없었

:: 펜테실리아의 목을 찌르는 아킬레우스.

다. 그는 젊고 아름다우며 빼어난 용기를 가진 그녀를 잃고 통곡을 금치 못했다.

하지만 통곡이 사실을 바꿀 수는 없는 노릇. 그리스 인들은 무적의 여전사 아마존 족의 몰락을 입증해 주었던 것이다.

# 4. 가장 빠른 달리기 선수: 아탈란타

아탈란타Atalanta가 태어났을 때, 아버지는 노발대발하여 날아왔다.

"딸이로군!" 그는 씁쓸하게 한 마디 내뱉었다.

"계집애를 어디에 쓴담. 내 뒤를 이어 왕국을 다스릴 사내아이를 원했는데……. 이 한심한 딸을 두 번 다시 보고 싶지 않다! 그냥 산꼭대기에 갖다 버리거라."

하인들은 내키지 않았지만 주인의 말에 따르지 않을 수가 없는지라 그가 시키는 대로 하는 수밖에 없었다. 그들은 슬픔을 머금고 아기가 추위와 굶주림으로 죽게끔 깊은 산중에 버려두었다.

하지만 아기는 튼튼하고 굳세며 건강한 폐를 가지고 있었다. 아기는 화난 목소리로 울부짖기 시작했다. 이때 그 소리에 끌린 곰 한 마리가 아탈란타가 있는 곳을 찾았다. 곰은 털도 없이 붉은 혈색을 띤 연약한 몸뚱이의 작은 동물을 발견했다. 모성본능이 일어난 곰은 아탈란타를 조심스럽게 입에 물고 자신의 동굴로 데리고 갔다. 곰은 자상하게도 아기의 몸을 따뜻하게 해 주고 먹이를 주며 정성스럽게 보살폈다.

그러던 어느 날 곰이 먹이를 구하러 밖으로 나갔을 때, 한 무리의 사냥꾼들이 우연히 동굴로 들어오게 되었다. 어린 소녀를 발견한 그들은 깜짝 놀랐다.

"이 아이를 데리고 돌아가서 가족처럼 키우자. 틀림없이 우리에게 행운을 가져다줄 거야."

이리하여 아탈란타는 두려울 것이 없는 아주 강하고 뛰어난 사냥꾼으로 성장했다. 그녀는 누구보다도 활과 창을 잘 다루었으며 엄청나게 빨리 달릴 수 있었다. 그녀는 빼어나게 아름다웠지만 사람들은 그녀가 계집애라기보다는 사내 같다고 말했다.

날씨가 어떻든 간에 아탈란타는 산과 숲 속을 다니며 짐승을 쫓는 놀이에 열중했다. 그것은 그녀의 유일한 관심사였다. 소년들을 그저 사냥의 동료이거나 운동 상대로만 여겼기 때문에 그녀는 달콤한 사랑의 속삭임을 듣기보다는 맹수와 맞서는 것을 즐겨 했다.

아름다운 용모만큼이나 강인하고 용맹스러운 그녀에게 매료된 많은 사내들이 앞뒤를 가리지 않고 구애를 했지만, 되돌아온 것은 그저 욕설과 분노에 찬 대답뿐이었다.

그 즈음 칼리돈 왕국은 무시무시한 야수의 습격 때문에 쑥대밭이 되었다. 오이네우스 왕은 신들께 풍년을 감사하는 제물을 바쳤지만, 아르테미스에게만은 그렇게 하지 못했기 때문이었다. 여신은 이에 대한 앙갚음으로 눈은 핏빛으로 붉게 물들고, 털은 창처럼 날카로우며, 코끼리처럼 큰 어금니를 가진 거대한 멧돼지를 보냈다. 이 괴물은 다 자란 곡식을 짓밟아 뭉개고, 포도넝쿨과 올리브나무를 쓰러뜨렸으며, 가축들이 놀라 도망치게 만들었다. 농작물이 훼손된 채 밭에서 썩어 가고, 가축 떼가 목적지를 잃고 우왕좌왕해도 사람들은 겁이 나서 밖에 나올 엄두를 못 냈다.

오이네우스 왕의 아들 멜레아게르Meleager는 멧돼지를 사냥하기 위해 그리스에서 가장 위대한 영웅들을 초청했다. 그들 가운데는 망토에 반짝이는 장식을 달고 머리를 뒤로 넘겨 질끈 동여맨 아탈란타도 끼어 있었다. 그녀의 팔과 다리는 햇볕에 그을려 튼튼해 보였다. 그녀는 오른손으로는 창을 가뿐하게 들고, 왼손으로는 활을 잡고 있었다. 왼쪽 어깨에는 상아로 만든 화살통을 메고 있었는데, 걸음을 옮길 때마다 화살들이 서로 부딪혀서 딸랑거리는 소리가 났다. 그녀는 빼어난 아름다움과 젊고 건강한 우아함을 겸비한 듯 보였다.

멜레아게르는 단지 그녀를 본 것만으로 사랑의 불길을 느끼고 이런 생각을 품었다.

"저 여인의 사랑을 얻을 수 있다면 얼마나 행복할까?"

하지만 아직 자신의 마음을 드러낼 때가 아니었다. 그에겐 먼저 할 일이 있었기 때문이다.

무엇보다 멜레아게르는 아탈란타를 원정대에 참가시키는 데 불만을 품은 영웅들을 설득시켜야만 했다. 그들은 여자와 함께 사냥을 하는 것은 자신들의 품위를 손상시키는 것이라며 투덜댔다. 하지만 오래지 않아 그녀가 참가한 것이 그들에게 행운이었음이 밝혀졌다.

멧돼지를 발견한 사냥꾼들은 한동안 피 튀기는 싸움을 벌였다. 야수는 추적자들에게 맹렬히 달려들어 눈 깜짝할 사이에 두 사람을 죽여 버렸다. 세 번째 사내가 창을 찔렀으나 빗나갔고, 다른 사내는 나

:: 펠레우스와 레슬링 시합을 벌이고 있는 아탈란타.

무뿌리에 걸려 땅바닥에 나동그라진 동료를 딛고 나무 위로 도망쳤다. 아탈란타는 침착하게 기회를 노려 멧돼지를 향해 화살을 날렸다. 멧돼지 등의 굵은 털을 헤치며 날아간 화살이 귀 아래에 박히자 피가 뿜어져 나왔다. 멜레아게르는 재빨리 상처입은 멧돼지를 쓰러뜨리고 창으로 최후의 일격을 가했다.

멜레아게르는 야수의 머리를 발로 딛고 서서 승리의 영예를 아탈란타에게 돌리며, 멧돼지의 목과 가죽을 상으로 주었다. 여인들은 부러움과 질투가 뒤섞인 탄식을 내뱉었고, 몇몇 사내들은 분노에 찬 고함을 질렀다.

"이건 여자가 할 일이 아니야." 그들은 소리쳤다.

"그녀가 상을 받을 수는 없어."

그들은 아탈란타에게서 멧돼지의 목과 가죽을 빼앗았다. 이의를 제기한 사람들의 우두머리는 멜레아게르의 두 외삼촌들이었다. 자신이 사랑하는 여인이 모욕을 당하자 분노가 치민 멜레아게르는 혈연으로 맺어진 사이조차 망각하고 어머니의 동생들을 칼로 찔렀다. 안타깝게도 이 같은 행위는 자신을 해치는 것이나 다름없었다.

멜레아게르가 태어났을 때 운명의 여신 푸리아이 세 자매가 그의 어머니, 알테아Althea를 방문했다. 그들은 불 위에 통나무를 올려놓으며 이렇게 말했다.

"당신의 아들은 이 통나무가 타는 동안만큼만 살 수 있을 것이오."

그들이 떠나자 알테아는 불꽃 속에서 통나무를 꺼내어 궤짝에 잘 보관해 두었다.

:: 멧돼지와 정면으로 맞서고 있는 멜레아게르와 펠레우스. 그 뒤로 멜라니온과 아탈란타가 뒤따르고 있다.

동생들이 죽었다는 소식을 듣고 광기에 사로잡힌 그녀는 궤짝을 열고 통나무를 꺼냈다. 그리고 네 차례나 불 속에 집어넣었다가 빼냈다. 그녀의 가슴속에서는 모성과 형제애가 서로 충돌하고 있었다. 결국 그녀는 비통의 눈물을 흘리며 통나무를 벽난로에 넣었다. 불길은 굶주린 듯 통나무를 순식간에 삼켜 버렸다.

그와 동시에 멜레아게르는 영문도 모른 채 자신의 몸이 불 속에 던져진 듯한 끔찍한 고통을 느꼈다. 그는 바닥에 쓰러져 몸부림치며 아버지와 형제자매, 그리고 마지막으로는 어머니를 소리쳐 불렀다. 불길이 사그라들면서 그의 고통도 사라져 갔고, 불 속의 장작이 재로 변하자 그의 영혼도 공중으로 날아가 버렸다.

한편 아탈란타의 아버지는 그때까지 왕위의 계승자가 없었다. 아탈란타가 칼리돈의 멧돼지를 잡았다는 소식을 들은 왕은 그녀가 누

구인지를 알게 되었다. 그는 자신의 딸이 아들만큼 훌륭하다고 여겨 그녀를 불러오라고 사람을 보냈다.

　어느덧 아탈란타는 결혼할 나이가 되었고, 아버지도 그녀를 결혼시키려고 마음먹었다. 그녀의 달리기 시합에 대한 명성은 온 나라에 널리 퍼져 있었다. 남자들 가운데 가장 빠른 사람일지라도 그녀와 경주를 해서 이길 수가 없었다. 가까이서는 물론 다른 왕국에서조차 그녀의 아름다움과 빠름을 흠모한 구혼자들이 구름처럼 몰려들었다.

　하지만 아탈란타는 결혼을 하지 않기로 마음먹고 있었다. 옛날에 아탈란타는 신탁을 통해 끔찍하기까지 한 혼란스러운 대답을 들었다.

"아탈란타, 결혼할 생각을 버려라. 남편도 포기하고. 포기하지 않는다면 살아 있는 동안은 자신마저 잊게 될 것이고 영원히 헤어나지 못할 것이다."

이처럼 불가해한 신탁의 답변 때문에 그녀는 독신으로 남겠다고 맹세를 했던 것이다.

그래서 그녀와 결혼하고자 하는 구혼자가 나타나면 이렇게 답했다.

"나보다 빨리 달릴 수 있는 사람만이 나와 결혼할 수 있어요."

그녀는 자신보다 빨리 달릴 수 있는 사람이 없다는 사실을 알고 있었기 때문이다.

"내게 구애를 하겠다면 나와 경주를 해야 해요. 만약 이긴다면 나는 당신의 아내가 될 것이고, 진다면 죽음이라는 벌칙을 받아야 해요."

조건이 까다로운 만큼 그녀의 아름다움은 불가항력적인 것이라, 아탈란타와 빠름을 겨루려는 젊은이들은 끊임없이 몰려들었다.

어느 날, 수많은 구경꾼들 사이에는 젊은 히포메네스Hippomenes가 앉아 있었다.

"멍청한 것들 같으니라고!" 그는 웃음을 터뜨렸다.

"어떤 바보가 그런 위험을 감수하며 내기에 응한단 말인가?"

그러나 경주가 시작되자, 다리에 묶인 리본이 나부끼고, 마치 날개처럼 머리카락을 어깨 위로 늘어뜨리며 화살보다 빠르게 자신을 지나쳤다. 그 순간에도 히포메네스는 햇볕에 그을린 피부의 그녀를 보고 그만 매혹되고 말았다.

"왜 사내들이 죽음을 무릅쓰고 저 여인과 결혼하려는지 이제야 알 것 같구나."

그는 스스로에게 말했다.

"나라고 못 하란 법은 없지. 하지만 나는 그녀처럼 빠르게 달릴 수 없으니 하늘의 도움을 받아야 되겠군."

젊은이는 아탈란타에게 다가가 도전을 신청했다.

"이런 느림보들을 상대하느라 시간을 낭비할 필요는 없소. 간단해요. 나와 한번 겨뤄 봅시다. 나는 포세이돈의 장손이라오. 만약 당신이 나를 이긴다면 크나큰 영예를 얻을 것이오."

아탈란타는 부드러운 눈길로 그를 바라보았다. 그리고 잠시 동안 그녀는 경주에서 이기는 것이 나을지 아니면 져야 할지 고민에 빠졌다. 그녀는 점차 혼란스러워졌다.

그녀는 자신에게 물었다.

"대체 신이 무엇 때문에 인간을 시기해서 목숨까지 거는 위험을 감수한단 말인가? 내가 과연 그만한 가치가 있을까? 저런 남자와 결혼한다면 누구라도 행복할 거야. 물론 나는 아니지만 말이야. 그가 잘생겨서 내 마음이 움직인 건 아냐. 하긴 매력적인 구석이 없진 않아. 아마 그가 젊어서일 거야. 무척이나 젊거든. 용감한 데다가 집안도 좋아. 그리고 그는 죽음 따위는 아무것도 아니라면서 나를 사랑한다

238

고 했어. 내가 왜 다른 사람하고는 달리 그가 죽을까 봐 걱정하는 거지? 내가 이긴다는 것이 끔찍해. 아냐! 신경 쓸 것 없어. 내 잘못이 아니니까……. 그는 제정신이 아닌 모양이야. 하지만 그래도 그가 나보다 더 빨리 달릴 수 있으면 좋을 텐데……."

가엾게도 사랑에 대해 아무것도 모르는 아탈란타에게 이 같은 감정은 아주 새로운 것이었다. 그녀는 사랑에 빠졌지만 정작 자신은 모르고 있었다.

히포메네스는 아프로디테에게 자신을 도와 경주에서 이기도록 할뿐만 아니라 사랑을 품게 된 여인을 얻도록 해 달라고 간청했다. 그의 기도에 여신은 감동을 받았지만, 정교한 계획을 세울 만한 시간이 없었다. 여신은 키프로스Cyprus에 있는 자신의 사원에서 황금 사과 세 개를 가져와 젊은이에게 건네며 사용 방법을 알려 주었다.

경주가 막 시작되었다. 출발을 알리는 종소리가 울리자, 두 선수는 마치 화살처럼 달려 나갔다. 그들은 발로 모래를 밟지 않을 정도로 빠르게 달렸기에 바다를 건넌다 하더라도 신발이 거의 젖지 않을 것처럼 보였다. 히포메네스는 그를 응원하는 관중들의 함성을 들었다.

사람들이 응원하는 것이 히포메네스인지 아탈란타인지 구분하기가 힘들었다. 아탈란타는 일부러 느리게 달리고 있었다. 그녀는 늘 상대보다 빠르게 달렸지만, 그의 얼굴을 훔쳐보기 위해 일부러 꾸물거린 것이었다. 문득 제정신이 들자 그녀는 다시 속도를 내 앞으로 달려갔다.

히포메네스는 지치기 시작했다. 숨이 턱에 차서 헐떡거릴 지경이었지만, 결승점은 아직도 먼 것 같았다. 그때 그는 빛나는 사과 한 개를 그녀 앞에 던졌다. 그녀는 슬쩍 방향을 틀어 아직도 구르고 있는 사과를 집어 들었다. 멈칫했던 기세를 다시 올린 그녀가 그를 따라잡자 관중들의 환호소리가 들렸다.

두 번째 사과는 더 멀리 던져졌다. 그녀는 사과를 집어 들기 위해 뒤처졌지만 전속력으로 달려 다시 그를 따라잡았다.

"제게 선물을 내려 주신 신이여, 저와 함께하소서."

젊은이는 기도를 하며 세 번째 사과를 더욱더 멀리 던졌다.

황금사과가 반짝이며 허공을 날아가는 것을 본 아탈란타는 숨을 들이쉬며 잠시 주저했다. 그러나 아프로디테의 뜻대로, 아탈란타는 마지막 사과를 잡기 위해 달려갔다. 바로 그 순간, 히포메네스는 속도를 높여 결승점을 통과했다.

승리자는 기쁨에 취해 아무런 거리낌없이 상을 거머쥐었다. 하지만 그는 무척 중요한 한 가지를 빼먹고 말았다. 히포메네스는 승리에 도취한 나머지 향을 피우고 제물을 바쳐 아프로디테에게 감사하는 것을 깜빡 잊었던 것이다. 대신에 그는 아탈란타와 함께 여신의 사원으로 가서 자신의 신부를 포옹하며 얼마나 그녀를 사랑하는지 이야기해 주었다.

그 즉시, 두 사람의 목은 피부가 딱딱하게 변하면서 황갈색의 갈기가 돋아났다. 손가락은 날카로운 발톱으로 변하면서 구부러졌고, 팔은 다리로 변했으며, 가슴은 넓어지고 꼬리가 솟아 모래 가득한 바닥을 쓸었다. 말을 하려 하면 포효가 튀어나왔고, 두 눈에서는 분노의 불꽃이 타올랐다. 두 연인은 사자로 변해 버린 것이다.

## 5. 음악이 된 님프: 시링크스

아르카디아Arcadia의 그늘진 산비탈에 시링크스Syrinx라는 아름다운 님프가 살았다. 숲과 들에 사는 수많은 사티로스와 신들이 그녀를 사랑했지만, 시링크스는 전혀 신경쓰지 않았다. 그녀는 자신이 숭배하는 여신 아르테미스처럼 결혼을 하지 않고자 맹세를 했던 것이다. 모든 면에서 자신의 영웅을 닮고자 한 그녀는, 아르테미스처럼 옷을 입었고 사냥 기술을 익혔다. 비록 그녀의 활은 은이 아닌 뿔로 만든 것이었지만, 신이라고 착각할 정도로 빠르고 정확했으며 멋진 것이었다.

하루는 소나무를 엮어 만든 관을 눈썹까지 눌러쓴 '양치기의 신' 판Pan이 집으로 돌아오던 길에 시링크스를 보았다. 그는 그녀를 찬양하며 사랑의 말을 전했지만, 님프는 그의 말을 듣지 않고 달아나 버렸다.

길도 나지 않은 울창한 숲을 가로질러 달음질친 그녀는 라돈Ladon 강의 조용한 모래사장에 이르자 나는 듯한 발길을 멈춰 섰다. 그녀는 더 이상 앞으로 나갈 수 없게 되었고, 판은 뒤에 바짝 다가와 있었다. 그녀는 원치 않는 신의 주의를 끄는 자신의 모습을 변신시켜 달라고 물의 님프인 언니에게 애원했다.

시링크스가 강둑에 오르자, 판은 드디어 그녀를 잡게 되었다고 확신했다. 그는 가까이 다가가 팔로 그녀를 껴안았다. 하지만 그가 껴안은 것은 시링크스가 아니라 늪지대에서 자라는 갈대라는 것을 알게 되었다.

시링크스의 언니인 물의 님프는 도움을 청하는 그녀의 애원을 듣고 동생을 가늘고 부드러우며 나긋나긋하고 속이 빈 풀로 변화시킨 것이다.

:: 페터 파울 루벤스, 〈판과 시링크스〉.

판은 비탄의 한숨을 내쉬었다. 부드러운 숨결이 그가 팔로 껴안고 있던 갈대를 흔들어, 높고도 부드러운 음악을 만들어 냈다. 너무도 부드럽고 매혹적인 소리에 판은 매혹되고 말았다. 판은 소리쳤다.

"시링크스! 이것은 우리의 음악이오. 우리가 영원히 조화롭게 지낼 수 있도록 해 줄 것이오."

자신이 말한 대로, 판은 갈대를 각각 다른 길이로 꺾어 밀랍으로 붙이고 연주하기 시작했다. 그 후부터 사람들은 신을 흉내 내어 갈대로 아름다운 선율을 만들었다. 이 악기를 팬파이프Pan Pipe라고 하는데, 이에 얽힌 이야기를 아는 사람들은 모두 '시링크스'라고 불렀다.

# 6. 샘물의 님프: 아레투사

숲의 님프 아레투사Arethusa는 더할 나위 없이 완벽한 삶을 살고 있었다. 아카이아Acaea를 통틀어서 가장 뛰어난 사냥꾼이기도 한 그녀는 산기슭과 계곡을 누비고 다니며 그물을 설치하거나 삼림 속 야생동물의 흔적을 쫓으며 나날을 보냈다. 그녀는 숲 속의 어떤 것도 두려워하지 않았으며 온종일 지치지도 않고 사냥을 했다. 얼마 지나지 않아이 님프는 용기와 강인함으로 유명한 존재가 되었다.

비록 빛나는 명성을 얻었을지라도 아레투사는 사람들이 그녀의 아름다움에 대해 이러쿵저러쿵 얘기하는 것을 무시해 버렸다. 자신의 용모를 칭찬하는 말을 듣기 좋아하는 여자들도 있지만, 아레투사는 이러한 찬사를 전혀 기뻐하지 않았다. 그 같은 소리를 들으면 그녀는 얼굴을 붉혔는데, 아마도 당황했거나 아니면 화가 났기 때문이리라. 그녀는 단지 외면적인 아름다움으로 남자의 관심을 끄는 짓거리를 아주 천박하게 여겼다.

어느 날 오랜 추적으로 지친 그녀는 숲을 지나 집으로 돌아가고 있었다. 햇볕이 내리쬐는 따뜻한 날씨인 데다가 온종일 달린 탓에 그녀는 더위를 참을 수가 없었다. 돌연 그녀는 멋진 강가에 이르렀다. 강물은 깊었지만 너무나 조용히 흘러 잔잔한 수면에는 잔물결조차 일지 않았다. 물은 유리처럼 투명했고, 바닥에는 자갈들이 깔려 있었다.

더구나 완만하게 경사진 강둑을 따라 백양나무와 은빛 버드나무가 아늑한 녹색의 그늘을 만들고 있었다.

아레투사는 망설이지 않았다. 먼저 그녀는 차가운 물에 발을 담갔다가 무릎까지 차도록 강물로 들어갔다. 그 시원한 느낌이란 말로 표현할 수가 없었다. 결국 그녀는 옷을 강둑에

:: 아레투사의 두상이 새겨진 동전.

벗어 놓고 강 깊은 곳으로 뛰어들었다. 팔을 크게 휘젓고 공중제비를 하며 충만한 기쁨 속에서 그녀는 수영을 즐겼다.

그러나 한참 수영을 하던 중에 그녀는 기묘한 소리를 들었다는 생각이 들었다. 어쩌면 소리를 듣지 않은 것인지도 몰랐지만, 물 속 깊은 곳으로부터 어떤 소리가 울려 퍼지는 듯했다. 그녀는 깜짝 놀라 근처 강둑으로 뛰어올랐다. 굵은 음성이 물 바깥으로 들려왔다. 그것은 강의 신 알페이오스가 그녀에게 말하는 것이었다.

그의 음성이 울려퍼졌다.

"아레투사! 어디로 가는 거요? 왜 그렇게 서둘러 내게서 달아나는 거요?"

강물은 쉰 듯한 목소리로 그녀를 두 차례나 불렀고, 그로써 충분했다. 더 이상 그가 부르는 소리를 견딜 수 없었던 님프는 몸을 돌려 최대한 빨리 도망갔다. 하지만 이미 때는 늦고 말았다. 인간의 형상을 한 알페이오스가 마치 힘들게 날갯짓하는 비둘기를 쫓는 매처럼 맹렬히 그녀를 쫓아갔다. 들판을 지나 나무와 바위를 가로지르고 가파른 절벽을 뛰어내리면서 두 사람은 계속 달렸다. 산꼭대기의 잔설이 비춰진 강물은 빛을 발했고, 그들은 달리기를 멈추지 않았다.

알페이오스는 온 힘을 다해 달리는 그녀를 따라잡을 수가 없었다. 비록 그녀가 빠르기는 했지만, 그는 엄청난 끈기를 지니고 있었다. 드디어 그녀는 지치기 시작했다. 날이 저물어 태양은 그림자를 길게 드리웠고, 강의 그림자 또한 길어져 그가 그녀에게 바짝 다가선 듯 보였다. 그녀는 그의 발소리를 들을 수 있었고, 뒤로 드리워진 머리카락에 와 닿는 그의 숨결을 느낄 수 있었다. 님프는 공포에 질려 소리쳤다.

"전능하신 아르테미스 여신이여! 제발 저를 도와주십시오. 그렇지 않으면 저는 잡히고 말 거예요. 우리는 함께 사냥을 하고, 저는 늘 여신의 빛나는 활과 화살통을 들고 다녔다는 사실을 기억해 주소서."

여신은 친교를 나눴던 님프의 애원에 감동을 받았다. 여신은 이슬과 빗방울을 모아 촘촘하게 엮어서 짙은 안개를 만들어 그녀를 에워싸 알페이오스의 시야를 가렸다. 알페이오스는 아레투사를 볼 수는 없었지만, 그녀가 안개 속에 숨어 있다는 것을 알았다. 그는 그녀를 부르며 안개에 가까이 접근했다.

"아레투사! 아레투사!"

두 번 만에 그는 가까이 다가왔고, 그녀는 곧 자신이 발각되리라 생각했다.

　아레투사는 너무도 무서웠다. 양치기의 시야에서 벗어난 양이 늑대의 울부짖음을 들은 것 같았고, 점점 가까워지는 사냥개의 억센 주둥이를 보며 떨고 있는 숲 속의 작은 토끼 같다고 느꼈다.

　알페이오스는 기다리고 있었다. 안개 속으로 들어간 발자국은 있었지만, 나온 것은 없었기 때문에 그녀는 아직 그곳에 있을 터였다. 강의 신은 오랫동안 그녀를 기다렸다. 겁에 질린 님프의 몸은 온통 식은땀으로 범벅이 되었다. 그녀의 몸에서 흘러내린 땀은 그녀가 밟은 곳을 작은 웅덩이로 만들었다. 그녀의 머리카락에서부터 발끝까지 이어진 작은 은빛 냇물이 점점 빠르게 흐르기 시작했다.

　말로 표현할 수 없을 만큼 재빨리 몸을 돌려 강으로 향했다. 하지만 그녀가 완전히 위험을 벗어난 것은 아니었다. 안개 속에서 뿜어져 나오는 은빛 줄기를 보았을 때, 알페이오스는 그것이 바로 님프임을 알아챘다. 그는 순식간에 본래의 모습인 강물로 변했다. 이제 본모습을 찾은 그는 전혀 힘들이지 않고 더욱 빠르게 그녀를 추적할 수 있었다.

　아르테미스는 님프에게 또 한 번 구조의 손길을 펼쳤다. 여신은 단단한 땅을 부수고 통로를 만들어 자신을 숭배하는 동료 여사냥꾼이 탈출하도록 했다. 아레투사는 땅이 갈라져 생긴 틈으로 몸을 던져 땅속의 넓은 통로를 내려갔다. 그녀는 사냥의 여신에게 봉헌된 신성한 섬 시실리Sicily의 오르티기아Ortygia에 이를 때까지 어두운 지하세계의 기나긴 통로를 달려갔다. 그곳에 이른 아레투사는 신선한 공기 속으로 튀어나왔다. 그녀는 맑고 투명한 샘물로 변한 것이었다.

오늘날 그리스 인들은 알페이오스가 이에 굴하지 않고 계속 아레투사를 쫓아가고 있기 때문에, 강물이 바다 밑을 통해 시실리까지 흘러와 오르티기아에서 자신이 반한 님프와 합류한다고 이야기한다. 그리스에서는 종종 꽃이 샘 한가운데에서 피어나는 것을 볼 수 있으며, 알페이오스 강둑에 서서 컵을 물 속에 던지면 저 멀리 아레투사라는 시실리의 샘에서 발견된다고 한다.

# 제4부

가장 오래된 이야기

사랑과 연인들에 관한 이야기

1 장

사랑을 한 여인들

# 1. 사랑의 여신: 아프로디테

아프로디테Aphrodite는 바다 한가운데 소용돌이치는 거품 속에서 태어났다. 그녀가 뭍으로 걸어 나오며 남긴 발자국마다 아름다운 꽃들이 피어났다. 그녀는 미와 사랑의 여신이며, 여신들 가운데 가장 아름다웠다.

로마에서는 베누스Venus라고 불리는 아프로디테는 누구에게도 견줄 수 없을 만큼 아름다웠고, 신에게나 인간에게나 압도적 존재였다. 그녀는 웃음을 사랑했기에 언제나 얼굴에 미소를 띠고 있었다. 하지만 사랑스러워 보이는 그녀의 미소에는 두 종류가 있었다. 구혼에 성공한 것처럼 보이는 달콤하고 부드러운 미소와 사랑을 잃은 듯 처연하고 냉소적이며 잔인한 미소.

사랑 못지않게 아프로디테는 아주 막강한 능력도 지니고 있었다. 그리스 시인들은 그녀의 빛나는 아름다움뿐만 아니라 그녀가 삶에 가져다준 사랑의 본질―소녀들의 속삭임, 웃음과 기만, 재잘거림, 환희, 그리고 달콤함 등―을 노래했고, 로마 인들은 베누스가 나타나는 곳이라면 광휘로 빛나고, 바다는 환희의 웃음을 터뜨리며, 먹구름은 물러가고, 대지에는 향기로운 꽃들이 만발했다고 말했다.

비록 불을 다스리는 평온한 신 헤파이스토스Hephaestus와 결혼했지만, 아프로디테가 그에게 충실했는지는 잘 알려지지 않고 있다. 실제

로 그녀는 신뿐만 아니라 수많은 남자들을 사랑했는데, 그녀가 사랑한 상대 중 가장 유명한 사람은 바로 아도니스Adonis였다. 그 때문에 아프로디테는 지하세계의 여신인 페르세포네와 격렬하게 다투기도 했다. 제우스가 중재에 나설 정도로 그에 대한 두 여신의 경쟁의식은 너무도 날카로웠다. 결국 제우스는 아도니스로 하여금 가을과 겨울은 페르세포네와 보내고, 봄과 여름은 아프로디테와 함께하라고 판결을 내렸다. 그가 아프로디테에게로 돌아오면 아네모네가 꽃망울을 터뜨리고, 그가 곰에게 살해되었을 때 흘린 핏방울에서는 붉은 꽃이 피어난다고 한다.

그리스 신화 가운데 가장 유명한 선발대회인 '파리스의 심판'은 아프로디테에게 모든 미인을 압도하는 여신의 위치를 확고히 해 주었다. 어느 날 올림포스의 중대한 결혼식에 초대받지 못한 불화의 여신 에리스는 무척 화가 나 있었다. 그녀는 연회가 열리는 홀 안으로 '가장 아름다운 여신에게'라고 적힌 황금사과를 몰래 던져 놓았다.

당연히 아프로디테, 헤라, 그리고 아테나 사이에 말다툼이 일어났다. 과연 누가 사과를 받을 자격이 있으며, 더더욱 중요한 것은 여신들 가운데 누가 최고의 미인인가 하는 것이었다. 세 여신은 제우스에게 누가 가장 아름다운가를 판단해 달라고 부탁했다. 하지만 그는 (선택 받지 못한) 두 여신으로 인해 자신이 난처해질 것이 뻔한 일에 관여할 만큼 어리석지는 않았다. 대신 그는 트로이의 젊은 왕자 파리스에게 그 임무를 넘겨주었다.

여성미의 숭배자였던 파리스는 제우스만큼 현명하지 못했기에 제우스의 제안을 즉각 수락했다. 판단에 앞서 여신들은 각기 자신을 선택해 준다면 그에 걸맞은 보상을 해 주겠다고 약속했다. 헤라는 그를 유럽과 아시아의 지배자로 만들어 주겠다고 했고, 아테나는 트로이가 그리스를 무찌르고 대승大勝을 거두게 해 주겠다고 약속했다. 그러자 아프로디테는 세상에서 가장 아름다운 여인을 얻게 해 주겠다고 했다. 파리스는 영도자라는 자리보다 미인이 탐이 나 사과를 아프로디테에게 주었다. 여신은 약속을 지켰지만, 이 때문에 고대 세계에 엄청난 혼란을 가져오고 말았다. 여신이 파리스와 헬레네를 만나게 함으로써 불행하기 그지 없었던 트로이 전쟁이 시작된 것이다.

:: 베첼리오 티치아노, 〈신성한 사랑과 세속적인 사랑〉.

　사랑과 미의 여신으로 묘사되는 아프로디테에 대한 이야기는 아주 다양하며 많은 차이가 있다. 아마도 그것은 사랑 자체가 수많은 모습을 가졌기 때문이리라. 사랑은 한없이 기쁘기도 하지만 때로는 비장하기도 하며, 연인들은 상대에게 그지없이 충실하기도 하지만 변절하기도 하고, 서로가 좋아하는 모습이 있는가 하면 보상받지 못하는 일방적인 짝사랑도 있다. 아프로디테는 인간이 경험할 수 있는 모든 종류의 사랑을 관장하는 여신이다.

# 2. 카르타고의 여왕, 디도

티루스Tyre 왕국의 공주 디도Dido는 또 다른 사랑스러운 얼굴을 가진 여인이었다. 뛰어난 지성과 용기와 재산을 지닌 디도는 남편이 살해된 후, 누이인 안나Anna와 몇몇 수행원들을 데리고 티루스를 빠져나왔다. 북아프리카에 상륙한 그녀는 그 지역의 왕과 흥정을 시작했다. 그녀의 요구는 아주 평범했다. 소 한 마리의 가죽으로 덮을 만한 토지를 달라는 것이었다. 왕은 이에 동의했고, 디도는 소의 가죽을 벗겨 얇게 펴서 성을 짓기에 충분한 땅을 확보했다.

디도는 자신의 웅장한 도시를 카르타고(Carthage, 북아프리카에 있는 고대 도시국가. BC 146년 한니발이 로마에 패배하면서 몰락함)라고 명명하고, 얼마간은 현명하게 통치를 했다. 하지만 너무도 총명했던 여왕은 인간의 뒤켠에 서서 끊임없이 논쟁을 벌이고 음모를 꾸미는 신의 의지를 과감하게 거역하고자 했다.

헤라는 가장 아름다운 여신으로 아프로디테를 선정한 파리스의 판단을 납득할 수 없었다. 그 후부터 그녀는 모든 트로이 인들을 증오한 탓에, 영웅 아이네이아스만이 불타는 도시를 빠져나올 수 있었다. 본래 그는 마지막으로 세계를 통치하는 아버지가 될 운명이었으나, 헤라는 그 같은 일이 일어나는 것을 원치 않았다.

몇몇 수행원들과 함께 파괴된 도시를 탈출한 아이네이아스는 새로

운 정착지를 찾기 위해 항해를 떠났다. 그를 없앨 기회를 잡은 헤라는 바람의 신을 설득하여 무시무시한 폭풍을 일으켰다. 항해자들은 거의 죽을 뻔했지만, '바다의 신' 포세이돈이 때맞춰 바다를 잠잠하게 만들었다. 아이네이아스가 아프리카 해변에 무사히 이르렀을 때, 헤라는 또 다른 생각을 해 냈다.

디도와 아이네이아스가 서로 사랑하게 된다면 어떤 일이 일어날 것인가? 그녀는 아름다운 미망인이자 카르타고의 통치자이고, 홀아비인 아이네이아스는 위대한 영웅이었다. 만약 그가 디도를 사랑하게 된다면 카르타고에 머물 것이고, 안락한 생활에 젖어 새로운 왕국을 세우려는 생각을 하지 못할 것이라 여겼다.

아이네이아스의 어머니인 아프로디테가 지속적으로 그를 주시하고 있지 않았더라면 이 같은 계획은 성공했을지도 모른다. 사랑의 여신은 늘 헤라의 계획을 훼방하고 있었고, 더욱이 그녀는 자신의 아들이 이탈리아로 건너가 인류 가운데 가장 막강한 힘을 가진 종족의 선조가 되길 바라고 있었다. 그래서 그녀는 자신의 아들 일행이 부서진 배를 수리하고 휴식을 취하는 동안 카르타고에서 안전하고 쾌적하게 머물 수 있도록 하는 데는 이의가 없었다.

제우스를 찾은 아프로디테는 아름다운 눈에 눈물을 글썽이며 애원했다.

"당신은 아이네이아스가 위대한 왕조의 시조始祖가 될 거라고 약속했잖아요!"

그녀는 훌쩍였다.

"헤라가 무슨 짓을 하고 있는지 보란 말예요."

제우스는 소리 없는 웃음을 지으며 그녀의 눈물을 키스로 닦아 주었다. 그러고 나서 모든 것이 자신의 예언대로 될 것이니 걱정하지 말라고 달래 주었다. 신이라 할지라도 일단 운명으로 정해진 바는 바꿀 수 없다면서.

아프로디테는 아이네이아스가 카르타고에 머무는 동안 그저 즐길 수 있을 만큼만 디도와의 사랑을 허락했다. 여신은 그가 관심을 가질 만큼 디도가 충분히 아름다우며 또한 자격이 있다는 것을 알고 있었다. 하지만 거꾸로 그녀가 아이네이아스를 사랑하지 않는다면? 그녀가 열두 명의 구혼자를 거절했으며, 사내들의 아첨에 귀를 기울이지 않는다는 사실은 이미 널리 알려져 있었다. 그래서 아프로디테는 그녀의 아들 에로스의 도움을 받고자 했는데, 결과는 필연적인 것이었다.

아이네이아스가 상륙하자, 아프로디테는 여자 사냥꾼으로 변신하여 그에게 카르타고로 가서 여왕을 만나 보라고 권했다. 그리고 여신은 그를 신처럼 찬연하고 아폴론처럼 멋지게 보이게 만들었고, 아르테미스처럼 사랑스러운 모습의 디도는 그를 정중하게 영접했다.

"낯선 땅에 홀로 남아 있다는 것이 어떤 건지 저도 안답니다." 그녀가 말했다.

"저 역시 불운하게도 몇몇 친구들과 이곳 해변에 버려진 적이 있었죠. 제가 겪었던 것과 똑같은 불행을 당한 사람을 돕게 되어 정말 기쁘군요."

그날 밤, 디도는 그를 위해 큰 잔치를 열어 주고 트로이가 패망한 후 어떤 일을 겪었는지를 이야기해 달라고 했다. 전쟁과 자신의 외로운 방황에 대한 이야기를 아주 박진감 있게 해 주자 여왕은 그에게 더욱 호기심을 갖게 되었다. 에로스가 그녀의 심장을 불타오르도록 했기 때문이거나 그녀가 너무도 열정적으로 그와의 사랑에 빠져들었기 때문이었을 것이다. 다시는 결혼을 하지 않겠다고 맹세했던 그녀이

지만 여동생 안나에게 자신이 아이네이아스와 사랑에 빠졌으며 남편 감으로까지 생각한다고 털어놓았다.

여왕은 관대하게도 그녀가 가진 모든 것—부富, 궁전, 그리고 권력 까지—을 반으로 똑같이 나눠 그에게 바쳤다. 아이네이아스는 이 같은 타협에 아주 흡족했다. 드디어 그는 집과 왕국, 그리고 아내를 얻어 방황을 끝내고 편히 쉴 수 있는 행복한 보금자리를 찾은 듯 보였다. 배를 수리하는 동안, 그는 더할 나위 없는 나날을 보냈다. 낮에는 사냥을 하고, 밤에는 존경 어린 눈으로 그의 이야기에 귀를 기울이는 여인들을 즐겁게 해 주었다. 디도는 그에게 보석이 박힌 칼과 준마駿馬, 일부는 자신이 직접 만들기도 한 금색과 자주색이 어우러진 옷들을 선물했다. 몇 달이 지나자 아이네이아스는 너무도 흡족한 나머지 디도와 결혼하여 영원히 카르타고에 정착하려는 생각까지 품게 되었다.

하지만 죽음의 신은 당연히 그에게 다른 결말을 내렸다. 제우스는 자신의 전령 헤르메스를 아이네이아스에게 보내 다시 항해를 계속하도록 충고했다.

"너는 지금 시간을 헛되이 보내고 있도다."

헤르메스가 그의 귀에 속삭였다.

"너는 사치스러움에 빠져 나약해졌구나! 새로운 왕국을 찾는 것이 너의 운명임을 잊지 말아라. 제우스 신께서 직접 나를 보내 네가 떠날 때가 되었음을 알려 주라 하셨다. 지금 당장 떠나도록 하라."

그러나 아이네이아스가 어떻게 자신이 떠나야 한다는 말을 디도에게 할 수 있을까? 그것은 불가능한 일이었다. 딱 한 가지 방법은 몰래 떠나는 것이었다. 그는 부하에게 몰래 떠날 수 있도록 만반의 준비를 하고 배를 출발시킬 수 있도록 대기하라고 일렀다. 하지만 디도는 무슨 일이 벌어지고 있는지 눈치 채고 아이네이아스를 불렀다.

처음에 그녀는 그가 자신을 떠나려 한다는 사실을 믿지 않았다. 디도는 조용히 그에 대한 자신의 사랑과 신뢰를 일깨워 주었다. 하지만 그는 확고했다. 자신은 아직 결혼하지 않았으니 언제든 원할 때 떠날 수 있다는 것이었다. 그녀는 눈물을 흘리며 그에게 따졌다.

"나는 당신에게 내가 가진 모든 것을 주었어요!"

　그녀는 화를 내며 말했다.

　"당신은 굶주리고 불쌍한 모습으로 거의 폐인이 되어 이곳에 왔고, 나는 그런 당신을 도왔어요. 그런데 매몰차게도 홀홀 떠나 버린다는 건가요? 내게 알리지도 않고 마치 도둑고양이처럼 슬그머니 도망치려는 거군요. 절대 용납할 수 없어요!"

　그녀는 생각을 바꿔 달라며 애원했다.

　아이네이아스는 그녀의 아픔과 고통을 덜어 주고 위로해 주고 싶었지만 아무 말도 할 수 없었다. 신은 그에게 떠나라고 명했고, 그는 그 말을 따라야 했다. 눈물을 쏟으며 디도는 그에게서 멀어져 갔다.

　그날 밤, 트로이 인들은 출항을 감행했다. 아이네이아스는 배의 고

물에 서서 멀어지는 카르타고의 성벽을 슬픈 눈으로 바라보고 있었다. 갑자기 그는 번쩍이는 섬광을 보았다. 거대한 불꽃이 허공으로 치솟더니 이내 사라지고 어둠만이 남았다. 대체 무슨 일인지 그는 의구심이 일었다.

그는 자신의 의문에 대한 답을 알 수가 없었지만, 실상은 다음과 같았다. 디도가 거대한 장작더미를 쌓아 올리고 아이네이아스를 떠올릴 수 있는 모든 것들을 태워 없애도록 명령했던 것이다. 그런데 장작더미가 불타고 있을 때, 그녀는 자신이 아이네이아스에게 주었던 칼로 스스로를 찌르고는 불꽃 속으로 몸을 내던지고 말았다.

훗날 그는 디도가 죽어서조차 자신을 용서하지 않는다는 것을 알았다. 아이네이아스의 부탁을 받은 쿠마이Cumae의 시빌(Sibyl, 신탁을 고하는 무당)은 그가 돌아가신 아버지와 이야기를 나눌 수 있도록 지하세계로 데려갔다. 통곡의 들판에 심어진 아프로디테의 신목神木 아래를 지나 스스로 목숨을 끊은 불행한 여인들이 방황하는 곳에 이르렀다. 거기서 그는 창백하게 그늘진 디도를 보고 눈물을 흘렸다.

"나에 대한 사랑 때문에 스스로 목숨을 끊었단 말이오?"

그가 덜덜 떨면서 물었다.

"나는 맹세할 수 있소. 늘 당신을 사랑했고, 내가 당신을 떠난 것은 내 뜻이 아니었다고 말이오."

그러나 그녀는 대리석으로 만든 조각과도 같았다. 그를 쳐다보지도 않았으며, 대답도 하지 않았다. 그리고 그가 그녀에게 했던 것처럼 멀리 사라져 버리고 말았다.


## 3. 태양신의 연인들: 클리티에와 레우코토에


태양은 삼라만상에게 골고루 빛을 주었지만, 유독 한 소녀 레우코토에Leucothoe에게 아주 각별한 시선을 보내고 있었다. 태양은 그녀를 조금이라도 더 보기 위해 너무 일찍 동쪽 하늘에서 떠올랐고, 너무 늦게 서쪽 수평선 아래로 가라앉았으며, 겨울에도 오랫동안 하늘에 떠 있었다. 가끔씩 그의 가슴속에서 슬픔이 새어나와 빛을 어둡게 만드는 바람에 사람들은 기괴한 어둠 속에서 공포에 떨어야만 했다. 그의 창백한 모습은 달이 그와 지구 사이에 끼어들어 생긴 일식 때문이 아니라 사랑 때문이었다.

레우코토에를 본 태양신은 한때 그가 연모했던 다른 소녀들을 업신여기기까지 했다. 이 때문에 남달리 고통 받은 사람은 다름 아닌 클리티에Clytie였다. 오랫동안 태양신을 섬겨왔기 때문에 가슴 아파하는 그녀는 예전처럼 자신을 사랑해 달라고 애걸했다. 하지만 태양신은 레우코토에 외에는 모두를 잊고 있었다. 어린 시절에는 향기로운 땅 아리비아 전역에서 가장 아름다운 소녀이기도 했던 에우리노메Eurynome의 딸이 바로 그녀이다. 그런데 소녀로 성장한 레우코토에의 미모는 어머니를 훨씬 능가했다.

태양신의 말들은 서쪽 하늘 아래 펼쳐진 드넓은 초원에서 풀을 뜯고 있었다. 그들은 단지 풀뿐 아니라, 날마다 하늘을 나는 태양신의 마차를 끌 수 있는 힘의 원천 암브로시아(ambrosia: 먹으면 불노불사한다는 신들의 음식)도 먹고 있었다. 매일 저녁 탈진하여 초원에 방목된 말들은 다음 날 아침이면 활력을 되찾았다.

어느 날 밤, 어둠이 하늘을 덮을 즈음 말들이 먹이를 먹는 동안 태양신은 에우리노메로 변신하여 레우코토에의 방을 찾았다. 그녀는 열두 명의 시녀 가운데 앉아서 물레를 돌리며 가느다란 실을 잣고 있었다. 태양신은 마치 어머니처럼 그녀에게 입을 맞추고 하녀들에게 말했다.

"잠시 동안 우리 둘만 있도록 나가 있거라. 딸과 긴밀히 논의할 일이 있다."

하녀들이 방을 나가자 그는 말했다.

:: 조반니 바티스타 티에폴로, 〈태양의 운행〉.

"고백할 것이 있소. 나는 당신의 어머니가 아니라오. 당신의 방으로 들어오고자 어머니의 모습을 했던 것뿐이오. 나는 한 해를 관장하는 태양신이라오. 나는 세상의 모든 것을 볼 수 있소. 나는 우주의 빛나는 눈이라오. 그리고 당신에게 할 말이 있소. 나는 진실로 당신을 사랑하오."

소녀는 깜짝 놀라서 물레가락과 실패를 떨어뜨렸다. 놀란 그녀의 모습은 그 어느 때보다도 아름다웠다. 태양신은 더 이상 망설이지 않고 본래의 빛나는 모습으로 돌아와 소녀의 앞에 우뚝 섰다. 눈부신 그의 모습을 본 소녀는 한눈에 태양신에게 반하고 말았다. 그 외에 달리 무엇을 할 수 있었을까?

클리티에는 불쌍하게도 완전히 퇴짜를 맞은 셈이었다. 연적에 대한 그녀의 질투는 태양신이 레우코토에를 사랑하는 만큼 뜨겁게 타올랐다. 질투에 눈먼 클리티에는 둘 사이의 사랑을 온 세상에 알리기로 결심했다. 그녀는 소문을 널리 그리고 멀리까지 퍼뜨렸고, 특히 레우코토에의 아버지의 귀에 들어가도록 심혈을 기울였다.

마침내 이 같은 추문을 듣고 분노한 아버지는 자신의 딸을 비인간적으로 대했다. 그는 딸의 말에는 전혀 귀를 기울이지 않고, 그녀에게 가혹한 처벌만을 내렸다. 그는 딸의 끔찍한 행위를 절대 용서하지 않겠다고 단언했다. 그녀는 태양을 향해 양팔을 한껏 벌리고 탄원하며 아버지에게 용서를 빌었다.

"그가 제 의지와는 상관없이 저를 사랑에 빠뜨렸단 말예요." 그녀는 절규했다.

그러나 그녀의 아버지는 조금도 누그러지지 않았다. 격노한 그는 무시무시한 형벌을 내리기로 결정했다. 딸을 땅속 깊이 묻은 뒤 무거운 모래더미를 높이 쌓아 무덤을 만들라는 것이었다.

"저년을 끌고 나가!" 그가 소리쳤다.

태양신은 그의 잔인한 처사에 몹시 화가 났다. 그는 강렬한 광선으로 모래를 흩뜨려 놓아 레우코토에가 파묻힌 고개를 들어올려 다시 숨을 쉴 수 있도록 했다. 하지만 애석하게도 때는 늦고 말았다. 모래가 모두 타서 날아간 뒤 남은 것은 엄청난 모래의 무게를 견디지 못하고 이미 숨이 끊긴 그녀의 차디찬 시체뿐이었다. 이것보다 신을 슬프게 하는 일은 더 이상 일어나지 않았다. 그는 따뜻한 햇살로 차가워진 그녀의 몸을 되살리려 애를 썼지만 허사였다. 운명은 태양보다 더욱 강했던 것이다. 특히 죽음이라는 운명은.

신은 슬픔에 잠겨 레우코토에의 시신과 그녀의 무덤에 향기로운 넥타(Nectar, 신이 마시는 음료)를 뿌리며 말했다.

"내 사랑이여! 당신을 되살리진 못했지만, 당신이 반드시 하늘에 이르도록 해 주리다."

넥타가 그녀의 몸을 적시자마자 금새 녹아내렸고, 땅에서 향기가 피어올라 허공을 가득 메웠다. 얼마 후 그곳에는 유향수乳香樹 한 그루가 천천히 자라나 땅속 깊이 뿌리를 내렸고, 줄기는 묘지의 흙둔덕을 뚫고 허공을 향해 길게 뻗어나갔다.

그러면 클리티에는 어떻게 되었을까? 그녀의 지극한 사랑은 슬픔조차 앗아 갔고, 슬픔은 그녀의 말문을 막아 버렸지만, 빛을 주는 태양은 그녀에게 다가와 사랑한다는 말을 결코 하지 않았다. 태양신의 달콤한 사랑을 독차지하려던 그녀는 날로 수척해져 갔다. 그리움이 깊어갈수록 사랑에 대한 갈증으로 그녀는 거의 미칠 지경이었다. 이제 클리티에는 자매인 모든 님프들을 시기하고 부러워하면서 홀로 바위투성이의 딱딱한 땅에 앉아 있었다. 찬바람에 노출된 그녀의 머리카락은 마구 엉켜 헝클어졌다.

아흐레 낮과 밤을 보내면서 그녀는 이슬과 자신의 눈물을 제외하고는 아무것도 먹거나 마시지 않았고, 자신이 앉았던 곳에서 한 발자

국도 움직이지 않았다. 그녀는 태양신의 빛나는 얼굴에 시선을 고정 시킨 채, 그가 하늘을 가로질러 움직이는 대로 뒤를 쫓아갔다.

얼마 후, 그녀의 팔다리는 흙에 뿌리를 내리기 시작했다. 고통으로 창백해진 그녀의 얼굴은 핏기 없는 진주빛 백색 식물로 변했다. 얼굴 이었던 곳은 수줍은 듯 드문드문 붉은 색조를 띠었고, 몸은 제비꽃 비 슷한 꽃으로 변했다. 비록 땅에 뿌리를 내렸지만, '해바라기Heliotrope' 는 아직도 얼굴을 하늘을 지나는 태양에게 향하고 있다. 그녀의 모습 은 변했을지라도, 열정적인 사랑만은 변치 않았던 것이다.

# 4. 마지막 한 마디: 에코

헬리콘Helicon 산에 에코Echo라는 이름을 가진 아름다운 나무의 님프가 살고 있었다. 아르테미스의 총애를 한 몸에 받은 그녀는 여신과 함께 숲속을 달리며 사냥하는 것을 가장 좋아했다. 하지만 솔직히 말해서 그녀가 좋아하는 것이 한 가지 더 있었는데, 바로 이야기를 하는 것이 었다. 에코는 님프들 가운데 늘 마지막 한 마디를 따라하곤 했다.

어느 날, 남편 제우스의 바람기에 진절머리가 나 있던 헤라는 그가 어떤 행동을 하고 있는지 살펴보기 위해 올림포스에서 내려왔다. 그 녀는 자신의 남편이 님프 가운데 누구 하나와 사랑에 빠졌다고 의심 하여 상대가 누구인지를 밝히려 했고, 에코는 그녀에게 온갖 이야기 를 해 주었다.

에코가 들려주는 온갖 소문에 헤라는 문득 자신이 무엇 때문에 내 려왔는지를 잊어버릴 정도였다. 그녀가 정신을 차렸을 때, 님프는 멀 리 달아난 뒤였고 산 속은 온통 적막 속에 빠져 버렸다. 과연 누가 남 편의 눈에 들었는지 알아내기에는 너무 늦어 버렸던 것이다.

남편의 빗나간 애정 행각이 벌어질 때면 늘 그랬듯이 화가 치민 헤 라는 자신이 하려던 일을 망친 님프를 맹렬히 비난했다.

"수다쟁이 같으니라고! 쓸데없는 이야기로 내 일을 망치고 말았 어. 네 혓바닥이 나를 바보로 만들었단 말이다. 너는 좀더 짧게 말하는 법을 배워야겠다. 너는 마지막 한 마디를 따라하길 좋아한다며? 좋아, 내가 그렇게 만들어 주지. 마지막 한 마디만을 말할 수 있도록 말이야."

헤라는 손가락을 한 번 흔들어, 에코가 다시는 먼저 이야기를 시작할 수 없게끔 만들었다. 그래서 에코는 누군가의 입을 통해 나온 말을 듣고서, 단지 그 마지막 말만을 따라할 수 있게 된 것이다.

근처에는 그 누구도 따라올 수 없을 정도로 준수한 용모를 지닌 나르키소스(Narcissus, 나르시스)라는 소년이 살고 있었다. 이제 막 열여섯 살이 된 그가 가는 곳에는 그의 아름다움을 숭배하는 여인들이 따라다녔다. 그러나 끊임없이 찬사를 받아 온 그는 모든 것이 하찮게만 여겨졌다. 그는 자신의 용모에 반한 여인들의 한숨과 수줍음, 그리고 애정 어린 시선 등을 아주 당연한 것으로 생각했으며, 자신이 누구보다도 훌륭하다고 생각했다. 수많은 여인들을 퇴짜 놓으면서도 그는 모질게도 그녀들에게 아무것도 베풀지 않았다.

에코 역시 나르키소스를 보고서 그의 아름다움에 매혹된 여인들 가운데 한 명이었다. 하지만 그의 관심을 끌 수 있는 방법이 없었다. 그녀는 나르키소스를 따라다녔지만, 그가 먼저 말을 걸기 전에는 한 마디도 건넬 수가 없었다. 더구나 그는 말을 걸어오지도 않았다. 상황은 절망적인 듯했다. 운명처럼 그를 쫓아다니는 에코는 그리움에 한숨만 지을 뿐 그저 묵묵히 있을 수밖에 없었다.

어느 화창한 날, 나르키소스는 사냥을 하기 위해 산에 올랐다. 그의 꽁무니를 따라다니던 에코는 나무 뒤에 숨어서 그에게 사랑이 가득 담긴 시선을 보냈다. 아마도 그녀의 발이 미끄러져 소리가 났거나 아니면 나뭇가지에서 작은 새가 부스럭거리는 소리를 내며 날아올랐을 것이다. 어쨌든 간에 나르키소스는 자기 말고 누군가가 있음을 알 수 있었다.

"거기 누구 있소?"

그의 외침에 에코는 몸을 숨긴 채 기쁨에 넘쳐 대답을 했다.

"……있소!"

"이리로 좀 나와 봐요!" 나르키소스가 고함쳤고, 곧바로 에코가 답했다.

"……봐요!"

"왜 모습을 보이지 않죠?"

그는 사람의 모습이 보이지 않자 이상히 여기며 말했다.

"보이지 않죠!" 숲에서 되돌아온 답은 고작 이것이었다.

"거기서 나와 내게로 와 봐요!"

그의 말에 에코는 행복에 겨워 두근대는 가슴을 안고 뛰어나와 팔을 뻗어 나르키소스의 목을 감았다.

"내게로 와 봐요!" 그녀는 기쁨에 넘쳐 말했다.

하지만 나르키소스는 펄쩍 뛰며 뒤로 물러났다.

"물러서요. 내게 다가오지 말란 말예요. 내게 손댄다면 당장 죽어 버릴 거예요."

"당장 죽어 버릴 거예요."

에코는 간절하게 대답했지만, 무정한 그는 급기야 달아나고 말았다.

그녀는 슬픔에 겨워 아무 말도 하지 못하고 부끄러운 자신의 모습을 숨기기 위해 숲으로 들어갔다. 그 뒤부터 그녀는 산 속 험준한 절벽의 동굴 속에서 혼자 살게 되었다. 나르키소스에 대한 사랑이 그치지 않은 그녀는 무척이나 괴로워했다. 슬픔에 가득 차 잠을 이루지도 못하고 밤낮으로 애간장을 태웠다. 그녀는 점점 야위어 갔고, 결국 살은 썩어 없어지고 뼈는 돌로 변했다. 남은 것이라곤 목소리뿐이었다. 에코는 여전히 산에 살며 자신에게 말을 거는 사람들에게 대답하길 갈망했지만, 누구도 그녀의 모습을 볼 수는 없었다. 에코에게 남겨진 것이라곤 기껏해야 마지막 한 마디뿐이었다.

오래지 않아 나르키소스는 에코를 냉혹하게 대한 처사에 대해, 또 그를 사랑했으나 헛물을 켠 모든 여인들에게 죗값을 치러야 했다. 그에게 퇴짜를 맞았던 한 여인이 복수의 여신 네메시스Nemesis에게 수

:: 〈연못가에 앉아 있는 나르키소스〉.

많은 사람들의 가슴을 아프게 한 나르키소스에게 앙갚음을 해 달라고 애원했던 것이다.

"제발 나르키소스에게 사랑이 무엇인지 그리고 버림받는다는 것이 어떤 것인지 알려주소서. 결코 이루지 못할 사랑으로 고통 받게 해 주소서!"

그녀는 절규했다. 간절한 기도를 들은 여신은 그녀의 청을 들어주기로 했다.

하루는 사냥을 하느라 덥고 갈증이 난 나르키소스가 숲 속에서 샘을 하나 발견했다. 목동이 양 떼를 몰고 와 진흙탕으로 만들지 않은 아주 맑은 물이었다. 물을 마시려고 몸을 숙였을 때, 그는 숨이 멈출 듯한 아름다운 모습을 보게 되었다. 반짝이는 눈동자, 아폴론처럼 빛나며 고불고불한 머리카락, 부드러운 뺨과 목, 불그스레한 상앗빛 피부……. 나르키소스는 그 순간 이루지 못할 사랑에 빠져 들고 말았다.

나르키소스는 팔을 뻗어 수면에 비친 형상을 감싸 안고 입을 맞추려 몸을 숙였다. 하지만 그의 손이 물에 닿을 때마다 그 형상은 사라졌고, 그가 물러서면 다시 나타났다. 나르키소스는 자신의 사랑을 전하고자 말 좀 해 달라고 애원했지만 물 위에 비친 그는 야속하게도 아무 말이 없었다.

마침내 나르키소스는 그 아름다운 사람이 바로 자신의 모습임을 깨닫게 되었다. 그는 바로 자기 자신과 사랑에 빠졌던 것이다. 하지만 이 같은 사실을 알았을 때조차도 그는 자신의 아름다운 모습을 바

라보지 않을 수 없었다. 그리고 물 위에 비친 모습이 자신을 사랑할
수 없음에 슬퍼했다. 애가 탄 그는 한숨을 내쉬었고, 화가 나서 숨을
헐떡이기까지 했다.

생동감 넘치던 젊은이는 점점 야위어만 갔다. 아름다움도 사라졌
고, 몸도 없어졌다. 하지만 에코는 여전히 나르키소스를 사랑했다.
"아, 슬프구나. 이룰 수 없는 사랑이여. 안녕!"이라는 그의 말을 듣고
서 그녀의 심장은 '안녕!' 하며 고동쳤다.

말할 수 없이 수척해진 나르키소스는 결국 숨을 거두고 말았다. 슬
픔에 잠긴 님프들은 장례를 치르기 위해 장작더미를 쌓고 그의 시체

를 찾았다. 하지만 그녀들이 찾아낸 것은 황금빛 꽃받침 주위로 하얀 잎이 달린 꽃뿐이었다. 그리고 숲 속에서 '안녕!'이라고 희미하게 속삭이는 소리가 들리는 듯했다.

## 5. 딸의 배신: 스킬라

크레타Crete의 왕 미노스Minos는 섬 안의 90개 도시를 다스리는 아주 막강한 군주였다. 그는 지중해 연안의 해적들을 소탕함으로써 바다에 인접한 여러 나라들에게 자신의 힘을 과시하고자 했다.

미노스는 니소스Nisus 왕이 다스렸던 메가라Megara 시의 성벽에 기대 서 있었다. 여섯 달 동안 크레타 군사들은 도시의 성벽을 부수려 했으나 매번 수포로 돌아갔다. 비록 알지는 못했지만 그들의 노력은 실패하도록 운명지어졌던 것이다. 니소스는 아주 특이한 인물로 눈부신 은빛 머리카락 속에는 도시의 장래가 달린 한 타래의 붉은 머리카락이 자라고 있었다. 죽음의 신은 왕의 머리에서 붉은 머리카락이 자라고 있는 한 그의 왕국은 결코 정복되지 않을 것이라고 단언했다.

메가라의 성벽에는 높은 망루가 세워져 있었는데, 전설에 따르면 아폴론이 지은 것이라고 했다. 태양신 아폴론이 그의 황금빛 수금竪琴

을 성벽 망루 아래 놓아두었는데, 벽을 쌓은 돌이 음악을 갈무리했다고 한다. 그래서 망루 꼭대기에서 자갈을 떨어뜨리면, 성벽은 마치 수금을 연주하는 듯 아름다운 선율을 만들어 냈다고 했다.

니소스 왕의 아름다운 딸 스킬라Scylla는 '노래하는 성벽'의 음악을 즐겨, 날마다 자갈 한 줌을 들고 위로 올라가 이를 던지면서 돌의 노래를 들었다. 이는 평화로울 때의 이야기이지만, 전쟁이 났을 경우에 그녀는 전혀 새로운 일에 관심을 쏟았다. 그녀는 성벽 너머 광활한 평원에서 전투 준비를 하는 적을 감시하고자 망루에 올라가 내려다보기에 여념이 없었다. 그녀는 오래지 않아 모든 크레타 장수들과 친해져 그들의 이름과 계급, 말과 갑옷까지 알게 되었다.

하지만 그들 가운데 스킬라가 가장 주시하는 사람은 장군 미노스였다. 비록 그의 얼굴은 깃털 달린 번쩍이는 투구로 덮여 있었지만 그녀에게는 무척 미남으로 보였다. 갑옷을 입고 방패를 든 그의 모습은 그녀를 무척이나 들뜨게 했다. 무거운 창을 던질 때면 그의 근력과 솜씨가 그토록 멋져 보일 수가 없었다. 더구나 그가 활을 당기는 모습은 마치 태양신 아폴론을 연상시켰다. 하지만 투구를 벗은 맨 얼굴로 왕가의 자줏빛 의상을 입고, 우유처럼 흰 백마를 타고 있는 그의 모습을 본 스킬라는 사랑에 빠져 거의 미칠 지경이었다. 그녀는 망루로 뛰어올라가 그를 맞이하고 싶었다. 밀려오는 적군의 대열 속에 있는 그를 바라보고 있노라면, 거대한 청동문을 열고 성안으로 맞아들여 원하는 것은 무엇이든지 들어주고 싶을 정도로 멋진 남자가 바로 미노스였다.

망루에 앉아 적군의 하얀 텐트를 바라보던 스킬라는 자신과의 기나긴 논쟁을 시작했다. "어쩌면 좋을까?" 그녀가 스스로에게 물었다.

"내가 전쟁에 대해 어떻게 느낄지 모르겠어. 웃어야 할지 아니면 울어야 할지조차도 말야. 물론 전쟁은 끔찍한 거야. 그리고 적군인 사내를 사랑한다는 것은 나쁜 일이고. 하지만 이렇게 포위되지 않았다면 그를 보지도 못했을 거야. 그의 멋진 얼굴과 뛰어난 솜씨도 말이야.

내가 그의 인질이 되어 전쟁이 끝난다면 얼마나 좋을까? 그리고 평화 조약을 맺으면 서로 좋은 친구가 될 수 있을 거야. 만약 내게 날개가 있다면 공중을 날아가 크레타 군사들의 캠프에 착륙해서 그들의 왕에게 '당신을 사랑합니다'라고 말하고, '당신이 나의 사랑을 받아들인다면, 원하는 건 무엇이든 들어주겠어요'라고 말할 수 있을 텐데……

하지만 그가 만약 아버지의 도시를 원한다면 어쩌지? 물론 나는 '안 돼요'라고 해야지. 배신의 대가로 결혼한다는 것은 생각할 수도 없는 일이야. 비록 역사적으로는 선한 자가 모든 것을 잃고, 승자가 관대하게 자비를 베풀며, 패자는 오히려 예전보다 나아진 예가 있긴 하지만 말이야.

더구나 미노스는 자기편에서 볼 때 정의롭고 명분 있는 싸움을 벌이고 있으며, 그의 군사들은 아주 막강해. 그래, 정말 강해. 우리가 틀림없이 패할 거야. 질 것이 뻔하다면, 나의 사랑이 무기를 써서 확실하게 성문을 열 수 있다면 우린 왜 피투성이의 패배를 당하고 굴복해야 할까? 사람을 죽이거나 피를 흘리게 하지 않고 승리를 거두는 것이 그에게도 훨씬 좋은 일일 거야. 특히 그가 피를 흘려서는 안 되지. 그렇게만 된다면 어떤 멍청이가 그에게 활을 쏘거나 창을 던지는 것도 걱정할 필요가 없을 거야."

스킬라는 스스로의 논쟁을 통해 자신을 납득시켰다. 그녀가 전쟁을 끝낸다면 모두에게 좋은 일이 아닌가? 그녀는 미노스에게 스스로를 바치고 혼수품으로 나라를 가져가려고 했다. 이제 그녀를 가로막는 것은 단 한 사람. 성문 열쇠를 가지고 있는 그녀의 아버지였다.

그날 밤, 어둠이 도시를 엄습하자 스킬라는 용기를 냈다. 잠들기에는 아직 이른 시각이었지만, 니소스가 곤히 자고 있다는 사실을 안 그녀는 살며시 아버지의 방으로 들어갔다. 그녀는 가위를 꺼내 들고 아버지의 은발 속에서 빛을 내고 있는 붉은 머리카락을 조심에 조심을 거듭하며 잘라 냈다. 열쇠를 가진 그녀는 문을 열고 도시를 빠져나왔다. 그녀는 자신이 환영 받으리라고 확신하며 머리카락에 매달린 열쇠가 마치 방패인 양 대담하게 적진을 가로질러 갔다. 미노스에게 다가선 그녀는 깜짝 놀란 그의 앞에 자랑스러운 듯 섰다.

"저는 스킬라예요." 그녀가 말했다.

"니소스 왕의 딸이죠. 사랑에 이끌려 당신에게로 왔어요. 여기 내 사랑의 서약이 있어요. 내 혼수품이죠." 그녀는 열쇠를 내밀었다.

"나의 몸값이에요. 내 나라의 부와 명예죠. 당신께 모든 것을 그냥 드리겠어요. 나 자신과 내 나라와 궁전까지 말예요. 이것은 내 아버지의 생명이라는 사실을 알고 받으세요. 내가 원하는 것은 오로지 당신, 즉 당신의 사랑뿐이랍니다."

그러나 상황은 스킬라가 망루에서 상상한 것과는 전혀 다르게 전개되어 그녀는 이루려던 사랑의 꿈을 접어야만 했다. 미노스가 그녀의 제안에 따르지 않았던 것이다. 실제로 미노스는 깜짝 놀랐다. 이 같은 선물은 받아 본 적도 없으며, 이런 식의 사랑은 더더욱 그러했다. 그는 공포를 떨쳐 버리고 거칠게 대답했다.

"내 앞에서 당장 사라지시오! 신도 당신을 받아들이지 않을 것이고, 땅과 바다가 당신을 저주할 것이오. 당신은 우리 시대의 수치요. 당신의 발이 나의 크레타 섬을 절대로 밟지 못하도록 하겠소. 당신 같은 괴물은 제우스 신이 어린 시절부터 청년기까지 보낸 신성한 땅을 더럽힐 테니까."

미노스는 명예를 중시하는 올바른 인물이었다. 이러한 배신행위 덕분에 승리를 쟁취한다는 것은 상상조차 할 수 없는 노릇이었다. 두려운 생각에 그는 니소스에게 화의를 제안했다. 이제 메가라는 그의 자비 아래 놓이게 되었지만, 미노스는 도시를 파괴하지 않았다. 그는 다만 그들이 반드시 준수해야 할 몇 가지 법령을 제정했을 뿐이었다. 그리고 그는 함대에게 닻을 올리고 크레타로 떠날 준비를 하도록 명령했다.

배가 멀어지는 것을 본 스킬라는 미노스 왕이 진정으로 자신이 저지른 범죄에 대한 보상을 원치 않았으며, 자신의 기원이 허사가 되었음을 알게 되었다. 가슴속으로부터 화가 치밀어 올랐다. 분노로 머리카락을 곤두세운 그녀는 하늘을 향해 두 팔을 벌리고 외쳤다.

"정녕 당신은 나를 홀로 남겨 두고 떠나는가요? 나는 당신에게 모든 것을 바쳤어요. 성공과 승리, 내 나라, 내 아버지까지……. 그게 당신에겐 아무런 의미가 없던가요? 내 입장은 전혀 생각해 보지 않았나요? 나처럼 모든 것을 포기한 사람은 어디로 가야 하나요? 내 나라로요? 하지만 나는 나라를 배신했어요. 내게 그 문은 닫혀 있지요. 아버지에게로요? 나는 끔찍하게도 아버지를 배신했어요. 내 나라의 백성들은 나를 증오할 만한 충분한 이유가 있어요. 다른 도시의 사람들은 모두 나를 두려워하고요. 나의 존재는 세상 어디에도 없어요. 스스로를 추방해야 하는 내가 갈 곳은 크레타뿐인데, 당신이 나를 거부하니…….

아버지! 제게 벌을 내려 주세요. 내가 배신했던 도시의 사람들은 내게 보복을 해요! 내가 고통받는 모습을 즐기란 말예요. 나는 죽어 마땅해요. 하지만 나는 내가 기만했던 사람들에게보다는 당신 손에 죽고 싶어요. 미노스! 당신은 위선자예요. 왜 당신에게 승리를 가져다줄 공을 세운 나를 비난하는 거죠?

오, 가슴이 뛰고 있어요! 선원들에게 서두르도록 명령하는 그의 목소리와 더욱 빠르게 노 젓는 소리가 들리는군요. 그들이 이곳을 떠나는군요. 미노스 당신은 나를 떠나지만 나를 그렇게 쉽게 떨쳐 버릴 순 없어요. 당신이 원치 않더라도 나는 당신을 따라갈 거예요. 두고 봐요, 크레타로 가는 동안 내내 당신 배의 고물에 매달려 파도를 일으키며 잡아당길 거예요."

사랑과 분노가 뒤섞인 열정은 스킬라에게 힘을 솟게 했고, 그녀는 자신의 말처럼 바다에 뛰어들어 배를 향해 헤엄쳐 갔다. 그리고 그녀는 온힘을 다해 마치 악령처럼 배에 매달렸다.

이때 갑자기 하늘에서부터 독수리가 날아들어 날카로운 부리와 발톱으로 그녀를 공격하기 시작했다. 그것은 바로 새들의 왕으로 변신한 그녀의 아버지 니소스였다. 스킬라는 두려움 때문에 배를 잡고 있던 손을 놓치고 말았다. 그녀는 익사할 지경에 이르렀다. 하지만 바다로 떨어지던 그녀는 미풍이 불어 자신의 몸을 안전하게 떠받쳐 올리는 것을 알았다. 그녀는 자신이 깃털처럼 가벼워졌다고 느꼈다. 실제로 그녀의 몸은 깃털로 덮여 있었다. 그녀의 죄는 증오가 아닌 사랑 때문에 저질러진 것이기에 신이 이를 불쌍히 여긴 것이었다. 그녀는 해조海鳥로 변했다. 그때부터 그녀는 머리카락을 잘랐다는 데에서 비롯된 이름인 '키리스Ciris'나 '가위Shearer'라고 불리게 되었다.

아직도 그녀 때문에 화가 풀리지 않은 바다 독수리는 하늘 높이 날다가, 파도 위의 작은 새를 발견하면 오래 전 그녀가 저질렀던 배신에 대한 복수를 하려는 듯 쏜살같이 날아와 공격을 가한다.

# 6. 금지된 사랑: 피라모스와 티스베

 오디가 옛날에는 흰색이었다는 사실을 아는 사람은 거의 없을 것이다. 이 이야기는 오디가 영원히 붉은색을 띠게 된 까닭은 피가 묻었기 때문임을 알려주고 있다.

세미라미스Semiramis 여왕이 건설한 높은 벽돌담의 도시에 피라모스 Pyramus라는 소년과 티스베Thisbe라는 소녀가 살고 있었다. 소년은 마을에서 가장 미남이었고, 소녀는 동방 전역에서 가장 아름다웠다. 공교롭게도 두 사람은 이웃에 살았고 어릴 적부터 늘 보아 왔기 때문에 둘도 없는 친구가 되었다. 언젠가부터 우정은 사랑으로 바뀌어 두 사람은 결혼을 간절히 원했지만, 양쪽 집안의 부모들이 반대하여 허락을 받지 못했다. 더구나 두 사람은 다시는 서로를 보지 말라는 이야기를 들었다.

물론 부모의 반대가 그들의 뜨거운 사랑마저 멈추도록 한 것은 아니었다. 종종 그렇듯이 젊은 한 쌍의 사랑은 금지된 것이라 더욱 불타올랐다. 하지만 그들은 서로 떨어져 있어야 한다는 사실이 슬펐다. 그들은 멀리서 고개를 끄덕이면 '여기', 웃음을 지으면 '거기' 하는 식의 몸짓만으로 의사를 전할 수 있었다. 자신의 말을 전하기 위해 하인조차 설득할 수 없었던 것이다.

다행스러운 일은 피라모스와 티스베가 사는 집은 벽 하나를 사이에 두고 나뉘어져 있었는데, 누구도 벽에 틈새가 있다는 사실을 몰랐다는 것이다. 그 틈새는 애초에 집을 지을 때부터 생긴 것인데, 사랑은 늘 방법을 찾아내듯 젊은 두 사람이 바로 그것을 발견했다. 틈새는 이들에게 둘도 없는 친구가 되었다. 두 사람은 이를 통해 달콤한 사랑의 밀어를 속삭였고, 날마다 상대의 숨소리를 듣기 위해 벽으로 다가갔다.

때때로 벽은 친구가 아닌 적처럼 보이기도 했다.

"무정한 벽이여, 왜 우리 사이에 가로놓여 있지요?" 티스베가 울먹였다.

"우리 사이를 질투하나요?"

"우리의 영혼은 하나인데 왜 몸은 하나이지 둘로 갈라놓는가요?" 피라모스가 덧붙였다.

그리고 황급하게 두 사람은 말을 이었다.

"하지만 우리를 배은망덕하다고 여기진 마세요. 당신이 아니라면 우리는 전혀 만날 수도 없으니까요."

두 사람은 날마다 "잘 자요!"라는 속삭임으로 그들의 소용없는 이야기를 마무리했고, 벽에 대고 반대쪽에 있는 상대에게는 이르지 못할 깊은 입맞춤을 했다.

어느 이른 아침, 피라모스와 티스베는 늘 그래왔듯 벽에 있는 그들만의 장소로 왔다. 그런데 그날은 뭔가 달랐다. 두 사람이 드디어 자신들의 불가능한 상황에 종지부를 찍고자 모종의 결심을 했기 때문이다. 온갖 논의 끝에 두 사람은 계획을 세웠다. 바로 그날 저녁, 어둠이 내리고 조용해지면 늘 가까이서 그들을 감시하는 눈을 피해 문을 열고 빠져나와 함께 도시를 떠나기로 한 것이다.

한 가지 염려되는 일은 캄캄한 어둠 속에서 어떻게 두 사람이 서로를 알아보느냐 하는 것이었다. 들판을 헤매다 보면 서로를 잃어버릴 게 뻔한 일이었다. 티스베는 맑은 물이 솟는 샘 근처에 니노스Ninus의 묘지를 따라 눈처럼 흰 열매가 가득 달린 커다란 뽕나무가 생각나 그곳에서 만나자고 했다. 큰 뽕나무가 표지가 되어 그들을 안내할 터였다.

그 계획은 훌륭한 듯 보였고, 두 사람은 모두 찬성했다. 이제 가슴을 졸이며 저녁까지 기다리는 일만 남았지만, 시간은 그들이 겪었던 그 어느 때보다 더디게 흘러갔다. 드디어 태양은 바다 속으로 모습을 감췄고, 그들이 하나가 될 시간인 밤이 다가오기 시작했다.

날이 어두워지자 비단으로 짠 베일을 걸친 티스베는 조용히 자물쇠를 풀어 문을 열고 밖으로 나왔다. 흰 열매가 달린 뽕나무를 표지삼아 묘지로 간 그녀는 초조하게 피라모스를 기다렸다. 비록 밤에 홀로 있는 것이 두려웠지만, 사랑이 그녀의 용기를 북돋워 주었다.

하지만 갑자기 희미한 달빛이 비쳤고, 그녀는 끔찍한 것을 보게 되었다. 방금 생고기를 먹었는지 입가에 온통 피를 묻힌 암사자가 물을 마시기 위해 샘으로 온 것이었다. 놀란 소녀는 재빨리 근처에 있는 동굴로 달아나 몸을 피했다. 하지만 티스베는 서두르는 바람에 비단 베일이 땅에 떨어진 것을 알지 못했다. 갈증을 가라앉힌 야수는 몸을 돌려 숲으로 가려다가 땅에 떨어진 베일을 발견하곤 다가가서 냄새를 맡았다. 암사자는 피범벅이 된 입으로 베일을 물어 몇 번 흔들어 보다가 흥미를 잃었는지 그냥 버려두고 사라졌다.

티스베와 얼굴을 맞대기를 갈망하는 피라모스가 도착한 것은 바로 그 직후였다. 그녀를 찾기 위해 주위를 둘러보던 그는 사자의 발자국을 발견하곤 두려움으로 얼굴이 새파랗게 질렸다. 그리고 온통 찢어진 채 피가 묻어 있는 티스베의 베일을 보자 얼굴은 더욱 창백해졌다. 어찌 그것이 티스베의 피가 아니라고 생각할 수 있을까? 그는 논리적인—전혀 틀렸지만—결론에 도달했다.

그는 베일을 집어 가슴에 대고 통곡했다.

"오, 티스베! 나를 만나러 왔다가 이렇게 죽다니……. 우린 결코 함께할 수 없게 되었구려."

그는 신음을 터뜨렸다.

"그녀가 살았다면 오랫동안 행복한 삶을 누릴 수 있었을 텐데……. 이렇게 끔찍한 곳으로 밤에 혼자 나오라고 하다니……. 그녀를 죽인 것은 바로 나야. 모두가 내 잘못이야! 내가 먼저 이곳에 왔어야 했어. 그랬다면 그녀를 지켜줄 수 있었을 거야. 이제 그녀와 함께할 수 있는 길은 단 하나. 이 밤을 끝으로 두 연인이 함께 생을 마감하는 것뿐이야."

"그래, 사자 굴도 근처에 있을 거야. 제발 그 날카로운 이빨로 나를 갈기갈기 찢어다오. 나를 잡아먹으란 말이야."

그는 스스로를 잡아끌 듯 발길을 옮겼다.

"지금 나는 겁쟁이처럼 굴고 있는 건 아닌지……. 하지만 죽기 위해서 너무 서둘 것은 없지."

뽕나무의 그림자 아래서 피라모스는 티스베의 비단 베일에 입을 맞췄고, 그의 눈물은 접혀진 천 사이로 흘러 들어갔다. 돌연 그가 소리쳤다.

"베일이여, 내 피도 함께 마시게 해 주마!"

그는 칼을 꺼내 자신의 옆구리를 깊이 찔렀다가 빼냈다. 그가 땅에 쓰러지자 몸에서 뿜어져 나온 피가 나무 아래쪽에 매달려 있던 열매들을 붉게 물들였다. 나무뿌리는 그의 피를 빨아들여 모든 열매를 선홍빛으로 물들였다.

이 모든 일이 일어나는 동안 티스베는 동굴 속에 숨어 있었다. 두려움에 떨고 있던 그녀는 혹시나 자신의 연인을 실망시킬까 걱정이 커졌고, 근처 숲에서 겪은 위험에 대해 이야기하고 싶은 생각이 간절했다. 조심스럽게 몸을 숨기고 있던 곳에서 나온 그녀는 무언가 달라진 것 같다고 느꼈다. 나무의 모양은 그대로였지만, 색깔이 이상했던 것이다. 저 나무가 진짜 아까 그 나무일까?

당황하며 서 있던 그녀는 무언가로 질퍽해진 땅을 내려다보았다. 땅이 피에 젖어 짙은 색깔로 변해 있었다. 티스베는 깜짝 놀라 뒤로 물러났다. 그녀의 얼굴은 창백하게 변했고, 몸은 바람에 흔들리는 물결처럼 바르르 떨렸다. 땅에 쓰러져 있는 것은 그녀의 연인 피라모스가 아닌가? 달려간 그녀는 피라모스를 껴안고 아직도 피를 흘리는 그의 얼굴을 뜨거운 눈물로 씻겨 주었다. 그의 차가운 입술에 입을 맞추며 그녀는 울부짖었다.

"피라모스! 도대체 무슨 일이에요? 제발 대답해 봐요. 티스베가 당신을 부르잖아요. 내 말 좀 들어 봐요. 어서 고개를 들란 말예요!"

그녀가 부르는 소리에 그는 이미 죽음의 무게가 드리워진 눈을 잠시 뜨고 사랑스러운 연인의 얼굴을 바라보았다. 그리고 이내 그의 눈은 영원히 감기고 말았다.

베일과 그의 빈 칼집을 본 그녀는 그제야 무슨 일이 일어났는가를 짐작했다.

"불쌍한 사람!" 그녀는 소리쳤다.

"스스로 그랬군요. 사랑이 당신을 죽게 했군요. 나에게도 그럴 용기가 있어요. 사랑으로 뜨거운 심장이 내게 힘을 줄 거예요. 나도 당신을 따라 죽겠어요! 사람들은 나 때문에 당신이 죽었다고 하

:: 한스 발둥 그린, 〈피라모스와 티스베〉.

겠지만, 나는 당신의 마지막 동반자가 되겠어요. 죽음만이 당신을 내게서 빼앗아갈 수 있지만, 이젠 더 이상 우리를 갈라놓지 못할 거예요."

티스베는 하늘에 기도를 올렸다. 그녀는 먼저 불행한 그들의 부모가 자신들을 용서해 줄 것을 빌고 마지막 소원을 들어달라고 청했다. 피라모스와 자신을 함께 묻어 달라는 것이었다. 또 그녀는 뽕나무에게 영원히 붉은색의 열매를 맺어 자신들이 잊혀지지 않도록 해 달라고 애원했다. 그러고 나서 티스베는 아직도 피 때문에 따뜻한 기운이 남아 있는 연인의 칼로 가슴을 겨누고 스스로 목숨을 끊었다.

티스베의 기도는 신께 전해졌다. 자식들의 비극적인 죽음에 감동한 그들의 부모는 진실로 사랑했던 연인 피라모스와 티스베를 화장하고 재를 함께 단지에 담았다. 그리고 그날부터 뽕나무 열매는 그들의 사랑을 기리기 위해 짙은 붉은색을 띠게 되었다.

 *피라모스와 티스베의 이야기는 셰익스피어의 『한여름 밤의 꿈A Midsummer Night's Dream』을 읽은 사람에게는 친숙한 내용이다. 또한 이 이야기는 셰익스피어에게 또 다른 작품 『로미오와 줄리엣Romeo and Juliet』을 쓰도록 만들었다.*

# 7. 헤로와 레안드로스

유럽의 세스토스Sestos와 아시아의 아비도스Abydos 두 도시는 바다를
사이에 두고 마주하고 있었다. 두 도시 사이에 있는 헬레스폰트
Hellespont 해협은 겨우 1마일 반약 2.5km 정도의 넓이로 두 도시가 그리
멀리 떨어져 있는 것은 아니었다. 게다가 물살이 그리 세지 않아 수영
을 잘하는 사람이라면 한 시간 정도에 건널 수 있었다. 따라서 사랑의
신 에로스의 빠른 화살로는 전혀 먼 거리가 아니었다. 사랑의 화살은
세스토스의 아름다운 처녀 헤로Hero를 맞추었고, 다음에는 아비도스
의 레안드로스Leander라는 청년에게로 날아갔다.

헤로에게 사랑은 금기였다. 왜냐하면 그녀는 아프로디테의 신전을
지키는 여사제였기 때문이다. 하지만 에로스는 이 같은 사실에 전혀
주의를 기울이지 않았다. 에로스가 두 사람이 사랑하기를 원한 만큼
그들은 반드시 그렇게 해야만 했다. 신은 두 젊은이를 아도니스Adonis
축제에서 만나도록 했다. 에로스의 화살에 맞은 두 사람은 석양이 짙
게 깔릴 때까지 함께 이야기를 나누었다. 황혼에 물든 그들의 모습은
마치 대리석 조각처럼 아름다웠다.

레안드로스의 이야기는 온통 사랑에 관한 것이었고, 무척이나 설
득력이 있었다. 그는 아무도 모르게 둘이 사랑을 나눌 수 있는 방법을
찾아 계획을 세웠다. 그녀는 파도가 부서지는 바위 위의 높은 탑에서

하인 한 사람과 함께 살고 있었다. 레안드로스는 수영을 무척 잘했다. 밤중에 헤로가 그가 있는 방향으로 신호를 보내면, 레안드로스는 그녀가 있는 탑까지 바로 헤엄쳐 갈 수 있었다. 헤로는 그의 계획에 반대하지 않았다.

결국 두 사람은 각자의 집으로 돌아가 다시 해협을 사이에 두고 헤어져야 할 시간이 되었다. 하지만 서로 만날 수 있는 방법을 찾은 그들에게는 이제 아무런 문제가 없었다.

길고도 아름다운 여름밤, 헤로는 날마다 탑 꼭대기에 올라가 램프에 불을 켰고, 레안드로스는 헬레스폰트를 건너기 위해 해변에서 기다렸다. 불빛 신호를 보자마자 그는 물에 뛰어들어 힘찬 동작으로 물살을 가르며 바다를 건넜다. 그가 탑에 도착하면, 헤로는 바닷물의 소금기를 씻어 내고 몸에 장미기름을 발라 주었다. 동이 트기 직전에 그는 헤엄을 쳐서 다시 아비도스로 돌아갔다.

꿈 같은 여름이 지나고 마침내 겨울이 왔고, 매서운 바람은 파도를 높고 거칠게 만들었다. 두 사람의 밀회를 멈춰야 할 때가 된 것이다. 하지만 사랑은 두 사람의 눈을 멀게 만들어, 헤로는 램프의 불을 밝혔고, 레안드로스는 바다에 뛰어들었다. 그는 자신을 마치 장난감처럼 이리저리 흔드는 거친 파도와 싸웠다. 검푸른 물 속 깊숙이 들어갔던 그는 몸이 떠오르자 고개를 들어 멀리서 깜빡이는 불빛을 보았다. 바로 그 순간, 강한 바람이 불어 램프의 불을 꺼뜨렸다. 사방은 온통 암흑으로 변하고 말았다.

:: 페터 파울 루벤스 〈헤로와 레안드로스〉.

헤로는 기나긴 어두운 밤 내내 레안드로스가 헬레스폰트를 건너지 않길 바라며 간절히 기도했다. 그러나 차가운 겨울의 새벽이 밝아오자, 탑에서 밖을 내다보던 그녀는 상처를 입고 피를 흘리며 바위에 몸을 걸치고 있는 그의 시체를 발견할 수 있었다. 날카로운 한 마디 비명과 함께 그녀는 밑에 보이는 바다로 몸을 던졌다. 연인 곁에서 죽음으로써 영원히 함께 있기 위하여.

# 2장

## 사랑을 받은 여인들

# 1. 보이지 않는 연인: 프시케와 에로스

옛날에 아름다운 세 딸을 둔 왕과 왕비가 살고 있었다. 두 언니도 빼어난 미인이었지만, 막내 프시케Psyche는 그들보다 훨씬 아름다웠다. 사람들은 프시케를 보기 위해 멀리서부터 찾아와, 그녀가 걸어가는 길에 장미를 뿌려 놓기도 했다.

프시케가 아프로디테보다 미인이라는 소문이 나기 시작했고, 여신 대신에 눈부시게 아름다운 그녀를 숭배해야 된다는 사람들까지 생겼다. 그들은 아프로디테를 섬기길 거부했고, 버려진 여신의 신전과 도시는 폐허로 변했다. 당연히 여신은 분노했다. 어떤 인간이 사랑과 미의 여신보다 훌륭할 수 있단 말인가?

아프로디테는 아들 에로스를 불러 자신을 도와달라고 했다.

"지상으로 내려가도록 해라." 그녀가 명령했다.

"그리고 네가 찾아낼 수 있는 가장 더럽고 메스꺼운 프시케가 멍텅구리와 사랑에 빠지도록 만들어라!"

지상으로 내려간 에로스가 프시케를 보았을 때, 그만 놀라운 일이 벌어지고 말았다. 신이건 인간이건 가리지 않고 수많은 사람들을 사랑에 빠지도록 한 에로스가 자신의 화살로 자신을 찔렀던 것이다. 프시케를 사랑하게 된 그는, 어머니의 말을 따르지 않고 스스로에게 술수를 부린 것이다. 그래서 프시케는 멍텅구리뿐만 아니라 그 누구와

:: 프레데릭 레이턴, 〈목욕하는 프시케〉.

도 사랑에 빠지지 않게 되었다.

얼마 지나지 않아 프시케의 두 언니는 왕과 결혼을 했지만, 수많은 사내들의 관심을 끌었던 소녀는 누구에게도 아내가 되어 달라는 청을 받지 못했다. 그녀는 열광적인 칭송을 받았지만 사랑받지는 못했던 것이다. 그녀의 아버지는 걱정스러운 마음이 들었다. 대체 무엇이 잘못되었을까? 혹시 신의 노여움을 산 것은 아닌가? 그는 델피의 아폴론에게 신탁을 하여 조언을 듣고자 했다.

그러나 에로스는 미리 아폴론에게 모든 이야기를 들려줌으로써, 왕이 납득할 만한 답을 줄 것을 부탁해 두었다.

따라서 아폴론은 프시케가 날개 달린 무서운 뱀의 아내가 될 것인즉, 왕은 딸을 가파른 산꼭대기로 데려가 홀로 남겨 두어 남편이 데리러 오도록 하라는 답을 주었다.

프시케를 산으로 데려가는 행렬은 결혼식이라기보다는 마치 장례식을 치르는 것 같았다. 눈물을 흘리는 프시케를 홀로 남겨 둔 채 부모는 딸에게 닥칠 슬픈 운명에 비탄에 잠겨 떨어지지 않는 걸음으로 집으로 돌아왔다. 프시케는 무서웠지만 도망치려 하지 않았다. 두려움에 떨면서 어둠 속에 앉아 있던 프시케는, 부드러운 서풍Zephyr이 자신의 몸을 들어올리는 것을 느꼈다. 서풍은 그녀를 산꼭대기로부터 꽃과 풀이 가득한 싱그러운 초원으로 데려왔고, 그녀는 깜빡 잠이 들었다. 얼마 후 잠에서 깬 그녀는 수정처럼 맑은 물이 흐르는 시내 옆에서 보석으로 장식되고 금과 은으로 반짝이는 멋진 궁전을 발견했다. 문은 활짝 열려 있었다.

궁으로 들어가 안을 살펴보던 프시케는, 자신을 맞이하는 환영의 말을 들었지만 아무도 볼 수 없었다.

"어서 오세요. 이곳은 당신의 집이랍니다. 저희들은 하인이고요. 이곳의 침실에서 잠시 쉬신 다음 목욕을 하시고 옷을 갈아입고 내려오시면 식탁에 음식이 준비되어 있을 겁니다."

프시케는 향기롭고 부드러운 침대에 누워 잠시 눈을 붙이고 나서 그녀를 위해 마련된 욕실로 들어갔다. 향료가 뿌려진 따뜻한 물 속에 프시케가 누워 있는 동안, 보이지 않는 하인은 그녀의 몸을 닦아 주었으며, 그녀에게 향료를 발라 주었고, 아름다운 신부 의상을 입혀 주었다.

프시케가 식당에 들어갔을 때 식탁은 텅 비어 있었다. 하지만 자리에 앉자마자 그녀 앞에는 진수성찬이 차려졌다. 어디선가 맛있는 음식이 나타났고, 잔에는 포도주가 채워졌다. 식사를 시작하자, 감미로운 목소리의 노래가 시작되었고 보이지 않는 가수들의 합창과 어우

러져 그녀가 여태껏 들었던 어떤 음악보다도 훌륭한 연주가 이루어
졌다. 하지만 그녀는 아직까지 누구의 모습도 볼 수 없었다.

식사를 마친 프시케는 침실로 올라갔다. 자정 무렵, 방에서 누군가
의 존재를 느낀 그녀는 깜짝 놀랐다. 하지만 부드러운 음성이 들려왔
다.

"두려워하지 말아요. 내가 바로 당신의 남편이니까. 우린 영원히
행복하게 지낼 거요. 당신이 나를 보려고 애쓰지만 않는다면 말이
오."

그의 목소리를 들은 프시케는 자신의 남편이 무시무시한 괴물이
아니라 그녀가 늘 그려 왔고 영원히 사랑할 수 있는 사람임을 깨달았
다. 그녀는 기쁜 마음으로 굳게 약속했다. 아침에 그녀가 눈을 떴을
때, 그는 이미 사라지고 없었다.

다음 날 밤도 변함없는 일이 일어났다. 그녀의 남편은 어두워지면
나타났고, 아침이 되면 사라졌다. 그녀는 결코 그를 볼 수 없었다. 시
간이 지나자, 온종일 아무도 보지 못하고 지내는 프시케는 다소 외로
움을 느꼈다. 그녀는 남편에게 자신의 언니들을 초대하면 어떻겠느
냐고 물었다.

"별로 좋은 생각이 아니오." 그가 답했다.

"그녀들과 이야기를 나눈다는 것은 위험하기 짝이 없는 일이오."

하지만 그는 부인을 측은하게 생각하여, 그녀의 언니들이 무슨 말
을 하더라도 자신이 어떤 모습인지를 보려 하지 말라는 약속을 하도

:: 자크 루이 다비드, 〈에로스와 프시케〉.

록 하고 마지못해 승낙했다.

서풍이 그녀의 언니들을 궁전으로 데려왔다. 황금과 보석, 그리고
값비싼 나무들로 장식된 궁을 둘러본 언니들은 질투심에 불타올랐
다. 그들이 남편이 어떻게 생겼는지를 묻자 프시케는 이렇게 답했다.

"그는 아주 젊어요. 막 수염이 나기 시작했거든요. 지금 사냥을 나
갔기 때문에 만나 보지 못할 거예요."

언니들은 질투심에 서로 귓속말을 하며 떠났다. 그들의 남편들은
늙고 추했으며, 몸이 아픈 데다가 구두쇠이고 늘 투덜댔기 때문이었
다. 그런데 프시케는 비교할 수도 없는 행운을 누리고 있지 않은가?

프시케는 다시 언니들을 초대할 것을 부탁했고, 남편은 위험하다고 재차 충고했다. 더구나 그녀는 아기를 가질 것이었으므로 만약 그녀가 남편의 비밀을 지킨다면 아기는 신이 될 것이고, 언니들에게 자신이 남편의 모습을 보지 못했다는 사실을 털어놓으면 아기는 인간으로 태어날 것이라고 말했다. 그리고 다시금 초대를 허락했다.

그러나 부주의한 프시케는 처음에 언니들에게 말했던 것을 잊고, 자신의 남편은 중년의 부유한 상인이며, 사업상 집을 떠나 있다고 했다. 그리고 그들을 배웅하면서 황금과 보석을 선물했다.

"왜 프시케가 우리에게 거짓말을 하는 걸까?"

돌아가는 길에 맏언니가 물었다.

"수상해!" 둘째가 답했다.

"그 아이가 남편의 얼굴을 모르는 게 확실해. 그걸 빌미로 우리는 이득을 챙길 수 있을 거야."

질투에 불탄 언니들은 프시케를 망쳐 놓으려고 작정했다. 두 사람은 마치 동생의 안위를 염려하는 듯 궁전으로 되돌아왔다. 그리고 다급한 목소리로 프시케에게 경고해 주었다. 신탁에 따르면, 그녀의 남편은 분명 날개가 달린 메스꺼운 뱀일 것이라고.

"신탁이 틀린 적이 있든?" 맏언니가 거친 숨을 내쉬며 말했다.

"지금은 친절한 듯 굴지 몰라도 언젠가는 너를 잡아먹고 말 거야." 다른 언니가 부추겼다.

"하지만 네가 살 수 있는 방법이 있어. 그게 뭐고 하면 말야……."

언니들이 잔뜩 겁을 주었기 때문에 프시케는 그들이 시키는 대로 따르기로 했다. 그들은 자신들의 악의에 찬 목적을 이룬 것에 만족하고 궁전을 떠났다. 프시케는 온종일 자신과 앞뒤가 맞지 않는 논쟁을 거듭했다.

"그는 내게 너무 잘해 주었어⋯⋯. 그와의 약속을 깨뜨릴 수는 없는데⋯⋯. 아냐! 언니들 말이 맞아. 그는 괴물임에 틀림없어. 그를 없애지 않으면 내가 죽을지도 몰라⋯⋯. 하지만⋯⋯."

밤이 깊어 방으로 돌아온 프시케는 램프와 날카로운 칼을 침대 밑에 숨겨 두었다. 남편이 잠들자 그녀는 이불을 빠져나와 칼을 손에 쥐고 누워 있는 괴물을 찌를 준비를 하고서 램프를 밝혔다. 하지만 그녀의 눈에 비친 것은 괴물이 아니라 난생 처음 보는 아름다운 사람이었다. 너무도 놀란 그녀는 램프를 끄려고 했다. 하지만 남편의 얼굴을 가까이 보려고 몸을 기울이고 있던 그녀는 기쁨에 손을 떨다가 뜨거운 기름 몇 방울을 그의 어깨에 떨어뜨리고 말았다.

고통과 분노의 함성을 지르며 깨어난 그는 침대에서 뛰어내리더니 한 마디 말도 없이 궁전 밖으로 나갔다. 프시케가 뒤따라 나가자 그는 사이프러스나무 위로 날아오르더니 분노에 찬 목소리로 말했다. 결국 그는 자신이 바로 사랑의 신 에로스임을 밝혔다. 자신에 대한 프시케의 불신 때문에 영원히 떠날 수밖에 없다며 그는 흥분한 목소리로 말했다.

"믿음이 없는 집안에서는 사랑도 없는 법이오."

그리고 그는 훌쩍 떠나 버렸다.

프시케는 자신을 책망하면서 울음을 터뜨렸다.

"사랑의 신과 결혼했다니……. 나는 세상에서 가장 행복한 여인이었어. 그런데 나는 그와의 약속을 지키지 못했어. 내가 스스로 행복을 차버린 거야!"

낙심한 그녀는 강물에 몸을 던졌지만 다행히 익사하지는 않았다. 강이 그녀를 뭍으로 되돌려 보냈기 때문이다. 죽을 수도 없게 된 프시케는 남편을 찾기로 작정했다.

"남은 생애 전부를 남편을 찾는 데 바칠 거야."

그녀는 생각했다.

"그가 나를 사랑할 수 없다면, 내가 그를 얼마나 사랑하는지 보여 줘야지."

한편 에로스는 천상에 있는 어머니의 집에서 고통으로 신음하며 누워 있었다. 아들이 자신의 적인 프시케와 결혼했다는 이야기를 들은 여신은 몹시 화를 냈다. 그녀는 고통스러워하는 아들을 남겨 둔 채 프시케를 벌하기 위해 나섰다.

불쌍한 프시케는 에로스를 찾아 정처 없이 방랑하고 있었다. 그녀는 사원마다 들러 신께 도움을 빌었지만, 아무도 화가 난 아프로디테에 맞서는 위험을 감수하려 하지 않았다. 마지막 남은 희망은 스스로 아프로디테를 찾아가 용서를 구하는 것이라 여긴 그녀는 이를 행동에 옮겼다. 그녀는 스스로 노예가 될 터인즉 잘못을 용서하고 남편을 볼 수 있게 해 달라고 애원했다.

프시케를 만나자 아프로디테는 불같이 화를 냈다. 여신은 프시케를 채찍질하며 거칠게 몰아붙였고, 옷을 찢고 한 움큼의 머리카락까지 뽑았다.

"남편을 찾는다고? 그리고 소원을 이루면 다시는 그를 만나지 않겠단 말이지?"

여신은 코웃음을 쳤다.

"너처럼 추하고 멍청한 여자는 아무도 사랑하지 않을 거야! 차라리 하녀 일을 배우는 게 낫겠지. 내가 선심을 써서 손수 너를 교육시

:: 줄리오 로마노와 제자들, 〈씨앗을 분류하는 시련〉.

켜 주지."

아프로디테는 그녀를 수수, 보리, 귀리, 밀, 렌즈콩과 양귀비 등 온갖 종류의 씨앗이 무릎에 찰 정도로 가득한 방으로 데려 갔다.

"이게 네가 첫 번째로 할 일이다." 여신이 말했다.

"자정까지 종류별로 모아 놓아라. 그렇지 않으면 호된 맛을 볼 거야!"

그리고 여신은 방을 나갔다. 참석해야 할 연회가 있었기 때문이었다.

프시케는 절망에 빠져 주위를 둘러보았다. 이 일이 불가능하리라는 것을 그녀도 잘 알고 있었기에 겁에 질려 울기 시작했다. 그런데 개미가 나타나 울고 있는 그녀를 보았다. 개미는 불쌍한 그녀를 동정하여 밖으로 나가 자신의 동료들을 데리고 왔다. 개미들은 부지런히 낱알들을 분류했다. 연회가 끝나 약간 취해 술 냄새를 풍기며 돌아온 아프로디테는 낱알이 종류별로 말끔히 정돈되어 있는 것을 보았다.

아프로디테는 화가 치밀었다. 여신은 프시케에게 딱딱한 빵 조각

306

을 던져 주고는 마루에서 자라고 말했다.

"곧 일을 시작해야 될 거야."

여신은 가시 돋친 어조로 말했다.

그녀의 아름다움을 망가뜨리는 길은 힘든 일을 시키고 알량한 음식을 주며 쉬지 못하도록 하는 것임을 여신은 잘 알고 있었다. 그동안 그녀의 아들 에로스는 방에 갇혀 있었기 때문에 그의 아내를 보지 못했다.

아침이 되자 아프로디테는 프시케에게 또 다른 일거리를 내주었다.

"강으로 내려가면 황금 털의 양 떼가 있을 것이다."

여신이 말했다.

"편물을 짜야 하니 양털 한 아름을 가져 오거라."

소녀는 마지못해 방을 나섰다. 그녀는 황금 털의 양이 무척 사납고 포악한 동물이라는 사실을 이미 알고 있었다. 털을 얻으려다가는 죽을지도 모를 일이었다. 강가에 주저앉아 그녀는 한숨을 쉬었다. 이번에야말로 물에 빠져 죽어야 할지도 몰랐다. 그런데 강둑을 따라 피어 있는 갈대가 그녀에게 속삭였다.

"양들이 잠들 때까지 기다려요."

갈대가 중얼거렸다.

"그리고 강굽이를 둘러보면 엄청난 양 떼를 발견할 수 있을 거예요. 강둑에서 자라는 날카로운 풀로 양을 빗기면 털을 얻을 수 있어요."

프시케는 갈대가 시킨 대로 해서 빛나는 양털을 한 아름 가지고 아프로디테에게 돌아갔다.

"누가 도와주었지?"

여신이 고함쳤다.

"너 혼자서는 할 수 없었으리라는 걸 알고 있어. 아무튼 됐어. 또다른 일을 주지. 네 지혜와 용기를 시험할 수 있는 것으로 말이야. 저기 산이 보이지? 정상 근처에 절벽 바깥으로 흐르는 검은 시냇물이 있을 거야. 스틱스Styx 강에서 흘러나오는 것이지. 이 병에 얼음처럼 차고 거품이 이는 물을 가득 채워 가져오도록 해. 반드시 강 가운데 바위에서 뿜어져 나오는 물을 길어 와야 해."

프시케는 병을 가지고 출발했다. 하지만 산기슭에 이르렀을 때, 그녀는 산이 너무 가파른 데다가, 이끼가 끼고 미끄러운 바위가 너무 날카로워 도저히 오를 수 없다는 것을 알았다. 또한 너무 멀리 위에 있는 강은 무시무시한 용이 지키고 있었다. 낙심한 그녀가 산을 올려다보고 있을 때 또 한 차례 도움의 손길이 베풀어졌다. 에로스의 은혜를 입었던 제우스의 독수리가 날아와 병을 움켜쥐더니 차가운 검은 물을 병에 가득 담아 되돌아온 것이다.

"너는 마녀임에 틀림없어!"

프시케가 물이 가득 담긴 병을 가지고 나타나자 아프로디테는 매섭게 몰아쳤다.

"좋아. 하지만 너는 또 한 가지 간단한 일을 해야 돼. 심하게 다친 아들 걱정 때문에 내 아름다움이 훼손되었거든. 지금 당장 지하세계로 가서 페르세포네에게 그녀의 아름다움을 이 상자에 채워 달라고 해. 오늘밤 연회에 꼭 필요하거든."

인간은 죽은 자의 왕국에 들어갈 수도 없고 살아나올 수 없다는 사실을 프시케도 잘 알고 있었다. 낙심한 그녀는 높은 탑으로 올라갔다. 지하세계로 가기 위해 자신의 몸을 아래로 던지려는 순간, 탑이 그녀에게 말을 하기 시작했다.

"금화 두 개를 입에 물고, 꿀과 술에 담근 과자를 양손에 들고 스틱스 강으로 가세요. 강에 이르면 뱃사공 카론Charon에게 금화 하나를 줘요. 뱃삯을 치르지 않으면 강을 건네주지 않을 테니까요. 지하세계에 도착하면 머리가 셋 달린 감시견 케르베로스Cerberus에게 과자 하나를 주도록 해요. 남은 과자와 금화는 돌아올 때 쓰고요."

탑은 또한 아프로디테가 그녀를 없애기 위해 장치해 놓은 세 개의 함정에 대해서도 알려 주었다. 절름발이 나귀를 탄 노인이 도와달라는 말을 들어도 모른 체할 것이며, 강을 떠내려 오는 시체와 반대편에서 길을 찾고 있는 세 여인도 무시하라는 것이었다. 그리고 무엇보다 페르세포네의 아름다움이 담긴 상자를 받으면 절대로 열지 말라고 했다.

프시케는 탁월한 충고를 거의 따랐다. 카론과 케르베로스는 그녀가 준 것에 만족했으며, 프시케는 여신이 마련한 덫도 피해 냈다. 페

:: 존 윌리엄 워터하우스, 〈황금상자를 여는 프시케〉.

르세포네는 아프로디테를 위해 즐거이 그녀의 아름다움을 나눠 주었다. 하지만 뿌듯한 마음으로 돌아오던 그녀는 상자를 열어 보고 싶은 욕망을 이겨 내지 못했다. 그녀는 근심과 고통스러운 삶이 자신의 미모를 손상시켰음을 알고 있었다. 만약 지금 당장 남편을 만난다면 어떻게 될 것인가? 남편은 그녀를 예쁘게 보아 줄 것인가 아니면 혐오스럽게 여길 것인가? 그녀가 최상의 모습으로 보여야 한다는 사실은 중요했다. 자신을 위해 약간의 아름다움을 취해도 별일 없으리라!

조심스럽게 그녀는 상자 뚜껑을 열었다. 상자는 텅 빈 것처럼 보였다. 하지만 그렇지 않았다. 페르세포네는 상자를 아름다움 대신 잠으로 채웠던 것이다. 프시케는 뚜껑을 활짝 열었고, 죽음과도 같은 깊은 잠을 이기지 못하고 곧바로 땅에 쓰러졌다.

그때 몸을 회복한 에로스는 자신이 너무도 아내를 그리워하고 있음을 깨달았다. 아프로디테는 방문을 잠근 이상, 죄수가 사랑을 지킬 수 있는 길은 없었다. 그가 할 수 있는 일이란 창문으로 날아가 빠져나가는 것뿐이었다. 무사히 탈출한 그는 프시케가 죽음과도 같은 잠에 취해 길가에 쓰러져 있는 것을 보았다. 쏜살같이 날아가 프시케 옆에 무릎을 꿇고 앉은 그는 화살을 꺼내 가볍게 찔러 그녀를 깨운 다음 아프로디테에게 상자를 가져다주도록 했다.

:: 프랑수아 파스칼 시몽 제라르, 〈프시케와 에로스〉.

그동안 에로스는 올림포스로 날아가 제우스에게 자신과 아내를 신들과 함께 살게 해 달라고 애걸했다.

"너는 사랑의 화살을 가지고 수많은 말썽을 일으켰다."

제우스가 답했다.

"하지만 나는 너를 좋아해. 네 청을 들어 주지."

그는 신들의 회의를 열어 자신의 결정을 알렸다. 에로스와 프시케는 공식적으로 결혼했음을 발표한 것이다. 그리고 에로스가 더 이상 떠돌지 말고 정착하는 것이 좋겠다고 덧붙였다.

이에 따라 프시케를 올림포스로 데려오기 위해 헤르메스가 파견되었고, 성대한 결혼식이 거행되었다. 제우스는 손수 그녀에게 암브로시아를 달아줌으로써 불로불사의 존재로 만들어 주었다. 이제 아프로디테도 결혼을 반대할 명분이 없어졌다. 더구나 프시케가 올림포스에서 산다면, 자신과 아름다움을 겨룰 수 있는 경쟁자 문제로 지상에까지 신경을 쓰지 않아도 될 터였다.

그날 이후로 에로스와 프시케는 사랑과 영혼이 하나가 되어 즐겁고 행복한 삶을 살게 되었다. 그래서 둘 사이에서 태어난 딸의 이름은 '기쁨Pleasure'이다.


## 2. 괴물의 사랑을 받은 갈라테이아


키클로페스Cyclopes 중 한 사람인 폴리페모스Polyphemus는 갈라테이아 Galatea를 이 세상 누구보다도 사랑했다. 그녀를 보고 첫눈에 반한 날부터 그는 전혀 다른 사람으로 변했다. 피를 좋아하던 것도 잊었고, 흉폭함도 사라졌다. 그동안 그가 바위나 모래톱을 지날 때면 위험에 처하던 배들도 이제는 위협 받지 않고 별다른 문제없이 항해할 수 있었다.

폴리페모스는 그의 외눈에 흠모를 듬뿍 담아 아름다운 네레이드인 갈라테이아에게 보냈다. 그는 그녀를 너무도 사랑했기에 난생 처음으로 자신의 모습을 보이는 것조차 신경 쓰기 시작했다. 그는 연못을 거울 삼아 칙칙한 머리카락을 갈퀴로 빗고, 무성한 수염을 낫으로 다듬었다. 수면에 비친 자기 모습을 보면서, 폴리페모스는 자신이 님프를 얼마나 사랑하는지 이해시키기 위해 강한 인상을 좀 더 부드럽게 보이려고 온갖 표정을 지어 보았다.

하지만 갈라테이아는 거인을 비웃을 뿐이었다. 그녀는 이미 사랑하는 상대가 있었기에 그에게는 아무런 관심을 보이지 않았던 것이다. 그녀의 마음 속에는 오로지 아키스Acis만이 있을 뿐이었다.

그는 선량하고 아름다운 젊은이였기에 부모들도 그를 매우 아껴주었다. 아들은 그들에게 기쁨을 주었고, 갈라테이아에게는 더욱 큰 행복을 주었다. 왜냐하면 그는 갈라테이아를 세상의 그 무엇보다도 사랑한다고 말했기 때문이었다. 아키스는 이제 막 수염이 돋아나려는 열여섯 살의 미소년으로 그보다 잘생긴 사람은 찾을 수 없을 정도였다. 갈라테이아가 그를 사랑하는 것은 너무도 당연한 일이었다.

모든 것이 완벽해 보였지만 한 가지 문제가 있었다. 갈라테이아가 아키스를 사랑하듯 폴리페모스도 갈라테이아를 사랑한 것이다. 거인은 밤낮없이 그녀를 따라다녔다. 그래서 아키스에 대한 사랑이 깊어갈수록 폴리페모스에 대한 증오 또한 심해져 갔다.

가엾은 폴리페모스! 그는 이 같은 열병을 앓아 본 적이 없었다. 사랑에 빠진 그는 자신의 임무, 즉 해안을 지켜 자신의 종족이 마음놓고

:: 산치오 라파엘로, 〈갈라테이아의 승리〉.

다닐 수 있도록 하는 일조차 등한시했다. 날마다 산에 오르는 그의 뒤를 양 떼가 따라다녔지만, 폴리페모스는 그것들을 방치했고 관심조차 두지 않았다. 산꼭대기에서 그는 배의 돛대만큼이나 큰 자신의 소나무 지팡이를 제쳐두고, 대지와 물을 건너 사랑의 노래를 전하기 위해 바위에 걸터앉아 갈대 100개를 엮어 만든 목동의 피리를 불기 시작했다. 그 엄청난 소리에 산이 부들부들 떨릴 정도였다. 그의 노래는 다음과 같았다.

"갈라테이아, 내 사랑이여! 당신은 너무 아름답소. 당신의 살결은 꽃이 만발한 상록수보다 희고, 오리나무보다 우아하며, 초원보다 빛나는구려. 수정보다 빛나는 당신, 어린아이보다 활기찬 그대, 윤기 나는 조개껍데기보다 부드럽고, 겨울의 태양보다 여름의 그늘보다 반가운 그대여! 사과보다 사랑스럽고, 플라타너스보다 날씬한 당신. 내 사랑은 얼음보다 순수하고, 농익은 포도보다 달콤하며, 백조의 솜털보다 부드럽고, 맑은 시내가 흐르는 정원보다 향기로운 그대여! 부디 내 사랑을 받아 주소서."

"하지만 그건 내 문제겠지요." 그는 노래를 계속했다.

"나를 본체만체하는 그대는 야생의 암소보다 고집이 세고, 옹이 투성이인 참나무보다 단단하며, 물결보다 종잡을 수 없고, 길을 따라 핀 가시나무보다 날카로우며, 바위보다 움직이기 어렵고, 산에서 흘러내리는 급류보다 맹렬하구려.

그래요, 당신도 알겠지요. 당신은 공작보다 허영심 많고, 불길보다 잔인하며, 바다보다 무심하고, 새끼를 지키는 암곰보다 사나우며, 짓밟힌 뱀보다 흉악하고, 세상의 그 무엇보다 못되었소. 사실이 아니길 바라지만, 당신은 사냥개에게 쫓기는 사슴보다, 아니 바람보다 빠르다오.

하지만 갈라테이아 당신이 나를 진실로 이해한다면, 그처럼 내게서 도망치진 않을 것이오. 그렇게 숨지만 말고 나를 보아요. 나는 한여름의 뜨거운 햇볕과 추운 겨울의 찬바람을 피할 수 있는 산허리와 동굴을 가졌다오. 내가 키우는 사과나무는 가지마다 열매가 주렁주렁 달려 있고, 청포도와 적포도는 수확만을 기다리고 있다오. 내가 가진 숲 속 그늘진 곳에서 당신은 직접 딸기를 딸 수 있고, 가을이면 체리와 자두를 얻을 수 있다오. 맛이 시거나 검붉은 빛을 띠지 않은 노랗고 알찬 것으로 말이오. 밤과 상큼한 오디가 당신을 위해 자라고 있다오. 그대가 나를 남편으로 맞아 주기만 한다면 모두가 당신 것이 될 터인데…….

나는 더욱 많은 부富를 줄 수도 있소. 예를 들어 엄청난 양 떼처럼 내가 가진 모든 걸 말이오. 나는 당신이 이곳에서 본 것보다 두 배나 많은 양 떼를 데리고 있다오. 계곡이나 숲 속은 물론 동굴에까지도 있다오. 또한 소는 몇 마리가 있는지 나도 모른다오. 숫자를 세는 것은 가난뱅이나 하는 짓이지. 말이 필요 없소. 당신이 직접 보면 되니까. 거기서 얼마나 많은 우유가 나오는지도 말이오! 그리고 나는 새끼들도 많다오. 새끼 양, 새끼 염소, 송아지 등등……. 모두 외양간에 있지요. 집에서는 늘 눈처럼 흰 우유를 마실 수 있으며 치즈를 만들 수 있을 정도로 양이 충분하다오.

아, 그리고 당신이 원한다면 애완동물도 가질 수 있소. 흔한 것이 아니라 아주 드문 것으로 말이오. 사슴이나 토끼, 비둘기까지 가질 수 있다오. 얼마 전에 산꼭대기에서 당신이 데리고 놀 수 있는 새끼 곰 두 마리를 잡았다오. 한 번 보면 떨어지기 싫다고 할 거요. 그 녀석들을 잡으면서 생각했죠. 바로 당신을 위한 것이라고 말이오."

거인은 더욱 감미로운 곡조로 노래했다.

"이리 오시오, 갈라테이아! 깊고 푸른 물 속에서 고개를 들고, 부디 내 선물을 물리치지 말아 주오. 당신께 전할 말이 있소." 그는 계속했다.

"나는 물에 비친 내 모습을 보았소. 마음에 드는 모습이었다오. 당신이 나를 한 번 쳐다본다면 너무도 기쁠 거요. 내가 얼마나 큰지를.

구름 속에 있는 제우스도 나처럼 크진 않다오. 당신이 비록 늘 경외심을 가지고 그에 대해 이야기를 하지만 말이오.

내 머리카락이 얼마나 긴지 보시오. 앞으로는 얼굴을 덮고, 뒤로는 등까지 늘어져 있다오. 내 몸은 두껍고 억센 털로 뒤덮혀 있지요. 아름답지 않소? 자연 그대로라오. 나무도 잎이 떨어지면 보기 싫지 않소? 말이 갈기가 없다면 마찬가지일 거요. 새는 깃털이 있어서, 또 양은 털이 있어서 예쁜 것 아닌가요? 마찬가지로 수염과 털은 남자의 상징이라오.

나는 눈이 하나밖에 없소. 이마 한가운데에 있죠. 하지만 아주 크지요. 방패만 하다오. 그게 어떻단 말이오? 태양도 눈이 하나뿐이지만 하늘에서 지상에 있는 모든 것을 볼 수 있지 않소?

더구나 내 아버지 포세이돈은 바다를 다스린다오. 당신이 나를 불쌍히 여겨 내 청을 들어준다면 바로 그분이 당신의 시아버지가 될 것이오. 세상의 어떤 여자도 나를 정복할 순 없다오. 나는 제우스조차 비웃소. 그가 다스리는 하늘은 물론 그의 벼락까지 말이오. 내가 두려워하는 것은 오직 하나! 갈라테이아 당신이 만약 화를 낸다면, 그건 번개보다 치명적일 것이오.

나는 어떤 일도 참을 수 있소. 당신이 다른 사람들을 퇴짜 놓듯 나를 사랑하지 않는다는 것도 말이오. 하지만 어찌 내게 등을 돌리고 아키스처럼 시시한 녀석을 사랑할 수 있단 말이오? 그를 한번 손봐 줬으면 싶소. 내가 체격이 큰 것처럼 얼마나 강한지를 가르쳐 주고 싶소. 기회만 생긴다면 나는 그를 찢어 죽일 거요. 내장을 드러내고 팔을 뽑은 다음 조각난 몸뚱이를 들판과 바다에 뿌릴 거요. 알아두시오, 당신이 나를 비웃기에 당신을 향한 사랑이 더욱 뜨거워졌다는 사실을! 내 가슴속에는 화산이 있는 것 같소. 더 이상 견딜 수가 없소."

그때 갈라테이아는 1.6킬로미터쯤 떨어진 바위 그늘 아래서 아키스의 팔에 몸을 맡긴 채 쉬고 있었다. 그녀는 폴리페모스의 노래를 들었지만, 그가 허풍을 떠는 것이라 여겼다. 그런데 갑자기 그가 일어서더니 들판과 숲을 지나 연인들 앞에 나타났다.

"여기 있었군! 지금이 서로를 볼 수 있는 마지막이 될 거야." 그가 소리쳤다.

포효와도 같은 그의 목소리는 에트나Etna 산을 온통 뒤흔들었다. 공포에 질린 갈라테이아는 바다로 뛰어들었고, 아키스는 비명을 지르며 달아났다.

"살려 줘! 갈라테이아, 살려 줘! 어머니, 아버지! 저 좀 구해 주세요. 거인이 나를 죽이려 해요."

그는 있는 힘껏 도망쳤지만, 폴리페모스는 뒤에 바짝 다가와 있었다. 갑자기 거인은 산을 뽑아 들어 아키스에게 던졌다. 비록 한 조각만이 덮쳤을 뿐이지만, 그를 묻어 버리기엔 충분했다.

갈라테이아는 겁에 질려 이 광경을 보았지만, 연인을 구할 만한 힘이 없었다. 그러나 죽음의 신은 그녀에게 마지막 기회를 주었다. 아키스의 조상들이 가진 초능력을 사용하는 마법의 주문이 있었던 것이다. 죽음의 신은 그녀에게 주문을 알려 주었다. 삽시간에 진홍색 피가 거대한 바위 아래서부터 뿜어져 나오기 시작했고, 녹아내린 눈과 뿌려진 비에 잠긴 산에서 냇물이 흐르면서 색깔을 바꿔 놓았다. 그리고 모든 것이 깨끗해졌다. 땅이 찢겨졌고, 그 갈라진 틈새로 녹색의 큰 갈대가 솟아나고, 바위와 진흙 아래에서 물 흐르는 소리가 났다. 기적과도 같이 젊은이는 허리 아래까지 물 속에 잠긴 채 그곳에 서 있었고, 새로이 돋아난 뿔에는 골풀이 뒤엉켜 왕관이 되었다.

아키스는 그를 사랑하는 갈라테이아의 도움으로 조상의 마법 덕분에 강을 지키는 신이 된 것이다.


## 3. 오르페우스와 에우리디케


세상이 시작된 지 얼마 지나지 않은 시기에는 신들이 훗날보다는 훨씬 자유롭게 인간들과 섞여 살았다. 따라서 서사시의 영감을 준 뮤즈Muse의 한 명인 칼리오페Calliope가 아버지가 인간인 아이를 낳은 것은 전혀 놀랄 일이 아니었다. 그는 그리스에서 가장 뛰어난 음악성을 지닌 트라케Thrace의 왕이었다. 칼리오페는 자신의 아들에게 오르페우스Orpheus라는 이름을 지어 주었다. 어릴 적부터 그녀와 그녀의 자매 뮤즈들은 이 아이의 선생님 노릇을 해 주었다. 그래서 청년으로 성장하기까지 모든 예술, 특히 시와 음악을 두루 익혔다.

:: 오르페우스

오르페우스가 음악을 만들 때면 온 세상이 멈춰서 넋을 잃고 들었다. 야수들조차 흉포함을 갈무리하고 그에게 다가왔고, 나무들은 아름다운 선율을 듣고자 주위에 모여들었다. 강은 자신보다도 조화로운 그의 음악을 듣고자 흐르는 것을 멈췄고, 그가 수금手琴으로 건드린 바위는 말랑말랑해졌다.

오르페우스는 그의 도구로 더 이상 멋질 수 없는 음악을 만들어 냈다. 이 천혜의 선물로 그는 사람들이 꿈조차 꾸지 못했던 행위를 수행하도록 북돋우기도 했다. 이아손Jason과 함께 아르고Argo 호를 타고 '황금 양털'을 찾아 항해하던 선원들이 용기를 잃고 절망에 빠져 있을 때, 오르페우스는 수금을 연주하여 그들의 마음을 달래 주고 임무를 달성하도록 해 주었다. 오르페우스는 수금을 연주하여 말다툼으로 인한 불화를 진정시키기도 했고, 시렌의 관능적인 노래보다 더욱 큰 소리로 연주를 하여 다른 수많은 선원들처럼 위험하기 짝이 없는 섬에 뼈를 묻을 뻔한 아르고 호의 선원들을 구하기도 했다.

하지만 음악만으로는 충분하지 않았다. 오르페우스의 삶에는 무언가 부족한 것이 있었다. 나무의 님프 에우리디케Eurydice를 만났을 때 그는 이 같은 사실을 알았고, 또한 처음으로 사랑의 기쁨을 느꼈다. 그녀 역시 똑같은 감정을 전했고, 기꺼이 그의 아내가 되겠다고 작정했다.

오르페우스는 '결혼의 신' 히멘Hymen을 초대하여 자신의 결혼식을 축복해 달라고 했으나, 그의 말은 상서롭지 않았고 불길한 징조가 나타나기도 했다. 횃불이 연기를 뿜어, 결혼 피로연에 참석한 자들의 눈에서 눈물을 쏟게 만들었다. 또한 횃불을 흔들어 보아도 불꽃이 전혀 일지 않았다.

:: 안토니오 카노바, 〈에우리디케〉.

안타깝게도 불길한 징조는 사실로 입증되었다. 사랑하는 한 쌍의 행복은 너무도 짧았다. 그들의 결혼식이 있은 지 채 한 시간도 되지 않았을 때, 신부 들러리들과 함께 초원을 지나던 에우리디케가 자신도 모르게 독사를 밟자 화가 난 독사가 맹렬히 덤벼들어 그녀의 발을 깨물었던 것이다. 그 즉시 그녀는 죽은 자만이 사는 어두운 지하세계로 떠나가고 말았다.

오르페우스는 미칠 것만 같았다. 자신이 사랑했던 에우리디케의 시신을 안고 슬픔에 잠겨 무덤으로 간 그가 연주한 음악은 함께 있던 모든 사람들의 마음을 찢는 것 같았다. 이건 분명 인간들이 불멸의 행복을 누리는 것을 질투한 신이 저지른 일이라고 친구들 중 누군가가 속삭였다. 그것이 사실이건 아니건 간에 비통에 잠긴 남편을 달랠 길은 없었다. 영혼의 반쪽인 아내를 잃은 그가 어찌 살아갈 수 있을까? 오르페우스는 어떤 인간도 해보지 못한 생각 밖의 일을 감행하기로 마음먹었다. 에우리디케를 따라 지하세계로 가서 어둠의 힘을 지닌 존재에게 그녀를 되돌려 달라고 애걸하려는 것이었다. 사랑의 힘으로 이를 이루어 낼 작정이었다.

그래서 오르페우스는 자신의 탄원을 들어줄 음악과 수금만을 가지고 지하세계로 떠났다. 그는 캄캄한 동굴에서 사자의 왕국 하데스(Hades, 또는 플루토, 이곳의 지배자 이름과 같다)로 갈 수 있는 통로를 찾아내고 그곳을 따라 점점 깊이 내려갔다. 곧 그는 삶의 세계와 지하세계의 경계인 스틱스 강을 볼 수 있었다. 그는 다가가면서 수금을 연주했고, 뱃사공 카론은 감미로운 노래를 이겨 내지 못했다. 그는 살아 있는 사람은 절대 건널 수 없는 강 건너편으로 그를 데려다 주었다.

하데스의 입구에서 오르페우스는 죽지 않은 자가 들어오지 못하도록 지키는 삼두견三頭犬 케르베로스에게 노래를 들려주었다. 케르베로스는 짖는 것을 멈추고 세 개의 머리를 떨구더니 그가 지나가도록 잠이 들었다. 오르페우스는 길고 어두운 통로를 지나면서, 수금을 퉁기며 에우리디케를 불렀다. 죽은 자의 망령들은 몸을 숨기고 있다가 부인을 찾으려고 지나가는 오르페우스를 끌어당겼다.

두려움에 떨었지만 오르페우스는 결코 멈추지 않고, 아름다운 음악으로 길을 열면서 앞으로 나갔다. 컴컴한 통로가 그의 앞에 열렸고, 그의 음악은 지상에서 저지른 죗값을 치르느라 고통 받는 영혼들에게 잠시나마 쉴 틈을 마련해 주었다.

저편에는 평생 동안 쉬지 않고 거대한 둥근 바위를 언덕 위로 밀어 올려야 하는 시시포스(Sisyphus, 시지프스)가 있었다. 그가 정상에 이르면 바위는 다시 굴러 내려왔기 때문이다. 오르페우스가 연주를 하며 지나가자 시시포스는 잠시 바위에 걸터앉아 쉴 수 있었다.

조금 떨어진 곳에는 신에게 대들었다는 죄목으로 불타는 듯한 갈증과 칼로 찌르는 것과도 같은 굶주림에 시달려야 하는 탄탈로스가 물이 목까지 차 오른 웅덩이에 서 있었다. 그가 물을 마시려 하면 물은 밑으로 내려갔고, 또한 닿을 듯 가까이 있는 달콤한 포도도 손을 뻗어 잡으려 하면 멀어졌던 것이다. 오르페우스가 수금을 연주하면서 지나가는 동안 그 역시 잠시 쉴 틈을 가질 수 있었다.

결혼 초야에 남편들을 칼로 찔러 살해한 죄로 영원히 국자로 물을 부어 체를 채워야 하는 다나이데스Danaides를 지나친 오르페우스는 이제 자신의 형제를 죽임으로써 인류 최초로 살인을 저질러 불타는 바퀴를 굴려야 하는 벌을 받은 익시온Ixion 곁을 스쳐가며 수금을 연주했다. 오르페우스의 노래 덕분에 바퀴는 잠시 구르는 것을 멈출 수 있었다.

:: 존 윌리엄 워터하우스, 〈다나이데스〉.

형을 집행하고, 하데스로 부터 탈출하려는 사자들을 지키는 무시무시한 여신 푸리아이 세 자매(Furies, 모이라이 세 자매)조차 오르페우스의 음악에 감동했다. 그가 음악을 연주하며 지나가자 흉측스러운 그들의 얼굴에서도 눈물이 흘렀다.

드디어 오르페우스는 짙은 눈썹을 가진 지하세계의 통치자 하데스의 왕좌 앞에 섰다. 그의 부인 페르세포네의 아름다운 얼굴에는 끔찍한 세계의 그림자가 드리워져 있었다. 과연 죽음의 신과 여신을 무슨 말로 설득하여 에우리디케를 되돌려 달라고 할 수 있을까? 그는 수금을 뜯으며, 정성을 다해 노래하면서 애원했다.

대지를 걷는 모든 자들의 주인이자
어둠과 침묵의 세계를 지배하는 왕이시여.
우리는 누구나 당신께로 와야 합니다.

빼어난 미인도, 가없이 사랑스러운 사람도 결국은 당신께 속해 있지요.

당신은 빚을 갚아야 할 모든 자들의 채권자입니다.

우리는 찰나에 불과한 시간을 지상에서 보낼 뿐

영원히 당신께 속해 있답니다.

하지만 너무도 빨리 당신께 온 자가 있습니다.

꽃을 피우지 못한 봉오리인 채로 눈을 감았지요.

참아 보려 했지만 너무도 큰 슬픔을 감당할 수 없었답니다.

왕이시여! 저는 도저히 견딜 수가 없습니다. 너무도 사랑하니까요.

제 말을 들으시고 삶의 피륙을 다시 짜 주십시오.

너무 일찍 끊기고 만 에우리디케의 운명의 실을 다시 이어 주십시오.

제가 드릴 것은 없지만, 운명을 잠시만 빌려 주십시오.

그녀가 삶을 채우고 나면 반드시 이곳으로 되돌아와 갚을 테니까요.


오르페우스의 음악은 얼음처럼 찬 하데스의 마음마저 녹이고 말았다. 페르세포네는 눈물을 흘리며 그의 귀에 속삭이며 애원했다. 하데스는 어쩔 수 없이 사랑의 힘 앞에 굴복해야만 했다.

하데스는 에우리디케를 불렀고, 그녀는 가장 최근에 지하세계로 내려온 영혼 가운데에서 나타났다. 그녀는 심한 상처 때문에 여전히 다리를 절고 있었다. 드디어 오르페우스의 소원이 이루어진 것이다. 하지만 한 가지 조건이 있었다. 에우리디케는 오르페우스의 그림자에 숨어서 따라가야 하며, 그는 지상에 이를 때까지 절대 쉬지 말아야

:: 장 라우, 〈오르페우스와 에우리디케〉.

하고, 말을 해서도 안 되며, 뒤를 돌아보아서도 안 된다는 것이었다.

당연히 오르페우스는 이 조건들을 받아들였고, 죽음의 왕국으로부터 벗어나 지상으로 돌아가는 색다른 여행을 시작했다. 두 사람은 오싹한 침묵 속에서 죽음의 냉기가 서린 어둡고 구불구불한 통로를 지났다. 오르페우스는 신경을 곤두세우고 자기 그림자에 숨어 따라오는 에우리디케의 발소리에 귀를 기울였다. 한 걸음씩 옮길 때마다 그는 몸을 돌려 그녀가 있는지 확인하고 싶었고, 그보다 더욱 간절하게 그녀의 얼굴이 보고 싶었다. 하지만 그는 욕망을 억누르고 계속 발길을 옮겼다. 완벽한 어둠은 검정에서 잿빛으로 바뀌기 시작하여 밝은 잿빛이 되었고, 드디어 바로 눈앞에서 한낮의 햇빛을 볼 수 있게 되었다.

어떤 사람들은 순간적인 망각 때문에 그 다음 일이 일어났다고도 하고, 다른 사람들은 햇빛 아래 당도한 오르페우스가 에우리디케를 도우려 몸을 돌렸다고 하면서, 그녀 역시 지하세계를 빠져나왔다고 주장하기도 한다. 또한 오르페우스가 하데스를 믿지 못하고 정말 그녀가 자신의 뒤에 있는가 보려 했거나, 아니면 발소리가 들리지 않았기 때문에 에우리디케가 더 이상 따라오지 않는다고 여겨 뒤를 돌아보았다는 사람들도 있다. 그녀에 대한 지극한 사랑이 그를 압도했음을 내가 믿듯이 당신도 믿을 것이다. 그는 너무도 사랑하는 그녀의 얼굴을 보고 싶은 마음을 억제하지 못했던 것이다.

그가 몸을 돌린 바로 그 순간, 에우리디케는 또다시 누구에겐가 끌려가듯 영원히 사라지고 말았다. 그는 '안녕!'이라는 희미한 외침을 들었고, 그 속에는 일말의 원망도 담겨 있지 않았음도 알았다. 그녀를 너무도 사랑했기에 저지른 실수를 어찌 책망할 수 있단 말인가?

오르페우스는 필사적으로 팔을 뻗으며 그녀의 이름을 불렀다.

"에우리디케!"

하지만 때는 이미 늦었다. 그의 팔은 차가운 허공을 휘저었을 뿐, 어둠 속으로부터 깊은 탄식만이 메아리칠 뿐이었다. 그리고 그는 생전에 다시는 그녀를 볼 수 없었다.

오르페우스는 자신의 신부를 따라가려 했으나 허사였다. 이번에는 지하세계로 통하는 문이 굳게 닫혀 있었던 것이다. 그것을 뚫고 들어간 인간은 아무도 없었다. 오르페우스에게도 두 번의 기회는 주어지지 않았다. 음악의 힘도 결국 소용없게 되었다. 귀머거리 카론은 그의 애원에 고개를 돌렸고, 신들은 살아 있는 인간이 사자死者의 세계로 다시 들어가는 것을 용납하지 않았다.

7일 밤낮을 오르페우스는 지하세계의 입구에 남아 있었다. 노래는

:: 디오니소스를 따르는 여인들에게 살해당하는 오르페우스

커녕 말도 잊은 채, 먹거나 마시지도 않고 죽기를 빌었다. 하지만 죽음조차 그를 거부했다. 결국 그는 일어서서 지상으로 돌아올 수밖에 없었다. 그 후로부터 오르페우스는 모든 즐거움을 멀리했다. 수많은 여인들이 에우리디케를 잊게 하려고 했지만 그는 등을 돌려 버렸다.

　산 속 깊은 숲으로 들어간 오르페우스는 고독을 씹으며 사람보다는 야수들과 친하게 지냈다. 비록 그는 여전히 수금을 연주했지만, 이제는 호랑이의 심장을 녹이거나 산과 참나무를 감동시키기 위한 것이었다. 그의 노래는 너무도 슬퍼서 사람이라면 누구라도 들을 수가 없었다.

어느 날, 청량한 마에나드스Maenads 산기슭에서 자고 있던 오르페우스 앞에 디오니소스의 열렬한 추종자인 여자들이 나타나, 그들의 축제에 동참할 것을 요구했다. 그는 성가시다고 여겨 거절했다. 화가 난 여인들은 마치 사냥꾼이 사슴을 몰 듯 오르페우스를 막아서더니 처음에는 돌을 던졌고, 급기야 그의 소중한 수금까지 부숴 버렸다. 광기에 사로잡힌 여인들은 결국 그의 몸을 갈기갈기 찢어 강물에 던져 버렸다. 그는 그곳으로부터 바다로까지 흘러가면서 에우리디케의 이름을 노래했다고 전해진다. 오르페우스의 시체는 레스보스Lesbos 섬의 해변으로 떠내려 왔고, 그를 사모하던 뮤즈들이 그의 죽음을 애도하면서 그곳에 묻어 주었다고 한다.

그날부터 그 섬의 지빠귀들은 세상의 어떤 곳의 새보다 더욱 감미롭게 노래를 불렀다고 한다.


## 4. 자랑스러운 공주: 히포다메이아


히포다메이아Hippodamia는 피사Pisa의 왕 오이노마오스Oenomaus의 딸이었다. 그녀는 아름답고 명랑한 소녀였기에, 수많은 왕자들이 왕에게 결혼을 허락해 달라고 청했다. 하지만 왕은 자신의 딸이 결혼하는 것을 원치 않았다. 왜냐하면 신탁에 의해 딸의 남편이 자신을 죽일 것이라는 충고를 들었기 때문이었다.

하지만 뚜렷한 이유도 없이 수많은 청혼자를 물리칠 수도 없는 노릇이라 오이노마오스는 골머리를 앓고 있었다. 드디어 그는 막무가내로 결혼을 막지는 않는 듯이 보이면서도 딸에 대한 청혼을 아주 자연스럽게 거절하는 방법을 떠올렸다. 그는 히포다메이아의 구혼자들을 누구라도 반드시 실패할 수밖에 없는 문제로 시험을 냈던 것이다.

"내 딸과 결혼하고자 하는 자는 누구나 나와 마차 경주를 해야 한다."

왕이 선언했다.

"공주의 남편이 되고자 하는 자가 궁전에서 내 딸을 돌볼 수 있는 능력이 있다는 것을 확인하고 싶다. 히포다메이아는 위대한 용기와 대담성, 그리고 뛰어난 말타기 기술을 지닌 자와 결혼해야 한다. 그래야만 어떤 위험이 닥치더라도 그녀를 지킬 수 있지 않겠는가?"

왕은 자신이 직접 설계를 하여 길고 복잡한 경주로를 만들었다. 그는 '전쟁의 신' 아레스에게 선물 받은 질풍처럼 빠른 말 한 쌍이 있었기에 자신이 늘 승리하리라 확신했다. 그리고 왕은 경주 기간을 공포했다. 경주에서 청혼자가 이긴다면 히포다메이아와 결혼을 할 수 있지만, 만약 자기에게 진다면 잘린 목이 궁전 앞 말뚝에 걸릴 터였다. 이미 궁전 앞에는 열두 개의 목이 걸린 말뚝이 있어, 구혼자들을 두려움에 떨게 만들기에 충분했다.

탄탈로스의 아들 펠로프스Pelops 역시 구혼자 가운데 한 사람이었다. 그는 히포다메이아와 결혼하기를 원했으며, 히포다메이아 역시 펠로프스와 하나가 되길 간절히 바라고 있었다. 그녀는 이제 구혼자들이 아버지와 경주를 마친 뒤 목이 달아나는 것을 보기에도 지치고 말았다. 오직 펠로프스만이 확실하게 그

:: 펠로프스(아래 가운데 앉아 있는 사람)와, 오이노마오스 왕을 배신한 미르틸로스(아래 맨 오른쪽).

녀의 기도를 이뤄 줄 수 있는 사내로 보였다.

펠로프스는 단호하고 용기가 있는 데다가 무척 총명한 젊은이였다. 그는 히포다메이아와 결혼을 원하는 사내들을 모두 죽음으로 모는 경마에 의심을 품고, 신들 가운데 누군가가 분명 오이노마오스를 돕고 있는 것이 틀림없다고 생각했다.

그래서 펠로프스는 포세이돈에게 도움을 청했고, '바다의 신'은 그가 바라는 답을 주었다. 그는 펠로프스에게 신마神馬가 끄는 멋진 마차를 내주었다. 그 덕분에 젊은이는 자신의 승리를 확신할 수 있었다.

여기서부터 이야기는 다소 명확하지 않은 구석이 생긴다. 사건이 경주 중에 일어났는지 아니면 전날 밤에 일어났는지. 또한 긴 망토로 모습을 감추고 비밀리에 왕의 마부 미르틸로스Myrtilus를 찾아간 자는 누구였는지. 어떤 사람들은 그가 펠로프스였다고 하는 반면, 마구간으로 가서 마부에게 뇌물을 준 사람은 히포다메이아였다고 주장하는 사람도 있다.

미르틸로스에게 젊은이가 준 뇌물이 무엇이었던 간에 경주의 결과는 의심할 여지가 없는 것이었다. 경주가 벌어지는 날 아침, 미르틸로스는 오이노마오스 왕의 마차에서 바퀴를 고정시킨 금속핀을 빼고, 대신 왁스로 만든 핀을 끼워 놓은 것이다.

경주가 시작되었고, 잠시 동안은 우열을 가릴 수 없었다. 펠로프스가 조금 앞서는가 싶으면 곧 오이노마오스가 따라잡았다. 그들은 더욱 빠르게 마차를 몰았고 마차의 바퀴도 점점 열을 받아 뜨거워졌다. 왕이 모퉁이를 도는 순간, 왁스 핀은 뜨거운 열을 견디다 못해 녹아 버렸고 마차에서 빠진 바퀴는 멀리 날아갔다. 그리하여 마차에서 떨어진 오이노마오스는 즉사하고 말았다.

앞서 실패한 열두 명의 구혼자를 뒤이은 펠로프스는 마침내 히포다메이아를 얻게 되었다. 두 사람은 결혼을 했고, 펠로프스는 피사의 왕이 되었다. 그 후에 펠로프스는 미르틸로스를 바다에 던져 버렸고, 그는 왕을 저주하며 숨을 거두었다.

미르틸로스에게 뇌물을 준 사람이 펠로프스였건 히포다메이아였

:: 오이노마오스 왕에게 쫓기는 펠로프스와 히포다메이아.

건 간에, 새로운 왕은 술수를 부려 경주에서 이겼지만 마부를 죽인 데 대해선 양심의 가책을 느꼈다. 그는 자신 때문에 희생당한 사람들을 기리는 기념비를 올림포스에 세우고, 직접 경주를 거행했다. 바로 여기서 올림픽 경기가 시작된 것이다. 지금은 폐허가 된 올림피아에서는 아직도 최초의 경기가 열렸던 경주로를 볼 수 있는데, 펠로프스와 히포다메이아의 무덤이 그 출발점과 도착점이라고 한다.

# 5. 과수원의 님프: 포모나와 베르툼누스

아름답게 가꾸어진 정원에 포모나Pomona라는 '나무의 님프'가 살고 있었다. 그녀는 누구보다도 식물을 가꾸는 능력이 뛰어났다. 그녀의 손만 닿으면 꽃이 피어났고, 그녀가 돌보면 과일나무는 풍성한 열매를 맺었다.

과수원은 바로 그녀의 특별한 능력이 발휘된 곳이며, 그녀가 '사과'를 뜻하는 포모나라는 이름을 얻게 된 것도 이 같은 이유에서였다.

다른 나무의 님프들과는 달리 포모나는 다른 나무나 그늘진 푸른 숲 또는 강을 돌보지 않았다. 사냥을 즐기지 않는 그녀는 결코 창이나 투창을 가지고 다니지 않았고 오직 전지용剪枝用 칼만 지니고 있을 뿐이었다. 그녀는 그 칼로 과실나무를 다듬거나 과수원의 울타리를 손보고, 장미 봉오리나 버찌가 더욱 널리 퍼지지 않도록 잘라 줄 뿐이었다. 포모나는 모든 나무뿌리에 물을 줄 수 있는 관개시설을 해 두었기에 그녀가 키우는 나무들은 결코 목말라 하는 법이 없었다. 오래된 나무를 살리기 위해서 그녀는 나무껍질을 자르고 어린 싹을 접붙이기도 했다. 엄지손가락이 초록색이라 해도 좋을 정도로 그녀는 늘 원예에 몰두했기 때문에, 포모나의 드넓은 과수원은 세상에서 가장 기름졌으며 가장 많은 과실을 수확할 수 있었다.

그러나 애정이란 그녀에게 아무런 의미도 없었다. 과실나무만이 그녀의 사랑이자 열정이었던 것이다. 더구나 포모나는 사내들을 성가신 존재로 여겨 그들을 멀리하고자 과수원 주위로 높은 담장을 치고 문을 굳게 잠가 두었다.

수많은 남자들은 물론 신과 반신半神 들이 그녀의 사랑을 얻고자 애썼다. 그들은 그녀의 시선을 끌기 위해 온갖 노력을 했다. 그들은 담장 주위를 돌며 머리카락이 헝클어지도록 춤을 추며 사랑의 노래를 불렀다. 그들 가운데 가장 지독한 사랑의 열병을 앓고 있는 자는 젊은 신 베르툼누스Vertumnus였다. 하지만 그 역시 다른 사람들과 마찬가지로 그녀의 관심을 끄는 행운을 얻지는 못했다.

하지만 그는 무관심한 그녀를 포기하지 않았다. 베르툼누스는 다른 사람들보다 훨씬 유리한 점이 있었다. 그는 자신이 원하는 어떤 모습으로라도 변신할 수 있는 능력이 있었던 것이다. 때때로 그는 농사꾼으로 변하여 포모나의 과수원을 찾아가 그녀에게 곡식을 담은 광주리를 날라 주기도 했다. 그는 마치 들에서 일하다 온 것처럼 머리에 건초를 질끈 동여매고 나타나기도 했고, 어떤 때는 방목했던 소를 돌려보내고 온 듯 손에 막대를 들고 오기도 했으며, 울타리를 다듬는 인부처럼 전지용 낫을 들고 있기도 했다. 또한 그는 사과를 따는 일이 유일한 즐거움인 것처럼 사다리를 어깨에 메고 나타났으며, 군인으로 보이도록 칼을 차고 있기도 했고, 낚시꾼인양 낚싯대와 낚시 도구를 들고 있기도 했다.

이 같은 변신을 통해 베르툼누스는 포모나를 볼 수 있는 기회가 잦

왔고, 아름다운 그녀를 가까이서 보는 동안은 행복할 수 있었다. 어느 날 오후, 더욱 대담해진 그는 머리카락을 잿빛으로 만들고 밝은 스카프를 두른 다음, 노파처럼 허리를 굽히고 지팡이에 몸을 의지한 채 절룩거리며 과수원 문 근처의 담장에서 어슬렁거렸다. 포모나가 베르툼누스를 안으로 불러들이자, 그는 사과와 복숭아가 잘 자랐다고 입에 침이 마르도록 칭찬했다.

"하지만 당신이 더욱 보기 좋군요." 갑자기 그가 말했다. "훨씬 아름답고 훨씬 매력적이에요."

그는 그녀에게 입을 맞췄다. 한 번이 아니라 여러 번 계속해서. 사실 노파라면 이런 입맞춤을 할 수 없었을 것이다. 그러더니 이 불쌍한 노파는 몸을 거의 반으로 접고 쓰러지듯 풀밭에 앉아 풍성한 가을 열매가 열린 나뭇가지를 올려다보았다.

그들이 앉은 자리 바로 위에 포도송이가 탐스럽게 잘 영근 넝쿨이 느릅나무 가지에 걸쳐 있었다. 베르툼누스는 마치 최면에 걸리기라도 한 듯 느릅나무와 포도라는 서로 다른 식물이 함께 자라고 있는 것을 응시했다. 결국 그는 한숨을 쉬며 입을 열었다.

"한번 상상해 봐요! 만약 저 느릅나무가 포도와 결혼하지 않고 홀로 서 있다면, 우리는 그 나무의 잎이 아름답다고 보지 않겠죠. 그저 그럴 거예요. 또 포도 역시 자신이 의지할 수 있는 나무와 결혼하지 않았다면 시들 때까지 땅바닥에 놓여 있겠죠. 저토록 맛있는 열매를 맺지도 못하고 잡초와 풀에 시달리면서 말예요."

그는 포모나를 쳐다보곤 부드럽게 말했다.

"당신은 포도와 느릅나무의 우화를 이해하지 못하는군요. 당신은 결혼하지 않았고, 하고 싶지도 않다고 말하죠. 만약 당신이 생각을 바꾼다면 헬레네나 오디세우스의 아내 페넬로페Penelope보다 더 많은 구혼자가 생길 겁니다. 당신에겐 이미 천 명이 넘는 구혼자가 있지요. 비록 당신이 그들을 피하고 비웃더라도 말예요. 인간, 신과 반신을 불구하고 이 언덕의 모든 남자들은 모두가 당신과 결혼하고 싶어 하죠.

당신이 영리하다면 훌륭한 배우자를 만날 수 있을 테니, 오늘 상대를 골라 봐요. 이 늙은이의 말을 잘 듣고, 과연 누가 당신을 가장 사랑하는지를 알아보세요. 아마 당신의 상상을 초월할 거예요. 주위에 늘어선 평범한 사람들은 무시해 버리고 최고의 사내를 고르세요. 베르툼누스가 적격이에요. 나는 그를 나 자신만큼이나 잘 알아요. 말하건 대, 그는 세상을 떠돌아다니는 방랑자가 아녜요. 그는 여기서 가까이 살고, 언덕과 들판을 손바닥 보듯 훤히 알지요. 그는 다른 젊은이처럼 보는 여자마다 눈독 들이는 바람둥이가 아니라 한 여자에게만 충실 하죠. 당신은 그의 처음이자 마지막 사랑이 될 거예요. 그는 당신에 게 목숨이라도 바칠 거예요.

그리고 생각해 봐요. 그는 젊고 잘생긴 데다가 어떤 환경에도 잘 적응할 수 있어요. 그는 당신에게 어울리는 모습은 물론 당신이 원한 다면 무엇으로라도 변할 수 있지요. 당신의 기호는 그와 같을 거예 요. 당신이 좋아하는 것이라면 그도 좋아하겠죠. 그는 늘 가장 먼저 당신 과수원의 달콤한 사과를 돌보는 사람이었어요. 하지만 그가 진 실로 바라는 것은 나무에서 과일을 따는 것도 아니고, 정원에서 자라 는 식물을 돌보는 것도 아녜요. 당신, 바로 당신이랍니다.

그를 불쌍히 여기고 친절하게 대해 주세요. 아니 그 이상으로요. 그는 당신을 사랑해요. 내 입술을 통해 당신에게 전하는 애원이 들리 지 않나요? 그가 마음속으로 간절히 원하는 것을 주도록 해요. 더구 나 어쩌면 당신은 신의 보복을 받을지도 몰라요. 특히 베누스는 인간 의 몸을 가졌으되 돌처럼 차가운 마음씨를 가진 자를 미워하니까요. 누군가 자신을 사랑하는데 마음이 너무 차갑고 돌처럼 굳어 있던 사 람들에게 무슨 일이 일어났는지 말해 줄까요?"

여전히 변신한 채로 그는 포모나에게 마음씨가 차가운 아낙사레테의 이야기를 들려주었다.(독자 여러분은 다음에 이어지는 이야기를 꼭 읽어 보세요.)

이야기를 마친 베르툼누스는 모든 것이 헛수고임을 알았다. 포모
나는 노파의 충고에 전혀 마음이 움직이지 않았던 것이다. 그의 변신
은 아무 쓸모가 없었다. 그는 드레스와 스카프를 벗어 던지고 머리카
락도 바꿔 본래의 모습인 젊은 신으로 돌아왔다. 그의 몸을 감싼 광휘
는 마치 구름이 물러가고 비가 그친 뒤의 태양처럼 빛났다. 그의 신다
운 모습에 압도된 포모나는 기쁜 마음으로 그의 팔에 안겼다. 마침내
사랑이 승리를 거둔 것이었다.


# 6. 돌심장을 가진 소녀: 아낙사레테

 *이 이야기는 앞서 소개한 베르툼누스가 자신이 사랑하는 포모나를 설득하고
자 들려준 것으로, 그녀는 결국 그의 사랑을 거절하지 못했다.*


이피스Iphis라는 이름의 미천한 태생의 젊은이가 있었다. 그는 공주
를 보고 한눈에 반해 사랑에 빠지고 말았다. 그녀는 고대 귀족 가문의
피를 이어받은 아낙사레테Anaxarete였다. 서로 신분이 얼마나 차이가
나는지를 알고 있는 이피스는 끓어오르는 열정을 억누르기 위해 몸

부림쳤다. 하지만 그의 이성은 감정을 이길 수가 없었다. 날마다 그는 거지처럼 그녀의 문앞에 서서 사랑을 호소했다.

아낙사레테는 그의 간청을 못 들은 척했고, 마치 태풍이 부는 겨울 바다의 파도보다 차갑게 그를 아는 체도 하지 않았다. 그녀는 불에 달군 쇠보다 단단했고, 땅속 깊이 뿌리박힌 바위보다 완고했다.

어느 날 이피스는 아낙사레테의 유모에게 자신의 감정을 고백하고, 그녀가 자신에게 빚진 사랑을 갚도록 해 달라고 애걸했다.

"유모, 당신이 그녀를 사랑하고 또 행복하기를 바란다면 저를 자세히 보시고 그녀에게 얘기해 주세요. 저는 충분히 그녀의 사랑을 받을 자격이 있다고 말예요."

그리고 그는 열심히 아낙사레테의 하녀들을 설득하며 자신의 부탁을 들어 달라고 졸라 댔다. 그는 그녀에게 바칠 더없이 감미로운 가사의 연가를 부르며, 부드러운 밀랍으로 된 테이블에 악보를 새겨 넣었다. 그는 또한 이슬이 아닌 눈물에 젖은 화환을 그녀의 방 앞에 있는 문설주에 걸어 놓았다. 그리고 밤새도록 그녀 방의 문지방에 누워 자신을 안으로 들어가지 못하게 하는 걸쇠와 빗장을 원망했다.

그러나 그 어떤 것도 아낙사레테의 사랑을 얻는 데는 도움이 되지 못했다. 그녀는 그를 경멸했고 비웃었으며, 거만하게 꾸짖었고, 서슴지 않고 불손한 말과 잔혹한 행동을 취했다. 결국 이피스는 모든 희망을 잃고 말았다. 그는 더 이상 끔찍하게 이어지는 고통을 참을 수가 없었다. 그는 그녀의 방문 앞에 서서 괴로워하며 마지막 한 마디를 내뱉었다.

"아낙사레테! 당신이 이겼소. 더 이상 당신을 귀찮게 하지 않으리다. 승리의 행진을 준비하고 신을 찬양하는 노래를 부르시오. 그리고 월계관을 머리에 쓰시오. 당신이 이겼으니 나는 기꺼이 죽으리다! 돌심장을 지닌 여인이여! 내 죽음을 기뻐하시오.

하지만 찾아보면 내게도 칭찬할 만하고 감탄할 만한 구석이 있을 것이고, 내가 당신의 사랑을 받을 충분한 자격이 있다고 여길 만한 점도 있을 것이오. 최소한 나의 성실함은 인정해 주어야 할 것이오. 기억하시오. 내가 당신을 사랑했다는 것을. 그리고 내 사랑은 내가 죽어야만 끝난다는 사실을. 아무리 소문이 널리 퍼진다 해도 당신은 결코 듣지 못할 것이오. 바로 나 이피스는 한 사람으로서 그대 앞에 있을 것이고, 당신은 냉혹한 눈으로 생명이 끊긴 내 몸뚱이를 바라보며 즐기겠구려.

신이시여! 만약 인간들이 하는 모든 행동들을 보신다면 저를 기억해 주십시오. 제 혀는 더 이상 말을 할 수 없답니다. 이것이 저의 마지막 기도입니다. 부디 후세에 제 이야기를 전해 주십시오. 그리고 저의 생애에서 잃어버린 세월은 반드시 제가 죽은 후에 명성을 남기는 기간에 보태 주십시오."

그리고 이피스는 눈물 가득한 눈으로 늘 싱싱한 화환을 걸어 놓았던 문설주를 바라보며 창백하고 허약한 팔을 들어 올렸다. 벤치에 올라선 그는 대들보에 밧줄을 걸고 그 끝을 잡아 올가미를 만들었다.

"여기 당신에게 바치는 화환이 있소. 잔인하고 악랄한 여인이여! 당신을 행복하게 해 줄 것이오."

이피스는 올가미에 자신의 목을 집어넣고, 마지막으로 문을 향해 고개를 돌렸다. 그리고 벤치를 걷어찼다.

이피스의 발에 부딪힌 문은 몸서리를 치며 슬픔에 찬 신음을 지르는 듯 보이더니, 활짝 열리면서 몸서리쳐지는 광경을 드러냈다. 하인들은 비명을 지르며 그를 끌어내렸지만 상처받은 연인을 구하기엔 이미 늦고 말았다. 그들은 이피스를 그의 홀어머니가 있는 집으로 옮겼다. 아들을 본 어머니는 팔을 들어 그의 차가운 몸뚱이를 껴안았다. 그는 다른 부모들이 그렇듯 통곡을 했고, 그러한 경우를 당한 모든 어머니들처럼 비탄에 빠졌다. 그리고 그녀는 납빛이 된 아들의 시신을 상여에 싣고 슬픔 가득한 장례 행렬을 인도하여 거리를 지나 마을 한가운데 마련된 화장용 장작더미에 안치했다.

슬픈 장례 행렬이 거리를 지나는 동안 아낙사레테 집 안에서는 과연 어떤 일이 일어났을까? 거만한 아낙사레테의 귀에 울부짖는 소리가 들렸다. 음산한 소리에 그녀는 자기도 모르게 몸을 움직였다. 그리고 그녀는 생각했다.

"무엇 때문에 이렇게 눈물을 흘리고 슬퍼하는지 가서 알아보는 게 좋겠어."

복수의 여신 세 자매가 그녀를 움직이도록 만들었다.

계단을 올라가 위층 방으로 간 아낙사레테는 창문을 활짝 열고 밖을 내다보았다. 바로 그때 상여에 창백한 시신을 뉘인 슬픈 장례 행렬이 지나갔다. 순간적으로 그를 본 그녀의 눈은 경직되었고, 몸 속에 흐르는 뜨거운 피가 식기 시작했으며, 얼굴은 온통 하얗게 변했다. 그녀는 창가에서 물러나려 했지만 꼼짝도 할 수 없었고, 슬픔에 찬 광경을 보지 않으려고 고개를 돌리려 했지만 그럴 수 없었다. 천천히 그리고 조금씩, 그녀의 심장을 채우고 있던 돌이 전신으로 퍼지기 시작하여 사지에까지 이르렀다.

베르툼누스는 자신의 이야기를 이렇게 끝맺었다.

이 이야기는 사실이다. 당신의 눈으로도 증거를 확인할 수 있을 것이다.

살라미스Salamis에 있는 영예의 전당의 대리석 조상彫像에는 다음과 같은 글이 새겨져 있다.

"창밖을 내다보던 베누스에게."

아름다운 님프는 아낙사레테의 죽음이 경고하는 바를 반드시 기억해야 할 것이다. 자만하지 말고 남을 경멸하지도 말라. 그리고 자신을 사랑하는 자를 사랑하라. 봄의 서리는 여린 꽃망울을 해치기 위해 내리는 것이 아니며, 모진 바람도 가지를 흔들어 꽃을 떨어뜨리고자 부는 것이 아니다.

# 7. 상아로 만든 사랑: 피그말리온과 갈라테이아

키프로스 섬에 사는 모든 소녀들은 젊은 미남 조각가 피그말리온 Pygmalion에게 열광하고 있었다. 그는 잘생겼을 뿐만이 아니라 재능 또한 뛰어났기 때문이다. 누구도 상아나 대리석을 가지고 그만큼 조각할 수는 없었다. 그는 작품에 따뜻한 숨을 불어넣어 생명이 없는 차가운 물질을 마치 살아 있는 사람처럼 보이도록 바꾸어 놓았다. 더더욱 흥미로운 사실은 피그말리온이 여자에겐 전혀 관심이 없다는 사실이었다. 그 어느 누구도 피그말리온처럼 여인의 순수를 이상적으로 표현해 낼 수 없었지만, 그는 절대 결혼하지 않기로 맹세를 했다. 키프로스의 소녀들에 대한 경멸은 오히려 관심을 끌도록 만들었지만, 결국 모두는 실망스러운 운명을 겪을 수밖에 없었다.

그녀들은 젊은 조각가의 예술이 모든 것을 흡수함으로써 이루어진다는 사실을 몰랐다. 대지와의 약속을 초월한 아름다운 세계가 있는데 어찌 단순한 속세의 미에 흥미를 가질 수 있겠는가? 정말로 그 세계는 그가 손에 연장을 쥐고 조각을 시작하면 거의 잡힐 것만 같았다.

피그말리온은 이 같은 이상을 품고 있었기 때문에, 상아를 깎아 여인을 만들기 시작했다. 그것은 결코 아무도 보지 못한 완벽한 아름다움을 갖춘 상상 속의 모습이었다. 그는 세상 어딘가에는 틀림없이 존재할 것이라 믿고 있는 아름다운 여성의 진수를 표현하고자, 날마다

상아를 우아하게 깎고 다
듬는 작업에 몰두했다.

드디어 조각이 완성되
자, 피그말리온은 그녀를
경이로운 눈으로 바라보았
다. 그는 둘도 없는 걸작을
창조해 낸 예술가의 승리
감에 도취되었다. 조각은
완벽했고, 최고의 미를 지
니고 있었다. 자신을 만들
어 낸 예술가 앞에서 조각
은 빛을 발했고, 생명의 고
동을 울리는 듯했다. 더할
것도 보탤 것도 없었다.

:: 번 존스, 〈피그말리온과 조각상 II〉.

보면 볼수록 조각은 경이로웠고, 마치 자신을 바라보는 것 같은 느
낌을 주었다. 완벽한 아름다움을 갖춘 여인의 조각은 마치 살아 있는
듯했다. 금방이라도 숨을 내쉬고 입을 열어 말을 할 것만 같았다. 만
약 그렇다면 피그말리온은 그녀에게 무슨 말을 해야 할까? 무슨 말을
해도 그녀는 마치 그가 하는 모든 이야기를 이해할 것 같았다.

결국 피그말리온은 억누를 수 없이 열정적인 사랑에 빠졌다. 하지
만 죽은 것이나 다름없이 차갑고 표면이 매끄러운 상아 조각을 사랑

한들 무슨 소용이 있으랴?

하지만 피그말리온에게 그녀는 생명이 있는 것처럼 느껴졌다. 그는 너무도 정교하게 손질을 했기 때문에, 조각이 빛을 받아 매끄러운 표면에 음영이 생기면 마치 인간의 따뜻한 체온을 지닌 듯 보였다. 살아 숨쉬는 것과 다름없는 완벽한 조각을 바라보는 것은 차라리 고통이었다. 금방이라도 그녀는 좌대에서 걸어 내려와 그에게 말을 할 것만 같았다. 그에게 그녀는 실체나 다름없었다. 그는 그녀에게 갈라테이아Galatea라는 이름을 지어 주었고, 이로써 모든 것이 완벽해졌다.

너무도 만족한 조각가는 자신이 비웃던 키프로스의 소녀들도 무척 예의바르게 대하기 시작했다. 그는 자신이 냉담하게 굴었던 데 대한 빚을 갚았던 것이다. 그러나 사람들은 그가 사랑 때문에 미쳤다고 여겼다.

무엇보다 그는 상아 조각을 끊임없이 만짐으로써 갈라테이아가 없어지지나 않았는지를 확인하려 했다. 그것은 살아 있는 인간의 살결 같았다. 상아 조각의 팔을 만졌을 때는 손 밑으로 따스함이 느껴졌으며, 마치 피부가 자기를 만져 달라고 하는 것 같았다. 피그말리온은 팔로 그녀를 감싸 안았다. 혹시 너무 거칠게 안아서 그녀가 다치지나 않았는지 염려하면서.

다음에 그는 그녀의 입술에 입을 맞췄다. 때때로 그는 그녀가 입맞춤에 응답한 것 같은 착각이 들기도 했다. 그는 온갖 찬사를 동원하여 그녀를 칭찬하면서 대답을 기다렸다. 물론 정신이 온전한 그는 그녀가 결코 자신의 말에 대답하지 않으리라는 사실을 잘 알고 있었다.

이제 그는 마치 아이가 인형을 가지고 놀 듯, 조각이 살아 있다고 여기고 함께 놀기 시작했다. 조개껍데기와 반짝이는 돌, 귀여운 새나 백합, 무지개 빛의 꽃들, 색색의 공과 호박琥珀처럼 또래의 소녀들이 좋아할 만한 선물을 모두 가져다주었고, 그녀가 예쁘게 보이도록 여러 벌의 옷을 갈아 입히기도 했다. 또한 반지, 목걸이, 귀걸이 등 온갖 장신구로 치장해 주기도 했다.

밤이 되면 피그말리온은 갈라테이아를 푹신한 깃털 베개와 진홍빛 비단으로 장식된 침대에 살며시 눕히고 보라색 이불을 덮어 주었다. 그리고 그녀가 마치 부인이라도 되는 양 다정히 속삭였다.

"잘 자요, 내 사랑!"

하지만 절대 그가 미친 것은 아니었고, 자신의 행동이 정상적이지 않다는 것도 잘 알고 있었다. 결국 자신이 어처구니없는 일을 하고 있음을 깨달은 그는 너무도 실망한 나머지 모든 것을 포기해 버렸다. 아무리 가정이라 해도 그는 결코 맺어지지 못할 사람, 아니 물체를 사랑했던 것이다. 그는 가장 불쌍한 사람이었다.

축제의 날이 다가왔다. 사랑의 여신 아프로디테를 기리는 이 축제는 키프로스의 특별한 기쁨이었다. 왜냐하면 바다의 물거품 속에서 태어난 아프로디테가 섬에 첫발을 내디딘 날이었기 때문이다. 모두가 들뜬 기분으로 뿔 끝을 황금으로 장식한 하얀 새끼암소의 목에 싱싱한 꽃으로 만든 화환을 걸어 아프로디테의 신전에 바쳤고, 달콤한 향기가 허공에 퍼져 나갔다.

불행한 연인들은 무리를 지어 아프로디테의 신전으로 가서 자신들을 도와달라고 애원했다. 피그말리온도 무릎을 꿇고 자신의 소원을 빌었다. 하지만 그는 자신이 없었다. 자신이 바라는 바를 들어 달라고 부탁한다는 자체가 너무도 어리석은 짓이었다. 그는 거의 들리지 않는 조그만 목소리로 자신의 소원을 빌었다.

"신이시여!" 그는 속삭였다. "만약 가능하다면……. 제가 아내를 얻도록 해 주십시오……. 그 아내는……."

어찌 똑바로 말할 수 있단 말인가? 자신이 만든 조각을 아내로 맞이하게 해 달라고.

그는 다시 기도했다.

"신이시여! 제발……."

그는 헐떡였다.

"제 손으로 만든 상아 조각과 똑같은 사랑스러운 여인을 아내로 맞게 해 주소서."

바로 피그말리온의 옆에 있던 아프로디테는 그가 진정으로 무엇을 원하는가를 눈치 챘다. 여신은 진정한 사랑에 몸을 바친 젊은이를 보고 마음이 움직여 그를 돕기로 했다. 무릎을 꿇고 있는 피그말리온 앞의 신전 바닥에서 높은 불길이 세 차례 피어올랐다.

이를 행운의 징조라고 받아들인 피그말리온은 희망으로 가슴이 벅차올랐다. 그는 아프로디테 신이 자신의 기도를 들어 주었음을 알았

:: 장 바티스트 르뇨, 〈사랑하는 조각상에 생명을 달라고
아프로디테 여신에게 기도하는 피그말리온〉.

다. 그는 자신이 만든 아름다운 조각 갈라테이아에게 쏜살처럼 달려
갔다. 그런데 그녀는 여전히 상아 조각인 채로 좌대 위에 서 있었다.

그는 그녀의 팔을 만져 보았다. 확신하기는 힘들었지만 그녀의 팔
은 전보다 더 따뜻하게 느껴졌다. 그녀에게 입을 맞춘 피그말리온은
자신이 상상했던 것보다 훨씬 부드럽다고 느꼈다. 그가 갈라테이아
를 껴안자 상아 조각은 마치 밀랍이 햇볕을 쐰 것처럼 말랑말랑해졌
다. 이럴 수가 있을까? 하지만 그가 갈라테이아를 부드럽게 어루만
지자, 그녀의 피부 아래에서 맥박이 뛰기 시작했다.

그는 자신의 기도를 들어준 아프로디테를 찬양했다. 그가 입을 맞
췄던 입술은 진짜였던 것이다. 피그말리온의 입맞춤을 느낀 갈라테

이아가 그가 한 것과 똑같이 반응한 것이었다. 처음에는 수줍고 두려운 듯 얼굴을 붉혔지만, 그녀는 생전 처음으로 눈을 뜨고 그를 쳐다보았다. 피그말리온은 자신이 그녀를 사랑하듯, 갈라테이아 역시 자기를 사랑하고 있음을 알았다.

당연히 두 사람은 자신들의 결혼식에 아프로디테를 초청했고, 여신은 기꺼이 참석에 응했다. 여신은 한 쌍의 신혼부부를 축복하며, 영원히 행복하게 잘 살도록 빌어 주었다.

키프로스의 모든 소녀들로부터 초연했던 예술가 피그말리온은 마침내 사랑을 찾은 것이다. 그리고 그가 상아로 빚어 낸 여인은 결국 피그말리온을 완전한 영혼과 육체를 갖춘 인간으로 새롭게 탄생시킨 것이다.


## 8. 공주와 황소: 에우로페


어느 날 아침, 에우로페Europe는 잠에서 깨기 전에 이상한 꿈을 꾸었다. 꿈에서 두 대륙이 그녀를 사이에 두고 싸우고 있었다. 하나는 아시아였는데 '당신은 이곳에서 태어났으니 내 것이오'라고 말했고, 다른 하나는 이름이 없었는데 "제우스 신께서 당신을 내게 주셨소"라고 속삭였다.

포에니키아(Phoenicia, 페니키아)에 있는 티레Tyre 왕국의 에우로페 공주는 잠에서 깨어났지만 이상한 꿈을 떨쳐 낼 수가 없었다. 그녀는 침대에서 일어나 창문을 열어 보았다. 봄이 한창인 밝고 화창한 아름다운 날이었다. 그녀는 스스로도 설명할 수 없는 기쁨에 겨워 가만히 자리에 앉아 있을 수가 없었다.

에우로페는 자신의 멋진 느낌을 딴 사람들과 나누고 싶었다. 그녀는 왕국 귀족 가문의 여인들과 친구 그리고 수행원들을 불러 모았다.

"우리 모두 꽃을 따라 초원으로 나갑시다."

묘하게 격앙된 그녀가 소리쳤다.

"왠지 오늘은 특별한 일이 생길 것 같군요."

이 같은 초대에 누가 감히 "안 돼요"라고 말할 수 있을까? 흥분한 에우로페의 호들갑 때문에 여인들은 덩달아 광주리를 들고 즐겁게 봄의 햇빛 속으로 나갔다.

그들이 좋아하는 곳은 푸른 해안을 따라 펼쳐진 꽃이 만발한 녹색의 초원이었다. 그곳에서 여인들은 춤추고 노래하며, 차가운 강물에 목욕을 하기도 하고, 꽃을 따기도 했다. 그날 아침의 초원은 견딜 수 없을 만큼 아름다웠기에 여인들은 기쁨의 탄성을 질렀다. 봄이 가득한 땅은 결코 그녀들이 보지 못했던 장관이었다. 그들은 향긋한 꽃―검붉고 노란 크로커스, 하얀 수선화, 히아신스, 제비꽃 그리고 밝은 선홍색 들장미 등―을 따서 광주리를 가득 채웠다. 꽃의 현란한 색깔과 향기조차도 그들의 풍성한 아름다움과 함께 허공을 가득 채웠다.

에우로페가 따서 모은 꽃은 그 가운데서도 가장 아름다워 보였다. 그녀의 황금 광주리에는 그녀 아버지의 조상 이오Io가 제우스에 의해 하얀 암소로 변하는 광경이 묘사되어 있었다.

갑자기 에우로페의 시선이 꽃으로 가득 찬 광주리에서 다른 곳으로 향했다. 초원을 가로질러 여인들에게로 천천히 다가오는 것은 하얀 암소가 아니라 하얗고 멋진 황소였다. 그의 가죽은 봄의 햇빛을 받아 번쩍였으며, 뿔은 초승달처럼 빛났고, 눈썹에는 은으로 만든 고리를 차고 있었다.

에우로페가 어찌 그것이 황소가 아니라 제우스 신이 변신한 모습이라는 것을 알 수 있었겠는가? 올림포스에서 풍요로운 땅 포에니키아를 내려다보던 제우스는 밝은 봄빛 아래 꽃을 따는 여인들을 발견했던 것이다. 모두가 자신들이 딴 꽃처럼 아름다웠지만, 특히 에우로페의 미모는 사랑의 여신처럼 단연 돋보였다.

또다시 사랑에 빠진 제우스는 아름다운 인간 여인을 만날 수 있는 지상으로 내려가기로 작정했다. 그의 아내 헤라에게 의심 받지 않고 그녀에게 좀더 자연스럽게 접근하기 위해서 제우스는 누가 보더라도 초원의 소 떼 가운데 하나로 여길 멋진 황소로 변신했다.

이제 황소는 에우로페를 비롯한 여인들을 부드러운 눈길로 쳐다보며 그들이 두려워하지 않도록 우아한 몸짓으로 빠르게 다가왔다. 그는 깡충깡충 뛰고 슬쩍 공격하는 척도 하며, 여인들이 그를 재미있는

동물이라 여기고 반해서 즐거워하며 웃음을 터뜨릴 때까지 함께 놀아 주기 시작했다. 여인들은 그들이 따 모은 꽃으로 화환을 만들어 그의 목과 뿔에 걸어 주었고, 킬킬대며 꽃을 먹이기도 했다.

에우로페는 자신이 이상하게도 흰 황소에게 끌리는 것을 느꼈다. 그녀가 뿔을 쓰다듬자 황소는 모두의 넋을 뺄 것 같은 아름다운 음악과도 같은 낮은 소리로 울어 댔다. 그는 풀밭에 누워 공주에게 속삭였다.

"내 등에 타요. 두려워하지 말고. 당신이 상상하지 못한 곳으로 데리고 갈 테니까요." 당연히 그녀는 넋을 빼앗겼다. 비록 그녀가 제우스의 음성인 줄 몰랐다고 해도 어찌 거절할 수 있었으랴?

에우로페는 가볍게 황소의 넓은 등에 올라탔다. 그 순간 황소는 발을 들더니 파도에 몸을 던질 수 있는 바다를 향해 전속력으로 달리기 시작했다. 놀란 공주는 있는 힘을 다하여 황소의 목을 끌어안았다. 과연 어디로 가는 것일까? 그녀는 갈수록 멀어지는 일행을 애타는 눈길로 바라보았지만 두려움 때문에 황소의 등에서 뛰어내릴 엄두를 못 냈다.

놀랍게도 황소는 능숙하게 바다를 가르며 헤엄치기 시작했다. 그를 막을 수 있는 것은 아무것도 없는 듯 보였다. 어쩔 수가 없이 황소의 등에 타고 있어야 할 처지가 된 에우로페는 한 손으로는 그의 뿔을 잡고, 다른 한 손으로는 자줏빛 드레스가 젖지 않도록 들어 올렸다.

달빛이 비치자 돌고래와 네레이드들이 나타나 그들을 지나치는 황소와 그 등에 탄 에우로페 주위에서 야단법석을 떨었다. 트리톤Triton은 나팔을 불었으며, 바다의 신이 직접 나타나기까지 했다. 황소는 밤새 쉬지 않고 헤엄을 쳤고, 에우로페는 그의 뿔에 매달려 있었다. 아침이 되어 그들은 아름다운 섬에 도착했다. 황소는 온화하게 그녀를 백사장에 내려놓았다.

그리고 황소는 본래의 모습인 신으로 변해 그녀 앞에 섰다.

"나는 제우스요."

놀란 소녀에게 그가 말했다.

"그대를 데려온 곳은 나의 섬 크레타Crete라오. 어머니는 갓 태어난

:: 티치아노 베첼리오, 〈겁탈당하는 에우로페〉.

나를 이곳에 숨겼고, 나는 여기서 자랐소. 내가 지상에서 가장 아끼는 이 섬을 당신께 주리다. 왜냐하면 당신을 사랑하니까. 이곳에서 당신은 나와 결혼을 하고, 세상을 다스릴 위대한 아들들을 갖게 될 것이오."

제우스가 말을 마치자, 계절의 여신들이 나타나 에우로페에게 신부복을 입혀 주었다. 그리고 아프로디테가 나타나 "신의 사랑을 받게 된 것은 영광이며, 그 사랑은 영원할 것"이라고 공주에게 다짐했다. 그리고 그녀의 이름을 딴 새로운 세계를 만들 것이라고 했다.

제우스는 그녀에게 세 가지 놀라운 결혼 선물을 주었다. 첫째는 한 번 노린 목표를 반드시 맞출 수 있는 창이었고, 둘째는 항상 그녀를 보호해 주는 사냥개 라일라프스Laelaps였으며, 마지막은 날마다 크레타 섬을 순찰하며 침입자를 쫓는 청동인간 탈로스Talos였다.

얼마 지나지 않아 에우로페는 정의로움을 떨치며 지상의 위대한 왕이 된 세 아들을 낳았고, 그 가운데 둘은 하데스에서 사자들의 심판관이 되었다.

마침내 지난 봄날 아침, 젊은 공주가 꾸었던 꿈이 실현된 것이었다. 진실로 공주를 얻고자 했던 새로운 대륙은 영원히 그녀의 이름인 '유럽Europe'이라 불리게 된 것이다.

# 제5부

## 화로와 가정

아내와 어머니에 관한 이야기들

# 1장

## 충실한 아내들

# 1. 화로와 가정의 여신: 헤스티아

크로노스와 레아 사이에서 태어난 아이들 가운데 맏이인 헤스티아 Hestia는 가정생활의 안락과 고요를 즐기며 살았다. 그녀는 모든 남녀 신들 가운데 누구보다도 평화를 사랑하였기에 전쟁은 물론 말다툼조 차 관여하지 않았다. 그녀는 올림포스에서 가장 상냥하고 자비로우 며 올곧은 여신이었다.

아테나와 아르테미스처럼 헤스티아는 수많은 청혼을 받았지만, 역 시 그들처럼 처녀인 채로 남아 있었다. 한 번은 포세이돈과 아폴론이 그녀를 사이에 두고 사랑 싸움을 벌인 적이 있는데, 제우스의 신성한 머리를 걸고 자신은 결코 결혼하지 않겠다는 맹세함으로써 그들을 거절했다.

비록 미혼이었을지라도 '화로의 여신'은 안정되고 행복한 가정생 활의 상징이었다. 헤스티아는 집 짓는 법을 연구하여 가르쳤으며, 집 에서 사는 사람들을 보호해 주었다. 사람들은 매끼 식사를 시작하고 마칠 때마다 그녀에게 제물을 바쳤고, 새로 태어난 아기는 가족의 구 성원으로 받아들이기 전에 헤스티아의 축복을 받았다.

시청 같은 공공건물에서도 벽난로가 있어 시민들은 그녀의 보호 를 받고 있음을 알 수 있다. 공공장소의 벽난로에서 피어오르는 불길 은 신성한 것으로 절대 밖으로 가지고 나갈 수 없었다. 새로운 거주지

:: 제우스와 헤스티아.

가 형성되면, 그곳에서 살 주민들은 여신의 벽난로에서 불붙은 석탄을 조심스럽게 운반해 갔다. 새로운 도시에 만들어진 벽난로 속의 불이 예전과 마찬가지로 자신들을 지켜 주리라는 믿음 때문이었다.

로마에서는 헤스티아를 베스타Vesta라고 불렀다. 공공장소에 있는 여신의 사원에서 피어오르는 불길은 베스탈Vestal이라고 불리는 여섯 명의 처녀 여사제들이 지켰다. 베스타를 보호하는 것은 무척 중요하게 여겨졌기 때문에, 만약 베스탈이 불을 꺼뜨리기라도 하면 엄중한 벌을 받았고, 햇빛을 이용해서 다시 불을 피워야만 했다.

## 2. 변함없는 아내: 페넬로페

충실한 페넬로페Penelope는 모든 아내들 가운데서도 가장 혹독한 시련을 겪은 사람이었을 것이다. 남편의 생사조차 모르고 수 년 동안 방황했기 때문이다. 그녀는 남편의 소식을 도통 알 길이 없었다. 이타카Ithaca의 왕이자 이름난 전사인 남편 오디세우스Odysseus는 트로이 전쟁에 참가하기 위해 페넬로페를 남겨 두고 떠났고, 그녀는 모든 아내들이 그러했듯 남편이 돌아오기만을 기다릴 뿐이었다.

하지만 기다리는 데에는 엄청난 인내가 필요했다. 오디세우스는 20년 동안 집을 떠나 있었고 그동안 어떤 소식도 없었기에, 이 위대한 영웅에게 무슨 일이 일어났는지 아는 사람은 아무도 없었다. 단지 페넬로페와 그의 아들 텔레마코스Telemachus만이 언젠가 그가 살아서 돌아올 것이라고 믿고 있을 뿐이었다.

이제 사람들은 페넬로페에게 압력을 넣기 시작했다. 20년이 흐르자 그들은 오디세우스가 죽었을 것이라 여겼고, 그녀는 재혼을 해야만 했다. 어떤 여자도 혼자 살 수는 없었다. 특히 그녀처럼 부유한 여자는 더욱 그랬다. 그녀는 엄청나게 많은 재산과 거대한 토지와 헤아릴 수 없는 소 떼를 가지고 있었다.

하지만 페넬로페는 자신의 삶이 과거이건 미래이건 오직 남편에 대한 사랑으로 가득 차 있다고 여겼다. 그녀는 스파르타Sparta의 공주인 자신이 어린 소녀 시절에 그가 어떻게 구애를 했는지를 똑똑히 기억하고 있었다. 수많은 사내들이 그녀와 결혼하고 싶어 했지만, 페넬로페는 그를 선택했다. 그녀의 사랑은 오직 오디세우스뿐이었기에.

:: 오디세우스.

그들의 결혼식 날이 결정되자 모든 사람들이 기뻐했다. 하지만 그녀가 자신의 집을 떠나야 하는 마지막 순간 아버지 이카리오스Icarius는 제발 떠나지 말라고 애원했다. 그는 사랑하는 딸과 도저히 헤어질 수 없다고 말했다. 그러자 오디세우스는 그녀에게 선택의 기회를 주었다. 아버지와 함께하든지 아니면 자신을 따라가든지. 선택은 간단했다. 그녀는 이미 자신의 미래를 결정해 두었던 것이다. 페넬로페가 아무 말 없이 얼굴에 베일을 쓰자, 그녀의 아버지는 딸의 선택이 무엇인지를 알았다. 그녀는 영원히 남편과 함께하기로 작정한 것이다.

그들이 결혼한 해에 트로이 전쟁이 시작되었고, 오디세우스는 젊은 아내를 두고 떠나야만 했다. 떠나기 전날 밤, 그는 페넬로페를 껴안고 말했다.

"당신이 외로우리라는 것을 잘 아오. 하지만 이 말을 가슴에 새겨 둬요. 나는 당신을 진심으로 사랑하고, 매일 당신을 생각할 거요. 당신에게 바라는 것은 늘 내게 충실하라는 것과 내가 돌아올 때까지 기다리라는 것이오."

그가 덧붙였다.

"얼마나 걸릴지 모르지만, 나는 당신에게 돌아올 거요. 약속하오."

오디세우스가 떠난 지 얼마 지나지 않아 페넬로페는 아들 텔레마코스를 낳았다. 이제 그녀의 소원은 단 하나. 남편이 자기 아이를 보러 집으로 돌아오고, 다시 함께 지내는 것이었다. 그렇기 때문에 아무리 오랜 시간이 지났더라도 페넬로페는 재혼을 생각조차 할 수가 없었다. 많은 사람들이 그녀의 귀에 대고 구혼자에 대한 이야기를 하고, 그와 결혼하면 얼마나 행복해질 수 있는지 설득하려 노력했지만 아무런 소용이 없었다. 그녀는 오디세우스가 살아 있으며 언젠가는 돌아올 것이라고 굳게 믿었다. 그녀가 바라는 것은 오직 그를 기다리는 것뿐이었다.

이제 그녀의 집은 고통의 장소로 바뀌었다. 모든 섬과 나라에서 페넬로페와 결혼을 원하는 사내들이 몰려들었기 때문이다. 그녀는 모두를 미워하고 아무런 관심도 보이지 않았지만, 그들은 결코 떠나려 하지 않았다. 그녀는 여자로서는 이겨내기 힘든 고독한 전쟁을 치러야만 했다.

구혼자들은 몇 주일씩이나 페넬로페의 궁전에 머물며 그녀의 환심을 사려 애썼다. 구혼자들은 마치 자신들을 위한 기나긴 파티가 열린 듯 제멋대로 행동했다. 그들에게는 행동의 규범이 전혀 없는 것 같았다. 그녀의 재산을 축내고, 매일 밤 술에 취해 지내며, 예의라고는 눈곱만큼도 없이 무례하게 굴면서 어떻게 해야 그녀가 자신들에게 관심을 가질 수 있을까만 생각했다. 그들은 마치 궁전이 자기들 것인 양 행동했다. 하인을 마구 부렸고, 가구를 부쉈으며, 성대한 파티를 위해 날마다 그녀 남편의 가축을 도살했고, 고기를 굽기 위해 나무를 마구 베어 냈다. 그들은 어린 텔레마코스의 목숨까지도 위협했으며, 페넬로페가 그들 가운데 한 사람과 결혼하지 않으면 결코 떠나지 않겠다며 막무가내였다.

페넬로페와 텔레마코스는 이처럼 난폭한 족속들과 맞서기엔 너무도 힘이 없음을 느꼈다. 여자와 소년이 어떻게 그들을 몰아낼 수 있을 것인가? 절망에 빠진 그녀는 시간을 벌기 위해서 최후의 계책을 생각해 냈다.

"나는 재혼을 꿈에서조차 생각할 수 없어요." 그녀가 말했다.

"내 남편의 가족에 대한 마지막이자 신성한 의무를 다하기 전까지는 말예요. 나는 시아버지께서 돌아가실 때 입으실 수의를 만들어야 해요."

매일 낮이면 페넬로페는 베틀 앞에 앉아 아름다운 천을 짰고, 구혼자들은 열심히 일하는 그녀를 볼 수 있었다. 밤이 되어 그들이 잠들면, 그녀는 낮에 짜 두었던 천의 실을 풀어냈다. 이것은 비록 멋진 계

략이었지만 영원히 지속할 수는 없었다. 수의가 더 이상 만들어지지 않는 것을 눈치 챈 구혼자들이 의심을 품기 시작한 것이다. 결국 하녀 하나가, 여주인이 낮 동안 그토록 힘들게 짠 수의의 올을 밤마다 풀어 낸다고 그들에게 일러주고 말았다.

드디어 구혼자들은 인내심을 잃고 말았다. 그들은 페넬로페에게 빠른 시일 안에 어느 한 사람과 결혼할 것을 요구했다. 그렇지 않으면 그들 스스로가 한 사람을 선택하여 강제로 그녀와 결혼시킬 것이라고 전했다. 그리고 그들은 더욱 무례해졌고 더욱 폭력적이 되었다.

하지만 그 누구도 오디세우스가 정말 살아 있다는 사실을 모르고
있었다. 전쟁이 끝나자, 그는 집으로 돌아오려 무진 애를 썼다. 신은
20년에 걸친 방황을 한 오디세우스를 불쌍히 여겨 그를 고향인 이타
카 해변으로 데려다 주었다. 그리고 아테나가 꿈에 나타나 아내에게
어떤 일이 벌어졌는지를 알려 주며 조심하라고 당부했다. 궁전에 이
를 때까지 거지로 변장하여 정체를 감추라고 충고했던 것이다. 그러
면 의심 받지 않고 자신이 무엇을 해야 하는가를 알 수 있을 것이라고
전했다.

아침이 되자 여신은 오디세우스의 아들 텔레마코스를 그에게로 데
려왔다. 아버지와 아들은 단번에 서로를 알아보았다. 만남의 기쁨을
나눈 두 사람은 힘을 합쳐 그들의 집에 있는 불청객들을 깨끗이 몰아
내기로 했다.

두 사람은 궁전으로 들어갔다. 오디세우스는 넝마를 걸쳤고, 머리
와 수염은 손질하지도 않아 마구 헝클어져 있었다. 그들은 수많은 구
혼자들이 여느 때처럼 게걸스럽게 먹고 마시는 광경을 목격했다. 넝
마를 걸친 늙은 거지를 본 그들은 웃음을 터뜨리며, 그 나이에 그런
옷을 입는 것을 비웃었다.

아래층에서 무슨 일이 벌어졌는지 보기 위해 내려온 페넬로페는
몹시 화가 났다. 아무리 가난하고 초라할지라도 그녀의 집 안에서 나
이 든 사람을 이토록 모욕할 수는 없었다. 그녀는 늙은 거지를 불러

그가 누구인지 그리고 어떻게 이타카로 오게 되었는지를 물었다. 20년이나 떨어져 있었기 때문에 그녀는 그가 자신의 남편이라는 것을 전혀 눈치 채지 못했다.

"저는 트로이에서 오디세우스 왕을 만났지요."

거지가 말했다.

"그분께서 부인이 있는 이타카로 가면 도움을 받을 수 있을 거라 하셨지요."

:: 깊은 슬픔에 잠긴 아내 페넬로페 앞에 변장하고 나타난 오디세우스.

페넬로페는 눈물을 흘리며 자신이 얼마나 남편을 그리워했는지를, 그리고 그가 돌아오리라는 희망을 결코 버리지 않았음을 이야기했다. 다소 미심쩍은 구석이 있긴 했지만, 그녀는 여전히 그가 누구인지 모르고 있었다.

위기의 순간이 닥쳐왔다. 구혼자들이 페넬로페가 만드는 수의의 비밀을 알아챈 것이다. 그들은 이제 거의 통제 불능의 상태가 되고 말았다. 결국 왕비는 절망의 나락에 빠지고 말았다. 어떻게 저들을 만류할 수 있을까? 만약 그녀가 구혼자들 가운데 한 사람과 결혼하지 않는다면, 그들은 그녀의 아들과 궁전, 땅, 가축 등 모든 것들을 파괴하리라.

페넬로페는 절망이 가득한 목소리로 그들 모두에게 말했다.

"여러분께 할 말이 있어요."

그녀는 작은 목소리로 말했다.

"간밤에 무척 이상한 꿈을 꾸었어요. 독수리가 거위 스무 마리를 죽이는 꿈이었어요. 그것이 무엇을 암시하는 건지 해석해 주실 분 안 계신가요?

꿈을 꾸고 나서 나는 무언가를 결정해야 한다고 생각했어요. 궁술 대회의 우승자와 결혼하기로 말예요. 내 남편 오디세우스는 다른 사람은 절대 사용할 수 없는 거대한 활과 날카로운 화살을 가지고 있었어요. 누구도 활을 당겨 시위를 걸 수 없고, 더더욱 활을 쏘아 목표를 맞출 수 없어요. 여러분 가운데 누구라도 이를 해낸다면, 그 사람의 아내가 되겠어요."

페넬로페는 손잡이에 구멍이 난 열두 개의 도끼를 천장에 매달아 늘어뜨렸다. 그리고 그녀 남편의 활로 화살을 쏘아 도끼 열두 개의 구멍을 통과시키는 사람과 결혼하겠다고 맹세했다.

구혼자들은 저마다 가진 재주를 뽐내고자 애썼다. 차례대로 돌아가며 활의 시위를 끼우려 했지만 모두 실패하고 말았다. 엄청난 무게를 이기며 한 손으로 시위를 당길 수 있는 힘을 지닌 자는 아무도 없었던 것이다. 그들은 이 대회를 다음 날 아침까지 미루자고 했다. 그때가 되면 지금보다 강한 힘을 가질 것이고, 그들 중 누군가가 틀림없이 그 간단한 일을 해낼 것이라고 생각했다.

　궁전의 구석에 있던 늙은 거지가 입을 열었을 때 모두가 웃음을 터뜨렸다.

　"이 방 안에 있는 사람은 누구나 대회에 참가할 수 있다고 했죠? 그럼 나도 한번 해 보리다!"

　그가 간단하게 활시위를 당겨 걸고 화살을 쏘아 열두 개의 구멍을 통과시켰을 때의 놀라움을 한번 상상해 보라.

　기묘한 이유로 보기보다 젊게 보이는 늙은이는 갑자기 몸을 돌리고 구혼자들을 향해 화살을 날렸다. 그의 아들 텔레마코스는 그에게 화살을 건네주었고, 오디세우스는 차례대로 사람들을 쓰러뜨렸다. 드디어 그들의 집에 있던 무례하고 불손한 무리들이 깨끗이 청소되었다.

　오디세우스는 부인에게로 다가가 자신이 누구인가를 밝혔다. 처음에 페넬로페는 남편을 알아채지 못했다. 너무도 오랫동안 기다려 왔

:: 프란체스코 프리마티초, 〈오디세우스와 페넬로페〉.

는 데다가, 오디세우스는 그녀가 기억하는 남편보다 훨씬 나이 들어 보였기 때문이다. 그토록 갈망했던 일이 실제로 일어났으니 어찌 쉽게 믿을 수 있었을까? 하지만 그가 오직 남편만이 알고 있는 사실—그들의 침대에 그가 직접 큰 가지를 늘어뜨린 올리브나무를 조각한 것—을 말하자, 그녀는 비로소 남편 오디세우스가 정말 집으로 돌아왔음을 알고 너무도 기뻐했다.

두 사람은 서로를 껴안고 입을 맞췄다.

"페넬로페!" 그가 말했다.

"세상의 어떤 아내도 당신처럼 기품 있고 진실되며 사랑스러울 수는 없을 것이오."

그리고 그들은 밤을 새워 서로가 헤어져 있던 동안 겪었던 일들을 이야기했다. 그리고 오디세우스는 늙은 점쟁이 티레시아스Tiresias가 자신에 대해 예언한 것을 말해 주었다. 오디세우스는 앞으로도 수많은 여행을 하게 되지만, 나이가 들면 편안하게 숨을 거둘 것이며, 두 사람은 여생을 함께하리라는 것이 예언의 내용이었다.

## 3. 헌신적인 연인들: 알키오네와 케익스

세상의 어느 누구도 알키오네Alcyone와 그의 연인 케익스Ceyx처럼 서로에게 헌신적이지는 못했을 것이다. 알키오네는 바람을 동굴에 가두었다가 그가 원하거나 신들이 요구할 때 이를 자유롭게 풀어 조종하는 '바람의 신' 아이올로스Aeolus의 딸이었다. 케익스는 샛별의 아들이자 테살리아의 왕으로 평화롭고 공정한 통치자였다.

두 사람은 결혼한 다음부터 결코 떨어져 있으려 하지 않았다. 하지만 케익스는 자신이 여행을 떠나야 할 때가 되었음을 알았다. 케익스는 무척이나 고통스러웠다. 자신의 왕국이 어떻게 될지도 모르는 수상한 일이 발생하여 그를 불편하게 만든 것이다. 그중 하나는 딸의 죽음 때문에 슬픔에 잠긴 호전적인 동생 다이달리온Daedalion이 매로 변한 것이었다. 그리고 또 다른 징조들도 있었기에 케익스는 앞날이 두려웠다. 그는 자신이 아폴론에게 신탁을 하기 위해 클라로스Claros로 가야 한다는 것을 알고 있었다. 신탁을 하여 만약 신들이 자신을 적대 시한다면, 그들을 달랠 수 있는 방법을 찾아야만 했다.

그가 자신의 계획을 알키오네에게 알리자, 그녀는 두려움에 떨었다. 그녀의 뼈는 얼음처럼 차가워졌고, 얼굴은 회양목 잎처럼 창백해 졌으며, 뺨은 온통 눈물로 젖었다. 그녀는 세 번이나 말을 하려 했지만, 그때마다 말 대신 울음만 터뜨리고 말았다.

결국 그녀는 간신히 입을 열었다.

"오, 여보! 내게서 멀어진 당신의 마음을 어떻게 돌릴 수 있을까요? 당신은 저를 세상의 그 무엇보다 아껴 주었지요. 그런데 사랑이 식었나요? 어떻게 그렇게 편안하게 여행을 떠날 수 있죠? 당신은 내게서 멀어지려 하는군요. 여행은 길 텐데 그토록 행복해 보이다니…….

나는 이번 여행이 두려워요. 만약 당신이 육지로 가신다면 무척 슬플 테지만, 바다를 이용한다면 더 무서울 거예요. 바로 어제, 저는 해변을 산책하다가 난파선의 잔해를 보았죠. 그리고 수평선 위에 선원들의 이름이 적힌 빈 무덤들이 늘어선 것을 보았어요.

내 아버지가 바람을 다스린다고 해서 너무 믿지 말아요. 일단 바람의 신들을 풀어놓으면 그분도 마음대로 조종하지 못해요. 땅과 육지에서는 그들을 마음대로 움직일 수 있지만, 하늘에서는 다투고 충돌하지요. 하늘을 가로지르는 붉은 번개를 뿌리면서 말예요. 나는 어렸을 적에 아버지의 집에서 바람의 신들을 보았기에 그들을 너무도 잘 알아요.

정 가시기로 결정했다면 저와 함께 가요. 이렇게 애원해요. 서로 어깨를 나란히 하고 폭풍에 맞설 수도 있고, 당신과 함께라면 어떤 일이 일어나도 견딜 수 있을 테니까요. 만약 당신이 홀로 떠난다면, 나는 당신이 겪을 고통을 상상하면서 더욱 괴로워할 거예요."

남편은 알키오네의 말에 크게 감동했지만 여행을 포기할 수는 없었고, 그녀를 그 같은 위험에 내맡겨야 한다는 것도 견딜 수가 없었다. 그녀의 두려움을 달래기 힘들어진 케익스는 마지막으로 이렇게 말했다.

"우리가 헤어져 있는 동안이 일생처럼 길 것이라는 사실을 잘 아오. 하지만 샛별이신 내 아버지의 빛을 걸고 맹세하겠소. 달이 하늘의 궤도를 두 번 지나기 전에 돌아올 것이오."

남편의 약속에 알키오네는 조금 안정을 찾았지만, 항해를 떠날 준비를 마친 배를 보자 다시 불길한 예감에 사로잡혀 그녀는 몸서리치며 울음을 터뜨렸다. 그녀는 케익스를 부둥켜안고 '안녕'이라는 단한 마디만 속삭였을 뿐이었다.

케익스는 더 이상 지체하지 않고 배에 올랐다. 항해를 갈망하는 젊은 선원들은 힘껏 노를 저었다. 알키오네는 뱃머리에 서서 손을 흔드는 남편을 바라보며, 그의 모습이 점점 작아지다가 완전히 시야를 벗어나 수평선 너머로 배가 사라질 때까지 그렇게 서 있었다. 그리고 납덩이처럼 무거운 가슴을 안고 집으로 돌아온 그녀는 침대에 엎드려 울기 시작했다. 그녀는 이제 혼자가 되었다. 생의 한 부분이자 그녀의 반쪽인 남편이 떠나 버린 것이다.

항구를 떠난 배는 상큼한 바람 속에 뱃머리를 바다로 향하고 있었다. 선장은 노를 힘껏 젓고 돛을 넓게 펼치라고 명령했다. 반 정도의 거리를 가자 밤이 되었고, 높고 거친 파도가 일며 바다는 흰색으로 변했다. "노를 낮추고 돛을 줄여라!" 선장이 고함쳤지만, 더욱 거세진 바람과 바다의 울부짖음 속에 그의 말은 묻혀 버리고 말았다. 재빠른 선원 몇몇은 노를 끌어당기고 현창舷窓을 닫았으며, 한두 명은 돛을 끌어내렸고, 다른 몇몇은 배 안으로 쏟아져 들어온 물을 퍼내느라 진땀을 흘렸다.

바람이 드세지고 파도가 언덕처럼 높아지자 모두가 혼란에 빠졌다. 어둠 속에서 선장은 인내심을 잃고 두려움에 떨기까지 했다. 그는 배가 어찌되건 아무 생각도 없는 듯했으며, 어떤 명령도 내리지 못했다. 폭풍은 마치 스스로 움직이는 것 같았다. 사람들의 외침도 장비들이 부딪히는 소리도, 바람이 울고 파도가 배를 때리는 소리도, 대포 소리 같은 천둥소리도 엄청난 소음 속에 묻혀 아무것도 들리지 않았다. 바다는 하늘마저 삼키려는 듯 물보라로 구름을 적셨다. 바닷물은 모래를 쓸어 올린 듯 노랗게 변했고, 스틱스 강보다 어두웠다. 그 위로 하얀 거품이 종잇장처럼 넓게 펼쳐져 있었다.

이제 운명이 배를 조종하는 듯싶었다. 한순간 그들은 산꼭대기에서 하품하듯 입을 크게 벌리고 있는 지하세계의 계곡을 바라보는가 싶더니, 다음 순간에는 어느새 지옥의 함정에서 까마득한 하늘을 올려다보는 것 같았다. 파도는 마치 우리를 머리로 받는 숫양처럼 뱃전을 때렸다. 갑판이 깨진 배는 금방이라도 부서질 것처럼 보였고, 하늘과 바다는 하나가 된 듯 엄청난 비가 쏟아져 내렸다. 하늘을 붉게 물들이는 번개가 파도를 비칠 때를 빼놓고는 별도 없었고, 검은 폭풍이 어두운 밤을 칠흑처럼 만들었다.

아홉 차례나 거센 바다의 타격을 받은 배는 이제 열 번째 파도가 밀려오면 끝장이 날 터였다. 선창에는 물이 가득 찼고, 사람들은 모두 죽는다는 생각을 떨칠 수가 없었다. 어떤 사람은 울부짖는가 하면, 다른 사람은 얼이 빠져 침묵을 지켰고, 어떤 사람은 온전히 매장될 수 있는 육지 사람들을 부러워했으며, 또 다른 사람은 신을 부르며 기도했다. 수많은 사람들은 그들의 아이와 부모, 형제자매의 이름을 목놓아 불렀다.

하지만 케익스에게는 오직 알키오네에 대한 생각밖에 없었다. 비록 자신은 이별의 아픔을 겪고 있을지라도, 그녀가 이처럼 혹독한 운명에 시달리지 않게 된 것에 감사했다. 그는 고개를 아내가 있는 쪽으로 돌리려 했지만, 폭풍의 어둠과 혼돈 속에서는 집이 어느 쪽에 있는지 알 수도 없었다.

돌개바람은 돛대와 키를 부숴 버렸고, 산더미 같은 마지막 파도는 배를 산산조각 내 바다 밑으로 가라앉혀 다시는 떠오르지 못하도록 했다. 난파선 조각을 거머쥔 몇몇을 제외하고 대부분의 선원들은 배와 함께 가라앉거나 소용돌이에 휘말렸다. 케익스는 홀笏을 쥐었던 손으로 두터운 판자를 움켜쥐었다. 아버지와 장인에게 구원을 청하는 소리는 헛되이 파도에 묻혀 버렸지만, 그의 입술은 알키오네를 애타게 부르고 있었다. 그가 마지막으로 열렬하게 올린 기도는 파도가 자신의 시신을 알키오네에게 데려가 주어, 그녀의 손에 매장될 수 있도록 비는 것이었다. 숨을 쉬고 있는 동안 케익스는 그녀의 이름을 불렀지만, 거대한 검은 파도가 닥쳐와 소금물이 그의 입에 가득 차 결국 익사하고 말았다.

물론 알키오네는 이 같은 사실을 알지 못했다. 그녀는 남편이 돌아올 날을 손꼽아 기다리며 옷을 만드느라 분주한 나날을 보냈다. 한 벌은 남편에게 입힐 것이었고, 다른 한 벌은 그의 귀환을 축하하는 연회에서 자신이 입을 것이었다. 그녀는 날마다 천상의 신을 위해 향을 피웠는데, 주로 헤라 여신에게 탄원하기 위한 것이었다. 그녀는 신전에 무릎을 꿇고 남편의 안전한 귀환과 함께 다른 여자를 사랑하지 않을 것이며 자신에게 영원히 충실하기를 빌었다. 하지만 그녀의 이 같은 희망은 두 번째 것만 받아들여졌을 뿐이었다.

헤라는 이미 남편이 죽고 없음에도 간절히 기도하는 슬픈 여인들을 그냥 놔둘 수가 없었다. 이제 그들은 비탄에 잠겨 더 이상 신전에서 기도하지 않을까 염려되었다. 헤라는 '무지개의 여신' 이리스Iris를 불러 말했다.

"진실한 벗이자 영예로운 전령이여! 내 청을 들어 주오. 잠을 다스리는 히프노스(Hipnos, 로마의 Somnus, 영어로 Sleep)가 무거운 눈꺼풀을 드리우고 누운 수면의 방으로 내려가서 그에게 익사한 케익스의 모습을 하고 알키오네의 꿈에 나타나라고 전해 주오. 그래서 그녀가 무슨일이 생겼는지 알 수 있도록 해 주오."

이리스는 천 가지 색의 외투를 걸치고 잠의 신이 다스리는 궁전을 찾아 구름 아래로 내려갔다.

키메리아Cimmeria 산 밑에 깊숙한 동굴에는 게으른 히프노스의 집과 은신처가 있었다. 그곳의 어둡고 늘 안개가 자욱한 동굴에는 온종일 햇빛이 들지 않고 희미한 황혼빛만 비칠 뿐이었다. 잠든 사람을 아침에 깨우는 수탉도 없었고, 짖어 대는 개나 꽥꽥거리는 거위, 그리고 울음을 우는 소도 없었다. 나뭇가지조차 흔들리거나 바스락대지 않았으며, 거기에 사는 꿈들은 인간의 목소리로 말하지 않았다. 단지 침묵만이 존재할 뿐이었다. 레테Lethe 강에 근원을 두고 바위에서 흘러내리는 작은 시냇물은 얕은 자갈밭 위로 떨어지며 "자라sleep!"고 계속 중얼댔다. 습기 찬 고사리와 풀로 뒤덮인 동굴 입구에는 밤이면 어두워진 대지에 잠을 뿌리는 진액을 함유한 양귀비와 약초 들이 자라고 있었다.

동굴에는 삐걱대는 경첩이 달린 문도 없었고, 입구를 지키는 보초도 없었다. 어둠의 중심부에는 벨벳이 드리워진 벽 앞의 높은 흑단침대에는 푹신하고 부드러운 담비 털 깔개가 깔려 있었다. 그곳에는 권

태에 빠진 히프노스가 큰대자로 누워 있었다. 수확기의 밀 이삭이나 나뭇잎들 또는 바닷가의 모래알처럼 수많은 망상과 공허한 꿈들이 그를 둘러싸고 있었다.

동굴 안으로 들어간 이리스는 꿈들을 옆으로 밀쳐 냈다. 그녀의 빛나는 외투는 어둠 속에서 불을 밝혀 신을 깨워 무거운 눈꺼풀을 힘들게 들어 올리도록 만들었다. 그는 졸린 듯 고개를 까닥이며 여신에게 찾아온 까닭을 물었다.

"조용하고 예의 바른 신이시여." 이리스가 말했다.

"대지에 평화를 주시고 상처 입은 영혼을 안락하게 하시며, 지친 몸을 쉬게 하시어 내일의 활력을 되찾아 주는 신이시여. 헤라 여신께서 급히 요청하셨답니다. 지금 당장 케익스 왕의 모습으로 변해 미망인이 된 왕비의 꿈에 나타나라고요. 그래서 남편의 배가 난파되어 익사했다고 알려 주시랍니다."

전갈을 전한 이리스는 졸음이 자신을 덮치기 전에 가능한 한 빨리 동굴을 벗어나 그녀가 내려왔던 무지개 위로 다시 올라갔다. 히프노스는 천 명의 아들 가운데 원하는 어떤 모습으로라도 변할 수 있는 '꿈의 신' 모르페우스Morpheus에게 임무를 맡겼다. 그리고 신은 곧바로 잠에 빠져들었다.

모르페우스는 시간을 낭비하지 않고 알키오네가 자고 있는 방으로 날아갔다. 날개를 접은 그는 케익스 왕의 모습을 하고 그녀의 침대 곁에 섰다. 왕은 벌거벗었고 얼굴은 창백하며, 수염과 머리카락은 물에 흠뻑 젖었고, 눈에서는 눈물을 흘리고 있었다.

"불쌍한 사람! 남편을 알아보겠소?" 그가 속삭였다.

"나를 보시오. 나는 산 사람이 아니라 남편의 혼령이라오. 당신의 기도는 소용이 없었소. 이제 희망을 접으시오. 나는 죽었다오. 에게 해의 폭풍 속에서 익사했소. 알키오네! 당신의 이름을 부르면서 눈을 감았다오. 일어나시오! 상복을 입고 나를 위해 눈물을 흘려 주시오. 그렇지 않으면 나의 혼령은 지하세계에서도 받아들여지지 않을 것이오."

잠을 자면서도 알키오네는 울었고, 자신의 잠꼬대에 깨어났다. 그녀는 부르짖었다.

"기다려요! 저도 함께 가겠어요."

알키오네의 외침에 깨어난 하인이 달려와 가슴을 쓸어 주고 눈물을 닦아 주며 그녀를 달랬지만, 왕비는 하염없이 눈물을 흘렸다.

"이제 알키오네는 사라져 버렸어. 더 이상 존재하지 않아. 그녀는 사랑하는 케익스와 함께 죽은 거야. 나를 달랠 필요 없어. 내 눈으로 똑똑히 봤어. 창백하게 변한 내 남편의 유령을 말이야. 오, 케익스! 왜 나를 데리고 가지 않았나요? 만약 당신과 함께 항해를 했더라면 죽음도 우리를 갈라놓지 못했을 텐데……. 이런 슬픔 속에서 살 수는 없어요. 비록 우리의 뼈가 함께할 수는 없겠지만, 그래도 나는 당신의 뒤를 따를 거예요."

알키오네는 일어서서 슬픈 눈으로 아침이 밝아오는 것을 보았다.

그리고 그녀는 해변으로 나갔다. 남편이 떠나는 모습을 바라보던 곳에 이른 그녀는 그날을 떠올리며 생각에 잠겼다. "그이는 바로 여기서 떠났고, 내게 작별의 입맞춤을 했지."

바다를 바라보던 알키오네는 파도 저 멀리 무언가가 떠 있는 것을 보았다. 아마도 시체 같았다. 불현듯 그녀는 그 시체가 배가 침몰하여 익사한 것이라는 확신이 들었다. 그 같은 예감은 그녀에게 동정의 눈물을 흘리도록 만들었다.

"아, 가엾은 영혼이여! 내가 당신을 위해 슬퍼해 주리다. 그리고 만약 기혼자라면 당신의 부인을 위해서도."

그녀가 중얼거렸다. 시체가 해안으로 가까이 떠내려오자 그녀는 단숨에 알아보았다. 그것은 바로 남편 케익스였다.

"오, 내 사랑! 이렇게 내게 돌아오셨구려." 그녀가 그에게 말했다.

"기다리세요. 내가 곧 갈 테니……."

거센 파도를 막기 위해 만든 방파제로 달려간 알키오네는 바다로 뛰어들었다. 그러나 그녀는 물에 떨어지지 않았다. 몸이 물에 닿기 전에, 그녀는 새로이 돋아난 날개로 수면 위를 스치며 날아가고 있는 자신을 발견했다. 뾰족한 부리에서 나오는 그녀의 슬픈 외침은 새소리였다. 생명 없는 남편의 육체에 다다른 그녀는 날개로 그를 감싸안으며 딱딱한 부리로 차가운 입술에 입맞추려고 했다.

그때 무슨 일이 일어났는지 아는 사람은 아무도 없다. 그의 얼굴을 들도록 한 것이 파도였는지 아니면 케익스가 알키오네의 입맞춤을 느꼈는지. 사실이 어떻든 간에 그 역시 몸을 일으켜 날기 시작했다. 서로 사랑하는 두 사람을 동정한 신이 그들을 모두 변하게 한 것이었다. 그들은 아름다운 물총새kingfisher가 되었다.

이제 그들은 비록 이상하게 변하긴 했지만 하나가 되어 함께하게 되었다. 사랑은 지속되었고, 둘은 끈끈히 맺어졌다. 그들은 새끼를 낳아 길렀고, 매년 겨울에는 일주일간의 포근한 날씨를 부여받았다. 알키오네가 바다 위에 떠다니는 둥지에서 알을 품을 때면 바다는 잠잠하고 조용해진다.

평온한 '알키온 기간'(Halcyon Days, 동지 전후의 고요한 14일간을 말하는데, 보통 평온하고 행복한 시절을 말함—옮긴이)이면 아이올로스는 그의 손자인 바람을 사슬로 묶어 바다에 폭풍을 일으키지 않도록 지키고 있다.


# 4. 신을 섬긴 사람들: 바우키스와 필레몬


프리기아Phrygia 언덕 위의 떡갈나무와 보리수나무는 너무도 가까이 붙어 있어 가지가 서로 얽혔고 마치 줄기가 하나인 듯 보였다. 낮은 돌이 벽처럼 그들을 둘러싸고 있었고, 근처의 땅은 물이 고인 샘과 늪지가 있는 아주 축축한 곳이었다. 한때는 사람들이 살았지만, 지금은 온통 물이 차서 거위나 검둥오리, 물새 들의 놀이터가 되었다.

무척 오래 전 바로 이곳에 제우스가 인간의 모습을 하고 내려온 적이 있었다. 그와 함께 온 아들 헤르메스 역시 신의 지팡이와 옷을 두고 내려왔으며 날개마저 숨기고 있었다. 이처럼 인간의 모습을 한 신들은 지친 여행자로 가장하고 음식과 쉴 곳을 찾아 집집마다 돌아다녔다. 그들은 수많은 집을 두드렸지만 모두가 빗장을 굳게 건 채 문을 열어 주지 않았다. 떠돌이에게는 어떤 환영 인사도 친절한 말도 하기를 거부한 것이다.

그러나 마지막에 있는 집만은 그들에게 문을 열어 주었다. 그것은 갈대와 짚을 엮어 만든 작은 오두막이었다. 그들은 친절한 노부부, 바우키스Baucis와 그의 남편 필레몬Philemon에게 따뜻한 환대를 받았다. 신들은 두 사람이 젊었을 때 삶에 관여하여 결혼시켰고, 그들은 그때의 오두막에서 함께 늙어 가고 있었다. 비록 그들은 가난했지만 쾌활한 영혼을 지니고 있었기에 어려움이 닥쳐도 희망을 잃지 않았으며, 가난할지라도 만족스러운 삶을 누렸다. 그들에게 가난은 절대 부끄러운 것이 아니었다. 사랑과 정직 속에 그들은 풍요로웠고, 하인도 없이 모든 일을 스스로 해냈다.

제우스와 헤르메스는 작은 집의 문으로 들어가기 위해 몸을 숙여야만 했다. 바우키스는 투박한 의자를 끌어당겨 소박한 수직나사手織螺絲를 깔아 주었으며, 필레몬은 그들에게 앉아서 지친 다리를 쉬도록 권했다. 착한 아내는 화덕에서 어제 타다 남은 재를 뒤적이더니, 석탄

위에 나뭇잎과 나무껍질을 올려놓고 살살 불었다. 불씨를 되살린 그
녀가 무릎에 대고 잘게 쪼갠 나무와 나뭇가지를 넣자 불꽃이 활활 타
올랐다.

불을 붙이고 나서 그들은 구리 냄비를 화덕에 걸었다. 바우키스는
그녀의 남편이 잘 가꾼 밭에서 수확한 양배추를 냄비에 넣고 겉껍질
을 벗겨 냈다. 필레몬은 오랫동안 보관해 온 연기로 그을린 베이컨 한
쪽을 잘라 끓는 냄비에 넣었다.

음식이 익는 동안, 노부부는 잘 알지도 못하는 손님들이 지루해하
지 않도록 즐거운 대화를 나누었다. 또한 벽걸이에 걸린 너도밤나무

로 만든 대야를 내려놓고 더운물을 채워 손님들이 몸을 씻고 여행의
피로를 잊도록 했다. 필레몬과 바우키스는 버드나무로 만든 낡은 침
대를 내오더니, 근처 숲에서 뜯어온 사초莎草를 가득 채운 푹신한 쿠
션을 놓고 큰 행사 때만 사용하던 고풍스러운 천을 펼쳐 덮었다. 침대
보는 새것이었을 때도 그다지 비싸지는 않았을 테고 세월이 흐르면
서 닳아 해졌지만, 그들이 가진 최상의 것이었다. 그러나 그들은 손님
의 편의를 위해 조금도 망설이지 않고 이를 내온 것이다.

그들이 침대에 몸을 눕히자, 바우키스는 손님들에게 실례가 되지
않도록 치맛자락을 들고 식사 준비를 위해 밖으로 나갔다. 일하는 그
녀의 손은 떨리고 있었다. 식탁은 한쪽 다리가 약간 짧았기 때문에 흔
들거렸지만 그녀는 깨진 도자기 조각으로 밑을 받쳐 고정시켰다. 그
리고 그녀는 식탁을 깨끗이 닦고서 상큼한 향이 나는 초록 박하를 한
줌 뿌려 놓았다.

바우키스는 식탁 위에 검은색과 초록색 올리브, 술에 절인 버찌, 꽃
상추와 당근, 부드러운 치즈, 그리고 뜨거운 재 속에서 살짝 익힌 달
걀 등을 올려놓았다. 접시는 모두 토기였고, 술단지 역시 값싼 재질로
만들어진 것이었다. 굽이 높은 술잔은 너도밤나무를 깎아 안에 밀랍
을 바른 것이었다.

금방 뜨거운 음식이 준비되었고, 노부부는 썩 좋은 것은 아니었지
만 그들이 가진 것 가운데 가장 좋은 술을 내왔다. 신들은 진심으로
식욕을 느끼며 식사를 했다. 얼마 지나지 않아 바우키스는 두 번째 코

스를 위해 식탁을 치웠다. 개암과 말린 무화과, 주름진 대추야자, 넓은 광주리에 담긴 자두와 사과, 갓 딴 자줏빛 포도, 그리고 가운데에는 달콤함이 흐르는 벌집이 희미하게 빛을 내며 거의 보이지 않도록 놓여졌다. 좋은 음식은 주인의 넉넉한 인심과 친절함 때문에 더욱 맛있게 느껴졌다. 절대로 부족하거나 초라하지 않았으며, 식탁을 가운데 두고 웃음꽃이 피어났다.

하지만 주인들은 기묘한 일이 일어났음을 알아챘다. 잔에 술이 넘치고, 술단지가 비면 다시 저절로 가득 차는 것이었다. 놀란 주인들은 손님들이 보이는 그대로의 모습이 아니라는 사실을 즉시 눈치 챘다. 그들은 틀림없이 신일 것이라고 느꼈다.

바우키스와 필레몬은 부들부들 떨면서 손을 들어 기도했다.

"누추한 집에서 초라한 음식을 드린 것을 제발 용서해 주십시오."

자신들의 요청이 더욱 잘 받아들여지길 갈망하며, 그들은 소중한 재산이자 그들의 작은 땅을 지키는 거위를 바치기로 결정했다. 하지만 거위는 두 노인이 잡기에는 너무 빨랐다. 노부부는 지쳐 버렸고, 거위는 보호를 받고자 신들에게로 날아갔다.

"거위를 잡지 말거라!" 제우스가 외쳤다.

"이제 너희들은 우리가 신이라는 사실을 알았을 것이다. 못돼먹은 너의 이웃들은 자신들의 천박함과 옹졸함에 걸맞은 쓴맛을 톡톡히 볼 것이다. 그들에겐 알리지 말라. 너희들에겐 전혀 해가 없을 것이다. 하지만 너희들은 우리를 따라 집을 떠나서 산꼭대기로 가야 한다.”

두 노인은 이 말을 듣고 힘들여 신들을 따라갔다. 지팡이에 몸을 의지하여 천천히 산을 올랐다. 궁수가 화살을 날릴 만한 거리를 남기고 정상 가까이 이르자 몸을 돌려 아래를 쳐다본 그들은 경악했다. 거대한 홍수가 나서 그들의 작은 집을 제외한 모든 것이 물에 잠겨 있었다. 두 사람은 그들의 친구들과 이웃을 위해 눈물을 흘렸다.

하지만 그들이 놀라워하며 서 있는 동안, 낡은 집은 눈앞에서 서서히 변하기 시작했다. 두 사람이 살기에도 좁았던 집이 점점 커지더니 마침내는 눈부신 사원으로 바뀌었다. 집을 받치고 있던 나무 지주는 대리석으로 바뀌었고, 노란 초가지붕은 더욱 노랗게 되더니 순금으로 변했다. 빈약하던 문은 멋진 조각이 새겨진 대문으로 변했고, 맨땅이었던 곳에는 대리석이 깔렸다.

제우스는 바우키스와 필레몬에게 부드러운 목소리로 말했다.

“서로에게 충실하고 착하기 그지없는 사람들이여. 그대들이 가장 바라는 바를 말하라. 어떤 소원이든지 기꺼이 들어줄 것이다.”

나이 든 두 사람은 잠시 동안 그들이 정녕 바라는 바가 무엇인지를 조용하게 상의했다. 그리고 필레몬이 신에게 답했다.

“저희들이 원하는 것은 신의 사원을 돌보고 지키는 사제가 되는 것입니다. 그리고 긴 세월을 함께 행복하게 살아온 만큼 한 가지 소원이 더 있습니다. 어느 한 사람이 다른 사람을 묻거나 그의 무덤을 보지 않도록 함께 죽음을 맞게 해 주십시오.”

:: 페터 파울 루벤스, 〈필레몬과 바우키스와 함께 있는 제우스와 헤르메스〉.

그들의 소원은 받아들여졌고, 두 사람은 그들에게 주어진 수명만큼 오랫동안 사원을 지키면서 살았다.

세월이 흐른 어느 날, 이제 정말 늙어 버린 두 사람은 사원의 계단 앞에서 지난날에 대해 이야기를 나누고 있었다. 이때 돌연 서로의 몸에서 잎이 돋아나기 시작했다. 수관樹冠이 머리에서 막 자라기 시작하자, 두 사람은 서로에게 팔을 뻗으며 말을 계속했다.

"안녕! 내가 가장 사랑하는 사람이여!"

나무껍질이 두 사람의 몸을 뒤덮었고, 그들의 입술을 다물게 만들었다.

오늘날 이 지역에 사는 농부들은 낯선 사람들에게 마치 하나의 줄기에서 자란 것처럼 보이는 보리수나무와 떡갈나무에 대해 이야기하길 무척이나 즐긴다고 한다.

## 5. 충실한 죽음: 에게리아, 에바드네, 알케스티스

### 에게리아

이탈리아의 어느 연못에 아름다움만큼이나 영리한 에게리아Egeria라는 이름을 가진 '물의 님프'가 살았다. 로마의 두 번째 왕 누마Numa는 그녀와 사랑에 빠졌고, 에게리아는 그의 아내이자 지혜의 원천이 되었다. 님프와 그녀의 남편은 밤에 비밀스러운 만남을 가졌는데, 에게리아는 그에게 정치와 종교를 가르쳤다. 이 같은 학습을 통해 에게리아는 남편에게 새로운 나라의 야만스럽고 호전적인 민족을 어떻게 평화롭게 만들고 법을 지키도록 만드는지를 가르쳤다.

나이가 들어 누마가 숨을 거두자, 모든 로마 인들은 그의 죽음을 애도했다. 에게리아는 크나큰 실의에 빠졌다. 에게리아는 도시를 떠나 깊은 숲 속에 숨었고, 그녀의 고통에 찬 신음은 디아나Diana의 신전을 뒤흔들었다. 다른 님프들이 달래려 했으나 허사였고, 다른 사람들이 겪은 슬픈 이야기를 들려주었지만 그녀는 더욱 외로워했다. 비통에 잠긴 에게리아는 눈물을 흘리며 산기슭으로 몸을 던졌다.

이때 디아나가 그녀에게 동정을 베풀었다. 여신은 에게리아의 꽃 망울 같은 눈을 맑고 시원한 샘으로 변화시켰고, 눈물에 흠뻑 젖은 날 씬한 몸은 그녀의 눈물처럼 영원히 흐르는 강으로 바꿔 주었다.

## 에바드네

헌신적인 아내로서 명성이 자자한 에바드네Evadne는 테베 시를 공격 한 아테네 인의 한 사람인 카파네우스Capaneus와 결혼했다. 카파네우 스가 신의 뜻에 따르지 않고 멋대로 도시를 공격하겠다고 떠벌리는 것을 들은 제우스는 엄청난 위력의 벼락으로 그가 올라가고 있던 사 다리를 파괴시켰다.

전쟁이 끝나자 장례를 치르기 위해 모든 전사자들의 시신을 장작 더미 위에 안치하고 불을 붙였다. 그때 갑자기 높은 곳에서 여인의 형 상이 나타났다. 다름 아닌 에바드네였다. 그녀는 울부짖었다.

"내가 사랑하는 사람과 함께하는 죽음은 달콤한 것이다."

그리고 그녀는 절벽에서 불타는 장작더미 위로 뛰어내렸다. 이제 에바드네는 남편을 따라 지하세계로 가서 영원히 함께할 수 있었다.

## 알케스티스

스스로를 희생한 영웅적인 행동으로 이름 높은 알케스티스Alcestis에게는 조금 더 행복한 결말이 마련되어 있었다.

알케스티스가 결혼할 나이가 되자, 그녀의 아버지는 기묘한 조건을 내걸었다. 사자와 멧돼지가 끄는 마차를 몰고 오는 사내에게 딸을 준다는 것이었다.

테살리아의 왕 아드메토스Admetus는 태양신 아폴론의 도움을 받아 이 놀라운 위업을 달성했다. 언젠가 분노한 제우스가 아폴론을 지상으로 내쫓아 얼마 동안 인간으로 변신하여 노예생활을 하도록 선고한 적이 있었다. 그래서 그는 한 해 동안 아드메토스의 수행원 노릇을 했는데, 이런 인연으로 아폴론은 마음씨 좋은 주인이었던 아드메토스를 도왔던 것이다.

아드메토스는 알케스티스가 이제 자기의 사람이 되었다고 선언했고, 두 사람은 여전히 사자와 멧돼지가 끄는 마차를 몰고 행복한 모습으로 달려갔다. 두 사람은 지극한 사랑으로 건강한 자식을 얻을 아주 축복받은 결혼식을 올렸다.

하지만 안타깝게도 슬픈 시간이 삽시간에 찾아왔다. 아드메토스는 병이 들어 사경을 헤맸고, 어떤 약으로도 치료할 수가 없었다. 죽음의 여신들이 그의 생명의 실을 막 끊으려 할 때 아폴론이 다시 나타나 도움을 주었다. 아폴론이 죽음의 여신들에게 아드메토스의 운명을 바꿔 달라고 애원하자, 그녀들은 한 가지 조건을 걸고 이를 수락했다.

"그에게 자기 대신 죽을 수 있는 사람을 찾아오라고 전해 주시오."

죽음의 여신들이 말했다.

"그러면 우리는 아드메토스를 풀어 줄 것이오."

왕은 이 말을 듣고 몹시 기뻐했다. 그는 즉시 이러한 제의를 받아들일 사람을 찾기 시작했지만, 단 한 사람도 발견할 수가 없었다. 친구들은 다음과 같이 말하며 그에게 애원했다. "사랑하는 친구여! 우리가 아무리 자네를 아낀다고 해도 목숨처럼 소중한 것은 없다네."

그의 하인들은 다른 식으로 대응했다. 그가 가까이 가면 바쁜 척하곤 했다.

최후로 아드메토스는 이미 나이가 들어 죽을 날만을 기다리고 있는 부모를 찾았다. 그들은 기꺼이 자기를 대신해 줄 것이라 확신하면서. 하지만 두 사람 모두 아들을 살리기 위해 자신의 여생을 포기하려 들지 않았다.

아드메토스는 몹시 실망하고 자신이 사랑하는 알케스티스가 기다리고 있는 집으로 돌아왔다. 그녀는 그를 보자마자 입을 열었다.

"여보, 저는 당신을 위해서라면 기쁘게 죽을 수 있어요."

그는 깜짝 놀라 소리쳤다.

"안 돼, 당신은 안 된단 말야! 당신에게 그런 희생을 강요할 수는 없어."

하지만 이미 때는 늦어 죽음의 여신들이 내건 조건이 받아들여졌다. 그를 대신해서 죽을 사람과 운명이 맞바뀐 것이다.

알케스티스는 앓기 시작했다. 아드메토스가 곁을 지키며 눈물을 흘리는 동안에도 그녀는 점점 창백해지고 야위어만 갔다. 왕비가 애

:: 자식들에게 작별인사를 하는 알케스티스와 머리를 감싸쥐고 비통해하는 아드메토스

원했다.

"여보, 한 가지 부탁이 있어요. 내가 죽은 뒤에 절대 재혼하지 말아주세요. 우리의 아이들에게 계모가 생기지 않도록 해 주세요. 그녀는 결코 우리 아이들을 잘 키우지 못할 테니까요."

그는 자신에겐 일생 동안 단 한 사람의 아내, 소중한 알케스티스만이 있을 것이라고 약속했다. 그녀는 위로의 말을 받아들이고 숨을 거두었다. 슬픔에 찬 아드메토스는 스스로 상복을 입고 그녀의 장례 준비를 시작했다.

다행스럽게도 바로 그 순간 영웅 헤라클레스가 문을 두드렸다. 왕은 이 손님이 슬픈 사정을 알지 못하도록 성대한 환영 행사를 베풀어 맞아들였고 음식과 여흥을 즐기도록 했다. 헤라클레스가 그의 붉게 충혈된 눈과 상복을 보고 자초지종을 묻자, 아드메토스는 낯선 여인이 자기 집안에서 숨을 거둔 때문이라고 둘러댔다.

슬픔에 잠긴 왕이 장례를 치르기 위해 떠나자, 헤라클레스는 그의 말을 곧이곧대로 믿고 다소 심하다 싶을 정도로 즐겁게 음식을 먹고 술을 마셔 댔다. 그리고 그는 난폭한 행동을 취하기 시작했다. 결국 이를 견디지 못한 하인 하나가 그를 나무랐다.

"어찌 그렇게 역겹게 굴 수 있소? 지금 막 눈을 감은 존경하는 왕비마마 때문에 우리가 슬퍼하고 있는 걸 정녕 모른단 말이오?"

상황을 눈치 챈 헤라클레스는 몸을 부르르 떨었다. 그의 행동이 변명할 여지가 없다는 사실을 깨달은 것이다. 그는 자신이 행한 바를 마땅히 수습해야만 했다. 힘겹게 생각하던 그는 갑자기 하인을 붙잡고 물었다.

"죽음의 여신들이 어디로 갔지?"

그가 소리쳤다. 죽음의 여신들이 바로 얼마 전에 집을 떠났다는 말을 들은 그는 추적에 나섰다.

다음 날 아침, 아드메토스는 아내를 잃은 슬픔에 눈물을 흘리며 집 바깥에 나와 홀로 앉아 있었다. 그는 헤라클레스가 베일을 쓴 여인의 손을 잡고 길을 따라 내려오는 것을 보았다. 그들은 왕 앞에 이르러 멈춰 섰다.

"아드메토스." 헤라클레스가 부드러운 목소리로 말했다.

"결혼할 여인을 데려온 나의 무례를 용서해 주시겠소?"

왕은 벼락을 맞은 듯한 충격을 받았다. 하필 이런 때, 이 같은 부탁을 하다니! 그는 알케스티스에 대한 사랑과 그녀에게 한 약속을 떠올렸다. 그럼에도 베일을 쓴 여인의 모습에 마음이 흔들렸다. 왜

:: 지하세계에서 알케스티스(맨 오른쪽)를 데려오는 헤라클레스(가운데). 왼쪽은 헤르메스.

나하면 여인의 모습은 알케스티스와 똑같았고, 그가 부인을 데려온 방식과 같았기 때문이었다. 그는 화를 내며 거절하려고 했다. 순간 여인의 얼굴을 가렸던 베일이 흘러내렸고, 그는 그녀가 죽었다 되살아난 자신의 사랑 알케스티스임을 알았다.

사흘 동안 그녀는 말을 하지 못했다. 움직이는 것조차 힘들어 했지만, 점차 생명력을 되찾았다. 남편을 위해 자신의 목숨을 바쳤던 왕비는 이제 완전히 그에게로 돌아온 것이다. 그리고 그들은 함께 수많은 나날들을 아주 행복하게 보냈다.

2 장

자애로운 어머니

# 1. 대지의 여신과 풍작: 데메테르와 페르세포네

올림포스의 모든 여신들 가운데, 데메테르Demeter는 예의 바르고 친절하며, 인간에게 가장 많은 도움을 주었다. 식물과 나무, 풀과 꽃이 대지에서 자라도록 한 것도 바로 그녀였다. 무엇보다 데메테르는 곡식과 황금빛 밀을 주어 여인들이 이를 수확하여 빵을 만들 수 있도록 해 준 삶의 은인이었다.

데메테르에게는 세상의 그 무엇보다 사랑하는 페르세포네 Persephone라는 귀여운 딸이 있었다. 페르세포네는 봄 그 자체였다. 따스하고 장미 같았으며, 쾌활하여 그녀를 본 사람 누구라도 마음을 기쁘게 했다. 더구나 아름답고 정직했기 때문에 데메테르는 자신의 딸이 신이건 인간이건 누구나 반하게 만들 것이라는 사실을 잘 알고 있었다. 그래서 어머니는 그녀를 가까이에서 지켜보았다.

그러던 어느 화창한 아침, 그녀는 페르세포네가 친구들과 어울려 아름다운 날을 즐기는 것을 허락했다. 소녀들은 저마다 바구니를 들고 꽃을 따러 숲이 우거진 호수 근처 녹색의 계곡 사이에 있는 초원으로 갔다. 그곳은 언제나 봄이었다. 한낮의 따가운 햇살이 절대 들어오지 못하는 시원한 풀밭에는 온갖 들꽃들이 피어 있었다. 친구들과 약간 떨어져 돌아다니던 페르세포네는 그녀의 바구니와 앞치마를 백합과 제비꽃으로 가득 채웠다. 그러던 그녀는 짙푸른 빛깔의 꽃송이

100개가 달려 흔들리는 아
름다운 꽃을 발견했다. 천
상의 향기를 뿜고 있는 그
꽃은 바로 수선화였다.

페르세포네가 손을 뻗어
꽃을 따려는 순간, 갑자기
땅이 크게 벌어지더니 지하
세계를 다스리는 하데스
Hades가 검푸른 말이 끄는
황금마차를 몰고 나타났다.
그는 페르세포네의 손목을
잡고 끌어당겨 마차에 태웠

:: 데메테르(오른쪽)와 페르세포네.

다. 그리고 사자의 왕국을 향해 말머리를 돌렸다. "엄마! 엄마!" 소녀
는 구원을 청하며 소리를 질렀다. 하지만 그 외침은 아무도 듣지 못한
채 산과 바다에 메아리칠 뿐이었다. 태양만이 무슨 일이 일어났는지
를 알고 있었다.

하데스는 말들의 이름을 부르면서 박차를 가했다. 속도를 늦추지
않은 그는 굴곡진 만灣에 이르렀다. 그곳에서 키아네Cyane라는 이름
의 용감한 님프가 마차를 멈추려 했다. 그녀는 물 속에서 상반신만 내
민 채 고함쳤다.

"이 길을 절대 지날 수 없어요. 당신은 데메테르의 허락 없이 그녀

의 사위가 될 수 없어요. 페르세포네는 강제로가 아니라 예의 바르게 구혼을 해서 훨씬 나은 결혼식을 올려야 해요." 그녀는 팔을 들어 그를 저지하려 했으나, 하데스는 분노 가득한 눈으로 바라볼 뿐이었다. 그는 왕홀王笏을 들어 연못 속으로 던져 넣었다. 땅이 크게 입을 벌렸고, 마차는 지옥으로 향하는 까마득한 심연으로 빨려 들어갔다.

페르세포네는 자신이 어두운 죽음의 세계에 들어왔음을 알게 되었다. 예쁜 꽃, 신선한 공기와 햇빛 등 지상의 좋은 것을 모두 잃게 된 그녀는 쓰디쓴 신음을 내뱉었다. 불행에 빠진 소녀는 무엇보다도 어머니가 그리웠다. 그녀는 눈물을 흘리며 탄식했고, 아무것도 입에 대지 않았다.

자신의 딸이 실종된 것을 알게 된 데메테르는 몸서리를 쳤다. 그녀는 잃어버린 딸을 찾아 땅과 바다, 세상 구석구석을 헤맸다. 아무도 그녀를 말릴 수 없었다. 아침 이슬에 젖은 머리가 저녁 햇볕에 마를 때까지 그녀는 딸을 찾아다녔다. 데메테르는 에트나Etna 산에 두 개의 횃불을 밝혀 놓고 밤이 깊을 때까지 딸을 찾았다. 아흐레 밤낮 동안 내내 그녀는 아무것도 먹거나 마시지도 않았다.

결국 데메테르는 키아네의 연못에 이르렀다. 님프는 그녀의 딸이 어디로 납치되어 갔는지는 얘기했지만, 안타깝게도 자신이 목격한 바는 이야기하지 못했다. 키아네는 페르세포네의 운명을 안타까워하는 동시에 그녀를 돕지 못한 자신의 무능을 탓하며 하염없이 울었다. 결국 그녀는 몸이 녹아 연못의 물과 섞여 버리고 말았다. 이제 그녀는 전혀 말을 할 수 없게 되었고, 단지 페르세포네가 연못을 지날 때 흘렸던 허리띠만을 보여 줄 뿐이었다.

그것만으로도 여신이 진실을 알기에 충분했다. 데메테르는 거의 광란 상태가 되어 딸의 유괴 사실을 알고 있으며 그녀를 태양신 헬리오스에게 안내해 줄 헤카테를 만났다. 하데스의 행위를 유일하게 목격한 헬리오스는 그녀에게 자초지종을 이야기해 주었다.

"제우스가 결혼에 찬성했어요." 그가 말했다.

"그는 당신과 상의하지 않았지요. 당신이 절대로 딸과 하데스의 결혼을 허락하지 않을 것이고, 그녀가 영원히 지하세계에 사는 것에 결코 동의하지 않으리라는 것을 잘 알기 때문이죠. 제우스는 직접 아주 특별한 꽃을 심어 그녀를 친구들로부터 따로 떨어지도록 유인했죠."

헬리오스가 계속했다.

"그리고 나도 그 결혼에 찬성해요. 결혼은 아주 어울려요. 하데스는 위대한 신의 형제니까요. 도대체 이보다 낳은 상대가 어디 있나요?"

하지만 데메테르는 크나큰 슬픔 속에 빠졌다. 대지의 여신인 자기처럼 아름답고 봄빛처럼 밝은 딸을 어떻게 빛도 들지 않고, 만물과 떨어진 어둠의 세계에서 살게 한단 말인가? 생각조차 할 수 없는 끔찍할 노릇이었다.

여신이 분노가 극에 달한 채 지상으로 돌아간 후 다음과 같은 일이 일어났다. 대지에 저주를 내려 땅을 송두리째 엎어 버렸고, 농부와 가

:: 한스 폰 아펜, 〈납치되는 페르세포네〉.

축을 떼죽음시켰다. 그리고 뿌려진 씨앗이 상해 버린 경작지는 황폐
한 채로 남아 있게 하여 스스로의 임무를 배신하도록 했다. 지나치게
강렬한 햇볕이나 엄청난 장마로 인해 농작물은 심는 즉시 죽어 버렸
다. 별과 바람은 적대적이 되었고, 새 떼는 열매를 게걸스럽게 먹어 댔
으며, 대지에는 잡초가 무성하게 자라 곡식들의 숨통을 막아 버렸다.

봄을 변화시켰던 님프 아레투사는 물에서 나와 눈가에 흩어진 머
리카락을 흔들고 대지의 여신에게 자비를 구했다.

"신성한 어머니시여! 대지를 향한 화를 푸세요." 그녀가 간청했다.

"땅은 죄가 없다고요. 페르세포네의 일은 전적으로 하데스에게 책
임이 있어요. 저는 하데스가 지하세계로 가는 통로를 열고 그녀를 데
려 가는 것을 보았어요. 그녀의 얼굴은 공포에 질려 있었고, 온통 눈

물 투성이였지요. 하지만 그녀는 여왕 같은 품위를 잃지 않았어요. 참으로 자랑스런 딸이에요."

하지만 그녀의 애원은 허사로 돌아갔고, 여신은 의기소침해 있었다. 그녀는 슬픔을 못 이겨 올림포스를 떠나 인간의 모습으로 변신하여 이곳저곳을 떠돌았다. 거의 한 해 동안 그녀는 땅이 결실을 맺지 못하도록 했다. 어디에서건 아무것도 자라나지 못했고, 어떤 녹색의 싹도 흙을 뚫고 나오지 못했으며, 곡식이 황금 물결을 이루는 지역은 눈을 씻고도 찾아볼 수 없었다. 이제 인류는 모두 굶주려 죽을 운명에 처할 것만 같았다.

제우스는 걱정했다. 그는 신들을 개별적으로 데메테르에게 보내 화를 풀고 올림포스로 돌아오도록 선물을 전했다. 하지만 그녀는 누구의 말에도 귀를 기울이지 않았다.

"결코 올림포스에는 발을 내딛지 않을 것이고, 땅에서는 절대로 곡식이 자라지 못하게 할 거야. 풀도 나무도 꽃도 다시는 자라지 못할 거야. 내 딸이 무사히 돌아오기 전까지는!"

결국 제우스는 자신이 직접 나서서 중재해야 한다는 걸 깨달았다. 만약 인류가 모두 죽어 버린다면 누가 신들에게 제물을 바칠 것인가? 생각할 수도 없는 일이었다. 데메테르가 너무도 완고했기 때문에, 그는 페르세포네가 그녀에게 되돌아 갈 수 있도록 해야만 했다.

하지만 제우스조차 어쩔 수 없는 일이 한 가지 있었다. 아주 오래 전에, 죽음의 여신들이 지하세계에서 음식을 먹거나 물을 마신 자는

누구라도 이승으로 돌아가지 못한다고 선언했던 것이다. 만약 페르세포네가 그곳에 있는 동안 무언가를 먹었다면, 제우스 자신도 그녀를 도울 수가 없는 노릇이었다.

　지하세계의 하데스에게 페르세포네를 되돌려 보내도록 하라는 명령을 전하기 위해 신들의 전령 헤르메스가 파견되었다. 제우스의 명령이기에 죽은 자를 다스리는 신도 선택의 여지가 없었다. 그는 자신의 아내에게 다시 한번 생각해 보라고 간청했다.

　"나와 결혼하는 것을 부끄러워하지 마오. 어쨌건 나 역시 위대한 신 가운데 하나 아니오. 왜 내게 고분고분하지 않는 거요?"

　그가 다그쳤다. 페르세포네가 하데스를 바라보는 것조차 거부하자, 그는 마지못해 그녀를 풀어 주는 데 동의할 수밖에 없었다.

그녀는 뛸 듯이 기뻤다. 드디어 빛나는 태양과 아름다운 대지를 다시 보게 된 것이다. 그리고 무엇보다 그녀는 어머니와 함께하게 된 것이다. 헤르메스는 기뻐하는 소녀를 황금마차에 태웠다. 그들이 막 출발하려는 찰나, 하데스가 말했다.

"당신은 무척 배가 고프겠지? 자, 이 석류 좀 먹어 봐요."

아무런 생각도 없이 페르세포네는 석류를 받았다. 헤르메스는 곧바로 데메테르가 간절하게 기다리고 있을 대지의 사원을 향해 말을 몰았다.

여신은 그녀를 만나기 위해 화급히 달려왔다. 기쁨의 함성을 지르며 자신의 딸을 껴안았다. 그 순간 불모의 대지에 있던 온갖 씨앗들이 다시 자라나기 시작했다. 나무에서는 잎과 꽃이 돋아났고, 햇빛은 차가운 흙을 덮어 주었다. 데메테르는 딸에게 그동안 무슨 일을 겪었는지를 이야기해 보라고 했다.

페르세포네가 이야기를 마치자, 그녀의 어머니가 깜짝 놀라 물었다.

"그곳에 있는 동안 뭔가를 먹었단 말이냐?"

처음에 페르세포네는 이를 부정했다.

"아녜요, 아니라고요. 너무 슬퍼서 아무것도 먹지 못했어요."

그녀가 답했다. 그러다가 그녀는 하데스가 건네준 석류를 기억해 냈다. 헤르메스가 마차를 모든 동안 그녀는 이를 조금씩 뜯어먹었던 것이다.

"그래요. 겨우 석류알 네 개를 먹었을 뿐이에요." 그녀가 덧붙였다.

겨우 석류알 네 개였지만, 그것만으로도 그녀의 운명을 결정짓기에 충분했다. 제우스도 죽음의 신의 뜻을 거스를 수는 없었기 때문이다. 만약 페르세포네를 다시 하데스에게 보낸다면, 데메테르가 무슨 일을 벌일 것인지를 너무 잘 아는 제우스는 모두가 수긍할 만한 타협안을 내놓았다. 페르세포네는 그녀가 먹은 석류알 한 개에 한 달씩 모두 넉 달을 지하세계에서 살고, 나머지 여덟 달은 지상에서 어머니와 함께 보내도록 한 것이다.

:: 단테 가브리엘 로제티, 〈페르세포네〉.

이제 매년 페르세포네가 지하세계에 머물기 위해 지상을 떠나 있는 동안에는 꽃이 떨어지고, 곡식이 자라기를 멈추며, 나무는 슬픔에 잠겨 잎이 떨어진다. 그리고 대지는 차가워지고 황폐해진다. 넉 달이 지나면 그녀는 봄과 함께 다시 돌아온다. 대지는 다시 녹색으로 변해 열매를 맺고, 사람들은 곡식을 재배하여 생활을 영위한다. 그러면서 사람들은 페르세포네가 죽은 자의 세계에 가 있을 넉 달에 대비해 비축을 해 두는 것이다.

## 2. 미지未知의 방문객: 메타니라

잃어버린 자신의 딸 페르세포네를 찾아 헤매던 중 데메테르는 아이가 딸린 두 가족을 우연히 만났다. 그녀는 어머니와 아이들의 행복한 모습을 기억할 수 있길 바라며 그들을 반갑게 대해 주었다. 그러나 그것은 상상뿐이었고, 그녀는 자신이 첫 번째로 만난 가족에게는 크게 실망하고 말았다.

늙은 여인으로 변신한 데메테르는 아흐레 밤낮 동안 쉬지 않고 돌아다녔기에 무척 지치고 목도 말랐다. 스스로 활력을 되찾아야 한다는 생각이 들기 전까지 그녀는 음식 한 조각, 물 한 방물도 입에 대지 않았다. 짚으로 지붕을 엮은 작은 오두막집이 그녀의 눈에 띄었다. 여신이 낮은 문을 두드렸을 때, 한 중년 여인이 나와 그녀를 위아래로 훑어보았다. 길손이 목이 마르다는 이야기를 들은 그녀는 오두막 안으로 들어가더니 달콤한 보리차 한 잔을 가지고 나왔다.

데메테르가 물을 마시는 동안, 꼬마가 얼굴 가득 비웃음을 흘리면서 그녀를 빤히 쳐다보고 있었다. 그 꼬마는 여신이 물을 너무 빨리 그리고 너무 많이 마시는 것을 보고 게걸스럽다고 웃음을 터뜨리며 놀려 댔다.

이 같은 꼬마의 행동에 화가 난 여신 데메테르는 컵 밑바닥에 남아 있는 보리 알 몇 개와 물을 꼬마의 얼굴에 뿌렸다. 소년의 얼굴에는 금세 작은 반점이 생겨났다. 팔이 붙어 있던 곳에서는 다리가 자라났고, 뒤쪽으로는 긴 꼬리가 생겨났다. 소년은 도마뱀보다도 작아질 때까지 몸을 부르르 떨었다.

:: 아담 엘스하이머, 〈데메테르와 스텔리온〉.

장난꾸러기 꼬마는 비록 불행하게 되었지만 다른 사람들에게 해로운 존재는 되지 않았다. 놀라움 속에 모든 광경을 지켜본 중년 여인이 작은 생물을 집으려 했으나 그것은 재빨리 움직여 바위틈 사이로 사라져 버렸다. 이제 그 꼬마는 피부에 어울리는 별무늬점백이도롱뇽 starry-spotted newt이라는 이름으로 불리고 있다.

한편 데메테르는 페르세포네를 부르면서 계속 길을 재촉했다. 엘레우시스 Eleusis 시에 다다른 그녀는 바위에 걸터앉아 지나친 혹사로 탈진한 몸을 잠시 쉬고 있었다. 그녀는 남루한 옷과 베일을 걸쳤고, 칙칙한 겉옷으로 앙상한 다리를 감쌌으며, 나이 든 얼굴을 하고 있었기 때문에 마치 하녀처럼 보였다. 대부분의 사람들이 신경 쓰지 않고 지나칠 만큼 그녀는 미미한 존재로 보였다.

하지만 우물에서 물을 길어 오던 네 명의 젊은 아가씨들이 늙은 여인의 존재를 알아보았다. 그들은 데메테르를 동정하여 친절하게 행동했다. 그들이 도울 일이 없느냐고 묻자 데메테르는 슬픈 이야기를 지어냈다. 자신의 이름은 도소Doso이며, 해적에게 납치되어 노예로 팔려갈 뻔했지만 탈출한 것이라고 했다. 도시에 아는 사람도 없기에 그녀는 오갈 데도 없고 어찌할 바를 모르는 신세라고 했다.

소녀들은 망설이지 않고 도소를 자기 집으로 데려갔다. 그곳에서 그녀들은 도소가 마치 집으로 돌아온 것처럼 안심시키고 음식을 대접하며 쉬도록 했다. 공교롭게도 그들은 엘레우시스의 왕 켈레오스Celeus와 왕비 메타니라Metanira의 딸들이었다. 데메테르는 그들의 집에서 따뜻한 환대를 받았다.

여신이 궁전으로 들어가자, 메타니라 왕비가 그녀의 어린 아들을 무릎에 앉히고 있었다. 왕비는 고개를 들어 손님을 보자마자 스쳐가는 광채를 느꼈다. 그 빛은 늙은 여인이 베일로 얼굴을 감싸자 곧 사라져 버리고 말았다. 앉을 것을 권하자 도소는 엄숙한 자세를 취했다. 포도주를 권했으나 그녀는 거절했다. 그녀가 원하는 것은 박하향이 나는 보리차라고 했다. 그녀는 그 물을 마치 성수인 양 마셨다. 왜냐하면 그것은 여신을 경배하는 음료이기 때문이었다.

메타니라와 그녀의 딸들은 무척 친절하고 사려가 깊었기에 데메테르는 마침내 평온을 되찾을 수 있었다. 이곳의 아이들은 그녀가 이전에 보았던 집의 아이들과는 너무 달랐다. 데메테르는 왕비의 아기를 안아 봐도 괜찮겠느냐고 물었다. 그녀가 얼마나 포근하게 아기를 안는지, 그리고 그 품에 있는 아기가 얼마나 행복해 하는지를 본 왕비는 데메테르에게 계속 머물면서 아기의 유모가 되어 달라고 부탁했다. 여신은 그들 가족이 그토록 초라해 보이고 곤궁에 빠진 자신에게 베푼 친절과 인심에 보답하자는 마음에서 기꺼이 이를 받아들였다.

아기는 새 유모의 정성 속에서 무럭무럭 자랐다. 데메테르는 날마다 낮이면 그의 팔다리에 암브로시아 기름을 발라 주었고, 밤에는 불속에 넣어 단련시켰기에 아기는 마치 신처럼 자랐다. 이렇게 해서 여신은 그를 영원히 젊음을 간직한 불사신으로 만들고자 했다.

어느 날 밤, 메타니라는 잠에서 깨어났다. 새로운 유모가 아기를 어떻게 돌보고 있을까 궁금해진 그녀는 직접 알아보기로 결정했다. 데메테르가 아기를 이글거리는 불 속에 넣는 것을 본 그녀는 공포에 찬 비명을 질렀다. 그러자 여신은 아기를 불 속에서 꺼내어 바닥에 내려놓았다.

"어리석은 것!" 여신이 매서운 음성으로 말했다.

"네가 나를 믿지 못했구나! 네가 만약 그렇게 하지 않았다면 네 아들은 영원히 죽음과 운명으로부터 벗어날 수 있었을 텐데……. 아기를 불 속에 넣은 것은 치명적인 부분을 없애기 위한 것이었는데, 이젠 그럴 수 없게 되고 말았구나."

여신은 아기를 상냥한 눈길로 쳐다보았다.

"여전히 아기는 내 슬하에 남아 있다. 그렇기 때문에 그는 일생 영예로울 것이다. 후일에는 엘레우시스의 백성들이 그의 이름을 기릴 것이다."

이제 여신은 변신을 풀고 광휘에 싸인 본모습을 드러냈다. 여신의 몸에서 뿜어져 나온 빛은 온 집 안을 비췄고, 허공은 더없이 그윽한 향기로 가득 찼고, 아름다움은 사방에 빛을 뿌렸다.

"나는 신에게나 인간에게나 축복과 기쁨을 주는 데메테르이니라."

여신이 그녀에게 말했다.

"만약 네가 내 마음과 은혜를 돌려받고자 한다면, 도시 뒤편에 나를 위한 신전이 있는 사원을 짓도록 하라. 내 직접 네가 수행해야 할 의례를 가르칠 것이다. 너를 무척 사랑하는 만큼 기꺼이 너와 화목하게 지내려 한다."

그녀를 본 모두가 두려움에 몸을 떨고 있는 동안 여신은 집을 떠났다. 네 소녀는 울고 있는 아기를 들어 올려 조심스럽게 안았지만, 아기는 좀체 안정되지 않았다. 소녀들이 아무리 자신의 동생을 사랑한다고 할지라도, 아기는 세상의 그 누구보다도 숙련된 유모의 팔에 길들여져 있었던 것이다.

메타니라가 그녀의 남편에게 어떤 일이 일어났는지를 소상히 알리자, 왕은 사람들을 모아 놓고 여신의 말을 따르도록 했다. 그들은 성심을 다해 여신을 위한 신전을 지었고, 이것이 완성되자 데메테르가 돌아왔다.

그 아름다운 사원에 앉은 여신은 딸을 잃은 슬픔에 눈물을 흘렸다. 그녀가 바깥에 있는 동안 대지는 황량하고 차가운 채로 남아 있었다.

페르세포네가 그녀의 어머니에게로 돌아오기까지는 오랜 세월이 걸렸고, 과실과 꽃이 땅을 다시 행복하게 만들기까지도 역시 오랜 시간이 지나야 했다.

## 3. 내 누이 드리오페

*오늘날의 환경주의자들은 비록 그 운동이 국제적이지는 못하더라도 나무를 훼손하거나 베는 것은 중대한 범죄라고 여겼던 고대 그리스인들과 같은 생각을 펴고 있다. 드리오페의 이야기는 사건 현장을 목격한 그녀의 누이 이올레 Iole가 전하는 것이다.*

내 동생 드리오페Dryope는 나라에서 가장 아름다운 소녀였답니다. 그녀는 어머니의 유일한 딸이었지요왜냐하면 우리는 이복형제였으니까요. 내 어머니는 다르지요. 내가 이제부터 이야기하려는 슬픈 일을 겪기 전까지만 해도 드리오페와 그녀의 남편 안드라이몬Andraemon은 매우 행복한 부부였지요. 아들을 얻어 부모가 되었으니까요.

우리가 사는 곳 근처에 경사진 해변이 있었지요. 그 꼭대기에는 도금양나무가 우거진 숲이 있었고요. 어느 화창한 날에 드리오페와 나는 흥겹게 웃고 농담을 하면서 이곳에 이르렀지요. 그녀는 아직 한 살도 되지 않은 아기를 품에 안고서 걷는 동안 계속 젖을 먹였지요. 내 사랑스런 동생에게 그런 끔찍한 운명이 닥치리라고 감히 상상이나 했겠어요? 그녀는 호수의 님프에게 바칠 영예의 화환을 가지고 왔는데, 그 때문에 아주 얼토당토않은 일이 일어났답니다.

꿈결 같은 호숫가에서 그리 멀지 않은 곳에 곧 풍성하고 튼실한 오디가 열리리라는 신호인 듯 그날따라 아름답게 보이는 진홍색 수련이 자라고 있었어요. 드리오페는 아기가 가지고 놀도록 꽃을 꺾어 작은 꽃다발을 만들었지요. 그녀가 꺾은 꽃송이에서 피처럼 붉은 물이 뚝뚝 떨어지는 것을 보곤 나도 같은 일을 하려 했지요. 꽃의 줄기는 공포를 느낀 것처럼 부르르 떨었어요. 아시다시피 그 관목灌木—비록 신경 쓰진 않았지만 근처에 사는 농부의 말에 따르면—은 로티스Lotis 수초였어요. 옛날에 그녀는 프리아포스Priapus 신에게서 벗어나기 위해 꽃으로 변했는데, 비록 몸은 변했지만 로티스라는 이름을 갖게 되었던 것이죠.

내 동생은 처음엔 그 같은 사실을 몰랐지만, 나중엔 두 번 다시 아이에게 예쁜 꽃을 모아 주는 것을 그만두었지요. 그녀는 기도를 하고 님프에게 소원을 빌며 떠날 준비를 했어요. 하지만 몸을 돌리려던 그녀는 자신이 더 이상 움직일 수 없다는 걸 알았죠. 그녀의 발이 땅 깊숙이 뿌리를 내리고 있었던 거예요. 무서워진 그녀는 몸부림쳤지만, 겨우 상반신만을 움직일 수 있을 뿐이었죠. 땅 밑으로부터 올라온 거친 나무껍질 같은 것이 동생의 다리를 휘감더니 그대로 굳어 버렸어요. 겁에 질린 동생은 달라붙은 머리카락을 떼내려고 손을 움직였지만 머리에서 막 자라난 연꽃잎을 뜯어냈을 뿐이었죠. 품에 안겨 있던 아기도 엄마의 몸이 딱딱해진 것을 느꼈죠.

모든 일이 일어나는 동안 나는 죽 지켜보았지만, 할 수 있는 건 아무것도 없었어요. 나는 그냥 바라보면서 서 있을 수밖에 없었어요. 노력했지만 끔찍한 운명에 처한 내 동생을 도울 길은 없었어요. 나는 똑같은 나무껍질이 내게서도 자라나기를 빌며 동생을 꼭 끌어안았어요. 하지만 그렇게 되지 않았죠.

그때 아드라이몬과 우리 아버지가 드리오페를 찾고자 함께 나타나, 내게 그녀가 어디 있는지 물었죠. 나는 우느라 대답을 못 했어요. 그저 연꽃을 가리켰을 뿐이죠. 두 사람은 즉시 내가 할 말을 찾지 못한 것을 알아채고는 연꽃을 껴안고 입을 맞췄지요. 그때까지도 연꽃 줄기는 따뜻했어요. 그들은 새로 생겨난 식물이 뿌리를 내린 땅에 몸을 던지며 울음을 터뜨렸지요. 내 예쁜 동생은 얼굴을 빼곤 모두 나무로 변하고 말았죠. 나는 그녀의 머리 위로 자라난 나뭇잎 위에 떨어지는 눈물을 보았죠. 그러면서도 그녀는 입술을 움직이고 한탄하면서 다음과 같은 말을 했지요.

"내가 겪은 불행을 언니가 납득한다면 내 말을 진실이라 여기고 들어 줘요. 신에게 맹세컨대 나는 이런 비참한 운명을 받아들일 수 없어요. 나는 결코 죄를 저지르려 한 적도 없는데, 이 같은 벌을 받았어요.

내 모든 삶은 결백하다고요! 나는 결코 누군가가 다치는 걸 원치 않아요. 만약 내가 거짓말을 하는 것이라면 잎사귀는 모두 말라 떨어질 것이고, 줄기를 도끼로 베어내 불에 태워도 좋다고요.

오, 언니! 마지막 소원이 있어요. 제발 나를 위해 들어 줘요. 나뭇가지에서 애를 내려놓고 유모를 찾아 돌보도록 해 주세요. 이 나무 아래에서 우유를 먹게 하고, 나무 그늘 아래서 놀게 해 줘요. 아이가 말을 배우면 이렇게 말하도록 가르쳐 줘요. '내 엄마는 이 나무줄기 속에 숨어 있다'고요. 샘이나 연못을 조심하라고 해 주시고, 나무에서 절대 꽃을 따지 말 것이며, 모든 관목은 신이 변한 것이라고 생각하게끔 해 주세요.

사랑하는 남편, 사랑하는 아버지, 사랑하는 언니와 이제 헤어져야겠군요. 만약 저를 아낀다면 더 이상 위험에 처하지 않도록 보호해 주세요. 부탁드려요. 전지용剪枝用 칼이 가까이 오지 못하게 해 주고, 짐승들이 내 잎사귀를 뜯어먹지 않게 해 주세요. 오, 몸을 구부려 당신들을 만져볼 수도 없네요. 내가 입을 맞출 수 있는 동안 발끝을 세워 나와 입을 맞춰 주세요. 나는 온몸이 연꽃으로 뒤덮일 때까지 아기를 볼 수 있도록 안고 있을 테니까요. 이제 더 말할 게 없네요. 나무껍질이 내 목에까지 이른 것 같아요. 점점 이마를 향해 올라오네요. 손으로 내 눈을 감기지 말아 주세요. 내가 죽기 전에는 이 나무껍질이 손으로 옮겨가 검게 변색시킬지도 모르니까요."

이것이 동생이 입술을 움직여 할 수 있는 마지막 말이었어요. 순식

간에 그녀는 변하고 말았어요. 하지만 나뭇가지는 오랫동안 그녀의
몸에서 나오는 따스함을 간직하고 있었죠.


## 4. 트로이의 비통한 어머니: 헤카베


트로이의 왕비 헤카베Hecabe의 자식들은 모두 비극적 운명 때문에 심
한 고통을 받았다. 트로이 전쟁을 일으킨 그녀의 아들 파리스가 모두
를 죽게 만든 것이다. 데이포보스Deiphobus와 폴리테스Polites는 전사했
고, 트로일로스Troilus와 트로이의 가장 위대한 장군이었던 헥토르
Hector는 전투 중 아킬레우스에게 살해당했다. 결국 파리스는 아킬레
우스를 죽였지만, 곧 그 자신도 화살에 맞고 말았다. 불행한 예언자
카산드라는 승리한 아가멤논에게 잡혀 포로가 되었다가 그의 부인에
게 살해당했다.

트로이가 패망하자, 살아남은 트로이 여인들은 울부짖으며 무덤에
서 자기 연인들을 찾아내 아가멤논의 배 안으로 던졌다. 배에 오른 마
지막 사람은 왕비 헤카베로, 헥토르의 무덤에서 삼단 같은 흰 머리카
락을 풀어헤치고 눈물을 흘리던 그녀는 아들의 유골단지를 안고 있
었다. 그녀는 딸 폴릭세나Polyxena와 안전을 위해 트라케로 피신시킨

아들 폴리도로스Polydorus를 남겨 둔 채 노예가 되어 그리스로 떠난 것
이다.

하지만 그녀가 모르는 사실이 하나 있었으니, 아들 폴리도로스 역
시 죽었다는 것이었다. 그의 수호자였던 폴리메스토르Polymestor는 헤
카베와 그녀의 남편 프리아모스가 바라던 친구가 아니었다. 대신에
그는 왕권에 좀더 무게를 싣고자 하는 탐욕스러운 인물이었다. 프리
아모스는 엄청난 보물을 아들과 함께 트라케로 보냈는데, 트로이가
함락되자 폴리메스토르는 모두를 자기 것으로 만드는 기회로 삼았던
것이다. 그는 폴리도로스의 목 안에 칼을 찔러 넣었고, 소년의 시체를
절벽 아래 넘실대는 파도에 던져 버렸다.

우연의 일치로 소년의 시체는 아가멤논의 항해를 불가능하게 만든
폭풍이 잠잠해지길 기다리고자 함대를 정박시킨 트라케의 해변으로

흘러갔다. 갑자기 아킬레우스의 유령이 땅으로부터 솟아나 맹렬하고 위협적인 음성으로 고함쳤다.

"그리스 인들이여! 너희들은 나와 트로이 전쟁에서 쌓은 나의 공적조차 잊으려 하는가? 너희들은 마땅히 내 무덤에 경의를 표해야 한다! 너희들은 마땅히 프리아모스와 헤카베의 마지막 남은 후손 폴릭세나를 죽여 제물로 바치도록 하라. 그녀의 유령을 지하세계의 벗으로 삼을 것이다."

그리스 인들은 그들의 가장 위대한 영웅을 부정하지 않았다. 즉각 폴릭세나는 어머니의 팔에서 억지로 떼어져 신전으로 보내졌다. 그러나 소녀는 어떤 트로이의 영웅보다도 용감했다. 자신에게 무슨 일이 닥칠지 깨달은 그녀는 칼을 빼들고 있는 아킬레우스의 아들을 똑바로 바라보았다.

"기왕이면 서두르시오." 그녀가 말했다.

"목이건 가슴이건 당신이 어디를 고르더라도 내 피는 고귀하니까."

그리고 그녀는 칼을 향해 가슴을 내밀었다. 폴릭세나는 죽음을 슬퍼하지 않았다. 그녀는 노예가 되느니보다는 죽음을 택하고자 했다.

소녀는 말을 계속했다.

"이 같은 행위를 한다고 해서 신이 기뻐할 것 같소? 하지만 한 가지 청이 있다면 어머니가 나의 죽음을 몰랐으면 하는 것이오. 내 죽음이 아니더라도 어머니의 삶은 비극 자체라오. 그 때문에 그분은 슬퍼하는 것이오.

이제 내 자신의 의지로 지하세계에 가도록 해 주시오. 나의 희생으로 마음을 달래 주려는 자가 누구이든 간에 기꺼이 내 피를 내줄 테니까. 누구도 내 몸에 손을 대지 않도록 해 주시오. 하지만 어머님께 전한다면 황금 대신에 눈물을 받을 것이오. 이건 노예가 아니라 왕의 딸이 하는 말이라는 것을 기억하시오."

폴릭세나가 말을 마치자 모든 사람들이 눈물을 흘리고 있었고, 사제조차 마지못해 칼을 거두었다. 그리고 공주는 눈에 한 점의 두려움도 없이 몸을 감싸고 있던 옷을 벗어 던지고 뛰어내렸다.

헤카베는 종종 그랬던 것처럼 그녀를 감싸안고 자신의 조국과 아들과 남편, 그리고 이제는 딸을 위해 뜨거운 눈물을 흘렸다. 어머니는 자신의 가슴을 치며 폴릭세나의 얼굴에 입을 맞췄다.

"내가 생각하기엔 네가 여자였기에 네 남동생처럼 칼을 맞지는 않았구나. 하지만 네 동생을 죽인 녀석이 너를 죽였겠지. 트로이를 멸망시키고 너희들을 죽인 아킬레우스임에 틀림없어. 그에게 내 모든 자식을 바친 거야! 파리스가 그를 죽였을 때 이렇게 생각했지. '이제 아킬레우스의 위협으로부터 벗어났다'고 말야. 그런데 그가 무덤에서 다시 일어나 또 다른 목숨을 앗아가다니……

바로 어제만 하더라도 나는 아들과 딸, 남편과 가족 그리고 조국이 있는 왕비였지. 그런데 지금은 재산도 잃고 쫓겨난 노예일 뿐이야. 왜 내 심장이 터지지 않지? 신이여! 왜 잔인하게도 나를 살려 두시나요? 죽은 자들이 오히려 행복할 듯싶군요. 프리아모스는 자기 딸의 시체를 보지 않아도 되니 행복하겠죠. 이제 내게 남은 것은 단 하나. 막내아들이 내가 살아가는 유일한 이유겠죠."

헤카베는 트로이의 여인에게 바닷물을 길어 딸의 시신을 씻어 줄 수 있게끔 항아리를 가져다 달라고 했다. 그러나 바닷가로 내려간 불행한 어머니는 목구멍에 끔찍한 상처를 입고 파도에 밀려 내려온 폴리도로스의 시체를 보았다. 분노의 충격으로 말을 잃은 헤카베는 땅과 하늘, 아들의 얼굴과 몸의 상처를 응시하며 화강암처럼 서 있었다.

어머니의 분노가 끓어오르고 점점 화가 극에 달한 헤카베는 다시 왕비가 되었다. 그녀는 온몸을 바쳐 복수를 생각했다. 마치 새끼를 도둑맞아 화가 난 암사자처럼 사나워진 그녀는 원수를 바짝 뒤쫓았다. 그래서 헤카베는 세월도 잊은 채 살인자인 폴리메스토르를 찾아갔다. 그녀는 그에게 자신이 아들을 위해 숨겨 둔 황금이 있다고 말했다. 그리고 그에게 황금을 보여 주고 싶다고 했다.

폴리메스토르는 헤카베가 폴리도로스의 시신을 발견했다는 사실을 몰랐기에 늘 그렇듯 탐욕에 눈이 어두워 이에 찬성했다. 두 사람은 만날 장소와 시간을 정했다. 그곳에 도착한 왕이 말했다.

"어서, 황금을 주시오. 그러면 당신의 아들을 내주겠소. 하늘에 대고 맹세하리다."

헤카베는 두 눈에 분노를 가득 담고 그를 바라보았다. 새빨간 거짓말에 그녀는 화가 끓어올랐다. 분노는 그녀에게 불가사의한 힘을 주었다. 붙잡혀 온 다른 여인들에게 외치며, 그녀는 폴리메스토르를 꽉 잡고 거짓과 배신이 담긴 그의 눈에 손가락을 찔러 넣었다. 눈알을 빼낸 헤카베는 멈추지 않고 그의 몸을 갈기갈기 찢어 놓았다.

왕이 그렇게 공격당한 것을 본 트라케 인들은 무서워했다. 그들은 돌멩이와 몽둥이를 들고 헤카베의 뒤를 따라왔지만, 그녀는 고함치며 돌을 들어 그들을 쫓아 버렸다. 그녀는 입을 열어 말을 하려 했지만, 단지 울부짖는 소리만이 나올 뿐이었다.

헤카베가 서 있던 자리는 오늘날까지도 남아 있는데, 그곳에서 일어난 일 때문에 사람들은 '개의 장소The Place of the Dog' 라고 부른다. 고대의 이러한 악행 때문에 그녀의 목소리는 트라케 전역을 통해 지금도 슬프게 울려 퍼지고 있다고 한다.

불행한 어머니의 죽음은 적과 친구를 불문하고 모든 사람들의 마음을 안타깝게 했다. 하늘에 있는 신조차 공포에 질려 그것은 불공정했다고 선언했다. 헤카베는 진정으로 불행한 여인은 아니었던 것이다.

# 제6부

## 초능력

초능력을 가진 여인들의 이야기

# 1장

## 마녀와 괴물

# 1. 마법의 여신: 헤카테

불가사의한 헤카테Hecate는 마법과 요술의 여신이자 죽은 자와 달의 어두운 면을 다스린다. 그녀는 무서운 존재인가 아니면 도움을 주는 것일까? 고대에서조차 이 여신에 대한 태도는 뒤섞여 있었다.

초기 신화 작가의 한 사람인 헤시오도스는 그녀를 다른 모든 신을 제치고 제우스에게 인정받은 가장 위대한 여신이라 말한다. 막강한 제우스는 대지와 바다를 주었고, 그녀에게 하늘을 지키도록 했다. 신들이 티탄 족과의 전쟁에서 승리를 했을 때, 제우스는 티탄의 일족인 그녀에게 인간들을 다스리는 위대한 능력과 함께 모든 특권을 유지하도록 해 주었다. 어느 누군가에게 호의를 가졌다면, 헤카테는 그가 원하는 것 모두를 이루어 주었다. 실제로 전쟁이나 운동 경기에서의 승리와 영광, 낚시나 농사에서의 성공 등 노력에 대한 대가를 주었다. 그녀는 일이 크건 작건 간에 똑같이 최선을 다했다. 왕에게는 현명한 조언자였고, 아이들에게는 훌륭한 유모였다.

대지와 하늘 그리고 지하세계 등 세 곳을 관장하는 신 헤카테는 몸과 머리가 세 개씩이며, 사자와 개, 암말을 각각 한 마리씩 데리고 있었다.

후일 그녀는 서로 다른 두 명의 신으로 밝혀졌다. 지하세계에서는 사자의 왕국을 다스리는 왕비이자 페르세포네의 절친한 벗이었다.

:: 헤카테.

페르세포네와 헤카테는 모두 죽음을 뜻하는 것이 아니라, 겨울이 지나서 대지에 다시금 활력을 주는 재건과 풍요의 신이었던 것이다.

하지만 헤카테는 우리가 두려워하는 면모도 지니고 있다. 그녀는 달의 여신 아르테미스와 동등하게 여겨지기도 했다. 헤카테는 달의 어두운 면, 즉 달이 빛나지 않고 세상이 암흑에 잠기는 밤의 공포를 상징하는 것이다. 헤카테는 밤에 자신의 개를 데리고 대지를 거니는데, 그녀의 출현을 경고하며 짖어대는 지상의 개를 제외하고는 보이지가 않는다고 한다. 이 같은 형태 때문에 헤카테는 요술과 비밀스러운 행위의 여신으로 흑마술을 펴는 자들에 의해 명성과 도움을 얻고 있다. 교차로는 마법의 의식을 행하는 중요한 장소인 까닭에, 그녀는 이따금 '교차로의 아르테미스Artemis of the Crossroads'라 불리기도 한다.

## 2. 매혹적인 키르케

키르케Circe는 아이아이아Aeaea라는 섬에 살고 있다. 순수한 대리석으로 지어진 그녀의 거대한 저택은 숲 속의 둥근 빈터에 세워져 있다. 집 주위에는 사자와 늑대, 곰, 나귀와 돼지 등의 온갖 짐승들이 돌아다니고 있다. 이 짐승들은 해로운 존재가 아니었다. 누군가가 다가오면 그들은 낯선 사람에게 꼬리치며 다가와 고개를 숙이고 발을 핥았다. 실제로 이들은 전혀 야수라 할 수 없었다. 그들은 강력한 마법에 의해 짐승으로 변한 사람들이었다.

왜냐하면 키르케는 마법사였기 때문이다. 그녀는 숲에서 자라나는 모든 허브의 비밀을 알고 있었다. 그녀는 사랑의 묘약이나 치료제를 만들기 위해 달이 흐린 밤에 어떤 즙과 어떤 잎사귀를 섞으면 되는지를 알고 있었다. 그녀는 강력한 마법의 지팡이를 가졌고 수많은 마술과 주문, 허브를 자신의 뜻대로 움직이는 마법의 언어를 알고 있었다.

무엇보다 키르케는 사람을 짐승으로 변신시키기를 좋아했다. 그녀는 사람들을 대개 그와 가장 닮은 짐승으로 변하게 했다. 돼지나 노새로 변한 사람들이 정신과 기억을 가지고 있으면서 끔찍한 모습으로 바뀐 것은 무척이나 안타까운 일이었다. 비록 짐승으로 변했을지라도, 그들은 자신에게 어떤 일이 일어났는지를 알고 있었다.

어느 날 방랑하던 영웅 오디세우스와 그의 수행원들이 미지의 힘에 이끌려 키르케의 섬에 이르렀다. 해변 근처의 돌출된 바위 위에 오른 오디세우스는 섬을 둘러보았다. 빈 터에서 연기가 피어오르는 것을 본 그는 위험을 느끼고 조사를 하기 위해 모두를 보내지 않고 만약에 대비하여 몇 명을 뒤에 머무르도록 했다. 오디세우스는 사람들을 둘로 나누어, 한쪽은 자신이 지휘하고, 다른 한쪽은 친구인 에우릴로코스Eurylochus가 이끌도록 했다.

장수와 스물두 명의 대원들이 출발했다. 빈 터에 도착한 그들은 꼬리를 흔들며 그들을 반기는 길들여진 늑대와 사자 들을 발견했다. 그들은 하얀 돌집 안에서 흘러나오는 키르케의 달콤한 목소리를 들었다. 시종들이 허브와 꽃 들을 다른 바구니에 나눠 담는 동안 키르케는 민첩하게 베틀을 짜서 가는 실을 자아내며 노래를 부르는 듯했다. 그녀가 그들에게 집 안으로 들어오라고 하자, 에우릴로코스를 제외한 모두가 기다렸다는 듯 들어갔다. 혼자 남은 그는 의아해하며 망설이고 있었다.

집 안에서 키르케는 사내들을 의자에 앉도록 했다.

"당신들은 틀림없이 배가 고프고 목도 마를 테지요."

키르케는 이렇게 말하고, 크림이 가득한 치즈와 구운 보리, 호박색 꿀을 섞은 술 등 맛난 음식을 대접했다. 이 음료수는 그녀가 몰래 마법의 향료를 몇 방울 떨어뜨린 것이었다. 사람들은 흠씬 취했고, 키르케는 그들을 한 사람씩 마법의 지팡이로 가볍게 쳤다. 즉각 그들은 자신의 몸에서 억센 털이 돋아나고, 코가 삐죽 튀어나왔으며, 목소리가 돼지처럼 꿀꿀거리도록 변하는 것을 느꼈다. 그러자 그녀는 그들을 몰아 우리에 가두고 돼지들이 좋아하는 도토리와 오디를 던져 주었다.

창문을 통해 모든 광경을 지켜본 에우릴로코스는 황급히 배로 돌아와 끔찍한 광경을 오디세우스에게 전해 주었다. 오디세우스가 지체없이 키르케의 집이 있는 곳으로 가려 하자 에우릴로코스는 가지 말라며 그를 만류했다.

:: 존 윌리엄 워터하우스, 〈오디세우스에게 술잔을 주는 키르케〉.

"그녀는 틀림없이 네게도 똑같은 짓을 할 거야."

그가 애원했지만, 오디세우스는 자신의 대원들을 구하기 위해 뜻을 굽히지 않았다. 오디세우스가 적막한 숲을 지나가고 있을 때, 갑자기 황금지팡이를 든 청년이 나타나 길을 막았다. 그는 신들의 전령인 헤르메스였다.

"네가 키르케의 주문을 피해 대원들을 구해 낼 수 있는 방법을 알려 주마."

신은 이렇게 말하며 그에게 잎은 하얗고 뿌리는 검은 해독용 허브를 주었다.

"이것은 신만이 캐낼 수 있는 몰리Moly라는 마법의 풀이다. 키르케가 네게 마법의 술이 담긴 잔을 건네면 안에 이것을 넣도록 해라. 그러면 맑은 정신을 유지할 수 있을 것이다. 그리고 그녀가 마법의 지팡이를 들고 가까이 다가오면 칼을 꺼내 들고 날카로운 날을 보여 줘라. 그러면 그녀는 두려워할 것이고, 너는 원하는 대로 할 수 있을 테니까."

오디세우스는 신이 알려준 대로 했다. 그가 번쩍이는 칼을 꺼내어 그녀의 목을 겨누자, 키르케는 겁에 질려 얼굴이 흙빛이 된 채 말했다.

"살려 주세요. 당신의 대원들을 놓아주겠어요. 결혼하자고 해도 좋아요."

그녀의 말에 동의하기 전에 오디세우스는 더 이상 마법을 사용하지 않겠다는 다짐을 받아 두었다. 그녀는 진심으로 그에게 복종할 것을 맹세했다. 그녀는 마력의 주문을 외우며 돼지 떼에게 마법의 허브를 흩뿌리고 지팡이 끝으로 그들의 머리를 건드렸다. 점차 그들의 주둥이가 짧아져 몸 속으로 들어갔고, 그들의 발굽은 발로 변했고, 네 발이었던 그들은 두 발로 일어섰다.

시간이 지나, 밤에 키르케의 식탁에서 향연을 벌일 때에도 사람들은 그대로 사람 모습을 하고 있었다. 그녀는 맹세를 지켰던 것이다. 오디세우스가 다시 여행을 떠날 때가 되자, 그녀는 그가 다음 목적지로 가야 한다면서 아름다운 셔츠와 망토를 선물했다. 동이 터 오자 배로 돌아가던 일행들은 키르케가 그들에 앞서서 다녀갔음

:: 주세페 보타니, 〈키르케와 오디세우스〉.

을 알았다. 여행을 위해 검은 양 한 쌍을 갑판에 묶어 둔 것이었다. 하지만 그들은 아무도 볼 수 없었다. 여신은 모습을 보이길 원치 않았고, 인간의 눈에는 띄지 않기 때문이었다. 키르케는 '안녕'이라는 인사마저도 하고 싶지 않은 듯했다.

# 3. 아름다운 마녀: 메데이아

아주 어린 시절부터 메데이아Medea는 마술에 뛰어난 자질을 보였다.
그녀는 콜키스Colchis의 왕 아이에테스Aeetes의 딸이자 위대한 여자 마
법사 키르케의 조카이기도 했기 때문이다. 고모와 마찬가지로 공주
는 헤카테의 추종자였다. 그녀는 젊어서부터 요술에 놀라운 능력을
보였다.

　그런데 도움을 필요로 하는 영웅이 한 명 있었다. '아르고호Argo'
의 대원들을 이끄는 이아손이 아이에테스의 황금 양털을 얻고자 콜
키스 근처에 이른 것이다. 다행스럽게도 항해를 하는 동안 헤라의 총
애를 받았지만, 여신은 이아손이 구하고자 하는 것을 얻지 못하리라
는 것을 알았기에 그의 임기응변에 맡겨 두었고, 메데이아 공주만이
그를 도울 수 있었다. 헤라는 아프로디테와 의견을 나눴고, 두 여신은
계략을 꾸몄다. 그들은 만약 에로스가 메데이아로 하여금 이아손과
사랑에 빠지도록 만든다면 에나멜을 입힌 황금 공을 주기로 약속했
다. 에로스는 뛸 듯이 기뻐하며 이에 동의했다.

　이아손이 콜키스에 다다르자 왕은 그들에게 뜨거운 목욕물과 음식
을 제공하며 환대했다. 낯선 방문객들에게 호기심을 느낀 메데이아
는 살며시 방으로 들어갔다. 그녀의 눈길이 이아손을 향한 순간, 에로
스는 그녀의 심장을 향해 화살을 쏘았다. 달콤한 사랑의 아픔이 그녀

에게 밀려들었다.

혼란스러워진 메데이아는 황급히 자신의 방으로 돌아갔다. 전혀 알지도 못하는 사람에게 어찌 그리도 깊은 사랑을 느낄 수 있단 말인가? 도무지 이유를 알 수 없었다. 하지만 그의 잘생긴 얼굴과 젊고 강인함이 그녀의 뇌리에서 떠나지 않았다.

손님들이 안정을 되찾자 아이에테스 왕이 물었다.

"그대들은 누구이며 왜 이곳에 왔는가?"

그러자 이아손이 답했다.

:: 메데이아.

"저희들은 귀족으로 황금 양털을 찾고 있습니다. 그것을 주신다면 저희들은 당신을 위해 싸울 수도 있고 원하시는 것은 무엇이라도 할 수 있습니다."

왕은 화가 났다. 자신의 환대에 대한 보답이 고작 보물을 달라는 것이란 말인가? 왕이 대답했다.

"황금 양털은 내가 과거에 했던 일을 해내어 나만큼 용감하다고 증명된 자에게만 줄 수 있다. 발굽이 청동으로 되어 있고 불을 내뿜는 두 마리의 황소에게 멍에를 씌우는 것이 시험이다. 그러고 나서 쟁기로 들판을 갈아엎고 무시무시한 용의 이를 뿌려야 한다. 용의 이에서는 무장을 한 장수가 생겨날 것인데, 그를 즉시 죽여야만 한다. 만약 이

:: 이아손과 아르고호의 대원들.

러한 일을 해내는 사람이라면 마땅히 황금 양털을 가질 자격이 있다
고 할 수 있겠지."

이아손은 당황했다. 너무도 두려운 임무였다. 대체 누가 그 같은
일을 해낼 수 있단 말인가? 이제 그는 시도를 해 보거나 아니면 패배
를 인정해야 했다.

그때 메데이아는 자신과의 싸움에 몰두하고 있었다. 그녀는 자신
의 아버지가 어떤 일을 요구했으며, 또한 자신은 이아손이 이기도록
도울 수 있는 능력을 가졌음을 알고 있었다. 하지만 그것은 이방인을
위해 아버지를 배신하는 짓이었다. 하지만 그녀는 이아손을 너무도
사랑하기에 그가 죽도록 내버려둘 수는 없었다. 그녀는 이아손에게
숲 속에 있는 헤카테의 신전에서 몰래 만나자는 말을 전했다.

아름다운 공주를 보자마자 이아손은 그녀의 사랑을 받아들였다. 헤카테의 신전 앞에서 그는 그녀가 자신을 도와준다면 결혼하겠노라고 맹세했다. 메데이아는 효능이 뛰어난 허브로 만든 연고를 꺼냈다.

"이것을 당신의 몸과 무기에 바르세요."

그녀가 말했다.

"하루 동안 불길이나 금속에 다치지 않을 거예요."

그리고 그녀는 자신의 아버지가 제시한 일을 완수하기 위해 어떻게 해야 하는지를 일러 주었다.

다음 날 아침, 이아손은 구경꾼들이 둘러싸고 있는 들판으로 나갔다. 자줏빛 예복을 입은 왕이 신호를 보내자 황소들이 풀려나 이아손에게 달려들었다. 청동 발굽은 햇빛을 받아 번쩍였고, 낮게 숙인 머리에서 뿜어져 나오는 불길은 풀을 태워 버렸다. 하지만 이아손은 꼼짝도 하지 않고 서 있었다. 황소들이 그에게 다가왔지만, 메데이아가 준 마법의 힘 덕분에 뜨거움을 느끼지 않았다. 그는 황소들의 목을 잡고 멍에를 씌우고, 그들을 몰아 누구의 손길도 닿지 않은 들판을 갈아엎기 시작했다. 사람들은 모두 경악했다.

이어서 이아손은 용의 이를 꺼내어 새로 생겨난 고랑에 흩뿌렸다. 용의 이가 흙에 닿자마자 땅에서 무장한 사내들이 튀어나왔고, 그들의 창은 이아손을 겨누고 있었다. 하지만 메데이아가 일러준 말을 기억하고 있던 그는, 사내들이 공격해오자 무거운 바위를 그들 가운데에 내던졌다. 즉시 그들은 서로에게 몸을 돌리고 무시무시한 싸움을 벌이더니, 모두가 죽고 말았다.

이아손은 승리를 거뒀다. 하지만 메데이아는 그녀의 아버지가 약속을 지키지 않고 아르고호의 대원들을 죽이려 한다는 것을 알고 있었다.

"도망쳐야 해요!" 그녀가 속삭였다.

"그래도 황금 양털은 가질 수 있어요. 당신을 도와 그것을 지키는 용을 쫓아 보겠어요."

그날 밤 모두가 잠을 자고 있는 동안, 메데이아는 사람들을 황금 양털이 있는 신성한 숲으로 인도했다. 그녀는 주문을 외우며 마법의 향수를 적신 향나무가지를 격노한 용에게 뿌렸다. 용은 잠시 움직임을 멈추더니 커다란 눈을 감고 쓰러져 그만 잠이 들었다. 이아손은 참나무에 걸려 있는 황금 양털을 낚아챘다. 그러고는 몸을 돌려 메데이아를 데리고 배를 향해 달렸다. 헤라의 도움을 받아 그들은 즉각 출발하여 탈출에 성공했다. 아이에테스의 함대는 그들을 파이아키아까지 추적해 왔지만 허사였다. 마침내 두 사람은 그곳에서 결혼을 했으며, 왕의 보호 아래 두 사람은 안전하게 고향으로 돌아갈 수 있었다.

한 가지 걱정거리는 이아손의 부친 아이손Aeson이 너무 늙어 환영식에 참석할 수 없다는 것이었다. 이아손은 아내를 향해 눈물을 글썽이며 부탁했다.

"나를 위해 당신의 마법을 한번 더 사용할 수는 없겠소? 나의 수명의 일부를 아버지께 나눠 드렸으면 하오."

메데이아는 멀리 떨어져 있는 아버지를 생각하고 슬픔에 잠겼다. 만약 그녀가 이아손의 아버지가 변하도록 돕는다면 그것은 스스로를 배반하는 일이었다. 그녀는 답했다.

"나는 당신 수명의 일부를 빼앗을 수는 없어요. 그 같은 일은 헤카테 신도 금지하셨고, 당신이 제게 청할 권한이 없어요. 하지만 헤카테 신께서 도와주신다면 더 나은 일을 할 수 있어요. 아버님의 젊음을 되찾아 드릴 수 있어요."

보름달이 될 때까지 그녀는 사흘 밤을 기다렸다. 대지 위의 모든 생물이 잠에 빠졌을 때, 메데이아는 집을 나섰다. 맨발에 머리카락을 어깨에 늘어뜨리고 꽃무늬 옷을 입은 그녀는 눈부시게 아름다웠다. 사방은 적막했고, 하늘의 별만이 반짝이고 있었다.

그녀는 하늘을 향해 양팔을 뻗어 올리고, 세 바퀴를 돌며 비통에 찬 신음을 세 번 내지른 다음, 머리에 물을 세 차례 뒤집어썼다.

"한낮의 불꽃을 따라 황금빛 별과 달을 주시는 밤이시여! 오, 신성한 세 개의 모습을 가진 헤카테 신이시여, 내 소원을 들어 주시어 마법을 가르쳐 주소서. 마법의 허브를 가진 대지여. 바람과 산들바람을 불게 하는 산과 호수와 시내여! 오, 숲의 신과 밤의 신이시여, 내게로 와 주소서! 내게 힘을 주소서. 강물을 거꾸로 흐르도록 했으니 성난 바다는 거친 파도를 잠재우소서. 구름을 모았다가 흩어지게 했고, 바람을 불러 침묵하도록 했나이다. 이무기의 독니를 부러뜨리고, 바위와 거대한 참나무를 뒤엎었으며, 숲을 옮기고 산을 흔들고, 무덤에서 고혼古魂들을 불렀나이다. 저는 달을 어둡게 하고 태양을 흐리게 만들 수 있습니다. 당신께서는 제 아버지의 황소를 길들이도록 도와주셨고, 용에서 태어난 전사들을 싸우게 하셨고, 황금 양털을 지키는 용을 잠재우셨습니다.

저는 지금 노인을 젊은이로 변화시키고 지나간 시간을 되돌릴 수 있는 힘을 지닌 허브가 필요합니다. 별이 밝게 빛나고 날개 달린 용이 끄는 마차가 저를 기다리는 걸 보니 신께서 저를 도와주셨음을 알겠습니다."

메데이아는 마차에 올라 용의 목을 쓰다듬었다. 고삐를 잡고 하늘로 날아오른 그녀는 옛날부터 그녀가 알고 있던 곳으로 향했다. 아흐레 밤낮 동안 세상 곳곳을 돌아다니며 그녀는 효험 있는 허브를 모았다. 그녀가 돌아와 용에게 허브를 먹이지 않고 단지 냄새만을 맡게 했음에도 용은 윤기가 흐르고 빛나는 새로운 피부가 돋아났다.

그리고 메데이아는 신전 두 개를 짓고 무성한 잎으로 덮었는데, 오른쪽의 것은 헤카테를 위한 것이었고, 왼쪽의 것은 젊음의 여신 헤카베를 위한 것이었다. 그녀는 검은 양을 제물로 바치고 술과 발효시킨 우유를 올리며 대지의 여신들을 불러 죽음이 이아손을 비켜가도록 요청했다.

이아손을 비롯하여 어느 누구도 방에 들어오지 못하게 하고, 메데이아는 노쇠한 왕에게 주문을 걸어 잠에 빠지도록 했다. 그녀의 솥 안에서는 테살리아에서 가져온 뿌리 달린 허브, 씨앗과 꽃, 동방에서 가

겨온 보석과 바닷가의 모래, 보름달이 비칠 때 모은 서리, 올빼미의 날개와 살코기, 늑대인간의 내장 등 온갖 것이 섞여 부글부글 끓고 있었다. 그리고 그녀는 물뱀의 살, 수사슴의 간, 오래된 까마귀의 알과 머리를 첨가했다. 이 모든 것들이 솥 안에서 결코 이 세상의 것이 아닌 이름 모를 수많은 다른 것들과 함께 뒤섞였다. 그녀가 말라 죽은 올리브 나뭇가지로 이를 젓자, 가지가 녹색으로 변하더니 잎사귀가 돋아났고, 탐스러운 올리브 열매가 가득 열렸다. 액체가 몇 방울 떨어진 곳에서는 봄이 온 듯 곳곳에서 향긋한 초원의 꽃들이 피어났다.

이를 지켜보며, 메데이아는 칼을 들어 노쇠한 왕의 목을 갈랐다. 몸에서 노쇠한 피가 빠져나오자, 그녀는 그의 혈관에 비약秘藥을 채워 넣었다. 그러자 허옇던 아이손의 머리카락과 수염은 검게 변했고, 쭈글쭈글했던 피부는 주름이 펴졌으며, 팔다리는 강인하고 날렵하게 되었다. 깨어난 아이손은 40년이나 젊어진 자신의 모습을 보고 깜짝

:: 앤서니 프레더릭 샌디스, 〈메데이아〉.

놀랐다.

이 같은 불가사의를 메데이아가 이뤄낸 것이었다. 그러나 그녀는 늘상 선善을 위해서만 능력을 사용하지는 않았다. 이아손과 메데이아가 그녀의 동생을 살해함으로써 그녀 아버지의 함대의 추적에서 벗어났다는 소문이 퍼졌다. 두 사람은 키르케에게 진실을 밝혀줄 것을 간청했으나, 그들이 저지른 범죄에 놀란 여신은 제우스 신에게 제물을 바쳐 그들의 용서를 구했다.

이어서 메데이아는 이아손의 왕좌를 빼앗은 그의 숙부 펠리아스Pelias의 젊음도 되찾아 주었다. 비록 그녀는 단지 호의를 베푸는 듯했지만, 실제의 의도는 그녀의 남편과 시아버지의 복수를 하려는 것이었다. 그녀는 솥에 늙은 양을 집어 넣었다가 새끼양이 울음소리를 내며 나오도록 하는 자신의 능력을 펠리아스의 딸들에게 보여 주었다. 그리고 아버지의 목을 갈라 피를 자신의 비약으로 바꿔야 한다고 말했다. 그들이 마지못해 그렇게 하고서 메데이아에게 다음 단계를 물으려 하자, 그녀는 사라져 버렸다.

이 같은 범죄에 혐오를 느낀 헤라가 이아손과 메데이아를 포기하자, 그들에게 모든 일은 괴롭게 변해 버렸다. 그들이 살러 간 코린트에서 이아손은 마침내 속내를 드러냈다.

선행이든 악행이든 메데이아가 저지른 모든 일은 이아손을 위한 것이었다. 하지만 이아손은 코린트의 왕 크레온Creon의 환심을 사기 위해서 메데이아와 이혼하고 왕의 딸 글라우케Glauce와 약혼했다. 설상

:: 펠리아스와 그의 딸들에게 젊어지는 마법을 보여주는 메데이아.

가상으로 크레온은 메데이아에게 아이들과 함께 코린트를 떠나 친구한 사람 없이 떠돌도록 추방령을 내렸다. 이는 그녀의 자식들이 노예가 된다는 것을 뜻했다. 더구나 이아손은 이 무도한 행위에 동의했다.

　그녀의 사랑에 대한 보답이 겨우 이 같은 배신이라니! 슬픔과 분노가 뒤섞인 채 메데이아는 예전의 아버지와 그녀의 양심을 얼룩지게 만든 동생의 피, 이아손에게 바쳤던 열정과 충실함 등을 떠올리며 상념에 잠겼다. 그녀가 이아손의 불성실함을 책망하자, 그는 자신에게 도움을 준 것은 전혀 그녀가 아니라 여신이었다고 단언하며 비웃을 뿐이었다.

　분노가 끓어오른 메데이아는 복수를 다짐했다. 그녀는 마법의 주

: : 외젠 들라크루아, 〈격노한 메데이아〉.

문을 건 예복을 결혼 선물로 글라우케에게 보냈다. 신부가 그 옷을 입자, 그녀는 곧바로 불길에 휩싸였다.

노예가 된다는 것은 죽음보다 비참한 것이라고 메데이아는 생각했다. 이 끔찍한 운명으로부터 자식들을 구해 내고자 그녀는 막다른 길을 택했다. 직접 아이들을 죽인 것이었다. 이아손은 공포에 질렸다. 메데이아는 대담하게도 자신이 이아손을 포함한 모든 원수로부터 벗어나기 위해 헤라의 신전에 아이들의 시체와 자신의 오른손을 묻겠다고 말했다.

그때 하늘로부터 날개 달린 용이 이끄는 마차가 내려왔다. 메데이아는 아이들과 함께 마차에 올랐다. 마차는 하늘 높이 솟아오르더니 이내 사라지고 말았다.

# 4. 무시무시한 메두사

 메두사의 이야기는 변신의 이야기 가운데 가장 무서운 것이다. 이 여인의 불공평한 징벌 때문만이 아니라 남들에게 두려움을 주는 끔찍한 괴물의 모습을 했기 때문이다.

한때 메두사Medusa는 아름답다고 이름이 널리 알려진 사랑스러운 소녀였다. 그녀의 장점 가운데 단연 돋보이는 것은 멋진 머리카락으로 윤기 있고 숱이 많아 모두가 부러워했다. 많은 사내들이 그녀와 결혼하기를 갈망하며 따라다녔다. 그녀는 행복한 삶을 누릴 것처럼 보였다.

그런데 그녀는 아테나 여신의 질투로 인해 희생양이 되고 말았다. 과연 그녀가 자신이 아테나보다 미인이라면서 아름다움을 뽐냈던가? 이렇게 이야기하는 사람들도 있다. 하지만 어떤 사람은 포세이돈이 지상에 있는 아테나의 사원에서 메두사가 원치 않았음에도 그녀와 사랑을 나누었다고 한다. 어떤 이야기가 사실이건 간에, 쉽게 남을 해치는 족속는 늘상 있는 법이다. 메두사의 얼굴은 무섭게 변해서 동물이건 식물이건 간에 한번 쳐다보기만 하면 돌로 변하고 말았다. 가장 끔찍한 부분은 아테나가 변신시킨 그녀의 머리카락으로 그것은 쉭쉭거리는 독사 덩어리였다.

어느 날 제우스와 다나에Danae 사이에서 태어난 페르세우스가 경솔하고 어리석게도 호언장담을 했다. 어머니의 결혼 선물로 메두사를 죽여 그녀의 목을 가져오겠다는 것이었다. 하지만 인간으로서 어찌 그런 위험한 일을 할 수 있을까? 페르세우스는 메두사와 그 누이 고르곤들이 사는 곳조차 알지 못했다. 다시 한번 인간이 이루지 못할 일을 떠벌린 것으로 여겨지는 듯했다.

그러나 페르세우스에게는 행운이 따랐다. 아테나가 메두사가 죽기를 바랐고, 그를 돕기로 한 것이었다. 괴물을 찾아 헤매던 그는 날개 달린 샌들과 모자를 착용하고 지팡이를 든 아름다운 청년을 우연히 만났다. 그는 다름 아닌 신들의 전령 헤르메스였다. 헤르메스는 페르세우스가 자신의 임무를 달성할 수 있으리라고 확신했지만, 크나큰 도움을 필요로 했다. 그는 특수한 장비를 갖춰야만 했는데, 그것은 육지에서 멀리 떨어진 곳에 사는 님프들의 소유물이었다. 그들이 사는 곳을 알기 위해서, 그는 아틀라스 산 한쪽 동굴에 사는 고르곤의 누이들을 찾아 물어 보아야만 했다.

헤르메스는 페르세우스의 모험에 동참함으로써 그를 안심시켰다. 처음에 그들은 회색인 그라이아이Graiae의 잿빛 영토로 떠나야만 했다. 그곳에는 해도 달도 빛나지 않았고, 낮이건 밤이건 단지 어슴프레한 빛만이 비칠 뿐이었다. 온통 잿빛인 장소의 중심부에는 그들이 있는 풍경과 마찬가지로 주름투성이이고 어두운 회색빛을 띤 세 명의 노파가 살고 있었다. 그들은 사람의 머리를 가졌지만, 몸뚱이는 백조

로 손과 팔을 날개 밑에 숨기고 있었다. 가장 기묘하고도 무서운 사실
은 그들 셋이 하나의 눈을 가지고 서로 필요할 때 돌려가며 사용한다
는 것이었다.

헤르메스는 페르세우스에게 그라이아이로부터 원하는 것을 얻을
수 있는 방법을 일러 주었다. 그것은 그들 중 하나가 다른 이에게 눈
을 건네는 순간까지 몸을 숨기고 있다가 재빨리 낚아챈 다음, 어떻게
하면 님프를 찾을 수 있는지를 알려 줄 때까지 돌려주지 않는 것이었
다.

갑자기 아테나가 나타나 헤르메스 곁에 서더니, 페르세우스가 몸
을 보호할 수 있도록 자신의 방패를 건네주었다. 돌로 변하지 않는 유

일한 방법은 절대 메두사의 얼굴을 똑바로 쳐다보지 않는 것이었다. 하지만 그녀를 보지 않고서 어떻게 죽일 수가 있겠는가? 하지만 그가 잘 닦여져 광이 나는 청동방패를 거울처럼 사용한다면 반사된 모습을 쳐다보는 것만으로도 고르곤을 충분히 볼 수 있을 것이라고 아테나가 말했다. 그리고 헤르메스는 너무도 딱딱해서 절대 부서지지 않는 고르곤의 비늘을 뚫고 그를 죽일 수 있는 유일한 무기인 자신의 단단한 굽은 칼을 페르세우스에게 주었다.

계획은 완벽하게 진행되었다. 그들은 회색인의 땅에 도착하여 조용히 동굴로 들어갔다. 한 노파가 자신의 이마에서 눈을 빼낼 때, 페르세우스는 그녀의 손에서 이를 낚아챘다. 잠시 동안 자매들은 눈이 사라진 것도 깨닫지 못하고 다른 이가 가졌으려니 여기며 완전한 어둠 속에 앉아 있었다. 상황을 파악한 그들은 눈을 되돌려받기 위해 자포자기의 상태가 되었다. 그들은 기꺼이 그가 필요로 하는 정보를 내주었다.

신과 인간은 함께 여행을 계속했다. 그라이아이가 알려준 방향대로 따라간 그들은 북풍이 불어오는 머나먼 북쪽의 님프의 땅을 발견했다. 여행자들을 맞이한 님프들은 기뻐하며 그들에게 음식을 대접하고 음악을 연주했고, 곧바로 페르세우스에게 세 가지 멋진 선물을 가져왔다. 그들의 첫 번째 선물은 헤르메스가 신은 것과 같은 날개 달린 샌들이었다. 다음은 자신이 넣어 가고자 하는 물건에 꼭 맞는 크기로 변하는 마법의 자루였다. 마지막은 가장 값진 것으로 이것을 쓴 사

:: 잘려진 메두사의 머리를 자루에 담고 달아나는 페르세우스. 오른쪽은 아테나 여신.

람은 남의 눈에 띄지 않고 어디나 갈 수 있는 투명해지는 투구였다. 이제 페르세우스는 임무 수행을 위해 완전한 장비를 갖추었고, 위험은 훨씬 줄어든 듯이 보였다.

그는 투구와 신발을 착용하고, 바다 위를 날아 메두사를 본 사람과 동물들이 그들의 모습대로 굳어 버려 돌로 변한 이상한 세계, 고르곤들의 땅으로 갔다. 그곳에서 그는 동굴에서 잠자고 있는 고르곤들을 발견했다. 방패를 거울삼아 그는 비늘로 덮인 몸뚱이와 무시무시한 머리카락을 볼 수 있었다. 이 결정적인 순간에 헤르메스와 아테나는 페르세우스 곁에서 셋 가운데 누가 메두사인지 알려 주었다. 계속 방패만을 쳐다보며 미끄러지듯 다가선 그의 손은 전투의 여신의 안내에 따라 단 한 차례의 칼질로 메두사의 목을 베어 냈다. 그는 목을 보지 않기 위해 재빨리 자루에 담았다.

메두사의 누이들이 몹시 화를 내며 잠을 깼다. 누가 감히 이런 일을 저지른단 말인가? 불사의 존재인 그녀의 누이들이 적을 발견한다면 그들을 처치하기란 불가능했다. 하지만 페르세우스는 투명해지는 투구를 썼기 때문에 그들로부터 벗어날 수 있었다.

돌아오는 길에 페르세우스는 공포스러운 바닷뱀으로부터 안드로메다를 구출하는 또 다른 모험을 겪었기 때문에 늦은 것은 당연했다. 하지만 그는 결국 돌아와 아테나에게 메두사의 목을 선물했다. 여신은 그녀의 목을 방패 위에 올려놓고, 영원히 그대로 두었다.

## 5. 스킬라와 카리브디스

오늘날 메시나Messina 해협이라고 불리는 이탈리아와 시실리를 나누는 좁은 수로에는 두 명의 무시무시한 여자 괴물이 살고 있었다. 괴물들은 용감하거나 아니면 어리석어서 감히 그들을 지나치는 선원을 잡아먹기를 기대하며 누워 기다리고 있었다. 그 괴물들은 다름 아닌 스킬라Scylla와 카리브디스Charybdis였다.

카리브디스는 엄청난 소용돌이였다. 그녀는 하루에 세 번 바닷물을 들이마시고 지나가는 배를 빨아들여 바다 깊숙이 가라앉히는 강한 소용돌이를 만들어 냈다. 그리고 그녀는 물을 다시 세차게 뿜어내어 난파선을 근처의 바위에 올려놓았다.

반대쪽 해변에는 개의 머리로 만든 고리를 허리에 감고 있는 스킬라가 살았다. 스킬라는 열두 개의 다리와 여섯 개의 머리를 가지고 있었는데, 각 머리의 입에는 삼중의 날카로운 이빨이 있었다. 스킬라는 이 이빨로 자신이 있는 바위까지 유인되어 온 불운한 선원들의 배를 물어뜯고 게걸스럽게 먹어 치웠다.

해협이 너무 좁았기 때문에 이 괴물들을 피해 간다는 것은 사실상 불가능했다. 어떤 배의 선장이라도 이 두 괴물 중 어떤 괴물이 더 사악한가 하는 난제와 맞닥뜨려야 했다. 오디세우스는 스킬라를 택했다. 카리브디스가 배를 통째로 부수고 선원 모두를 죽이는 데 반해 스킬라는 선원 몇 명만 잡아먹기 때문이었다. 그래서 그는 선원 여섯 명을 잃었지만 살아남았다.

불쌍한 스킬라! 이 끔찍한 괴물도 한때는 어부 글라우코스에게 사랑받던 아름다운 처녀였다. 그런데 마녀 키르케가 질투하여 그녀의 모습을 영원토록 바꿔놓은 것이다.

:: 스킬라의 모습이 새겨져 있는 동전

# 6. 여인에서 괴물로: 스킬라와 글라우코스

글라우코스Glaucus는 어부로 살면서 가장 행복한 시절을 보내고 있었다. 그는 솜씨가 뛰어나, 날마다 그물을 가지고 강이나 바다로 가서 많은 양의 고기를 잡았다. 어느 화창한 봄날 아침, 그는 무척 많은 고기를 잡을 수 있을 것 같은 새로운 장소를 찾았다. 그곳은 녹색 풀로 뒤덮인 강 속의 섬이었다.

풀은 밟힌 흔적이 없었기에 방목하는 가축이 없다는 것이었고, 더욱 좋은 것은 그가 오기 전에는 아무도 물고기들을 건드리지 않았다는 사실이었다.

글라우코스가 그물을 던지자 엄청나게 많은 고기가 잡혔다. 온갖 종류의 색색 물고기가 풀 위에서 펄떡였다. 그물을 말리려 앉아 있던 그는 갑자기 뭔가 이상하다는 것을 깨달았다. 물고기들이 마치 살아 있는 양 움직이며 풀 위에서 헤엄치는 것이 아닌가? 그가 자세히 보기도 전에 물고기들은 강을 향해 움직이기 시작했고, 순식간에 물속으로 들어가 활발하게 헤엄쳐 갔다.

황당해진 글라우코스는 자신의 머리를 긁적였다. 지금까지 이런 일은 없었기 때문이었다. 신이 물고기를 되살려 주려 했거나 아니면 그가 고기를 펼쳐 놓은 풀이 이상했던가? 아니면 불가사의한 힘을 지닌 풀이었을까?

"흠……!"

그는 자신에게 말했다.

"내가 본 바로는, 어떤 풀은 무척 소중할 듯싶은데……."

그는 풀을 한 움큼 뽑아 혀끝에 대어 보았다.

"나쁘진 않군."

이렇게 생각한 그는 풀을 입 속에 넣고 씹기 시작했다.

허브로부터 흘러나온 향긋한 즙을 맛본 순간 글라우코스는 힘이 넘쳐 강물 속으로 뛰어들고 싶은 충동에 사로잡혔다. 그는 조금도 망설이지 않고, 즉시 몸을 내던졌다. 바다와 강의 신들은 그를 친구로 여기며 반갑게 맞아 주었다.

수중세계는 너무도 아름다웠기에 글라우코스는 지상으로 돌아갈 생각이 없었다. 신이 그에게 자신들과 함께 이곳에 머물고 싶냐고 묻자, 글라우코스는 이를 기쁘게 받아들였다. 바다의 지배자인 오케아니아와 테티스Tethys는 어부인 인간을 새롭게 만들어 주는 데 동의했다. 그들이 마법의 노래를 아홉 차례 부르자, 백 개의 강물이 그에게 쏟아져 내렸다. 그는 의식을 잃었다.

정신이 든 글라우코스는 사람도 아니고 신도 아닌 존재로 변해 있었다. 그의 모습 또한 바뀌어 있었다. 그가 헤엄을 칠 때면 물의 흐름대로 그의 뒤를 따르던 긴 머리카락은 녹색으로 변해 있었다. 어깨는 넓어졌고, 다리와 허벅지가 있던 부분에는 아름답고 유연하게 움직이는 물고기의 꼬리가 생겼다. 글라우코스는 물에 비친 자신의 모습을 보고 웃음 지었다. "아주 멋진 모습으로 변했군!" 그가 소리쳤다.

어느 날 물굽이에서 헤엄치던 글라우코스는 멋진 상대를 만났다. 그는 네레이드인 스킬라였다. 다른 님프들과 뭍에서 오전을 보낸 그녀는, 친구들이 평화로운 물굽이로 수영하러 간 뒤 홀로 남아 있었다. 그녀는 깊은 바다를 두려워했다. 해변을 산책하며 즐기던 그녀는 덥다고 느끼게 되면 가끔 뭍으로 둘러싸인 오목한 샘을 찾아 차가운 물을 튀기며 놀았다.

감청색의 샘에서 놀던 스킬라는 조개에서 흘러나오는 바다의 부름을 들었다. 갑자기 바다 표면이 갈라지면서 새로이 얻은 물에서 자유를 만끽하던 글라우코스가 나타났다.

그는 님프를 처음 본 순간 마음을 빼앗기고 말았다. 이처럼 아름다운 여자를 본 적이 없었다. 그는 아무 생각도 없이 그녀에게 말을 걸고자 불쑥 한 마디를 내뱉었다. 하지만 그녀는 두려움에 떨며 등을 돌리고 달아났다. 두려움 때문에 힘이 생긴 그녀는 굽이치는 파도에 긴 그림자를 드리운 높은 봉우리가 있는 근처의 절벽으로 올라갔다.

그녀는 놀란 눈으로 글라우코스를 보았다. 스킬라는 그의 피부색과 모습을 살펴보았다. 피부는 청록색이었고, 머리카락은 길게 늘어뜨렸으며, 다리가 있어야 할 곳에는 유연한 물고기 꼬리가 나 있었다. 과연 저것은 무엇이란 말인가? 괴물일까 아니면 신일까?

글라우코스는 그녀의 생각을 알아챘다. 그는 가까이 있는 바위에 몸을 기대고 웃었다.

"아름다운 여인이여!" 그가 말했다.

"나는 물고기도 아니고 닭도 아니오. 괴물도 아니고 야수도 아니오. 그들보다 훨씬 나은 존재지! 나는 프로테우스Proteus나 트리톤Triton보다 막강한 힘을 지닌 바다의 신이라오."

그리고 그는 마법의 풀이 있는 이상한 섬과 자신이 어떻게 신이 되었는지를 그녀에게 들려주었다.

:: 로랑 드 라 이르, 〈글라우코스와 스킬라〉.

글라우코스가 계속했다.

"하지만 잘생겼으면 어떻고 신이면 또 뭐가 달라지겠소? 당신이 나를 조금도 사랑스러운 눈으로 보지 않는데……."

그는 이야기를 더 하려 했지만, 스킬라는 겁에 질려 달아났다. 그녀의 퉁명스럽기까지 한 거절을 그는 무례하다고 여겼다. 글라우코스는 도움이 필요했고, 어디로 가야 도움을 받을지를 알고 있었다. 그는 빛나는 태양의 딸 키르케의 황금법정을 방문했다.

여신은 그를 환영했다.

"여신이시여!" 그가 간청했다.

"부탁이 있어 찾아왔습니다. 애원하노니, 자비를 베푸소서. 당신만이 나를 도울 수 있답니다. 나는 사랑에는 쓸데없는 존재인가 봅니다. 아무도 나를 사랑하지 않아요. 당신의 섬은 마법의 허브로 가득 차 있는데 말입니다. 믿어 주세요. 나는 그 식물의 효능을 잘 알아요. 그것이 나를 인간에서 신으로 바꾸었답니다.

내 이야기를 들으셨겠지요. 내가 어떻게 스킬라를 보았고 또 사랑했는지 말입니다. 그런데 너무 성급하게 접근했나 봐요. 그녀에게 한 약속과 애원과 지껄인 이야기를 생각하면 얼굴이 달아오르거든요. 만약 그녀를 매혹시킬 주문을 알고 계시다면 빨리 알려 주세요. 혹시 허브가 주문보다 더 효과가 있다면 그녀에게 사용해 주세요. 그녀가 덜 냉정하고, 나를 사랑하도록 말예요. 상사병이라면 낫기 싫어요. 그저 그녀가 나와 똑같이 뜨거운 감정을 느끼도록 해 주세요."

하지만 키르케 자신은 글라우코스를 사랑하고 있었다. 그녀가 답했다.

"가서 다른 여자를 찾아 봐요. 나보다 따뜻한 마음씨를 가졌고, 당신을 애타게 원하는 사람으로 말예요. 당신을 따르는 자가 있을 테니 당신의 마음을 모르는 사람을 쫓아다니지 말아요. 당신의 멋진 용모와 스스로의 매력을 믿도록 해요. 좀더 대담해지라고요! 당신을 간절히 원하는 여신이 있어요. 태양신의 딸이자, 마법의 여왕인 바로 나라고요. 당신을 원치 않는 그녀를 잊어버리고 팔을 벌려 당신의 품을 그리워하는 나를 안아 줘요."

글라우코스는 자신이 기대하지 않았던 뜻밖의 말에 경악을 금치 못했다. 그는 뇌리에 가장 먼저 떠오른 말을 불쑥 던졌다.

"나무가 바다에서 자라고 해초가 산에서 나기 전까지 스킬라를 향한 내 사랑은 변치 않을 것이오. 그녀가 살아 있는 동안 나는 오직 그녀만을 사랑할 것이오!"

키르케는 머리끝까지 화가 났다. 무척 불쾌하고 마음이 상했지만 그녀는 글라우코스를 너무도 사랑했기에 그를 몰아내지 않았다. 그러나 그녀는 다른 일을 꾸몄다.

"천한 님프에게 꼭 복수하고 말 거야!"

그녀는 스스로에게 다짐했다.

"그녀만 아니라면 글라우코스는 내 사람이 될 수 있을 거야. 대가를 치르게 해 줘야지."

키르케는 자신이 알고 있는 것 가운데 가장 끔찍한 효능을 가진 허브를 찾았다. 그녀는 헤카테에게 배운 주문을 외우며 무시무시한 식물들을 땅에 놓고 함께 섞었다. 드디어 음모를 행할 준비가 되었다.

짙은 청색 옷을 걸친 키르케는 자신의 발에 입을 맞추려 팔짝팔짝 뛰는 돼지, 늑대, 사자 등 짐승의 무리를 몰고 궁전을 떠났다. 그녀는 파도가 춤추는 바다를 마치 단단한 땅처럼 디디고 가볍게 건넜다.

해변 바로 위에 바위로 둘러싸인 별로 깊지 않고 활처럼 굽은 모양의 작은 연못이 있었다. 이곳은 스킬라가 휴식을 취하는 아늑하고 평

:: 존 윌리엄 워터하우스, 〈질투하는 키르케〉.

화로운 장소였다. 태양이 뜨거워 나무도 그늘을 만들지 못하는 한낮이면 그녀는 이곳을 즐겨 찾았다. 키르케는 독성이 강한 뿌리와 허브로 만든 극약을 연못에 부었다. 약을 쏟아 부으면서 이 여자 마법사는 세상의 그 누구도 알지 못하는 주문을 아홉 차례 외운 다음 세 차례를 더 외웠다.

스킬라가 와서 연못으로 들어왔다. 허리까지 몸을 물에 담갔을 때, 놀랍게도 그녀는 물이 온통 울부짖고 으르렁대는 사나운 짐승으로 가득 차 있음을 알았다. 겁에 질린 님프는 연못을 빠져나와 달아나려고 했다. 하지만 그녀가 달아나도 괴물은 계속 쫓아왔다. 괴물은 그녀의 몸의 일부가 된 것이다. 자신의 허벅지와 다리, 발을 둘러보아도 온통 지하세계를 지키는 케르베로스처럼 입을 크게 벌린 사나운 개의 머리만 보일 뿐이었다. 그녀의 하반신은 사나운 야수로 변해 버린 것이다.

스킬라에게 일어난 일을 지켜본 글라우코스는 눈물을 흘렸지만, 그가 할 수 있는 일은 아무것도 없었다. 그는 키르케로부터 헤엄쳐 도망 나왔다. 왜냐하면 그녀의 마법을 견딜 수가 없었기 때문이다. 하지만 스킬라는 마치 뿌리가 내린 듯 그 자리에 그대로 남아 있었다. 그녀는 키르케에게 분노했다. 키르케에 대한 증오는 그녀가 자신에게 품은 것과 비길 만했다.

이 같은 불행을 겪은 스킬라는 흉한 몸뚱이처럼 성격도 포악하게 변했다. 그녀는 좁은 해협을 따라 있는 날카로운 바위 위에 영원히 머물게 되었다. 그녀는 그곳에서 지나는 배를 기다리다가 가까이 오면 사나운 개의 머리로 배에 탄 선원을 잡아채 삼켜 버렸다.

## 7. 수수께끼의 여왕: 스핑크스

에키드나Echidna는 반은 아름다운 여인이지만 나머지 반은 아주 탐욕스러운 뱀인 고약한 짐승이었다. 그녀는 양, 사자, 뱀이 뒤섞인 모습을 하고 불을 뿜는 키메라를 비롯하여, 지옥문을 지키는 삼두견三頭犬 케르베로스, 수많은 머리를 가진 무시무시한 히드라 같은 괴물들을 낳았다.

에키드나의 또 다른 자식은 사자의 몸뚱이에 여인의 얼굴과 가슴을 지닌 날개 달린 괴물 스핑크스Sphinx였다. 이 괴물이 테베로 가는 길에 살고 있을 때, 그녀는 도시의 존재를 위협했다. 겉보기에 그녀는 테베를 벌하기 위한 신의 뜻에 따라 보내진 듯했다.

징벌은 무시무시했다. 스핑크스는 길에서 가까운 조용한 숲 속에 있다가 여행객을 습격했고, 때로는 성벽을 날아 넘어와 부주의한 젊은이를 잡아가기도 했다. 희생자를 발견하면 그녀는 높은 바위나 성벽에 올라앉아 수수께끼를 내어 답하도록 했다. 만약 답을 맞히지 못하면 그를 낚아채 죽인 다음 잡아먹었다. 아무도 수수께끼를 풀 수 없었기에, 낮에는 테베의 젊은이들을 보는 것조차 힘들었다. 크레온 왕의 아들도 스핑크스의 수수께끼를 풀려다가 실패하여 그 역시 죽고 말았다.

이제 도시는 위기에 직면했다. 아무도 올 수 없었고 떠날 수도 없었으며, 굶어죽을 날이 멀지 않은 것 같았다. 주민들은 가축들부터 시작하여 나중에는 생쥐와 들쥐까지 성벽 안에서 찾은 것은 무엇이나 다 먹었다.

결국 왕은 절망에 빠졌다. 왕은 스핑크스의 수수께끼를 풀어 테베를 끔찍한 형벌에서 벗어나게 해 주는 사람에게 왕국을 주겠다고 말했다.

몇몇 영웅이 목숨을 거는 위험을 무릅쓰고 도시로 와서 괴물에게 도전했지만 모두가 실패하고 말았다. 그러던 어느 날 젊은 왕자 오이디푸스Oedipus가 도착했다.

"왜 안 된단 말인가?"

그는 스스로 생각했다.

"내 삶은 가치가 없어. 신탁
의 예언에 따르면 나는 끔찍한
운명을 겪는다고 하는데, 죽음으
로써 운명을 벗어날 수 있는 길밖에
없지 않은가? 다른 일을 하느니 이 방법
을 택하는 게 좋을 거야."

:: 오이디푸스와 스핑크스

그래서 도시의 노인들은 오이디푸스를 뼈가 나뒹구는 바위에서 기
다리는 스핑크스에게 안내해 주었다. 즉시 그는 괴물에게 맞섰다.

"수수께끼를 내 보시지!" 그가 요구했다.

스핑크스는 그를 바라보고 물었다.

"발이 둘이기도 하고 셋 또는 넷이기도 하며, 대지와 하늘과 바다
의 유일한 생물이자 그 본성을 변화시키는 게 뭐지? 아침에는 네 발
이고, 점심 때는 두 발, 저녁에는 세 발인데, 발이 많아질수록 약하고
느려지지."

그녀는 뒤로 물러나 앉아 잔인한 입에 미소를 띠고 돌처럼 차가운
눈으로 다음 먹잇감인 오이디푸스를 기대에 찬 눈으로 바라보았다.

오이디푸스는 웃을 뿐이었다.

"무척 쉽군!" 그가 외쳤다.

"네가 물어본 것은 사람이야. 아기였을 때는 손과 무릎으로 기어다니고, 성인이 되면 두 발로 굳게 땅을 디디며, 나이가 들면 세 번째 발인 지팡이에 의지하여 걷게 되는 것이지."

그녀가 낸 수수께끼를 풀고 올바른 답을 한 그에게 스핑크스는 당연히 화를 냈다. 오이디푸스를 노려보던 그녀는 거친 울부짖음과 날카로운 비명 중간쯤 되는 소리를 지르더니 바위에 스스로의 몸을 부딪혀 죽고 말았다.

# 2장

## 미래를 보는 예언자들

# 1. 예언의 능력

미래를 본다는 것은 과연 어떤 것일까? 우리 인간들은 늘 어떤 일이 일어날까 궁금해하고, 그것을 알고 싶어 한다. 미래에 대비할 줄 안다면, 사람들은 좋은 일은 생기도록 하고 나쁜 일은 피하도록 행동할 수 있을 것이다. 그러나 미래가 이미 결정된 것이라면 과연 어떻게 이를 바꿀 수 있을까? 아마도 모르는 편이 나으리라!

고대 신화에는 신탁과 미래에 어떤 일이 일어날 것인지를 분명히 알 수 있는 이상한 존재인 예언자에 관한 이야기가 아주 많다.

신탁은 간절히 충고 받기를 원하는 누군가에게 신이 할 말을 여사제의 입을 통해 들려주는 것이다. 여사제는 이 같은 예언을 위해 신에게 자신을 바친 신성한 존재이다. 신탁을 통해서 어떤 일이라도 알 수 있으며, 언제나 모든 것은 진실이다. 신탁이 전하는 이야기는 종종 불완전하거나 변형되어 있고, 수수께끼 같아서 듣는 사람 스스로가 이를 풀어내야 한다. 그리고 인간은 대개 그러한 충고를 전부 알아들을 만큼 현명하지 못하기 때문에, 어떻게 행동할 것인지 스스로 결정하도록 다시 한번 홀로 남겨진다.

가장 유명한 성지는 산기슭 높이 있는 아름다운 델피 신전이다. 이곳의 신탁은 처음에는 대지의 어머니이자 예언력의 원천인 가이아의 소관이었다. 이후 그녀는 이를 티탄 족의 여인 테미스에게 물려주었다.

## 2. 정의의 여신: 테미스

테미스Themis는 가이아의 딸로 때로는 대지의 여신으로 여겨지기도 한다. 그녀는 위대한 제우스조차 모르는 미래의 비밀까지도 알고 있었다. 영리한 제우스는 이 같은 사실을 잘 알고 있었기 때문에 결정을 내리는 데 도움을 얻고자 그녀의 예지와 지혜를 구했다.

결국 그녀의 이름은 '정도正道'나 '신성한 정의' 또는 '법'을 뜻하는 것이다. 테미스는 특히 제우스가 판결을 내릴 때면 곁에 앉아 조언을 했다.

테미스의 유명한 예언 능력은 신과 인간의 삶에 커다란 충격을 주었다. 예를 들어, 그녀는 제우스가 아름다운 테티스Thetis와 결혼하면 안 되었다. 왜냐하면 테티스의 아들이 제우스보다 더욱 막강해질 운명을 가졌기 때문이다. 만약 제우스가 그녀와 결혼을 하면, 그의 아들은 제우스가 자신의 아버지 크로노스에게 한 것처럼 권좌를 빼앗을 터였다.

훗날 제우스가 거대한 홍수를 일으켜 세상을 멸망시켰을 때, 살아남은 피라와 데우칼리온은 테미스의 신전을 찾아가 어떻게 해야 하는지를 물었다. 여신이 그들 앞에 나타나 말했다.

"얼굴을 가리고 어깨 너머로 네 어머니의 뼈를 던져라."

그들은 '어머니'를 '대지의 어머니'로, 그리고 '뼈'를 돌로 올바르게 해석하여 세상에 다시 인류가 생겨나도록 할 수 있었다.

테미스는 어린 아폴론을 길렀는데, 그것은 그의 어머니가 헤라에게 박대당하고 있었기 때문이다. 나흘이 지나자 그녀는 아폴론에게 신의 음식인 넥타와 암브로시아를 먹였다. 즉시 그는 포대기를 벗어던지고 완전히 자란 모습으로 그녀 앞에 우뚝 서서 활과 수금을 달라고 했다. 그에게 예언의 기술을 가르친 테미스는 후일 델피의 신탁을 아폴론에게 맡겼다.

그녀의 자식 가운데에는 프로메테우스와, 순결과 청정의 여신 아스트라이아Astraea가 있었다. 하지만 그녀의 능력은 다른 자식의 이름과 행동으로 더욱 확실하게 알 수 있다. 왜냐하면 테미스는 시간계절, 정의, 평화, 그리고 모든 인간의 생사를 결정하는 죽음의 여신, 파테스 세 자매의 어머니이기도 하기 때문이다.


## 3. 쿠마이의 무녀: 시빌


시빌Sybil, 즉 무당이란 고대의 수많은 예언자를 일컫는 말로, 시빌라Sibylla 이후 아폴론에게서 신탁의 능력을 받은 유명한 여사제를 일컫는다. 무당은 여러 곳에서 찾을 수 있지만, 가장 유명한 것은 쿠마이

Cumae의 무녀巫女 시빌이다.

아이네이아스가 카르타고로 돌아왔을 때, 그는 무엇보다 아버지와 이야기를 나누고 싶어 했다. 하지만 그의 아버지는 이미 죽고 없었다. 어떻게 그를 다시 만날 수 있을까? 아이네이아스는 시빌을 찾아 도움을 구했고, 그녀는 아르테미스와 아폴론에게 봉헌된 신성한 숲 근처의 바위 동굴에서 그를 맞았다.

그녀는 그에게 어떻게 하면 지하세계로 들어갈 수 있는 황금가지를 찾을 수 있는지를 말해 주었다. 그가 황금가지를 가지고 돌아오자, 그녀는 그와 더불어 땅 밑에 있는 어둠의 왕국으로 들어가는 것을 수락했다.

함께 내려간 두 사람은 스틱스 강을 건널 수 있었다. 지하세계의 수많은 방을 지나면서, 그들은 어려서 죽은 아기들의 영혼과 억울하게 사형당한 영혼, 자살한 영혼, 슬픈 사랑 때문에 죽은 영혼, 전쟁 영웅들의 영혼 들을 보았다. 드디어 그들은 엘리시안Elisian 들판으로 갔고, 그곳에서 아이네이아스는 우주의 운행을 밝혀 준 아버지의 영혼을 만났다. 그리고 시빌은 아이네이아스를 빛의 세계로 데리고 돌아왔다.

바로 이 시빌이 아폴론 신을 매료시켰다고 전해진다. 시빌 역시 자신을 사랑하기를 바랐는데, 그는 그녀가 바라는 것은 무엇이든 해 주었다. 그녀는 흙더미 속의 모래알처럼 오랫동안 살기를 원했고 그 숫자는 천 개였다. 아폴론이 그 소원을 들어 주었으나 애석하게도 그녀의 예언 능력이 스스로를 망치고 말았다. 영원한 젊음을 요구하는 것을 깜빡 잊은 것이었다. 그래서 해가 갈수록 그녀는 늙어 갔고, 주름투성이가 되었으며 쇠약해졌다. 최후에 그녀는 가죽 부대에 들어간 채 동굴 천장에 매달려서 예언을 계속했다.


## 4. 치료사: 오이노네

사랑스러운 님프 오이노네Oenone는 신으로부터 두 가지 경이로운 선물을 받았다. 레아로부터는 예언력을 받았고, 아폴론에게는 치료의 능력을 받은 것이었다. 오이노네는 트로이의 왕자, 파리스가 태어나서 버려진 이다 산에서 살았다. 착한 목동이 아기를 발견하여 마치 친자식처럼 길렀다. 스스로를 포함해서 아무도 그가 누구인지 몰랐지만, 아기는 무럭무럭 자라 목동으로서 행복한 삶을 누렸다.

두 젊은이는 날마다 서로를 바라보며, 함께 사냥을 하고 양떼를 돌보았다. 당연히 그들은 사랑에 빠졌다. 두 사람이 숲을 돌아다니던 중, 파리스는 너도밤나무와 백양나무에 오이노네의 이름을 새겼다. 결국 그들은 결혼을 하여 정착하고 행복하게 살아갈 채비를 했다.

하지만 헤라와 아테나, 그리고 아프로디테가 파리스에게 세 여신 가운데 누가 가장 아름다운지를 판단해 달라는 운명의 날이 닥쳐왔다. 세상에서 가장 아름다운 여인을 얻게 해 주겠다는 아프로디테의 약속에 넘어간 파리스는 그녀를 택했다. 여신은 약속한 대로 그가 헬레네를 만나도록 해 주었다. 미래를 본 오이노네는 파리스에게 위험을 경고했지만, 그는 그녀의 말을 무시했고, 아무런 생각도 없이 그녀마저 포기해 버렸다. 상심한 그녀는 산에 머물러 있었다.

수년 후, 파리스는 트로이 전쟁에서 심한 부상을 입었다. 그래서 동료들은 파리스를 이다 산으로 데려왔고, 그는 오이노네에게 치료해 달라고 애원했다. 아직도 그의 경거망동한 행동 때문에 깊은 상처를 입고 있는 그녀는 거절했고, 파리스는 시체나 다름없이 트로이로 다시 운반되었다. 모든 일에도 불구하고 여전히 파리스를 사랑하는 그녀는 곧바로 동정심이 일어났다. 그녀는 병을 치료하는 허브가 담긴 광주리를 들고 도시로 달려갔다. 하지만 이미 때는 늦고 말았다. 파리스가 죽은 것이다. 슬픔과 후회로 충격을 받은 오이노네는 성벽에서 몸을 던지고 말았다.

# 5. 켄타우로스의 딸: 오키로이

대부분의 켄타우로스Centaur 족은 거칠고 무례하며 별로 말할 것이 없다. 이들은 반인반마半人半馬로 마치 전쟁이라도 시작하는 양 난폭한 행동을 하여 초대받았던 결혼 피로연을 아수라장으로 만든 적이 있다.

하지만 한 사람은 달랐다. 그는 현명하고 나이 든 키론Chiron으로 수많은 재능을 지녔기에 존경받았다. 어린 시절 키론은 아폴론과 아르테미스의 가르침을 받았고, 자라서 이름난 사냥꾼이 되었다. 아폴론으로부터 그는 음악과 의술을 배우기도 했다. 나이가 들수록 키론은 분별력 있는 선생이 되었고, 그의 학생 가운데는 수많은 그리스 영웅들이 있었다.

그의 광활한 지식에 감탄하여, 아폴론은 자신의 아들 아이스쿨라피우스Aesculapius를 현명한 그의 문하생으로 맡겼다. 어느 날 소년에게 의술을 가르치고 있던 키론은 그의 딸이 햇빛을 받은 붉은 금빛 머리카락을 번쩍이며 다가오는 것을 보았다. 그녀는 흐르는 강물을 따라 세워진 길고 풀이 무성한 강둑의 님프 카리클로Chariclo가 낳은 딸로, '급류(急流, Swift-Flowing)'라는 뜻의 오키로이Ocyhroe라는 이름으로 불렸다.

오키로이는 아버지의 모든 예술에 정통할 뿐 아니라 그것을 뛰어

넘어 운명의 검은 비밀을 예견하는 예언의 노래까지 배우기도 했다. 키론과 아이스쿨라피우스에게 가까이 다가간 그녀는 심장으로부터 예언의 불꽃이 타올랐다. 그녀는 아이를 바라보며 외쳤다.

"축복 받은 소년이군요! 빠르게 그리고 강하게 자랄 거예요. 당신은 세상을 치료하고 활력을 주는 존재가 될 거예요. 사람들은 끊이지 않고 반복해서 당신에게 삶을 빚지게 되겠죠. 당신은 저승으로 떠난 영혼을 이승으로 되돌아오게 할 수 있는 능력도 갖추게 될 거예요.

하지만 이 위험한 일을 한번 수행하면, 신은 즉시 당신이 한 짓임을 알게 될 거예요. 제우스는 벼락을 칠 것이고, 당신은 죽을 거예요. 그러고 나면 신으로 거듭나게 되지요. 재탄생하는 것이죠!

그리고 사랑하는 아버지, 비록 당신께서는 지금은 불사의 존재이지만, 언젠가 상처를 입고 독사의 피에 의해 중독되면 간절히 죽기를 바랄 거예요. 극심한 고통 때문에 차라리 죽는 것이 낫다고 여길 거예요. 신은 당신의 소원을 받아들일 것이고, 죽음의 신이 생명의 실을 끊어 버리겠죠."

할 말이 더 있었지만 오키로이는 가슴 깊이 우러나오는 한숨을 내쉴 뿐이었다. 그리고 그녀는 쓰디쓴 울음을 터뜨렸다.

"죽음의 여신이 내 말을 막는군요. 더 이상 말하지 말라고 하네요. 천상에 있는 신의 분노를 내게 향하도록 하는 것이라면, 내 예언력이 무슨 소용이 있는 걸까요? 차라리 미래를 아는 능력이 없었더라면 하는 생각이 드는군요.

아버지, 도와주세요! 내 몸이 변하려고 해요. 사람인 부분이 점점 적어지네요. 당장이라도 풀이 무성하게 자란 초원을 가로질러 가고 싶은 생각밖에 없네요. 내가 암말로 변하고 있어요. 우리 족속에겐 친근한 모습인 걸 알고 있지만, 아버지는 최소한 반쪽은 인간이잖아요. 왜 나는 전신이 말로 변하는 거죠?"

하지만 오키로이의 마지막 말은 그녀의 입을 통해 나오는 새로운 소리에 묻혀 버렸다. 그것은 사람의 목소리가 아닌 말의 울음소리였다. 땅에 닿도록 길어진 그녀의 팔은 풀을 헤치며 움직이기 시작했고, 손톱과 발은 단단하게 변해 둥근 말굽이 되고 말았다. 입은 커졌고, 목은 길어졌다. 그토록 우아하게 그녀가 등에 걸치고 있던 옷은 꼬리로 변했고, 탐스러운 붉은 금빛의 머리카락은 어깨를 덮는 두껍고 풍성한 갈기가 되었다. 오키로이는 완전히 말로 변하고 말았다. 그녀의 목소리와 모습 심지어 이름까지도 달라졌다. 이제 그녀는 '암말'을 뜻하는 '히페Hippe'라고 불려야 했다.

# 6. 누구도 믿지 않았던 예언자: 카산드라

카산드라Cassandra는 트로이의 왕 프리아모스와 헤카베의 어린 자식 가운데 하나였다. 모두의 말로 미뤄보건대 그녀는 딸들 가운데 가장 아름다웠다. 하지만 모종의 연유로 인해 그녀는 가족과 헤어져야 했다. 카산드라는 헬레노스Helenus라는 쌍둥이 남동생이 있었는데, 그역시 그녀와 마찬가지로 예언 능력을 지니고 있었다.

과연 공주는 어떻게 미래를 보는 능력을 갖게 되었을까? 어떤 이야기에 의하면, 어린 시절 생일에 쌍둥이 남매는 아폴론의 신전에 보내졌다고 한다. 어두워지자 들뜬 기분으로 놀다가 지친 아이들은 잠이 들었다. 부모는 가족들을 추스려 집으로 돌아왔는데, 아무도 쌍둥이가 그들과 함께하지 않았다는 사실을 모르고 있었다. 얼마 지나지 않아 아이들을 남겨 두고 왔다는 사실을 깨달은 헤카베는, 그들을 찾기 위해 서둘러 되돌아갔다. 신전 안으로 들어간 그녀는 몸서리를 쳤다. 신성한 뱀이 아이들의 귀와 입을 할퀴고 있었기 때문이다. 어머니는 겁을 먹고 비명을 질렀다. 즉각 뱀은 녹색의 월계수 나뭇가지 더미 사이로 미끄러져 들어가더니 사라져 버렸다. 하지만 그 순간부터 카산드라와 헬레노스는 모두 미래를 예언하는 능력을 지니게 되었다.

또 다른 이야기는 아주 다른 내용이다. 이에 따르면, 공주는 그녀가 장성하여 트로이의 어떤 소녀보다 돋보이는 미모를 지니기 전까지는 이 같은 능력을 지니지 못했다고 한다. 어느 날 그녀는 신전에서 잠이 들었고, 이 모습을 본 아폴론은 사랑에 빠지고 말았다. 카산드라의 사랑을 얻기 위하여 그는 그녀에게 자신의 기술 가운데 가장 소중한 미래를 보는 법을 가르쳐 주었다. 하지만 그녀는 그의 접근을 불허했다. 화가 난 아폴론은 자신이 주었던 예언의 능력을 거두려 했지만, 그것은 신도 할 수 없는 일이었다. 그래서 그는 더 좋지 않은 일을 꾸몄는데, 그것은 카산드라의 예언은 모두가 사실이지만 누구도 그녀의 말을 믿지 않도록 운명을 변화시킨 것이었다. 이는 결국 트로이의 끔찍한 결과를 가져왔다.

카산드라는 장차 일어날 모든 일을 미리 알 수 있었고, 무아지경에 빠져 무시무시한 말을 마구 뱉어 냈다. 그래서 가족들조차 그녀가 미쳤다고 여겼다. 언젠가 트로이로 돌아온 청년이 갓난아기 때 이다 산에 버려졌던 파리스임을 알아보았을 때, 가족들은 무척이나 기뻐했다. 그들은 왕자를 아주 반갑게 맞이했다. 하지만 그가 절대 스파르타를 방문하도록 해서는 안 된다고 하는 카산드라의 말에는 아무도 주의를 기울이지 않았다. 그녀는 파리스가 스파르타에 가면 헬레네를 만나 유혹당하게 될 것이며, 이것이 전쟁을 야기시켜 트로이를 멸망시키리라는 사실을 알고 있었다. 하지만 아무도 전쟁이 그렇게 시작되어 끔찍하게도 10년이나 지속되리라는 그녀의 이야기를 믿지 않았다. 추문을 피하기 위해 아버지는 카산드라를 피라미드의 꼭대기에 가두고 하녀에게 그녀를 돌보는 한편, 하는 말을 빼놓지 말고 보고 하도록 시켰다. 그는 자기 딸의 예언을 들었지만, 전혀 믿지 않았다.

그녀의 많은 예언들이 사실로 드러났음에도 아무도 카산드라의 말을 믿지 않았다. 전쟁이 끝날 즈음, 그리스 인들은 마치 아테나의 선물인 양 거대한 목마를 남겨 두고 도망치는 것처럼 보임으로써 트로이 인들을 속이려 했고, 카산드라는 경고를 하려 애썼다. 그녀는 목마 안에는 그리스 병사들이 숨어 있다는 사실을 알고 있었다. 그녀의 애원에도 트로이 인들은 침략자들이 몸을 숨기고 있는 목마를 성안으로 들여왔다. 그날 밤 군사들은 당연히 목마에서 나와 도시를 장악하고 불을 질렀다. 그것이 트로이의 최후였다.

언제나 닥쳐올 비극을 알 수 있지만, 결코 그것을 피할 수 없다는 것은 너무도 끔찍한 선물이었다. 그러나 카산드라는 여전히 끔찍한 운명으로 고통 받아야 했다. 트로이가 불타자, 그녀는 아테나의 거대한 신전을 찾아 보호를 청했다. 그녀가 여신의 조상彫像을 끌어안는 광경을 리틀 아이아스Little Ajax가 신전으로 들어와 보았다. 만약 다른 그리스 인 같았다면 신전에서 감히 그녀에게 손을 대지 못했겠지만, 리틀 아이아스는 거리낌이 없었다. 그는 여전히 조상을 끌어안고 있는 카산드라를 잡아 성역 밖으로 끌어냈다. 동료 누구도 그의 흉폭한 행위를 막지 못했다.

아테나는 극도로 화가 났다. 그녀는 포세이돈에게 이 같은 신성모독에 대한 복수를 하는 데에 도움을 달라고 부탁했다. 포세이돈은 이

476

를 승낙하여 그리스 인들이 고향으로 돌아가려고 배를 띄우자 엄청난 폭풍을 일으켜 돌개바람으로 그들의 배를 끌어당겨 산호초에 부딪쳐 난파하도록 만들었다. 폭풍으로 인해 아가멤논의 함대는 거의 괴멸되고 말았다. 난파선에서 간신히 살아남은 리틀 아이아스는 헤엄을 쳐서 근처의 산호초에 이르렀지만, 그는 바다조차 자신을 익사시킬 수 없다고 외치는 실수를 범하고 말았다. 포세이돈이 이 같은 모욕을 받아들일 리가 만무한 것은 당연했다. 그는 죄인이 매달려 있는 바위를 부서뜨려 죽음으로 내몰았다.

반면에 카산드라는 아가멤논의 전승을 기리는 전리품이 되었다. 아가멤논은 자신의 아내 클리타임네스트라가 자신을 살해하리라고는 꿈에도 생각하지 못하고 카산드라와 함께 고향으로 돌아왔다.

"이 여인은 프리아모스의 딸이오." 그가 아내에게 말했다.

"포로가 된 여자 가운데 가장 고귀한 태생이지. 잘 대해 주길 바라오."

그리고 그는 클리타임네스트라를 따라 궁 안으로 들어갔다.

거리에 남겨진 카산드라는 그녀의 예언 능력을 발휘했다.

"대지여!" 그녀가 비명을 질렀다.

"어머니!"

구경꾼들은 서로를 당혹스러운 눈으로 바라보고 있었다. 여자 예언자는 계속 말을 이었다.

"나를 파멸시킨 아폴론이여! 두 번씩이나 나를 죽이는구나. 어디로 나를 데려왔느냐? 이 집은 대체 어디란 말이냐?"

카산드라는 무슨 일이 일어날지를 알고 있었다. 아가멤논뿐만 아니라 그녀 자신도 이 집에서 죽게 될 것이었다.

"이 집에는 선혈이 낭자하구나!"

그녀는 고함치며, 곧바로 일어날 살인에 대해 묘사하기 시작했다.

"보라, 보라! 오, 내가 죽는구나! 이 처절한 운명이여!"

그녀는 자신이 예견했던 트로이의 모든 것과 그 끔찍한 결과를 되새겼다.

그리고 그녀는 몸을 돌려 궁전으로 향했다.

"누구도 도망칠 순 없어!" 그녀는 한숨을 쉬었다.

"살 만큼 살았어. 이젠 가야 해."

결국 그녀는 문을 열고 죽음의 궁전으로 들어갔다.

:: 클리타임네스트라에게 쫓겨 달아나는 카산드라.

# 가부장제 속에 갇힌 그리스 신화 속의 여신들

고대인들은 자신뿐만 아니라 자신을 둘러싼 세상과 사물의 뿌리에 대해 의문을 품고, 제법 논리적인 방법으로 그럴듯한 해답을 찾아보았다. 특히 고대 그리스 사람들은 이러한 방면에 뛰어난 능력을 가지고 있었다. 그들은 이런 이야기들을 "mythos(뮈토스)"라 불렀는데, 그리스 어로 '설화'나 '이야기'라는 뜻이다. 영어로는 'myth'라 하는데, 자연 현상을 설명하기 위해 환상적이고 초자연적인 사건들로 구성한 특별한 이야기, 또는 고대인들이 지어낸 신들과 악마들을 소재로 한 이야기라는 뜻으로 쓰이고 있다. 이러한 이야기들은 고대 그리스 인들의 보편적 사유와 행동 양식을 담고 있으며, 동시에 그 사회의 제도와 관습까지도 반영하고 있다. 따라서 우리는 신화를 읽으면 그 속에 숨어 있는 고대 그리스 인들의 인간과 사물에 대한 일반적인 인식의 패턴을 찾아낼 수 있다.

그런데 신화는 주로 남신들과 남자들의 이야기이다. 물론 여신들과 여인들이 등장하지 않는 것은 아니지만 신들의 전쟁이라든가 영웅 신화들은 대부분 남성 위주로 이루어져 있다. 이는 그리스 시대에 이미 가부장제가 확립되었음을 말해 주는 것이다. 그렇다고 여신들의 신화를 결코 소홀히 해서는 안 된다. 우리는 여신들의 이해를 통해 신화에 내재된 의미를 더욱 면밀히 살펴볼 수 있기 때문이다. 여신들은 수천 년 동안 인간의 의식 속에 유지되어 왔던 여성들의 모습을 반영하고 있으며, 그 사회에서 여성에 대해 갖고 있던 의식을 보여 주고 있다. 따라서 오랜 옛날 세상은 여성들을 어떻게 인식했으며, 신화 속의 여신들이 어떤 의미를 지니고 있는지를 파악해 보는 것은 신화를 총체적으로 이해하는 관건이라 할 수 있다.

신화에 등장하는 여신들은 모두 그리스 시대 이전에 위대한 어머니 여신이 가지고 있던 능력을 나누어 가졌다. 그래서 여신들은 신화 속에서 아주 다양한 유형으로 나타나 있다. 물론 여신들이 한 가지 속성만을 지니고 있는 것이 아니라 서로 연관되는 여러 가지 유형을 지니고 있기 때문에 한 가지 유형으로 규정하기가 어렵다. 하지만 그리스 신화에 나오는 여신들은 크게 세 가지 부류가 있다.

선주민 시대의 위대한 어머니 여신은 '살해'에 의해 완벽하게 종결되지만, 가부장제가 확립된 이 시기에는 약간 인간적으로(?) '결혼'이라는 형태를 취함으로써 종속관계를 공고히 한다. 그래서 첫째는 결혼한 여신, 둘째는 결혼하지 않은 여신, 그리고 셋째는 괴물로 변신한 선주민 시대의 아류 여신으로 나눌 수 있다.

## 결혼한 여신들: 헤라와 아프로디테

올림포스의 신들 가운데 정식으로 결혼한 여신은 헤라와 아프로디테이다. 헤라는 신들의 우두머리인 제우스의 공식적인 아내이다. 하지만 원래 헤라는 제우스의 아내가 아니었다. 그녀는 제우스보다 훨씬 이전의 여신으로서 고대 그리스 인들이 숭배하는 '대지의 어머니 신'의 특성을 지니고 있었다. 그러나 남성의 승리로 상징되는 제우스와 강제 결혼을 통해 가부장제로 편입되었다. 그래도 헤라는 제우스와 대등한 관계를 유지하면서 제우스의 견제 세력을 형성하고 있었다. 언젠가는 제우스를 사로잡은 때도 있었다. 하지만 그를 놓치는 바람에 하늘에 손발이 묶여 매달려야 하는 수모를 겪기도 했다.

결국 가부장제에서 여성이 남성을 이길 수는 없었던 것이다. 이후 여신은 남신과 대등한 권력을 갖는 것이 인정될 수 없었기 때문에 항상 왜곡되고 부정적인 방식으로 묘사되었으며, 전형적인 가부장제의 여성으로 나타난 헤라는 언제나 질투와 계략만을 일삼는 여신으로 전락했다. 지금도 가부장제 사회에서 아내는 대부분 긍정적인 측면보다는 부정적인 측면으로 그려지는데, 아내는 남편의 성적 욕망을 가로막는 유일한 장애물이기 때문이다. 이처럼 그리스 신화 속의 헤라는 질투에 가득 차 제우스가 바람피우는 곳마다 따라다니면서 제우스와 관계한 여성들이나 그 자식들을 괴롭히고 심지어 살해해 버리는 악랄한 모습으로 묘사되고 있다.

'사랑의 여신' 아프로디테도 자신의 기능에 비추어 볼 때 결혼이 필요치 않았다. 오히려 이 세상에 가능한 한 많은 사랑을 베풀어야 하기 때문에 특정인에게 얽매여서는 안 되었다. 그럼에도 아프로디테는 남편을 갖게 되었는데, 그리스 인들은 아프로디테의 남편을 아주 독특하게 맺어 주었다. 가장 아름다운 아프로디테와 가장 추한 불구자 헤파이스토스를 맺어 준 것이다.

'불과 대장간의 신' 헤파이스토스가 제우스와 헤라가 다툴 때 헤라 편을 들자, 제우스는 노하여 그를 올림포스 산 아래로 떨어뜨렸다. 그는 꼬박 하루 만에 림노스 섬에 떨어졌는데, 이때 절름발이가 되었다는 설도 있다. 그가 아무리 추하고 불구자이더라도 가부장제 신화의 남신이기 때문에 아프로디테의 본래 기능인 사랑의 활동을 묵과하지 않는다. 사실 아프로디테는 '사랑의 여신' 이기 때문에 본성적으로 헤파이스토스 외에 많은 남신들과 관계를 맺을 수밖에 없다. 하지만 남신들에게는 전혀 문제가 되지 않을 '전쟁의 신' 아레스와의 연애 사건이 여신 아프로디테에게는 큰 문제가 되었다. 헤파이스토스가 눈에 보이지 않는 그물로 밀담을 나누던 둘을 사로잡아 모든 신들이 모인 자리에서 풀어놓았다. 그녀는 여신의 권위와 위신이 땅에 떨어질 정도로 공개적인 망신을 당했다. 아무리 사랑의 여신이라 할지라도 가부장제의 위선적 규범을 피해갈 수는 없었던 것이다. 그래서 아프로디테는 결혼의 서약을 쉽사리 파기하는 간부의 전형으로 간주되었다.

이처럼 그리스 신들 가운데 결혼한 여신들만큼 위신과 체통이 떨어진 신은 없다. 하지만 결혼을 했더라도 남신에게 순종적인 여신들은 그리 문제가 되지 않았으며, 비공식적으로 결혼한 여신들도 자신의 기능을 최소한 유지한 경우가 많았다. 이들은 모두 남신들에게 강제로 복종당했기 때문에 별 문제가 없었던 것이다.

**결혼하지 않은 여신들**: 아테나와 아르테미스 그리고 헤스티아

그리스 여신들 중에서 처녀 신들은 결혼한 여신들보다 그나마 명맥을 유지할 수 있었다. 가부장제 아래서 부계 혈통을 유지하려는 목적으로 강조된 정숙과 순결의 이미지 덕분이었다. 그러나 그것은 어떠한 남신 또는 남자와도 관계하지 않는다는 전제하에 주어진 명예일 뿐이었다. 그래서 이러한 여신들은 대체로 남성적이거나 중성적인 이미지로 나타난다.

'지혜와 전쟁의 여신' 아테나는 헤파이스토스의 도움으로 아버지 제우스의 머리에서 중무장한 여전사의 모습으로 튀어나왔다. 그래서 아테나는 자신을 아버지의 딸로 간주하고 남성의 편에 선다. 그 대표적인 사례가 간통을 저지른 어머니 클리타임네스트라를 살해한 오레

스테스의 재판에서 아들 편을 들어준 사건이다. 이는 아테나의 부계 혈통을 강조하는 대목이라 할 수 있다.

'사냥과 달의 여신' 아르테미스는 순결에 대해 일종의 강박관념을 지닌 여신으로 묘사된다. 그녀는 가부장제 신화에서 가장 중요한 이데올로기인 순결과 정숙을 상징하는 여신이다. 그녀는 항상 많은 요정들을 거느리고 다녔는데, 이 요정들 역시 여신과 마찬가지로 순결을 지켜야 했다. 이를 어길 경우 여신은 용서하지 않았다. 본의 아니게 강간을 당한 경우도 예외가 아니었다.

아르카디아 지방의 님프 칼리스토의 아름다움에 반한 제우스가 아르테미스의 모습으로 변장하여 그녀 앞에 나타나 스스럼없이 그녀를 껴안았다. 아무것도 모르는채 칼리스토는 제우스에게 겁탈을 당했던 것이다. 칼리스토는 자신이 겪은 일을 영원히 숨길 수는 없었다. 달이 차서 배가 불러오던 어느 날 모든 것을 눈치 챈 아르테미스는 크게 화를 내며, 다시는 자신과 얼굴을 마주치지 말라는 엄포를 놓으며 칼리스토를 자신의 무리 속에서 영원히 쫓아내 버렸다.

자신의 알몸을 훔쳐 본 악타이온도 사슴으로 만든 후 악타이온 자신의 개들에게 잔인하게 찢겨 죽도록 만든다. 처녀의 순결에 상처를 입힘으로써 죽음의 벌을 받은 자 가운데는 오리온도 있다.

그리고 '화로의 신' 헤스티아는 화로의 불을 꺼지지 않도록 하는 임무, 즉 가정을 안전하게 지켜 주는 역할의 상징으로서 결국 가부장제 아래서 부계의 혈통을 보존하는 기능을 맡았다.

그리스 말로 '헤스티아(Hestia)'는 화덕을 가리키는데, 순수한 불꽃의 여신답게 그녀는 처녀 신이다. 이 여신은 제우스로부터 순결을 지킬 권리와 인간이 올리는 제물의 첫 번째 몫을 받을 권리를 인정받았다. 그녀는 어디까지나 안정된 가정생활을 수호하는 신이었으며, 가장 온화하고 인자한 신이다.

그녀는 로마 신화의 베스타(Vesta)와 동일시되는데, 로마에서는 가정을 넘어서 국가적으로 중요한 신으로 받들어졌다. 로마 인들은 나라에 큰 일이 있을 때마다 이 여신에게 제사를 지내고 길흉을 점쳤다. 그리고 베스탈(Vestal)이라고 하는 여섯 명의 여사제가 여신의 성화가 꺼지지 않도록 지켰는데, 이들은 5~10세 무렵에 뽑혀 30년 동안 순결을 지키며 여신에게 봉사해야 했다.

## 괴물의 모습을 띤 여신들

선주민들이 숭배하던 여러 여신들은 침략자들이 내세운 새로운 여신들로 대체됨에 따라 지위를 박탈당하고 말았으며, 심지어는 괴물로 전락하기도 했다. 그래서 그리스 신화에 나오는 괴물들은 대부분 여성의 특징을 지니고 있다.

괴물들은 보통 동물이나 인간의 특정 부위를 축소, 과장하거나 각자의 서로 다른 부위를 짜 맞추어 형상화 했다. 예를 들면 위대한 어머니 여신의 상징인 뱀은 에키드나, 에리니에스, 고르곤 자매(스테노,

에우리알레, 메두사) 등으로 형상화 되었다.

에키드나는 그리스 어로 '뱀'이라는 뜻인데, 상반신은 아름다운 여인, 하반신은 뱀의 모습이다. 그녀의 출생에 관해서는 여러 가지 설이 있다. 바다의 신들인 포르키스와 케토 사이에서 태어났다고도 하고, 메두사의 아들인 크리사오르와 칼리에, 타르타로스와 가이아, 페이라스와 스틱스 사이에서 태어났다고도 한다.

역시 반인반수의 괴물인 티폰과 관계하여 헤스페리데스의 황금사과를 지키던 뱀 라돈을 비롯해 벨레로폰에게 살해된 키메라, 바다 괴물 스킬라, 물뱀 히드라, 지옥을 지키는 개 케르베로스, 프로메테우스의 간을 쪼아 먹던 독수리 등을 낳았다. 또 오로토로스와의 사이에서 스핑크스와 네메아의 사자 등을 낳았다고 한다.

에리니에스는 티시포네, 알렉토, 메가이라 등 세 에리니스(에리니에스의 단수)를 가리킨다. 대지의 여신 가이아, 또는 밤의 여신 닉스의 딸들이라고도 한다. 지하세계에 사는 그녀들의 모습은 날개가 있고 눈에서는 피가 흐르며, 머리에는 뱀이 휘감겨 있고, 횃불을 손에 든 무서운 처녀로 묘사된다.

다음은 새의 모습으로 형상화된 괴물들도 있다. 새도 역시 위대한 어머니 여신의 상징이었는데, 여인의 얼굴에 새의 몸통을 가진 시렌(그녀들은 물고기의 몸통을 지닌 형상으로도 묘사된다)과 하르피아이가 그 대표적인 경우이다. 하르피아이는 세 명 또는 네 명이라고도 하며, 각각의 이름은 '질풍'을 뜻하는 아엘로와 '빠른 날개'를 뜻하는 오키페테,

'검은 여자'를 뜻하는 켈라이노, '발이 빠른 여자'를 뜻하는 포다르게이다. 그녀들의 얼굴은 처녀이고 몸통은 독수리인 괴물이었다. '약탈하는 여자'라는 뜻의 하르피아이는 영어에서 '탐욕스러운 인간', 특히 '욕심 많은 여자'를 일컫는 'harpy'의 어원이기도 하다.

그밖에 여인의 얼굴에 사자의 몸통을 한 스핑크스, 세 개의 얼굴을 가진 개 케르베로스와 오르토스 등이 있으며, 하체가 물고기의 형상이며 개의 목소리를 내는 스킬라도 있다.

이처럼 괴물로 형상화된 선주민 시대의 여신들은 안타깝게도 그리스의 가부장제 문화 속에서는 남성 영웅들에게 처단당해야만 하는 운명에 처해 있었다. 그 처단자의 대표적인 인물이 바로 헤라클레스와 테세우스라는 그리스 시대의 불멸의 영웅들이다.

이 책에는 바로 이 모든 여신들에 관한 원래 이야기들이 담겨 있다. 그리스 사람들은 이 여신들을 어떻게 이야기하고 있기에 이런 분류가 가능한지 원문을 읽는 심정으로 페이지를 넘겨 보길 바란다.

2007년 저물어가는 가을에...
김대웅

참고문헌

Aeschylus. *Agamemnon.* Translated by Robert Fagles. New York: Penguin Books, 1966.

Bowra, C. M. *Classical Greece.* New York: Time, 1965.

Bulfinch, Thomas. *Mythology.* New York: Harper & Row, 1970.

Calasso, Roberto. *The Marriage of Cadmus and Harmony.* New York: Vintage Books, 1993.

Editors of Time-Life Books. *What Life Was Like at th Dawn of Democracy.* Alexandria, Va.: Time-Life Books, 1998.

Euripides. *Iphigenia in Tauris.* Translated by Philip Vellacott. London: Penguin Books, 1953.

_____. *Medea.* Translated by Philip Vellacott. New York: Penguin Books, 1954.

Foss, Michael. *Gods and Heros: The Story of Greek Mythology.* Lincolnwood, Ill.: NTC Publishing Group, 1994.

Grant, Michael. *Myths of the Greeks and Romans.* New York: Meridian Books, 1995.

Grant, Michael, and John Hazel. *Who's Who in Classical Mythology.* New York: Oxford University Press, 1993.

Graves, Robert. *The Greek Myths*, Vol. 1 and 2. London: Penguin Books, 1955.

_____. *The Greek Myths*. Illustrated edition. London: Penguin Books, 1955.

Hall, James. *Dictionary of Subjects & Symbols in Art*. New York: Harper & Row, 1974.

Hamilton, Edith. *Mythology*. New York: New American Library, 1940.

Hesiod. *Theogony and Works and Days*. Translated by M. L. West. New York: Oxford University Press, 1988.

Homer. *The Odyssey*. Translated by Robert Fagles. New York: Penguin Books, 1996.

*Larousse Encyclopedia of Mythology*. New York: Prometheus Press, 1959.

Martin, Thomas R. *Ancient Greece from Prehistoric to Hellenistic Times*. New Haven, Conn.: Yale University Press, 1996.

Moncrieff, A. R. Hope. *Myths and Legends of Ancient Greece*. New York: Gramercy Books, 1955.

Ovid. *The Metamorphoses*. Translated by Horace, Gregory. New York: Mentor Books, 1960.

_____. *The Metamorphoses*. Translated by Rolfe, Humphries. Bloomington: Indiana University Press, 1983.

_____. *The Metamorphoses*. Translated by A. D. Melville. New York: Oxford University Press, 1986.

Shapiro, Max S., and Rhoda A. Hendricks. *A Dictionary of Mythologies*. London: Paladin Books, 1981.

Sophocles, *Antigone*. Translated by E. F. Watling. Middlesex, England: Penguin Books, 1947.

_____. *Electra*. Translated by E. F. Watling. Middlesex, England: Penguin Books, 1953.

Storace, Patricia. *Dinner with Persephone: Travels in Greece*. New York: Vintage Books, 1996.

Switzer, Ellen, and Costas Switzer. Greek Myths: *Gods, Heroes and Monsters*. New York: Atheneum, 1988.

# 용어사전

## ㄱ

가이아(Gaia)/게(Ge): 대지의 어머니. 카오스로부터 최초로 태어난 대지의 여신.

갈라테이아(Galatea): (1) 피그말리온이 사랑한 조각상. (2) 아키스와 폴리페모스가 사랑한 네레이드.

갈란티스(Galanthis): 알크메네의 하녀. 담비(또는 족제비)로 변했다.

고르곤(Gorgon): 세 명의 괴물 자매(스테노, 에우리알레, 메두사). 어떤 생물도 그들을 쳐다보면 돌로 변한다.

그라이아이(Graiae): 회색 여인. 고르곤들의 누이.

그라케(Grace): 미와 우아함과 우정의 세 여신.

글라우케(Glauce): 코린트의 공주.

글라우코스(Glaucus): 바다의 신이 된 어부.

## ㄴ

나르키소스(Narcissus): 자신의 아름다운 용모에 반해 수선화가 된 소년.

나우시카아(Nausicaa): 난파한 배에서 해안으로 떠밀려온 오디세우스를 구한 포이아키아의 공주.

나이아드(Naiad): 강, 연못, 시내, 샘 등지에 사는 님프.

낙소스(Naxos): 에게 해의 섬.

네레이드(Nereid): 바다에 사는 님프.

네메시스(Nemesis): 복수의 여신.

넵투누스(Neptunus): 포세이돈의 로마식 이름. 영어로는 넵튠(Neptune).

누마(Numa): 로마의 두 번째 왕. 에게리아의 남편.

니오베(Niobe): 테베의 왕 암피온의 부인. 눈물 흘리는 조각상으로 변했다.


ㄷ

다나에(Danae): 페르세우스의 어머니.

다나이데스(Danaides): 지하세계에서 영원한 형벌을 받은 여인들.

다마시크톤(Damasichthon): 니오베의 아들 가운데 하나.

다이달로스(Daedalus): 아테네의 발명가. 미노타우로스가 사는 미궁을 설
    계했다.

다이달리온(Daedalion): 케익스의 형제.

다프네(Daphne): 아폴론의 첫사랑인 님프. 월계수가 되었다.

데메테르(Demeter): 수확, 건축과 풍요의 여신.

데우칼리온(Deucalion): 프로메테우스의 아들이자 피라의 남편.

데이노(Deino): 그라이아이의 하나.

델로스(Delos): 레토가 아르테미스와 아폴론을 낳은 곳. 물에 떠다니는 작
    은 섬이다.

도소(Doso): 변신한 데메테르가 사용한 이름.

드리아드(Dryad): 나무와 숲의 님프.

드리오페(Dryope): 연꽃으로 변한 젊은 어머니.

디도(Dido): 카르타고를 세웠으며, 아이네이아스를 사랑한 여인.

디아나(Diana): 아르테미스의 로마식 이름.

디오니소스(Dionysus): 술의 신.

## ㄹ

라돈(Ladon): 시링크스가 갈대로 변한 강.

라비린토스(Labyrinth): 크레타에 있던 미노스 왕의 미궁(迷宮).

라일라프스(Laelaps): 제우스가 에우로페에게 결혼 선물로 준 지치지 않는
　　　　사냥개.

라케시스(Lachesis): 운명의 여신 세 자매 가운데 하나.

라토나(Latona): 레토의 로마식 이름.

레다(Leda): 제우스가 유혹한 여인. 헬레네의 어머니.

레스보스(Lesbos): 오르페우스의 육신이 쉬고 있는 곳.

레아(Rhea): 가이아와 우라노스의 딸. 크로노스의 아내.

레안드로스(Leander): 헤로와 사랑에 빠진 젊은이.

레우코토에(Leucothoe): 태양신이 사랑한 여인.

레테(Lethe): 지하세계에 있는 망각의 강.

레토(Leto): 티탄으로 코이오스와 포이베 사이에서 태어난 딸. 아르테미스
　　　　와 아폴론의 어머니.

로도페(Rhodope)와 하이몬(Haemon): 산으로 변한 부부.

로티스(Lotis): 꽃으로 변한 나이아드.

루키나(Lucina): 일리티이아의 로마식 이름.

리디아(Lydia): 소아시아의 국가.

리베이션(libation): 술, 우유, 머리카락 등 죽은 자에게 바치는 제물.

리틀 아이아스(Little Ajax): 아테나 신전에 숨은 카산드라를 끌어낸 그리스
　　　　인.

마르스(Mars): 아레스의 로마식 이름.

마에나드스(Maenads): 디오니소스의 숭배자.

마케도니아(Macedonia): 그리스 반도 북동쪽에 있는 고대 국가.

만토(Manto): 테베의 예언자.

메가라(Megara): 니소스가 다스리는 도시.

메가이라(Megaera): 푸리아이 세 자매 가운데 하나.

메넬라오스(Menelaus): 스파르타의 왕이자 헬레네의 남편.

메두사(Medusa): 페르세우스에게 죽은 고르곤 세 자매 가운데 하나.

메데이아(Medea): 막강한 마녀. 이아손의 부인.

메르쿠리우스(Mercurius): 헤르메스의 로마식 이름. 영어로는 머큐리
     (Mercury).

메시나 해협(Strait of Messina): 스킬라와 카리브디스가 숨어 지내는 이탈리
     아와 시실리 사이의 좁은 해협.

메타니라(Metanira): 엘레우시스의 여왕.

메타모르포시스(Metamorphosis): 다른 것으로 변화함.

멜레아게르(Meleager): 아탈란타와 함께 칼리돈의 곰을 사냥한 왕자.

멜포메네(Melpomene): 비극의 뮤즈.

모르페우스(Morpheus): 잠의 신.

뮤즈(Muse): 제우스와 므네모시네 사이에서 태어난 아홉 명의 딸. 예술에
     뛰어난 재능을 지녔다.

므네모시네(Mnemosyne): 티탄 족. 기억의 의인화(擬人化). 뮤즈들의 어머니.

미네르바(Minerva): 아테나의 로마식 이름.

미노스(Minos): 크레타의 왕. 아리아드네의 아버지.

미노타우로스(Minotaur): 미노스 왕의 미궁에 사는 반우반인(半牛半人)의
　　괴물.

미니아스(Minyas): 테살리아의 왕. 박쥐가 된 알키토이와 그 자매의 아버지.

미르틸로스(Myrtilus): 펠로프스로부터 뇌물을 받고 마차 경주에서 이길 수
　　있도록 도운 마부.

미케나이(Mycenae): 막대한 부(富)로 유명한 아가멤논의 왕국.


ㅂ

바우키스(Baucis): 필레몬의 헌신적인 아내. 나무로 변했다.

바카날스(Bacchanals): 바쿠스 신의 추종자들.

바쿠스(Bacchus): 디오니소스의 로마식 이름.

베누스(Venus): 아프로디테의 로마식 이름.

베로이(Beroe): 세멜레의 오랜 유모.

베르길리우스(Virgil): 로마의 위대한 서사시인.

베르툼누스(Vertumnus): 님프인 포모나를 사랑한 신.

베스타(Vesta): 헤스티아의 로마식 이름.

벨레로폰(Bellerophon): 코린트의 영웅.

불칸(Vulcan): 헤파이스토스의 로마식 이름.

브리아레오스(Briareus): 100개의 손을 가진 괴물. 우라노스의 아들.

비에르(bier): 관을 올려놓거나 세워두는 곳. 관가(棺架).


ㅅ

사르페돈(Sarpedon): 제우스의 아들. 트로이 전쟁의 영웅.

사투르누스(Saturnus): 크로노스의 로마식 이름.

사티로스(Satyrs): 나무와 전원(田園)의 신.

살라미스(Salamis): 키프로스의 고대 도시.

세멜레(Semele): 제우스가 사랑한 테베의 공주. 디오니소스의 어머니.

세미라미스(Semiramis): 바빌론을 세운 여왕.

세스토스(Sestos): 헬레스폰트 해협의 유럽 쪽에 있는 도시. 헤로의 고향.

스킬라(Scylla): (1) 여섯 개의 머리를 가진 괴물로 변한 네레이드. (2) 니소
　　　스의 딸. 물총새로 변했다.

스테노(Stheno): 세 고르곤 가운데 한 명.

스틱스(Styx): 이승과 저승을 구분하는 강.

스파르타(Sparta): 융성했던 그리스의 도시국가.

스핑크스(Sphinx): 여자의 얼굴에 사자의 몸을 가진 날개 달린 괴물.

시렌(Siren): 매혹적인 노랫소리로 뱃사람들을 유혹해 죽게 만드는 바다의
　　　요정.

시링크스(Syrinx): 판이 쫓아다닌 님프. 갈대 피리로 변했다.

시빌(Sibyl): 예언자를 일컫는 말. 쿠마이의 시빌이 가장 유명하다.

시실리(Sicily): 아르테미스에게 봉헌된 지중해의 섬.

시필로스(Sipylus): 니오베의 아들 가운데 한 명.

실레노스(Silenus): 가장 나이가 많은 사티로스.


## ㅇ

아가멤논(Agamemnon): 미케나이의 왕. 트로이 전쟁의 승자.

아글라이아(Aglaia): 세 명의 그라케 가운데 막내.

아낙사레테(Anaxarete): 이피스를 퇴짜 놓은 공주. 조각으로 변했다.

아도니스(Adonis): 아프로디테와 페르세포네가 사랑한 미남.

아드메테(Admete): 아마존 족의 여왕 히폴리타의 허리띠를 갖고자 했던
　　소녀.

아드메토스(Admetus): 테살리아의 왕이자 알케스티스의 남편.

아라크네(Arachne): 거미로 변한 소녀.

아레스(Ares): 전쟁의 신.

아레테(Arete): 나우시카아의 어머니.

아레투사(Arethusa): 샘으로 변한 님프.

아르고스(Argos): 펠로폰네소스 북쪽에 있는 나라.

아르고스(Argus): 100개의 눈을 가진 괴물. 헤라가 이오를 감시하도록 시
　　켰다.

아르고호(Argo): 황금 양털을 찾아 이아손과 함께 50명의 선원을 태우고
　　항해한 배. 선원들을 '아르고스 원정대(Argonauts)'라고 부른다.

아르카디아(Arcadia): 황금기를 구가한 그리스 남부 펠로폰네소스 지방의
　　아름다운 나라.

아르카스(Arcas): 칼리스토의 아들. 작은곰자리가 되었다.

아르테미스(Artemis): 사냥과 달의 여신.

아리아드네(Ariadne): 크레타 섬의 미노스 왕의 딸.

아마존(Amazon): 여전사(女戰士)의 나라.

아모르(Amor): 에로스의 로마식 이름.

아비도스(Abydos): 헬레스폰트의 아시아 쪽에 있는 도시. 레안드로스의
　　고향.

아스테리에(Asterie): 제우스에게 속은 여인.

아스트라이아(Astrea): 순결과 청정의 여신.

아울리스(Aulis): 그리스 동쪽에 있는 항구 도시.

아이게우스(Aegeus): 아테네의 왕이자 테세우스의 아버지.

아이기나(Aegina): (1) 제우스에게 속은 여인. (2) 펠레우스 왕의 왕국.

아이기스(Aegis): 고르곤들의 목이 올려져 있는 제우스의 방패나 아테나의
　　　가슴받이 갑옷.

아이기스토스(Aegisthus): 클리타임네스트라의 연인. 그녀의 아들 오레스
　　　테스에게 죽었다.

아이네이아스(Aeneas): 불타는 트로이를 탈출한 트로이 영웅. 디도의 사랑
　　　을 받고, 나중에 로마를 세웠다.

아이손(Aeson): 이아손의 아버지.

아이스쿨라피우스(Aesculapius): 의약(醫藥)의 신.

아이아이아(Aeaea): 여자 마법사 키르케가 사는 섬.

아이에테스(Aeetes): 콜키스의 왕이자 메데이아의 아버지.

아이올로스(Aeolus): 바람의 신.

아엘로(Aello): 하르피아이.

아카이아(Achaea): 펠로폰네소스의 북쪽에 있는 나라. 그리스의 다른 이름.

아키스(Acis): 갈라테이아의 연인. 강의 신이 되었다.

아킬레우스(Achilles): 트로이 전쟁 당시 그리스의 영웅.

아탈란타(Atalanta): 무척 빠른 달리기 선수. 사자로 변했다.

아테나(Athena): 지혜와 전쟁의 여신.

아테네(Athens): 고대 그리스의 거대한 도시국가이자 오늘날 그리스의 수도.

아트로포스(Atropos): 죽음의 여신 세 자매 가운데 하나.

아틀라스(Atlas): 어깨로 하늘을 받치고 있는 티탄 족의 하나.

아폴론(Apollo): 태양과 음악과 의술의 신.

아프로디테(Aphrodite): 사랑과 미(美)의 여신.

악타이온(Actaeon): 사슴으로 변한 사냥꾼. 자신의 개에게 물려 죽었다.

안드라이몬(Andraemon): 드리오페의 아버지.

안드로게오스(Androgeus): 미노스 왕의 아들.

안드로메다(Andromeda): 카시오페이아의 딸.

안티고네(Antigone): (1) 오이디푸스의 딸. (2) 황새로 변한 여인.

안티오페(Antiope): 아마존 족의 여왕.

알렉토(Alecto): 세 명의 푸리아이 가운데 하나.

알케스티스(Alcestis): 아드메토스의 아내.

알키노오스(Alcinous): 나우시카아의 아버지.

알키오네(Alcyone): 물총새로 변한 케익스의 헌신적인 아내.

알키토이(Alcithoe): 미니아스 왕의 딸. 박쥐로 변했다.

알테아(Althea): 멜레아게르의 어머니.

알페노르(Alphenor): 니오베의 아들 가운데 하나.

알페이오스(Alpheus): 님프 아레투사를 흠모하여 쫓아간 강의 신.

암브로시아(ambrosia): (1) 신의 음식. (2) 신이 사용하는 연고 또는 향료.

암피온(Amphion): 니오베의 남편. 테베의 왕이자 음악가.

에게 해(Aegean Sea): 소아시아와 그리스 사이에 있는 지중해의 어귀.

에게리아(Egeria): 이탈리아의 님프. 누마의 부인.

에니오(Enyo): 그라이아이 가운데 하나.

에라토(Erato): 애정시의 뮤즈.

에레보스(Erebos): 카오스가 낳은 어둠.

에로스(Eros): 사랑의 여신.

에리니에스(Erinyes): 푸리아이. 복수와 정의의 여신 세 자매.

에리스(Eris): 부조화의 여신.

에바드네(Evadne): 카파네오스의 부인.

에우로페(Europe): 흰 황소로 변한 제우스에게 유괴된 공주.

에우리노메(Eurynome): (1) 카오스가 처음 낳은 만물의 여신. (2) 레우코토
    이의 어머니.

에우리디케(Eurydice): 오르페우스와 결혼한 숲의 님프.

에우리알레(Euryale): 고르곤 세 자매 가운데 하나.

에우릴로코스(Eurylochus): 오디세우스의 동료.

에우메니데스(Eumenides): 에리니에스나 푸리아이의 별칭.

에우이페(Euippe): 피에리데스의 어머니.

에우테르페(Euterpe): 서정시와 음악의 뮤즈.

에우프로시네(Euphrosyne): 그라케들 가운데 하나.

에코(Echo): 나르키소스를 사랑하다가 사라져 버린 숲의 님프.

에키드나(Echidna): 반인반사(半人半蛇)의 괴물. 스핑크스, 케르베로스, 키
    메라, 히드라를 낳았다.

에테오클레스(Eteocles): 영예롭게 묻힌 안티고네의 동생.

에트나 산(Mount Etna): 시실리의 화산.

에티오피아(Ethiopia): 홍해에 접한 아프리카의 나라.

에파포스(Epaphus): 제우스와 이오의 아들.

에피데트(epithet): 사람 이름과 함께 하는 말이나 문장.

에피메테우스(Epimetheus): 프로메테우스의 동생이자 판도라의 남편.

엘레우시스(Eleusis): 데메테르가 왕과 왕비와 함께 몸을 피했던 도시.

엘렉트라(Electra): 아가멤논과 클리타임네스트라의 딸.

오디세우스(Odysseus): 이타카 섬의 왕. 트로이 전쟁의 영웅.

『오디세이(The Odyssey)』: 전쟁을 마치고 고향으로 돌아오는 오디세우스의

모험을 그린 호메로스의 서사시.

오라클(oracle): (1) 신의 예언을 알려 주는 여사제. (2) 여사제가 거주하는
　　신전.

오레스테스(Orestes): 클리타임네스트라와 아가멤논의 아들.

오레아드(Oread): 산의 님프.

오레이티이아(Oreithyia): 아마존 족. 안티오페의 누이.

오르티기아(Ortygia): 시실리에서 아레투사가 샘으로 변한 곳.

오르페우스(Orpheus): 아폴론과 칼리오페의 아들. 에우리디케의 남편.

오이네우스(Oeneus): 칼리돈의 왕. 멜레아게르의 아버지.

오이노마오스(Oenomaus): 피사의 왕. 히포다메이아의 아버지.

오이노네(Oenone): (1) 예언 능력을 가진 님프. (2) 학으로 변한 피그미 여왕.

오이디푸스(Oedipus): 테베의 왕. 안티고네의 남편.

오케아노스(Oceanus): 테티스와 결혼한 티탄. 헤라의 수양아버지.

오케아니드(Oceanid): 바다와 강의 님프.

오키로이(Ocyrhoe): 켄타우로스인 키론의 딸로 예언자이다. 암말로 변했다.

오키페테(Okypete): 하르피아이.

오토스(Otus)와 에피알테스(Ephialtes): 아르테미스와 헤라를 사랑한 거인
　　형제.

오피온(Ophion): 에우리노메가 만들어 낸 뱀.

올림포스(Olympus): 테살리아의 산. 신들의 거주지.

우라노스(Uranus): 하늘의 의인화. 가이아의 남편.

우라니아(Urania): 천문(天文)의 뮤즈.

유노(Juno): 헤라의 로마식 이름.

유피테르(Jupiter): 제우스의 로마식 이름. 영어로 주피터.

이나코스(Inachus): 강의 신. 이오의 어버지.

이노(Ino): 세멜레의 누이. 디오니소스 신을 키웠다.

이다 산(Mount Ida): 파리스가 아기 때 버려진 산. 오이노네의 고향.

이리스(Iris): 무지개의 여신.

이스메네(Ismene): 오이디푸스의 딸. 안티고네의 언니.

이아손(Jason): 아르고호의 지휘자. 메데이아의 남편.

이오(Io): 이나코스의 딸. 흰 암소로 변했다.

이올레(Iole): 자신의 누이 드리오페의 이야기를 들려준 사람.

이카리오스(Icarius): 페넬로페의 아버지.

이타카 섬(Ithaca): 오디세우스의 고향.

이피게네이아(Iphigenia): 아가멤논과 클리타임네스트라의 딸.

이피스(Iphis): 아낙사레테의 불행한 연인.

익시온(Ixion): 사악함으로 인해 영원히 지옥에 빠진 사내.

『일리아드(Illiad)』: 트로이 전쟁을 그린 호메로스의 서사시.

일리오네오스(Illioneus): 니오베의 아들 가운데 하나.

일리티이아(Ilithyia): 출산의 여신.


ㅈ

제우스(Zeus): 그리스 최고 신. 하늘의 지배자로 엄청난 벼락을 무기로 사
　　　용한다.

제토스(Zethus): 암피온의 쌍둥이 형제.

조브(Jove): 제우스의 로마식 이름.

지하세계(underworld): 하데스가 통치하는 죽은 자의 왕국. 하데스라고도
　　　불린다.

ㅋ

카넨스(Canens): 아름다운 목소리를 가진 님프. 안개로 변했다.

카드모스(Cadmus): 테베의 설립자.

카론(Charon): 죽은 자의 영혼을 배에 태워 스틱스 강을 건너 지하세계로
　　　　보내는 뱃사공.

카르타고(Carthage): 북아프리카 지중해 연안의 거대한 고대 도시.

카리브디스(Charybdis): 시실리 해안의 소용돌이.

카리클로(Chariclo): 님프. 오키로이의 어머니.

카산드라(Cassandra): 헤카베와 프리아모스의 딸. 아무도 믿지 않았던 예언
　　　　자.

카시오페이아(Cassiopeia): 에티오피아의 여왕이자 안드로메다의 어머니.
　　　　별자리가 되었다.

카파네우스(Capaneus): 에바드네의 남편.

칼리돈(Calydon): 오에네우스의 왕국.

칼리오페(Calliope): 서사시를 읊는 님프. 오르페우스의 어머니.

칼카스(Calchas): 트로이 전쟁의 그리스 예언자.

케레스(Ceres): 데메테르의 로마식 이름.

케르베로스(Ceberus): 지하세계의 문을 지키는 삼두견(三頭犬).

케익스(Ceyx): 알키오네의 충실한 남편. 물총새가 되었다.

케토(Ceto): 아마도 고래일 듯한 바다 생물. 고르곤들과 그라이아이의 어
　　　　머니.

케페우스(Cepheus): 에티오피아의 왕. 카시오페이아의 남편이자 안드로메
　　　　다의 아버지.

켄타우로스(Centaur): 반인반마(半人半馬)의 생물.

켈라이노(Celaeno): 하르피아이.

켈레오스(Celeus): 엘레우시스의 왕이자 메타니라의 남편.

코로나 보레알리스(Corona Borealis): 아리아드네의 왕관. 별자리가 되었다.

코린트(Corinth): 펠로폰네소스에 있는 고대 그리스의 주요 도시.

코이오스(Coeus): 티탄 족. 레토의 아버지.

콜로노스(Colonus): 오이디푸스와 안티고네가 몸을 피한 아테네 근처의
    장소.

콜키스(Colchis): 흑해 동쪽 끝에 있는 고대 지명.

쿠피드(Cupid): 에로스의 로마식 이름.

크레온(Creon): (1) 테베의 왕. 안티고네의 숙부. (2) 코린트의 왕. 글라우
    케의 아버지.

크레타(Crete): 미노스 왕이 통치하는 지중해의 섬.

크로노스(Cronos): 티탄. 가이아와 우라노스의 아들.

크리소테미스(Chrysothemis): 아가멤논과 클리타임네스트라의 딸. 이피게
    네이아, 엘렉트라, 오레스테스의 누이.

클라로스(Claros): 아폴론의 신탁을 받는 장소.

클로토(Clotho): 세 명의 죽음의 여신 가운데 하나.

클리오(Clio): 역사의 뮤즈.

클리타임네스트라(Clytemnestra): 아가멤논의 아내이자 이피게네이아, 엘렉
    트라, 오레스테스의 어머니.

클리티에(Clytie): 아폴론을 사랑한 님프. 양꽃마리로 변했다.

키니라스(Cinyras): 대리석 계단으로 변한 딸의 아버지.

키론(Chiron): 현명한 켄타우로스. 아이스쿨라피오스를 비롯하여 많은 그
    리스 영웅을 가르쳤다.

키르케(Circe): 사람을 짐승으로 변신시키는 여자 마법사.

키메라(Chimera): 불을 뿜는 괴물. 양, 사자, 뱀이 섞인 모습이다.

키아네(Cyane): 샘의 님프. 물로 변했다.

키클로페스(Cyclopes): 외눈박이 거인들. 가이아와 우라노스의 자식. 단수
　　는 키클로프스(Cyclops).

키프로스(Cyprus): 지중해의 섬.


ㅌ

타르타로스(Tartarus): 지하세계 또는 지옥을 일컫는 말.

타우리스(Tauris): 이란 북서쪽의 도시. 현재의 타브리즈(Tabriz).

탄탈로스(Tantalus): 니오베의 아버지. 사악한 죄로 영원한 형벌을 받고 있다.

탈로스(Talos): 크레타를 지키는 청동인간(靑銅人間).

탈리아(Thalia): (1) 희극의 뮤즈. (2) 그라케 세 자매 가운데 하나.

테르프시코레(Terpsichore): 춤의 뮤즈.

테미스(Themis): 그리스 법과 정의의 여신. 호라이와 죽음의 여신들의 어
　　머니.

테베(Thebes): 그리스의 중부 베오티아(Beotia)의 수도.

테살리아(Thessaly): 그리스 북동쪽의 비옥한 지역.

테세우스(Theseus): 아이게우스의 아들. 아테네의 왕.

테티스(Tethys): 오케아노스와 결혼한 티탄. 헤라의 수양어머니.

테티스(Thetis): 네레이드. 에리스가 그녀의 결혼 연회에서 말썽 많은 황금
　　사과를 던졌다.

텔레마코스(Telemachus): 오디세우스와 페넬로페의 아들.

템페(Tempe): 테살리아의 계곡.

토아스(Thoas): 타우리스의 왕.

트라케(Thrace): 에게 해 그리스 북쪽 지역.

트로이(Troy): 소아이사의 거대 도시. 그리스와 전쟁에서 패한 뒤 멸망했다.

트로이 전쟁(Trojan War): 그리스와 트로이 사이에 벌어진 전쟁. 10년 동안
　　　계속되었고, 트로이가 패망했다.

트로일로스(Troilus): 트로이의 왕자. 헤카베와 프리아모스 사이의 아들.

트리톤(Triton): 포세이돈의 아들. 소라고동으로 바람을 불어 파도를 일으
　　　킨다.

티레(Tyre): 포에니키아(Poenicia, 페니키아)의 거대 도시.

티레시아스(Tiresias): 테베의 장님 예언자.

티베르(Tiber): 이탈리아의 강.

티스베(Thisbe): 피라모스를 사랑한 소녀.

티시포네(Tisiphone): 푸리아이 세 자매 가운데 한명.

티탄(Titan): 가이아와 우라노스 사이에서 태어난 열두 명의 아들.

티포에우스(Typhoeus): 신에게 반항한 뱀의 머리를 가진 거인.

틴다레오스(Tyndareus): 스파르타의 왕. 클리타임네스트라의 아버지이자
　　　헬레네의 계부.


ㅍ

파르나소스(Parnassus): 아폴로와 뮤즈에게 봉헌된 델피 신전 근처의 산.

파리스(Paris): 헬렌과 눈이 맞아 도망친 트로이의 왕자. 프리아모스의 아들.

파우누스(Faunus): 시골의 신.

파이드라(Phaedra): 아리아드네의 누이이자 테세우스의 부인.

파이디모스(Phaedimus): 니오베의 아들 가운데 하나.

파이아키아(Phaeacia): 오디세우스가 표류하여 도착한 섬.

파테스(Fates): 인간의 운명을 결정짓는 여신.

판(Pan): 그리스 자연과 전원(田園)의 신.

판도라(Pandora): 최초의 여자.

팔라스(Pallas): 아테나의 별칭.

페네이오스(Peneius): 강의 신. 다프네의 아버지.

페넬로페(penelope): 오디세우스의 아내.

페르세우스(Perseus): 제우스와 다나에의 아들. 안드로메다의 남편.

페르세포네(Persephone): 데메테르의 딸이자 하데스의 부인.

펜테실리아(Penthesilea): 아마존 족의 여왕.

펠라스고스(Pelasgus): 그리스인의 개조(開祖).

펠레우스(Peleus): 아이기나의 왕. 테티스의 남편.

펠로폰네소스(Peloponnese): 그리스의 대반도(大半島).

펠로프스(Pelops): 탄탈로스의 아들이자 히폴리타의 남편.

펠리아스(Pelias): 이아손의 숙부.

펨브레도(Pemphredo): 그라이아이 가운데 하나.

포르키스(Phorcys): 바다의 신. 고르곤들과 그라이아이들의 아버지.

포모나(Pomona): (1) 베르툼누스가 사랑한 숲의 님프. (2) 로마 농작물의 신.

포세이돈(Poseidon): 그리스 바다의 신.

포이베(Phoebe): 달의 여신 아르테미스를 일컫는 말.

포이보스(Phoebus): 태양의 신 아폴론 일컫는 말.

포카이아(Phocaea): 이오니아의 고대 도시.

폴리네이케스(Polynices): 영예롭게 매장되지 못한 안티고네의 남동생.

폴리도로스(Polydorus): 헤카베와 프리아모스의 막내아들.

폴리메스토르(Polymestor): 폴리도로스를 죽인 트라키아의 왕.

폴리테스(Polites): 헤카베와 프리아모스의 아들.

폴리페모스(Polyphemus): 네레이드 갈라테이아를 사랑한 키클로프스.

폴리힘니아(Polyhymnia): 신성한 음악과 시의 뮤즈.

폴릭세나(Polyxena): 헤카베와 프리아모스의 막내딸.

푸리아이(Furies): 에리니에스. 복수와 정의의 여신 세 자매.

프로메테우스(Prometheus): 인류를 창조하고 불을 전해 준 티탄.

프로세르피나(Proserpina): 페르세포네의 로마식 이름.

프로테우스(Proteus): 자신의 모습을 마음대로 바꿀 수 있는 바다의 신.

프리기아(Phrygia): 지중해와 흑해 사이에 있는 나라.

프리아모스(Priam): 트로이 전쟁 당시 트로이의 왕.

프리아포스(Priapus): 그리스의 밭과 수확의 신.

프시케(Psyche): 에로스와 결혼하여 훗날 여신이 된 공주.

플레이아데스(Pleiades): 아틀라스의 딸.

플루토(Pluto): 하데스의 로마식 이름.

피그말리온(Pygmalion): 자신이 만든 조각상 갈라테이아를 사랑한 키프로스의 조각가.

피라(Pyrrha): 에피메테우스와 판도라 사이의 딸. 데우칼리온의 아내.

피라모스(Pyramus): 티스베를 사랑한 젊은이.

피레(pyre): 장례식 때 시신을 태우기 위한 가연성(可燃性) 물질. 장작더미.

피에로스(Pierus): 피에리데스의 아버지.

피에루스 산(Mount Pierus): 뮤즈들이 태어난 산.

피에리데스(Pierides): 까치로 변한 아홉 명의 자매.

피쿠스(Picus): 카넨스의 남편. 딱따구리로 변했다.

피톤(Python): 아폴론이 죽이기 전까지 델피에 살았던 괴물 뱀.

필라데스(Pylades): 오레스테스의 친구이자 엘렉트라의 남편.

필레몬(Philemon): 바우키스의 성실한 남편. 나무로 변했다.


# ㅎ

하데스(Hades): (1) 지하세계를 다스리는 그리스 신. (2) 지하세계의 별칭.

하르모니(Harmony): 아마존 족의 어머니.

하르모니아(Harmonia): 카드모스의 부인. 세멜레의 어머니.

하르피아이(Harpies): 반조반녀(半鳥半女)의 날개 달린 괴물.

하마드리아드(Hamadryad): 떡갈나무를 다스리는 님프.

하이몬(Haemon): 크레온의 아들. 안티고네의 약혼자.

헤라(Hera): 제우스의 아내.

헤라클레스(Heracles): 그리스의 위대한 영웅.

헤로(Hero): 아프로디테의 여사제. 레안드로스의 연인.

헤르메스(Hermes): 제우스의 아들. 신들의 전령.

헤르쿨레스(Hercules): 헤라클레스의 로마식 이름.

헤베(Hebe): 그리스 젊음의 여신.

헤스티아(Hestia): 화로, 벽난로의 여신.

헤시오도스(Hesiod): BC 8세기경에 활약한 고대 그리스 신화 작가.

헤카베(Hecabe): 트로이의 왕비. 프리아모스의 아내. 로마식 이름은 헤쿠
　　　바(Hecuba).

헤카테(Hecate): 마법과 요술의 여신.

헤파이스토스(Hephaestus): 불, 대장간의 신.

헥토르(Hector): 트로이의 가장 위대한 전사.

헬레노스(Helenus): 예언자 카산드라의 쌍둥이 남동생.

헬레스폰트(Hellespont): 소아시아와 유럽 사이의 좁은 해협. 오늘날은 다르다넬스(Dardanelles)라고 불린다.

헬레네(Helene): 세상에서 가장 아름다운 여인.

헬리오스(Helios): 그리스 태양의 신.

헬리콘(Helicon): 뮤즈들이 있는 신성한 산.

호라이(Horae): 계절을 바꾸는 여신.

호메로스(Homer): 10세기경 활동한 그리스의 위대한 서사시인.

황금 양털(Golden Fleece): 제물로 바쳐진 젊은이를 구하기 위해 헤르메스가 건네준 양의 가죽.

후브리스(hubris): 교만의 죄.

히드라(Hydra): 수많은 머리가 달린 괴물. 헤라클레스에게 죽음을 당했다.

히멘(Hymen): 그리스 결혼의 신. '처녀'라는 뜻을 가지고 있다.

히포다메이아(Hippodamia): 마차 경주에서 자신의 아버지를 이긴 펠로프스를 사랑한 공주

히포메네스(Hippomenes): 아탈란타의 구혼자. 나중에 사자로 변했다.

히폴리타(Hippolyta): 아마존 족의 여왕.

히폴리토스(Hippolytus): 아마존 족의 여왕 안티오페와 테세우스 사이에서 태어난 아들.

옮긴이 • 김대웅

전주에서 태어나 전주고를 나왔으며, 한국외국어대학교에서 독일어를
전공했다. 도서출판 두레 편집주간, 민예총 국제교류국장, 문예진흥원
심의위원 등을 지냈으며, 지금은 영상물등급위원회 심의위원으로 일
하고 있다.
저서로는 『커피를 마시는 도시―20세기 도시문화기행』이 있으며, 편
역서로는 『배꼽티를 입은 문화』가 있다. 그리고 『신화 속으로 떠나는
언어여행』, 『영화음악의 이해』, 『돈과 인간의 역사』, 『무대 뒤의 오페
라』, 『패션의 유혹』, 『가족 사유재산 국가의 기원』, 『루카치 미학이론』,
『독일이데올로기』, 『제우스 주식회사』 등 주로 문화예술과 신화에 관
한 책들을 번역하고 있다.

# 여신들로 본 그리스 로마 신화
### 여신들의 사랑과 질투, 배신, 그리고 용기…

• 지은이 / 베티 본햄 라이스
• 옮긴이 / 김대웅
• 펴낸이 / 조추자
• 펴낸곳 / 도서출판 두레
• 1판 1쇄 인쇄 / 2007년 11월 12일
• 1판 1쇄 발행 / 2007년 11월 23일
• 등록 / 1978년 8월 17일 제1-101호
• 주소 / 서울시 마포구 공덕1동 105-225
• 전화 / 02)702-2119, 703-8781
• 팩스 / 02)715-9420
• 이메일 / dourei@chol.com
ISBN 978-89-7443-080-1  03210

* 가격은 뒤표지에 적혀 있습니다. 잘못 만들어진 책은 바꾸어 드립니다.